FRASES DE REYCK LOVIS

Editora Appris Ltda.
1.ª Edição - Copyright© 2024 do autor
Direitos de Edição Reservados à Editora Appris Ltda.

Nenhuma parte desta obra poderá ser utilizada indevidamente, sem estar de acordo com a Lei nº 9.610/98. Se incorreções forem encontradas, serão de exclusiva responsabilidade de seus organizadores. Foi realizado o Depósito Legal na Fundação Biblioteca Nacional, de acordo com as Leis nos 10.994, de 14/12/2004, e 12.192, de 14/01/2010.

Catalogação na Fonte
Elaborado por: Josefina A. S. Guedes
Bibliotecária CRB 9/870

S237f 2024	Santos, Israel dos Frases de Reyck Lovis / Israel dos Santos. – 1. ed. – Curitiba: Appris, 2024. 515 p. ; 23 cm. ISBN 978-65-250-5528-2 1. Máximas brasileiras. 2. Artistas – Citações, máximas, etc.. I. Título. CDD – B869.8

Appris editora

Editora e Livraria Appris Ltda.
Av. Manoel Ribas, 2265 – Mercês
Curitiba/PR – CEP: 80810-002
Tel. (41) 3156 - 4731
www.editoraappris.com.br

Printed in Brazil
Impresso no Brasil

REYCK LOVIS

FRASES DE REYCK LOVIS

Appris
 editora

FICHA TÉCNICA

EDITORIAL	Augusto Coelho
	Sara C. de Andrade Coelho
COMITÊ EDITORIAL	Marli Caetano
	Andréa Barbosa Gouveia - UFPR
	Edmeire C. Pereira - UFPR
	Iraneide da Silva - UFC
	Jacques de Lima Ferreira - UP
SUPERVISOR DA PRODUÇÃO	Renata Cristina Lopes Miccelli
PRODUÇÃO EDITORIAL	Miriam Gomes
REVISÃO	Simone Ceré
DIAGRAMAÇÃO	Bruno Ferreira Nascimento
CAPA	João Vitor

"O Machão Reyck Lovis não é inimigo de NINGUÉM. Luta apenas e tão somente para que todos só pratiquem o BEM."
Reyck Lovis.

Dedico esta obra aos meus saudosos pais, a Rainha Maria Esther e Vicentão, a nossas saudosas Avós, as Rainhas Anna e Maria Francisca, aos filhos Emerson, Felipe e Leonardo, a Enzo e Gabi, bem como a nossa fiel escudeira, a queridíssima Patricia.

Dedico ainda a todos os parentes e amigos que de alguma forma contribuíram para a realização deste livro, mormente a Anna Sales, que, em determinado momento, nos coagiu a voltar a escrever e postar. Kkkkk.

AGRADECIMENTOS

Agradeço a Deus, Jesus Cristo, Virgem Maria e Espírito Santo, pela Dádiva de Viver, assim como pela presente Obra.
Gratíssimo a Saudosa Rainha Maria Esther e o saudoso Vicentão, por terem me GERADO e na tenra idade, pelos caminhos do bem, me ENSINADO. Muy Grato a queridíssima Patrícia que sem o respaldo decisivo, afeto, a presente não teríamos TERMINADO.
Pelo carinho e respaldo da Proficiente Equipe da Conceituada EDITORA APPRIS, registramos nossa Eterna Gratidão.
Grato as Instituições que estudamos, laboramos e outras, que nos beneficiaram em nossas atividades e, por conseguinte, nos auxiliaram a forjar nosso PROCEDER e na vida CRESCER.
Dentre elas: Escola Municipal Brigadeiro Haroldo Veloso; Escola Estadual Escultor Galileo Emendabili; Indústria e Comércio de Calçados Rovigo LTDA.; Universidade de Mogi das Cruzes; Universidade Braz Cubas; Faculdades Metropolitanas Unidas (FMU); Ordem dos Advogados do Brasil – Secional São Paulo (OAB SP); Caixa de Assistência dos Advogados de São Paulo (CAASP); Associação dos Advogados Criminalistas do Estado de São Paulo (ACRIMESP); Tribunais Federais e Estaduais do Brasil; Nezo Instituto Musical; Estúdio Song; Teatro Escola Macunaíma; Rádio Cumbica AM 1500; Amaral TV (atual JKTV); e Rádio Capital AM 1040 (Programa Caju e Castanha).
Graças a Deus, na estrada da vida encontramos muitas pessoas que nos auxiliaram, outorgaram respaldo, incentivo, carinho, afeto, logo sem sombras de dúvidas, contribuíram de forma inconteste na pessoa que hoje culminamos por SER. Vamos mencionar algumas, pedindo escusas àquelas que não teremos espaço de ESCREVER.
Nossa gratidão a José Meneguetti, Agenor, Edson, Aristides Cardoso, Leonardo de Mattos, Felipe Abud, Linda Abud, Nelson Abud, Dr. José Elias Habice Filho, Galileu Ramires, Waldemar Costa Filho, Dr. Paulo Jabur, Neusa Jabur, Dras. Patricia, Pérsia e Poliane Jabur, Dr. Idair de Souza Azevedo, Sílvia Azevedo, Dr. Orlando Hermenegildo, Dra. Alessandra, Dra. Noelia, Dra. Irene Cardoso, Dr. Osvaldo, Dr. Luiz Flávio Borges D'Urso, Dr. Antônio Pagnoti e Dra. Rose, Dr. Alberto dos Reis Tolentino, Dr. Domingos, Sr. Felipe, Eunice, Emerson, Leonardo, Leni, Juliana, Priscila, Pauliane, Dorinha,

Ângela, Ticiane, Joelma, Elaine, Shirley, Gomes da Silva, Índio Maciel, Gerson Marcondes, Orlando Alvorada, Mariano Mendes, Almir Cavalcante, Fernando Jordão, Cris, Fabi, Dr. Romualdo, Edson Maravilha, Nanci Mendes, Lucas de Alencar, Vovô Amaral, Arnaldinho, Roberto Filho Carlos, Ronaldo Mendes, Geraldo Luís e Markinhos, Léiashow, Louro Lourenço, João Monteiro, Fábio Vidal (Bozão), Tito Gomes, Antônio Carlos, Romano, Cantora Gabriela Rodrigues, Ademir Rodrigues, Leda, Tuany, Katiussa Rodrigues (Proprietária da empresa Pedaços Mágicos), Alécio Vieira, Daniel Nezo, Kauan, Alex, Ana Paula, Beatriz, Ryan, Elizeu, Décio Bento, Clóvis, Marli e Ralf Miron, Debora Hummel, Zé Aires, Lúcia de Léllis, Marcela Grandolpho, André Haidamus, Priscila Schmidt, Alex Capelossa, Ariane Moulin, Felipe Menezes, Felipe Rocha, Reginaldo Nascimento, Renata Kamla, Renata Mazei, Rodrigo Polla, Odair, Iracema, e Famílias Prado, Santos, Souza, Villela e Teodoro. Obrigado as amigas (os) Rivanda, Daniele, Valesca, Vanessa, Celma, Valdecy, Roseli, Rosimeire, Fátima, Dr. Rafael, Clotilde, Andreia, Sônia, Rose, Dra. Cida Teixeira, Rosivaldo, Dr. Neemias, Dr. Vanderlei, Rosa, Telma, Cilene, Dra. Aline, Daniel, Jonas, Davi, David, Dra. Lucilene, Lucileide, Luciana, Helena, Geraldo, Admer, Dra. Sueli, Dra. Ângela, Dra. Ormezinda, Dra. Rosana, Dr. Wagner, Dr. Sérgio, Dra. Gisélia, Dr. Benevenuto, Dr. Geraldo, Márcia, Ketlin, Michele, Venina, Pimpa, Adolfo, Dr. Silvio, Eliel, Karina, Sara, Dra. Laura, Dr. José Carlos, Jeine, Mara, Genicelia, Jane, Ederson, Fagundes Souza (Cabeleiro), Luciana, Marcos Maguila, Leoci, Indianara, Valter, Valber, Valder, Cida, Mário, Estevão, Osmar, Cicero, Camila, Giuliana, Paulinha, Deh, Eric, Sonário, Jackson, Fabiola, Bruna, Michele, Marina, Laura, Luísa, Ana, Erica, Gleice, Rubens, Luis, Larranie, Vitoria, Luana, Sandra, Yara, Amanda, Raissa, Vivi, Simone, Welen, Nanci, Toninho, Hespanhol, Prefeito Guti, Mariano Mendes Jr, Roberta, Jussara, Alfredo, Miguel, Edmilson, Solange, Valdir, Mônica, Alice, Dr. Oscar, Kátia, Ivan, Lula, Ilma, Hilda, Karina, Manoel, Sônia, Airton, Joaquim, Regina, Elen, Carlos, Romildo, Vera, Fernanda, Carol, Critical Hits, Critical Cast, entre outros.

Gratidão a todos os Diretores e Corpo Docente das Instituições em que estudamos, bem como todos os colegas de aprendizado pelo companheirismo e afeto a nós dedicado.

Nossa Gratidão ao Povo do Mundo Inteiro, todas as Redes Sociais, Zona Leste, Itaquera, Planalto, Parada XV de Novembro, Jardim São Carlos, Artur Alvim e Centro-SP.

APRESENTAÇÃO

Considerando que sou divorciado e tenho tempo exíguo para desfrutar da companhia dos filhos, decidi fazer frases e inseri-las na Internet para melhor orientá-los acerca da vida.

Enfatizo que, em verdade, foi meu filho Leonardo que me indagou do motivo por que não fazia Frases, tal qual outros Artistas, para divulgar nas Redes Sociais. Aí, a ideia citada no parágrafo anterior.

Outro detalhe importante a registrar é que a hoje lastimavelmente nossa saudosa Genitora, Maria Esther, ao começar a curtir nossas Frases, me disse que serviriam para o Povo do Mundo Inteiro. Empolgado com tal estímulo, resolvemos assim fazer, inclusive hasteando Diversas Bandeiras contra as Mazelas da Vida, aliás, como já realizávamos no PROGRAMA 60 MINUTOS KENTES COM REYCK LOVIS, veiculado na Rádio e na WebTV.

Em verdade, almejo transmitir as Mensagens a mim enviadas por Deus, para instigar a Sociedade a uma Metamorfose Mental, de modo que possa, de alguma forma, contribuir para o extermínio de todas as Injustiças Sociais.

Importante realçar que, além das postadas nas Redes Sociais, esta obra possui dezenas de Frases Inéditas para você curtir.

Boa leitura e espero que, de algum modo, possa contribuir para que na vida venhas crescer.

SUMÁRIO

FRASES DE REYCK LOVIS – 2012
Publicadas em 18/6/2012 25
Publicada em 23/6/2012 27
Publicada em 25/6/2012 27
Publicada em 21/7/2012 27
Publicada em 28/7/2012 28
Publicada em 12/9/2012 28
Publicada em 12/10/2012 28
Publicada em 31/10/2012 28
Publicada em 17/11/2012 28
Publicada em 24/11/2012 29
Publicada em 11/12/2012 29
Publicada em 15/12/2012 29
Publicadas em 16/12/2012 29
Publicada em 22/12/2012 30

FRASES DE REYCK LOVIS – 2013
Publicada em 12/1/2013 31
Publicada em 18/1/2013 31
Publicada em 25/1/2013 31
Publicadas em 2/2/2013 31
Publicada em 16/2/2013 33
Publicada em 1/3/2013...34
Publicada em 8/3/2013...34
Publicada em 25/3/2013 34
Publicada em 29/3/2013 34
Publicada em 6/4/2013...34
Publicada em 24/4/2013 34
Publicadas em 11/5/2013 35
Publicada em 7/6/2013...35
Publicada em 12/6/2013 36
Publicadas em 14/6/2013 36

Publicada em 15/6/2013 36
Publicada em 18/6/2013 37
Publicada em 19/6/2013 37
Publicadas em 25/6/2013 37
Publicada em 28/6/2013 39
Publicada em 20/7/2013 39
Publicada em 23/7/2013 39
Publicadas em 27/7/2013 40
Publicada em 30/7/2013 40
Publicadas em 30/8/2013 40
Publicadas em 25/9/2013 40
Publicadas em 12/10/2013 41
Publicadas em 13/10/2013 41
Publicadas em 26/10/2013 42
Publicada em 27/10/2013 42
Publicadas em 2/11/2013 42
Publicadas em 23/11/2013 43
Publicada em 29/11/2013 43
Publicadas em 6/12/2013 43
Publicadas em 20/12/2013 44
Publicadas em 25/12/2013 44
Publicadas em 26/12/2013 45
Publicadas em 31/12/2013 45

FRASES DE REYCK LOVIS – 2014
Publicada em 8/1/2014 46
Publicadas em 14/1/2014 46
Publicada em 4/2/2014 47
Publicada em 5/2/2014 47
Publicadas em 7/2/2014 47
Publicadas em 14/2/2014 48
Publicadas em 21/2/2014 49
Publicadas em 28/2/2014 49
Publicadas em 7/3/2014 50
Publicada em 8/3/2014 50
Publicadas em 15/3/2014 51
Publicadas em 19/3/2014 51
Publicadas em 22/3/2014 52

Publicadas em 30/3/2014 52
Publicadas em 11/4/2014 53
Publicadas em 18/4/2014 53
Publicadas em 25/4/2014 54
Publicadas em 29/4/2014 55
Publicadas em 2/5/2014 56
Publicadas em 14/5/2014 56
Publicadas em 15/5/2014 57
Publicadas em 23/5/2014 57
Publicadas em 31/5/2014 59
Publicadas em 6/6/2014 59
Publicadas em 12/6/2014 61
Publicadas em 19/6/2014 62
Publicadas em 24/6/2014 63
Publicadas em 30/6/2014 64
Publicadas em 5/7/2014 67
Publicadas em 9/7/2014 70
Publicadas em 17/7/2014 72
Publicadas em 25/7/2014 76
Publicadas em 8/8/2014 77
Publicadas em 15/8/2014 79
Publicadas em 23/8/2014 79
Publicadas em 31/8/2014 80
Publicadas em 6/9/2014 81
Publicadas em 18/9/2014 81
Publicadas em 27/9/2014 82
Publicadas em 1/10/2014 83
Publicadas em 11/10/2014 84
Publicadas em 15/10/2014 85
Publicadas em 21/10/2014 87
Publicadas em 31/10/2014 89
Publicadas em 7/11/2014 89
Publicadas em 14/11/2014 90
Publicadas em 21/11/2014 92
Publicadas em 29/11/2014 93
Publicadas em 6/12/2014 94
Publicadas em 13/12/2014 94
Publicadas em 19/12/2014 95

Publicadas em 26/12/2014 97

FRASES DE REYCK LOVIS – 2015
Publicadas em 5/1/2015 99
Publicadas em 9/1/2015 100
Publicadas em 16/1/2015 101
Publicadas em 24/1/2015 103
Publicadas em 30/1/2015 105
Publicadas em 7/2/2015 106
Publicadas em 14/2/2015 107
Publicadas em 21/2/2015 107
Publicadas em 27/2/2015 109
Publicadas em 6/3/2015 109
Publicadas em 14/3/2015 110
Publicadas em 20/3/2015 111
Publicadas em 27/3/2015 112
Publicadas em 3/4/2015 113
Publicadas em 10/4/2015 114
Publicadas em 17/4/2015 115
Publicadas em 25/4/2015 117
Publicadas em 1/5/2015 118
Publicadas em 9/5/2015 119
Publicadas em 15/5/2015 120
Publicadas em 22/5/2015 121
Publicadas em 29/5/2015 123
Publicadas em 6/6/2015 125
Publicadas em 12/6/2015 126
Publicadas em 19/6/2015 127
Publicadas em 26/6/2015 128
Publicadas em 3/7/2015 128
Publicadas em 10/7/2015 130
Publicadas em 17/7/2015 130
Publicadas em 24/7/2015 131
Publicadas em 31/7/2015 131
Publicadas em 7/8/2015 132
Publicadas em 14/8/2015 133
Publicadas em 21/8/2015 134
Publicadas em 28/8/2015 135

Publicadas em 4/9/2015 135
Publicadas em 11/9/2015 136
Publicadas em 18/9/2015 137
Publicadas em 25/9/2015 138
Publicadas em 2/10/2015 139
Publicadas em 9/10/2015 140
Publicadas em 16/10/2015 141
Publicadas em 23/10/2015 142
Publicadas em 30/10/2015 144
Publicadas em 6/11/2015 145
Publicadas em 13/11/2015 146
Publicadas em 20/11/2015 146
Publicadas em 27/11/2015 147
Publicadas em 4/12/2015 149
Publicadas em 11/12/2015 149
Publicadas em 18/12/2015 150
Publicadas em 25/12/2015 151

FRASES DE REYCK LOVIS – 2016
Publicadas em 1/1/2016 152
Publicadas em 8/1/2016 153
Publicadas em 15/1/2016 153
Publicadas em 22/1/2016 154
Publicadas em 29/1/2016 155
Publicadas em 5/2/2016 155
Publicadas em 12/2/2016 156
Publicadas em 19/2/2016 157
Publicadas em 4/3/2016 157
Publicadas em 11/3/2016 158
Publicadas em 18/3/2016 158
Publicadas em 25/3/2016 159
Publicadas em 2/4/2016 160
Publicadas em 8/4/2016 160
Publicadas em 15/4/2016 161
Publicadas em 22/4/2016 162
Publicadas em 30/4/2016 163
Publicadas em 7/5/2016 163
Publicadas em 15/5/2016 164

Publicadas em 20/5/2016 166
Publicadas em 27/5/2016 167
Publicadas em 3/6/2016 168
Publicadas em 11/6/2016 168
Publicadas em 17/6/2016 169
Publicadas em 24/6/2016 169
Publicadas em 9/7/2016 170
Publicadas em 15/7/2016 172
Publicadas em 22/7/2016 173
Publicadas em 30/7/2016 174
Publicadas em 6/8/2016 175
Publicadas em 12/8/2016 175
Publicado em 20/8/2016 176
Publicadas em 27/8/2016 177
Publicadas em 2/9/2016 177
Publicadas em 10/9/2016 178
Publicadas em 17/9/2016 178
Publicadas em 23/9/2016 179
Publicadas em 30/9/2016 180
Publicadas em 15/10/2016 181
Publicadas em 23/10/2016 182
Publicadas em 29/10/2016 183
Publicadas em 5/11/2016 184
Publicadas em 12/11/2016 185
Publicadas em 26/11/2016 185
Publicadas em 10/12/2016 186
Publicadas em 17/12/2016 187
Publicadas em 23/12/2016 188
Publicadas em 31/12/2016 189

FRASES DE REYCK LOVIS – 2017

Publicadas em 7/1/2017 191
Publicadas em 14/1/2017 192
Publicadas em 24/1/2017 193
Publicadas em 6/2/2017 194
Publicadas em 17/2/2017 196
Publicadas em 24/2/2017 197
Publicadas em 3/3/2017 198

Publicadas em 10/3/2017 199
Publicadas em 17/3/2017 200
Publicadas em 24/3/2017 201
Publicadas em 31/3/2017 201
Publicadas em 7/4/2017 202
Publicadas em 14/4/2017 204
Publicadas em 21/4/2017 204
Publicadas em 28/4/2017 206
Publicadas em 6/5/2017 207
Publicadas em 12/5/2017 210
Publicadas em 19/5/2017 212
Publicadas em 27/5/2017 214
Publicadas em 2/6/2017 215
Publicadas em 9/6/2017 216
Publicada em 10/6/2017 218
Publicadas em 16/6/2017 218
Publicadas em 22/6/2017 219
Publicada em 26/6/2017 220
Publicadas em 1/7/2017 220
Publicadas em 8/7/2017 222
Publicadas em 16/7/2017 223
Publicadas em 21/7/2017 224
Publicadas em 28/7/2017 225
Publicadas em 4/8/2017 226
Publicadas em 11.08.2017... 227
Publicadas em 18/8/2017 228
Publicadas em 25/8/2017 229
Publicadas em 1/9/2017 230
Publicadas em 8/9/2017 230
Publicadas em 15/9/2017 231
Publicadas em 22/9/2017 231
Publicadas em 29/9/2017 232
Publicadas em 6/10/2017 233
Publicadas em 13/10/2017 234
Publicadas em 20/10/2017 235
Publicadas em 27/10/2017 235
Publicadas em 3/11/2017 236
Publicadas em 11/11/2017 237

- Publicadas em 17/11/2017 237
- Publicadas em 24/11/2017 238
- Publicadas em 9/12/2017 239
- Publicadas em 15/12/2017 240
- Publicadas em 23/12/2017 241
- Publicadas em 31/12/2017 242

FRASES DE REYCK LOVIS – 2018

- Publicadas em 12/1/2018 243
- Publicadas em 26/1/2018 243
- Publicadas em 9/2/2018 245
- Publicadas em 2/3/2018 246
- Publicadas em 12/3/2018 247
- Publicadas em 19/3/2018 248
- Publicadas em 26/3/2018 249
- Publicadas em 6/4/2018 249
- Publicadas em 14/4/2018 251
- Publicadas em 23/4/2018 252
- Publicadas em 30/4/2018 254
- Publicadas em 11/5/2018 256
- Publicadas em 21/5/2018 257
- Publicadas em 28/5/2018 258
- Publicadas em 4/6/2018 258
- Publicadas em 16/6/2018 259
- Publicadas em 25/6/2018 260
- Publicadas em 2/7/2018 262
- Publicadas em 10/7/2018 263
- Publicadas em 16/7/2018 264
- Publicadas em 23/7/2018 265
- Publicadas em 30/7/2018 266
- Publicadas em 06.08.2018 267
- Publicadas em 20/8/2018 268
- Publicadas em 27/8/2018 269
- Publicadas em 3/9/2018 270
- Publicadas em 10/9/2018 271
- Publicadas em 17/9/2018 272
- Publicadas em 24/9/2018 273
- Publicadas em 1/10/2018 274

Publicadas em 5/10/2018 275
Publicadas em 15/10/2018 277
Publicadas em 22/10/2018 277
Publicadas em 27/10/2018 279
Publicadas em 29/10/2018 280
Publicadas em 12/11/2018 281
Publicadas em 26/11/2018 282
Publicadas em 3/12/2018 283
Publicadas em 17/12/2018 284
Publicadas em 31/12/2018 285

FRASES DE REYCK LOVIS – 2019

Publicadas em 6/1/2019 286
Publicadas em 13/1/2019 287
Publicadas em 24/5/2019 287
Publicadas em 1/6/2019 288
Publicadas em 8/6/2019 289
Publicadas em 15/6/2019 290
Publicadas em 21/6/2019 291
Publicadas em 29/6/2019 292
Publicadas em 6/7/2019 293
Publicadas em 13/7/2019 294
Publicadas em 20/7/2019 295
Publicadas em 27/7/2019 296
Publicadas em 3/8/2019 297
Publicadas em 10.08.2019 298
Publicadas em 20/8/2019 299
Publicadas em 24/8/2019 299
Publicadas em 31/8/2019 300
Publicadas em 7/9/2019 301
Publicadas em 21/9/2019 303
Publicadas em 28/9/2019 304
Publicadas em 5/10/2019 305
Publicadas em 12/10/2019 306
Publicadas em 19/10/2019 307
Publicadas em 26/10/2019 308
Publicadas em 2/11/2019 309
Publicadas em 16/11/2019 311

Publicadas em 4/12/2019 313
Publicadas em 14/12/2019 314
Publicadas em 27/12/2019 315

FRASES DE REYCK LOVIS - 2020

Publicadas em 13/1/2020 317
Publicadas em 31/1/2020 318
Publicadas em 28/2/2020 319
Publicadas em 22/3/2020 320
Publicados em 17/4/2020 322
Publicadas em 16/5/2020 324
Publicadas em 13/6/2020 326
Publicadas em 9/8/2020 328
Publicadas em 28/9/2020 330
Publicadas em 28/10/2020 332
Publicadas em 9/11/2020 334
Publicadas em 23/11/2020 337
Publicadas em 14/12/2020 340

FRASES DE REYCK LOVIS - 2021

Publicadas em 9/1/2021 344
Publicadas em 24/1/2021 347
Publicadas em 8/2/2021 350
Publicadas em 27/2/2021 353
Publicadas em 19/3/2021 355
Publicadas em 16/4/2021 358
Publicadas em 1/5/2021 361
Publicadas em 10/5/2021 363
Publicadas em 4/7/2021 365
Publicadas em 19/8/2021 367
Publicadas em 6/9/2021 370
Publicadas em 31/12/2021 371

FRASES DE REYCK LOVIS - 2022

Publicadas em 7/3/2022 374
Publicadas em 20/3/2022 376
Publicadas em 11/4/2022 377
Publicadas em 17/4/2022 379

Publicadas em 11/5/2022 382
Publicadas em 15/6/2022 383
Publicadas em 17/7/2022 387
Publicadas em 25/9/2022 390
Publicadas em 7/10/2022 393
(SP1 e Jornal Nacional de 4/10/22) 396
Publicadas em 17/10/2022 398
Publicadas em 25/10/2022 401
Publicadas em 28/10/2022 403

FRASES DE REYCK LOVIS – 2023
Publicadas em 5/1/2023 405
Publicadas em 9/2/2023 407
Publicadas em 30/4/2023 408
Publicadas em 20/5/2023 410
Publicadas em 3/6/2023 410
Publicadas em 14/6/2023 411
FRASES INÉDITAS 415

FRASES DE REYCK LOVIS – INÉDITAS

ESCLARECIMENTO

ETERNA RAINHA MARIA ESTHER

HOMENAGEM A FAMÍLIA JABUR

HOMENAGENS PÓSTUMAS

CADERNO DE FOTOS

FRASES DE REYCK LOVIS - 2012

PUBLICADAS EM 18/6/2012

1. "Você que é um fraco e não consegue os problemas da vida **encarar** e busca nas drogas a força para as dificuldades **superar** e falsa alegria **ostentar**, sem perceber no abismo que está a **despencar**, Meus Parabéns."
2. "Deixem de Hipocrisia, Dia das Mães são todos os santos dias."
3. "Maria vai com as outras está démodé, Conduza, não seja Conduzido."
4. "O mesmo tempo que se perde fazendo malfeito, é o inerente à **perfeição**, que não necessitará de **repetição**."
5. "Não se preocupem de Carne na Páscoa **ingerir**, pois o Pecado advém do que venhas a **Proferir**."
6. "Sorriam, é certamente assim que o Rei do Riso se alegrará ao partir para o Paraíso. Descanse em Paz, Chico Anysio."
7. "Não sejam, como o Fresco e **Cretino**, Covardes; não cometam nenhum **Desatino**."
8. "O Mundo, indubitavelmente, mudará quando todos no próximo começarem a **pensar**, segundo o ensinamento que Jesus veio nos **ensinar**."
9. "Acabem com sua Imunidade, adquiram Doenças Maléficas, seguindo os conselhos da Ivete Sangalo, Zeca Pagodinho, Rita Lee e outros, ingerindo muita bebida alcoólica e consumindo drogas. Enfim, sejam dementes, kkkkk, outorgando credibilidade a propagandas enganosas de Celebridades Papa-Moscas, que só pensam no Bem-Estar de suas Contas Bancárias."
10. "A Quem Semeia o Amor, certamente Deus terá em Bom Lugar. Wando, choram os corações, Descanse em Paz."

11. "Viver é a Arte de Extrair Ensinamentos, inclusive das Batalhas Perdidas. Divirtam-se com energéticos, esqueçam as bebidas alcoólicas utilizadas pelos Governantes para que o Povo não atente às Mazelas da Vida."

12. "Que 2012 seja um ano com maior Justiça Social, onde todos tenham Lar Digno para Viver, possam frequentar os mesmos Hospitais, as Escolas Públicas tenham a mesma qualidade que as Particulares. Universidade Gratuita apenas aos comprovadamente Pobres, como ocorre no Poder Judiciário. Que a Justiça seja Célere e efetivamente Justa. O Salário Mínimo obedeça aos ditames da Constituição Federal, não essa esmola de R$ 622,00 (seiscentos e vinte e dois reais). Os Políticos sejam compelidos a Utilizar Todos os Serviços destinados à População. Que se construam em todo o país Hospitais Universitários, de modo que se extermine a vergonha de menos de Dois Médicos Para Atender Mil pacientes. Que os Políticos esqueçam a ganância e Amem o Semelhante como a Si Mesmos, como Jesus ensinou."

13. "Mil vezes o silêncio que promiscuidades e futilidades."

14. "Escreva seu próprio Destino, com a Proteção Divina e Inteligência. Saúde, Sucesso, Sempre."

15. "Façam como Reyck Lovis, comemorem o Nascimento de Jesus Cristo, todo santo dia. No tocante ao Ano Novo, começa exatamente no dia em que nascestes. Em suma, essas Datas Comemorativas, em verdade, foram criadas com intuito do Povo **gastar**, e se endividar e sua Via Crucis para todo o sempre **perdurar**."

16. "Galera, o Mundo não irá **terminar**, portanto não saiam como bestas com seus parcos rendimentos a **gastar**, melhor **economizar** e no início do ano as liquidações **aproveitar**. Valeu. Saudações, Reyck Lovis."

17. "Quem não ama a si mesmo, não será **amado**. Quem não se alimenta está é **lascado**, rs..."

18. "Almejo uma Metamorfose na Mentalidade do Povo para que deixem de ser Carneiros, que lutem por seus direitos e não sejam induzidos a erro. Aos políticos e empresários

que deixem de ser gananciosos e pensem no bem-estar da população."

19. "Que Deus e Jesus Cristo restabeleçam a Saúde de Pedro Leonardo. Maria Esther e Reyck Lovis elevam seus pensamentos em orações por sua saúde."

20. "Eu tenho três sonhos, fundar o primeiro harém no Brasil, que o Povo não se deixe induzir em erros e que sua vontade seja respeitada e acatada."

21. "Ministério Público, se Todos são Iguais perante a Lei, por que 63% (sessenta e três por cento) de aumento para o Congresso Nacional e apenas 6% (seis por cento) para o Salário Mínimo?"

22. "Por que a OAB (Ordem dos Advogados do Brasil), Defensora da Sociedade, não ajuizou Ação de Inconstitucionalidade contra o Aumento Ilegal e **Imoral** do Congresso Nacional?"

23. "Meu Objetivo de Vida é curar a Mentalidade Eivada do Ser Humano."

PUBLICADA EM 23/6/2012

24. "Existem alguns idiotas que tecem tantas inverdades que acabam vivendo em um mundo de mentiras, enganando a si próprios."

PUBLICADA EM 25/6/2012

25. "Não seja idiota, procure os próprios erros reconhecer, senão nunca na vida irás crescer."

PUBLICADA EM 21/7/2012

26. "Penso que o Mundo seria Bem Melhor se não existissem as Fábricas de Armas, de Bebidas Alcoólicas e outras Drogas,

apenas as de Drogarias para nossa saúde **curar**. Enquanto tal fato não passa de mera utopia, o que vemos é a Família se **deteriorar** e lágrimas de forma incessante **rolar**. Quando será que as Bestas que ostentam o Poder irão **acordar**?"

PUBLICADA EM 28/7/2012

27. "Ser amigo é avisar quando estás com o bafo **fedorento**, daí poderás verificar a droga que o está apodrecendo por **dentro**."

PUBLICADA EM 12/9/2012

28. "O sonho de todo jovem idiota é tornar-se um viciado, um **ladrão**, logo não pode reclamar quando for pra cadeia e os manos desfrutarem de seu **popozão**."

PUBLICADA EM 12/10/2012

29. "Mil vezes ser o chicote, a navalha que marca, corta o lombo dos ímpios a serviço de Deus, que ser o doce mel agraciando o Poder, mas servindo o Chifrudo."

PUBLICADA EM 31/10/2012

30. "Alguns dos maiores defeitos do Ser Humano é a Inveja e a **Ingratidão**, aqueles que assim procedem que vão pro **Afeganistão** tomar Apimentado **Sukuzão**."

PUBLICADA EM 17/11/2012

31. "O Ser Humano por vezes demora uma eternidade para se **tocar** que o verdadeiro amor, a amizade, está dentro do seu **Lar**."

PUBLICADA EM 24/11/2012

32. "Toda grande Árvore um dia foi **Semente**. Portanto, paciência, não desanime. Siga em **frente**."

PUBLICADA EM 11/12/2012

33. "Meu Deus, tende piedade dos ímpios que corrompem, bem como, os que se curvam a essa **maldição**, não sabem que atraem contra si e sua **geração**, toda sorte de infortúnios, dentre os quais, moléstias incuráveis, pois a ninguém, é permitido o deleite em detrimento do sangue inocente, do pobre **irmão**."

PUBLICADA EM 15/12/2012

34. "Não acreditem em pesquisas, o que eles querem é Manipular a População e eleger o candidato que pretendem. Vote em quem você quiser, beleza? Vamos desmentir as falsas pesquisas."

PUBLICADAS EM 16/12/2012

35. "A Liberdade é fundamental à Humanidade. O preconceito, a traição e a ingratidão consistem alguns dos maiores malefícios que reinam na Sociedade."
36. "O Povo analfabeto e **embriagado** deixa o Corrupto proliferar sem ser **incomodado**."
37. "Não esperem nada de ninguém, assim nunca se decepcionarão."
38. "O preguiçoso, invejoso, incapaz, não almeja o sucesso dos outros jamais, ao contrário, estimula que a insanidade avulte de forma voraz."

39. "As pessoas têm o arbítrio de escolher seu próprio **Destino**, alguns transloucados preferem se encontrar cedo com o Chifrudo, ingerindo ervas e apimentado **pepino**."

PUBLICADA EM 22/12/2012

40. "O Mundo não acabou, tampouco nas festividades irá acabar. Portanto, nada de tolices, se embebedando, gastando em dias o que demorou o ano todo para conquistar. Celebrem o Nascimento de Jesus, Todos os Dias."

FRASES DE REYCK LOVIS - 2013

PUBLICADA EM 12/1/2013

41. "As pancadas de que sou vítima servem apenas para fortalecer minha couraça. As pedras que me atiram servem apenas para a edificação de meu Castelo."

PUBLICADA EM 18/1/2013

42. "A vida é um palco, em que todos representam o seu papel. Que contrassenso, o Papel mais Triste é do Palhaço. Às vezes ele se entristece e precisa de alguém para **falar**, precisa de um ombro para **chorar**. Mas não pode, pois o seu papel é os outros **alegrar**."

PUBLICADA EM 25/1/2013

43. "A Cidade de São Paulo, no corpo chamado Brasil, quiçá seja Alma, Cérebro e **Coração**. Pena que o Povo, mormente o pobre, a exemplo de todo o país, continue tomando apimentado **sukuzão**."

PUBLICADAS EM 2/2/2013

44. "Papa-Mosca:

    É Sinônimo de Tolo, que consiste em Pessoas sem Inteligência e Juízo."
45. "O verdadeiro amor não corrompe, corrige."
46. TROFÉU PAPA-MOSCAS

Pistolinha: — Papito, Papito. Esses artistas que vendem a droga do álcool na TV estão passando fome ou não têm pudor?

Reyck: — Lamentavelmente sem nenhum respeito ao bem-estar, a vida da população brasileira, as Estrelas e Astros, Ivete Sangalo, Aline Moraes, Carlinhos Brow e Ratinho, às vésperas do Carnaval, onde a Mortalidade nas Estradas cresce, gananciosamente se prestam a louvar a maléfica droga do álcool na televisão.

Definitivamente os referidos artistas pouco se importam se morrem 40 ou 50 mil pessoas estraçalhadas por ano nas Estradas do Brasil e a mesma quantia passa a sobreviver com sequelas permanentes.

É público e notório que todo esse horror e barbaridade que reina em nossas Estradas tem como fator principal o alcoolismo, o que torna a atitude "data vênia" insana desses artistas imperdoável.

Sinceramente, ganhar dinheiro banhado de lágrimas, sangue e álcool não vale, não traz boa sorte.

Não sei quem seria mais pernicioso a Sociedade, o traficante ou o artista que se aproveita de sua imagem e carisma para vender bebidas alcoólicas, por conseguinte estimulando, induzindo mormente a juventude à embriaguez.

Contudo, de uma coisa tenho certeza, se o Congresso Nacional é, com todas as "vênias", inoperante, não consegue elaborar Lei para o mesmo critério do cigarro para a droga do álcool adotar, saibam todos(as) que estão à custa dessa mazela a faturar, vocês e sua geração das mãos de Deus não hão de escapar, até porque, conforme prescreve a Bíblia, o inocente pelo pecador também acaba por pagar.

Portanto, Ilustres Ivete Sangalo, Carlinhos Brown, Aline Moraes e Ratinho, pela falta de juízo e inteligência de associar suas imagens à droga do álcool, Vossas Excelências foram agraciados por Reyck Lovis, novamente, com o Troféu Papa-Moscas, Meus Parabéns.

Texto proferido no Programa 60 MINUTOS KENTES COM REYCK LOVIS em 27/1/2013.

47. TROFÉU PAPA-MOSCAS

Pistolinha: — Papito, Papito. Por que será que no BBB não aceitam negrão, será que eles acham que escurece a televisão?

Reyck: — Beleza, Pistolinha, respondendo a você vamos continuar o quadro Papa-Moscas.

Penso que ninguém comanda ou apresenta um programa que não concorda com a formatação.

De sorte que o apresentador é o principal responsável pelo que sucede no mesmo.

Com a devida *"vênia"* o despido de relevância social BBB se cuida de um programa que impõe a segregação racial, o apartheid aos afrodescendentes.

Na anterior edição, expulsaram o único negro sob acusação leviana de estupro, no presente fora selecionada apenas e tão somente uma negra, que, aliás, já foi eliminada.

Entendo, com todo respeito, já passou da hora do Ministério Público determinar a abertura de inquérito para se apurar a prática de racismo perpetrada pelos responsáveis do indigitado programa contra os afrodescendentes.

Assim, em decorrência da falta de inteligência e juízo que ostentam aqueles que atuam com preconceito e racismo, Reyck Lovis agracia, neste momento, com o Troféu Papa--Moscas o Ilustre Apresentador Pedro Bial.

Texto proferido no Programa 60 MINUTOS KENTES COM REYCK LOVIS em 27/1/2013

PUBLICADA EM 16/2/2013

48. "A Amizade e o Amor são sentimentos que não demonstramos, apenas e tão somente, através de palavras, mas principalmente por meio de atitudes."

PUBLICADA EM 1/3/2013

49. "Nunca se desespere, pois é exatamente quando a noite se torna mais escura, que o Sol começa a nascer."

PUBLICADA EM 8/3/2013

50. "Como sempre enfatizo, Todo Dia é da Mulher. Contudo, não poderíamos deixar de saudar a data escolhida a se **comemorar**. Mulher que nos carrega no ventre, nos traz ao mundo, outorga seu sangue em forma de leite para nos fortalecer, crescer, alimentar. Mulher, indubitavelmente, é o verdadeiro Sinônimo da Palavra **Amar**."

PUBLICADA EM 25/3/2013

51. "Siga os bons, os inúteis ficarão para trás e um dia lembrarão o tempo que perderam e não recuperarão jamais."

PUBLICADA EM 29/3/2013

52. "A Deus não devo nada pedir, mas sim agradecer tudo o que tenho."

PUBLICADA EM 6/4/2013

53. "Ser bom é dar com uma mão e não deixar a outra perceber."

PUBLICADA EM 24/4/2013

54. "Aprende-se melhor em aulas particulares. Daí por que ninguém deve ser corrigido publicamente, mas sim orientado em particular."

PUBLICADAS EM 11/5/2013

55. "MARIA ESTHER

Maria Esther, a quem almeja ser Mãe, é um Belíssimo Exemplo a **Trilhar**. Casou-se com o Vicentão, e oito filhos com o mesmo amor vieram a **cuidar**. Quando um deles do armário resolveu se **libertar**, encontrou seu ombro amigo a **apoiar**. Com tal fato, os demais enrustidos estão obtendo forças para franga **soltar**. Os que viraram cornos encontraram na Mamita um pano limpinho para os chifres **lustrar**. Aos 75 anos, incansável, vive por aqueles que não têm Casa Própria, Movimento pela Moradia a **Liderar**. Enquanto muitos com a metade de sua idade estão querendo o traseiro **sossegar**, Maria Esther uma 'nova' carreira começa **desabrochar**, e com sua maravilhosa voz a todos **encantar**. Por tais motivos e muito mais, minha Rainha é o Modelo de Mãe àquelas que almejam na vida **brilhar**."

56. "ANNA RIBEIRO VILLELA e IZAURA BORTOLATO

Indubitavelmente no Dia das Mães outros dois belíssimos Exemplos de Vida não poderia **esquecer**. Enquanto muitas, à custa de homem, almejam **sobreviver**, elas, sem ajuda de nenhum, fizeram o pão se multiplicar e **crescer**. Da vida, em verdade, pouco desfrutaram, mas para os filhos e netos deixaram patrimônio moral e material, que a maioria dos machos não consegue ostentar e **obter**. É evidente que das saudosas Anna Ribeiro Villela e Izaura Bortolato as belíssimas histórias estou a **descrever**. Excelentes exemplos àquelas que ótimas mães almejam **ser**."

PUBLICADA EM 7/6/2013

57. "Na Faculdade da Vida, o fundamental é aprender Tirar Vantagens das Desvantagens."

PUBLICADA EM 12/6/2013

58. "Jesus Cristo fez aleijado **andar**, cego **enxergar** e morto **ressuscitar**. Rei dos Reis, poderia coberto de ouro e diamantes **desfilar**. Entretanto, de manto e chinelo, Lição de Humildade veio nos **outorgar**. Logo, não se justifica, diante de tanta miséria, riquezas venhamos **ostentar**."

PUBLICADAS EM 14/6/2013

59. "Os Ilustres Governador Geraldo Alckmin e Prefeito Fernando Haddad 'data vênia' em primeiro lugar deveriam Condições Dignas à População Carente no Transporte Público **outorgar**. Aí sim, pensar no seu valor **aumentar**. Almejaria saber se eles e suas famílias fossem compelidos em Transporte Público **trafegar**, se tal descalabro, imediatamente, não iriam **solucionar**?"

60. "Os saudosos Anna e Antônio, inquestionavelmente nesta data há alguns anos, Deus veio **agraciar** com a Estrela de Luz denominada Maria Esther, que de forma incandescente nasceu para no Mundo **Brilhar**. Essa menina é a Verdadeira Expressão da Palavra **Amar**. Rainha Maria Esther Feliz Aniversário! Muitos anos de vida. Saúde, Sucesso, Sempre."

PUBLICADA EM 15/6/2013

61. "Aos Carneiros, Bananas, que passam a vida inteira descansando em nossa **Nação**. Convoco-lhes a uma Singela **Reflexão**: Lutar contra o ferro em brasa queimando seu **popozão**, até um idiota sem **noção**. Heróis consistem naqueles que Lutam contra as Injustiças padecidas pelos mais fracos, por nosso **irmão**."

PUBLICADA EM 18/6/2013

62. "Srs. Governantes, BASTA DE TOLICES!

    Curvem-se à Vontade daqueles que foram enganados, lhes agraciando com seus Votos, SUA EXCELÊNCIA, O POVO. A Prefeitura, de Falta de Dinheiro não pode **Reclamar**, senão Isenção de Impostos de R$ 500 milhões para a Odebrecht construir Estádios não iria **outorgar**.

    ABAIXEM A TARIFA JÁ! RETOMEM A PAZ SOCIAL! NÃO SEJAM ANENCÉFALOS! OBEDEÇAM REYCK LOVIS!"

PUBLICADA EM 19/6/2013

63. "Esses Governantes 'data vênia' Hipócritas, quando perante a Justiça do Trabalho, não assumiram as Dívidas das Empresas de Transportes 'Picaretas', que há 10 anos deram o Calote no **Trabalhador**. Contudo, para aumentar as passagens o fazem sem nenhum **pudor**."

PUBLICADAS EM 25/6/2013

64. "Esses Amados pela **Nação** fazem propaganda enganosa na **televisão**. Fazem apologia, louvam a Droga do Álcool, viciando nossa Juventude, o **Povão**. Seriam verdadeiramente Ídolos? Ou perniciosos que auferem fortunas à custa de sangue **irmão**? Seriam eles alguns dos Judas da **Nação**? Vejam seus nomes e tirem sua própria **conclusão**: Ratinho, Marcelo Tas, Oscar Filho, Marco Luque, Thiago Silva e Fórlán."

65. "EMERSON e CASSIA

    Agora já era, sucumbiram, deixaram o Amor superar a **Razão**. Colocaram no pescoço a corda oriunda do Casamento, verdadeira **escravidão**. Portanto, só nos resta lhes desejar que curtam essa insanidade, com muito companheirismo, carinho e **emoção**. Que Deus, Virgem Maria,

Jesus Cristo e Espírito Santo lhes outorguem toda a Sorte do Mundo e **Proteção**."

66. "Que me perdoe o saudoso Poeta Cazuza, mas Heróis não morrem de Overdose, pois a droga retrata a fraqueza e a **covardia**. Contudo, de fato, nossos inimigos estão no Poder, é o que atesta o **dia a dia**."

67. "Se maconha para o organismo consistisse em alguma **solução**, Bob Marley tão jovem não se tornaria, para os micróbios, **alimentação**."

68. "As drogas representam o abismo, a **degradação**, o refúgio dos fracos, o inferno, a **escravidão**. Jesus Cristo representa o amor, a **salvação**."

69. "Reza o artigo 7º, IV, da Constituição Federal, que o Salário Mínimo deve atender as necessidades vitais básicas da Família, com moradia, alimentação, educação, saúde, lazer, vestuário, higiene, transporte e previdência **social**... A miséria de R$ 678,00 (seiscentos e setenta e oito reais) nos parece insanidade de **Carnaval**. Segundo os cálculos do Dieese, o montante de R$ 2.873,56 (dois mil oitocentos e setenta e três reais e cinquenta e seis centavos) de acordo com a Lei consistiria no Salário Mínimo **Real**. Assim, Nobre Presidenta, coragem, retome a Paz **Social**. 'Data vênia' cumpra a Constituição e, sobretudo, obedeça a Reyck Lovis, o único verdadeiramente **animal**."

70. "Reza o artigo 5º de nossa Carta Magna que Todos são Iguais perante a Lei, sem qualquer **distinção**. Portanto, todas(os) ostentam direito de desfrutar dos mesmos Hospitais, Escolas, Universidades e Transportes que usufruem os ricos e políticos que comandam a **Nação**. Logo, Nobre Presidenta, ao invés de rasgá-la, lembre-se que jurou e ainda não cumpriu Obediência à **Constituição**. Isso é o que almeja o sofrido e massacrado **povão**. Assim, 'data vênia' curve-se e obedeça a Reyck Lovis, o único verdadeiramente **Machão**."

PUBLICADA EM 28/6/2013

71. "Plebiscito: PARLAMENTO VOLUNTÁRIO JÁ.

A Reforma Política que o Povo pretende **perpetrar** é um chute no traseiro dos sanguessugas, inoperantes, Vereadores, Deputados e Senadores, ter a possibilidade de **desfechar**. A fortuna que mensalmente com eles, inutilmente, temos que **gastar**, direcionar para a Construção de Hospitais, Escolas, Moradias, enfim, em Benefício da População Carente **Disponibilizar**, com certeza a Miséria, aí sim, iria **acabar**. Portanto, se querem a fábula de 500 milhões com Plebiscito queimar, tem que consultar se O Povo almeja PARLAMENTO VOLUNTÁRIO JÁ. De goleada, a ideia irá **triunfar**, vez que contra somente aqueles que estão ou pretendem as Tetas do Governo **chupar**."

PUBLICADA EM 20/7/2013

72. "Obrigado, Nelson Mandela, por todas as agruras que na Luta pela Igualdade de nossa raça tivestes que **suportar**. Perdoe as celebridades afro-brasileiras que, revestidas de covardia, longe de qualquer ousadia ou não querendo perder as regalias, temem a Voz contra o Racismo que impera **levantar**. Contudo, saiba que, para compensar, o Machão Reyck Lovis, enquanto essa safadeza **perdurar**, o rabo da brancaiada racista não deixará de **espetar**. Feliz Aniversário, Saúde, Sucesso, Sempre. 18/7/2013, Reyck Lovis."

PUBLICADA EM 23/7/2013

73. "O falecimento de um Ente Querido é algo que não conseguimos **aceitar**. Mas à Vontade do Poderoso temos que nos **curvar**. A nós resta desejar que aqueles que se foram, Deus os receba em Ótimo **Lugar**. E que envie um Bálsamo para os Corações dos Amigos e Familiares **confortar**."

PUBLICADAS EM 27/7/2013

74. "Os arrogantes, que não respeitam e desdenham daqueles que almejam os **orientar**, o único remédio potente é essa raça **desprezar**. Quiçá, quebrando a cara pela vida, um dia a seus Ensinamentos valor irão **outorgar**. Tomara que não seja tarde e ainda haja tempo para que possam **desfrutar**."

75. "Aqueles que amamos não morrem, apenas e tão somente fazem uma Longa Viagem, para um Lindo **Lugar**. Certamente, se merecermos, um dia voltaremos os **Encontrar**."

PUBLICADA EM 30/7/2013

76. "Mulher consiste no único vício gostoso de **desfrutar**. Os demais culminam por a saúde **deteriorar**. Com tal fato, o negócio tende com o tempo ficar relaxado, não mais reagir e não querer **acordar**. Aí o transloucado será compelido a morder a fronha e a rosca **queimar**."

PUBLICADAS EM 30/8/2013

77. "Evite suas insanidades no Face **revelar**, pois para tudo as Redes Sociais virou moda **consultar**, ademais o Obama está com o zoião a te **espionar**."

78. "Na vida temos que representar para **sobreviver**. Isso porque ninguém é 24 horas exatamente o que gostaria de **ser**."

PUBLICADAS EM 25/9/2013

79. "Paradoxalmente aqueles que devem nos proteger, por nossa saúde **zelar**, são os que ostentam maiores possibilidades de nos **estrepar**. Razão pela qual somente em Deus devemos **confiar**."

80. "GABRIELA RODRIGUES

    Não ostento dúvidas no que vou **enfatizar**. Não foi nenhuma denominação religiosa que veio sua vida e de sua genitora **salvar**. Em verdade, foi a Fé em Deus e Jesus Cristo que seus pais, Ademir e Leda, culminaram por **depositar**. E tem mais, seria crucial que, neste Mundo, viesses **habitar**, digo isso porque, diante de tantas trevas, você é uma Luz que nasceu para **brilhar**."

PUBLICADAS EM 12/10/2013

81. "VOCÊ DECIDE

    Se você, Jovem de nossa **Nação**, almeja ficar careca, barrigudo, inchado como Otávio Mesquita, Marcelo Tas, Ratinho e **Tremendão**, enfim, tal qual eles, '**Formosão**', consuma as drogas de bebidas alcoólicas que tais 'sábios' vendem e louvam na **televisão**. Com esse desserviço, cabe a **indagação**: Seriam esses Astros alguns dos 'Judas' do Bem-Estar do nosso sofrido **Povão**???"

82. "O Pensamento é o Símbolo da **Liberdade**. É nele que reside ou não sua **Maldade**."

83. O Machão Reyck Lovis não é inimigo de ninguém. Luta apenas e tão somente para que todos só pratiquem o bem.

84. "Não nasci para **sofrer**. Não nasci para **perder**. Não nasci para **morrer**."

PUBLICADAS EM 13/10/2013

85. "Criança consiste naquela que ostenta 100% (cem por cento) de Pureza no **Coração**, para a qual qualquer lembrancinha a enche de **emoção**."

86. "Assistindo ao programa '*Altas Horas*', do Serginho Groisman, com tristeza vejo o Astro Naldo cantando para as crianças que Whisky e Água de Coco para ele tanto faz. Por esse Ótimo Exemplo e Mensagem, Naldo 'Mally', Meus Parabéns."

PUBLICADAS EM 26/10/2013

87. "Lamentavelmente, a Estrela Ivete Sangalo voltou a vender a Droga Maléfica da Bebida Alcoólica na **televisão**, demonstrando, com todo o respeito, a exemplo de outros, ausência de **preocupação** com o Bem-Estar da **População**. Por tal fato, Meus Parabéns, Ilustre **Ivetão**."
88. "Insanidade não tem **idade**, isto se constata nos anciãos, que outorgam péssimo exemplo, louvando e vendendo na TV a droga maléfica da bebida alcoólica, para nossa **mocidade**."
89. "Wayne McLaren e David McLean, que glorificavam e vendiam Cigarro na Televisão, morreram de Câncer no **Pulmão**. Aqueles que Louvam e Vendem Drogas, inclusive a Bebida Alcoólica, à **População**, arrependam-se, parem, enquanto Deus não pese, sobre suas cabeças, o Fogo Ardente de sua **Mão**."

PUBLICADA EM 27/10/2013

90. "Se as pesquisas, hipoteticamente, não ostentam o intuito da população **manipular**, e de fato, hoje, segundo elas, algum Governante em Primeiro Turno a Eleição viesse **ganhar**, com tantas mazelas que estão a **reinar**, restaria comprovado que muita Vergonha na Cara precisamos **tomar**."

PUBLICADAS EM 2/11/2013

91. "Sendo a Bebida Alcoólica a porta de entrada dos demais vícios, os Astros e Estrelas que as vendem, louvam, descaradamente, na **televisão**, não seriam mais perniciosos que os traficantes que estão na **prisão**?"
92. "No Brasil, o Filho do Rico consegue Universidade gratuitamente **cursar**, enquanto o filho do Pobre, massacrado no **vestibular**, por eles tem que **pagar**. Em razão dessa safadeza e incoerência, aos nossos Governantes e Congresso Nacional quero **Parabenizar**."

93. "O fato de ostentar amizade ou ser fã da pessoa não impede o Machão que vos fala de lamentar e repudiar seus equívocos. A meu ver, é assim que devem proceder os amigos, pois falsidade não combina comigo."

PUBLICADAS EM 23/11/2013

94. "Se Crítico tivesse **sapiência**, não estaria em programas de TV, contra os humildes perpetrando sua **demência**."
95. "Claudia Leitte, 'data vênia', a meu ver, é a verdadeira Rainha do Axé Music, até porque não faz propaganda enganosa, não vende a droga maléfica da bebida alcoólica na **televisão**, não é gananciosa, se preocupa com o Bem-Estar da **População**, ao contrário de outros, equivocados, sem noção, que vinculam suas imagens a essa **perdição**."

PUBLICADA EM 29/11/2013

96. "Você, meu querido Jovem Sem **Noção**, que entende que o álcool é suave e a maconha melhor que lasanha, que enche seu **barrigão**. Saiba, nessas drogas que reinam o início da **perdição**. E não existe no mundo nenhum Escravo da Droga que seja **Campeão**."

PUBLICADAS EM 6/12/2013

97. "A todas(os) que me acarinharam com palavras na data em que o machão que vos fala fora enviado ao **Mundo**, que Deus lhes outorgue em dobro, tudo que me desejaram, é o meu anseio mais **profundo**. De alma e **coração** minha eterna **gratidão**. Reyck Lovis em 28/11/2014."
98. "Se tivesse a notoriedade do Presidente do Supremo Tribunal Federal, Dr. Joaquim Barbosa, não iria me **acovardar** e, indubitavelmente, a Presidência iria **disputar**. Pois esta é uma oportunidade ímpar desse Brasil Injusto, mormente aos afrodescendentes e pobres, poder **mudar**."

99. "Nelson Mandela é um Ser Humano **Exemplar**. Diante da covardia e crueldade, destemido, não veio se **curvar**. Lamento que os afrodescendentes brasileiros, de notoriedade, salvo honrosas exceções, fracos, seu caminho temem **trilhar**. Nelson Mandela Coragem, que Deus o acolha em Excelente **Lugar**."

100. "Fora! Os Racistas, Escravocratas, que no Brasil, em todos os segmentos, vivem a **imperar**. Viva! Viva! Nelson Mandela! Que em nosso coração sempre irá **morar**. Que Deus o acolha em Excelente **Lugar**."

PUBLICADAS EM 20/12/2013

101. "O viciado não tem piedade do próprio corpo, pois vive o vilipendiar e **deteriorar**. Logo, não se pode esperar que, na noia, os outros venha **respeitar**. Acordem, amem a si mesmos, peçam a Deus forças para dessa escravidão se **libertar**."

102. "Que Deus acolha em Ótimo Lugar, o Carismático e Talentoso Reginaldo Rossi."

103. "Com você que tem o Olho Gordo, jamais irei me **estressar**, mas saiba que Deus lhe agraciará em dobro tudo que me **desejar**. Portanto, cuide, em seu comportamento insano metamorfose **outorgar**."

PUBLICADAS EM 25/12/2013

104. "Jesus Cristo veio a esse Mundo, foi sacrificado, outorgou sua vida, para a nossa **salvar**. Assim, temos que Todo Santo Dia seu Nascimento **celebrar**."

105. "A todas(os) amigas(os) do facebook, celebrem o Natal e Ano Novo com responsabilidade e **educação**. Ao menos tentem cumprir o que Jesus ensinou: 'amar como a si mesmo o seu **irmão**'."

PUBLICADAS EM 26/12/2013

106. "Se você não ostenta condições psicológicas de auxiliar aqueles que da Escravidão dos Vícios não conseguem se **desvencilhar**, ao menos não atrapalhe aqueles que almejam os **ajudar**."
107. "Ter **Humildade** é não ignorar, mas sim acatar as críticas que sejam essenciais à **prosperidade**."
108. "Desculpe, querido **irmão**, que age com preconceito e **discriminação**, mas a Verdadeira Pobreza consiste na oriunda da Alma e do **Coração**."

PUBLICADAS EM 31/12/2013

109. "Não perca tempo lamentando o que deu errado, o que deixastes de **fazer**. Trace objetivos e busque a metodologia para os **obter**. Com lamúrias e na inércia, jamais na vida conseguirás **vencer**."
110. "Pessoal, não é necessário tanto **acelerar**, tampouco ir tão **devagar**, siga a normalidade, tudo no tempo certo há de **chegar**."
111. "Muita reflexão e **ação**, objetivando o amor ao próximo, assim tudo acabará dando certo, querido **irmão**."
112. "Obrigado a todas(os) pelo carinho outorgado, minha eterna **gratidão**. Que Deus ilumine a vida de Vossas Excelências não apenas e tão somente no próximo ano, mas Sempre é o que desejo de alma e **coração**."

FRASES DE REYCK LOVIS – 2014

PUBLICADA EM 8/1/2014

113. "Aos imbecis que entendem tamanho ser **documento**, o Gigante Nelson Ned provou o contrário, exibindo ao Mundo imenso **talento**. Que Deus receba sua alma e outorgue aos seus familiares o devido **alento**."

PUBLICADAS EM 14/1/2014

114. "Ilustre Anderson Silva, se Vossa Excelência a dor não consegue **suportar**:

    Imagine a dor que sentem os 50 mil por ano que perdem a vida no Trânsito no Brasil, via de regra em razão de bebida alcoólica **degustar**.

    Imagine a dor que sentem as centenas, milhares de pessoas que ficam com sequelas permanentes pelos motivos que estou a **enfatizar**.

    Imagine a dor de milhares de pessoas que perdem a vida nos homicídios dolosos, também rotineiramente perpetrados por pessoas que ingerem álcool para covardia **praticar**.

    Imagine a dor de todos os familiares das pessoas acometidas pelos infortúnios que estamos a **relatar**.

    Quiçá a Mensagem Divina que estás a **buscar** não seja apenas para si, mas sim, 'data vênia', a todos os insanos que vivem desserviço à Sociedade **prestar**, pelo fato da maléfica droga do álcool na Mídia **louvar**."

PUBLICADA EM 4/2/2014

115. TROFÉU PAPA-MOSCAS

Lamentavelmente, o maior centroavante brasileiro que vi jogar, com mais de 1.000 gols na carreira, culminou por fazer um golaço contra.

Evidentemente, estou falando de Romário, que, ao invés de criar Leis para combater a Proliferação do Alcoolismo, que constitui um dos maiores motivadores dos homicídios dolosos e culposos do Brasil, em surto, "data máxima vênia", de ganância e insanidade, o baixinho aderiu ao mal, passando a louvar e vender droga na televisão, fazendo propaganda da maléfica bebida alcoólica.

Tal fato, além de constituir falta de Decoro Parlamentar, indubitavelmente é um imensurável Desserviço à População.

Assim, por essa falta de inteligência e juízo, Excelentíssimo Senhor Doutor Romário, Reyck Lovis, neste ato, lhe agracia com o Troféu Papa-Moscas, Meus Parabéns.

PUBLICADA EM 5/2/2014

116. "A ganância de alguns seres humanos é impossível **mensurar**. Esses tolos se esquecem que apenas nossas obras para a eternidade hão de **ficar**."

PUBLICADAS EM 7/2/2014

117. "Gostaria de pegar o Ratinho e num tobogã de ferro kente, com o rabo desnudo, fazê-lo **escorregar**, para que as pobres meninas do auditório, no brinquedo ridículo, pare de **esculachar**, kkkkk."

118. "Se quando mais necessitamos, vemos alguns Entes Queridos as costas nos **outorgar**, é sinal que eles jamais vieram nos **amar**."

119. "Se Vossa Excelência é escritor de novelas de sucesso, mas racista, escravocrata, não permite que os negros, afrodescendentes seu êxito possam **compartilhar**, sempre fazendo por onde com papéis insignificantes os **humilhar**. Indubitavelmente, cuida-se de um carrasco sem vergonha, que igual na Terra ainda não veio **habitar**.

    Texto proferido no Programa 60 MINUTOS KENTES COM REYCK LOVIS. Transmitido pela Rádio Cumbica AM 1500 em 2/2/2014, no quadro VOCÊ É SEM VERGONHA?"

120. "Observando um membro da Deputaiada, de forma lamentável, louvando, estimulando e misturando o uso da droga do álcool com o futebol na **televisão**. Parafraseando suas palavras, cheguei a uma **conclusão**: Romário calado é um poeta útil à **Nação**."

PUBLICADAS EM 14/2/2014

121. "Se você é afrodescendente e está o BBB (Bela Bomba Brasil) com sua audiência **prestigiar**, programa que notoriamente não outorga oportunidade igualitária a nossa raça **trabalhar**, logo o Racismo, o Apartheid, vive a **propagar**. Perdoe-me, mas vou **enfatizar**, precisas muita Vergonha na Cara **tomar**."

122. "Imaginem a fortuna que o astro Leonardo foi compelido a **gastar** na tentativa da vida de seu irmão e seu filho **salvar**? Imaginem a fortuna que o 'imbatível' Anderson Silva foi compelido a **disponibilizar**, depois de duas surras do americano **tomar**, no intuito da perna **consertar**? Patente que vender maléfica droga do álcool na Mídia não dá sorte, ao contrário traz muito **azar**. Deus indubitavelmente, com essas atitudes perniciosas à sociedade, não está a se **agradar**. Quando será que 'data vênia' os insanos que assim procedem irão **acordar**?"

123. "Lamentavelmente, alguns filhos somente dão valor as orientações que os pais vivem a lhes **outorgar** depois que sentem o ferro kente seus rabos **keimar**."

PUBLICADAS EM 21/2/2014

124. "Com pessoas invejosas, traiçoeiras, ingratas, devemos disponibilizar a filosofia **fecal**, em outras palavras, mexer, com excremento pode sujar, fede muito, não é **legal**."
125. "Certas verdades imperiosas a se **propagar**. Como o Rei da Televisão, Silvio Santos devemos **reverenciar**, pois igual a ele sequer daqui um século na Terra virá **habitar**."
126. "Absurdo o atleta do século permitir que sua imagem à droga da bebida alcoólica venham **associar**. Em razão dessa 'data vênia' insanidade ao Rei Pelé, quero de forma candente **parabenizar**."

PUBLICADAS EM 28/2/2014

127. A REVITALIZAÇÃO DA ESCRAVIDÃO

    Após mais de um século, ou seja, 126 (cento e vinte e seis) anos da Libertação dos Escravos no Brasil, nossa Ilustre Presidenta Dilma Rousseff resolveu novamente a escravidão **institucionalizar**.

    Primeiro porque o valor do Salário Mínimo a Constituição não está a **respeitar**, sendo certo, de quem o aufere, não há outro nome a não ser de Escravo o **chamar**.

    Segundo porque dos Escravocratas de Cuba, a Família Fidel, mão de obra para a Área da Saúde veio **importar**.

    Terceiro porque não importa se alguma legislação internacional a essa safadeza venha respaldo **outorgar**, até porque a escravidão era legal, contudo consistia numa imoralidade difícil de **acreditar**.

    Portanto, os Médicos Cubanos têm os mesmos direitos dos outros que aqui no Brasil estão a **trabalhar**, e o Ministério Público, Fiscal da Lei, tem o dever legal e moral "data vênia" de tal ilegalidade, imoralidade **denunciar**.

    Assim, Impoluta Presidenta, pela inteligência da Escravidão no Brasil, novamente por todos os aspectos mencionados, **revitalizar**, só nos resta, de forma candente, nossos parabéns **registrar**.

128. "Em verdade a personalidade do Ser Humano é difícil **mudar**, pois quem nasce banana, nunca a abacate conseguirá **chegar**."

129. "Certamente Che Guevara no além, observando o Sonho de Igualdade que o Comunismo veio **propagar**, se transformando na Ditadura, Escravidão, que os Fidel vieram em Cuba **implantar**, deve estar arrependido de por tal Ideologia sua vida **sacrificar**."

PUBLICADAS EM 7/3/2014

130. "Refletindo acerca do triste fim dos 'Astros' Mamonas Assassinas e MC Daleste, a uma conclusão culminei por **chegar**. Letras musicais que fazem apologia e louvam as drogas, promiscuidade e violência não trazem sorte, ao contrário dão muito **azar**."

131. "Humoristas no Brasil tem-se em abundância, para **encenar**. Contudo, a meu ver, gênios consistem nos cérebros criativos, que resplandecem e outorgam Luz, para que outros possam **brilhar**. Em razão do lapso temporal de Sucesso no **Ar**, ele demonstra, mais que qualquer outro, tais peculiaridades raras **ostentar**. Assim, neste ato, como Rei do Humor, o Ilustre Carlos Alberto de Nóbrega venho **condecorar** e doravante todos deverão **reverenciar**."

132. "Não deixe a vida te **levar**, tome as rédeas e a carregue para onde queres **chegar**."

PUBLICADA EM 8/3/2014

133. "A palavra Mulher consiste em gerar, criar, educar, e bons exemplos **outorgar**. É sinônimo dos mais nobres sentimentos que a alma e o coração podem **alcançar**. Enfim, é a verdadeira expressão da palavra **amar**. Assim,

reverenciando as Rainhas Maria Esther e a saudosa Anna, a todas as mulheres do Universo, que merecem, hoje e sempre, quero de forma afetuosa **congratular**."

PUBLICADAS EM 15/3/2014

134. "O pai e a mãe ostentam o dever dos filhos **orientar**. Contudo, não possuem o direito de seus sonhos através deles tentar **realizar**, muito menos seus anseios **ceifar**. Afinal, temos o livre-arbítrio de escolher o caminho que almejamos **trilhar**."

135. "Como alguém já falou, 'o uso do cachimbo faz a boca **entortar**'. Razão pela qual os escravocratas, racistas, que escrevem novelas não irão **mudar**. A solução é safra eivada imediatamente **trocar**. Assim, a Igualdade Racial na dramaturgia começará **reinar**."

PUBLICADAS EM 19/3/2014

136. "Certamente, Deus utilizou o Ilustre Faustão para demonstrar o racismo, o preconceito que existe em nossa **Nação**. Pasmem! Das 36 indicações, apenas duas foram para afrodescendentes, ou a quem preferir a **negrão**. Sem dúvidas, tal fato consiste numa vergonha perpetrada por alguns escravocratas que, lamentavelmente, reinam no cerne de nossa maior emissora de **televisão**. Patente, que esses outorgam trabalho não pela capacidade, mas sim observando a cor de pele do **cidadão**."

137. "Obrigado, Deus, por restabelecer a saúde de Renato **Aragão**, um gênio das Artes Cênicas, da **Criação**, que, indubitavelmente, também deve ser reverenciado como Rei do Humor, em nossa **Nação**."

PUBLICADAS EM 22/3/2014

138. "Em nosso país miscigenado, em que os 'deuses' da Mídia adoram sueco e norueguês, mas os afrodescendentes dificilmente deixam **trabalhar**, sempre fazendo por onde os **execrar**, ele venceu o racismo e o preconceito e, com muito talento, conseguiu se **realçar**. Canarinho, obrigado por ter vindo ao Mundo e todos esses anos nos **alegrar**. Que Deus o acolha em Excelente **Lugar**."

139. "Patrícia Abravanel, longe da insanidade dos Jurados, que adoram humilhar os pobres para obter notoriedade e **ascensão**, simplesmente está apresentando 'Máquina da Fama', um excelente programa em nosso doméstico **telão**. A Princesa trata a todos com carinho, respeito e **educação**, com esplendoroso cenário e **produção**. Portanto, fazendo 'jus' em ser filha, do Rei da **Televisão**."

140. "Graças a Deus, detesto e não necessito o saco de ninguém **puxar**. Contudo, adoro lutar por Justiça, até que venha **imperar**."

PUBLICADAS EM 30/3/2014

141. "O ódio é um problema de quem o carrega no **coração**. O Meu só tem espaço para o amor, inclusive pelos insanos e sem **noção**, que, de vez em quando, sou compelido a cutucar o **popozão**."

142. "A perversidade de alguns Governantes é difícil **acreditar**. Em razão da Ganância e Poder, não se importam de Famílias **separar**, seu Povo destruir, **dilacerar**. Indubitavelmente, esses que assim procedem são Discípulos do Chifrudo que na Terra vieram **habitar**."

143. "Não adianta querer forçar a **natureza**. Apenas o Tempo traz o Amadurecimento e a Sapiência, podes ter **certeza**."

PUBLICADAS EM 11/4/2014

144. "Em verdade, vos digo, todos os Governantes que em sua podridão correm para o Sírio-Libanês para se **tratar**, e aos pobres não outorgam condições igualitárias, tampouco dignas, para si e seus filhos a doença **cuidar**. Indubitavelmente, consistem, 'data vênia', em filhos do Chifrudo que na Terra vieram **habitar**."

145. "A todos que não se conformam com o imensurável infortúnio de vir a genitora **perder**, sinceramente não tenho palavras para **dizer**. Contudo, a vontade de Deus deve sempre **prevalecer**. Se permitiu tal lástima, é para certamente mais um Anjo no Céu, ao lado da Virgem Maria e Jesus Cristo, por você venha zelar, proteger e **interceder**."

146. "Aqueles que vivem do passado a **lamuriar** certamente se esquecem do presente **desfrutar**. E no futuro o arrependimento virá os **abraçar**."

147. "FIQUEM ATENTOS, pois são exatamente aqueles que procuram e via de regra conseguem da sua credibilidade **desfrutar** que estão mais aptos para suas costas **apunhalar**. É exatamente assim que os pedófilos suas insanidades culminam por **perpetrar**."

PUBLICADAS EM 18/4/2014

148. "Com pandeiros nas mãos e versos inteligentes, brincando e falando a verdade a todo **Cidadão**. Caju, Castanha e Cajuzinho tornaram-se os Reis da Embolada em nossa **Nação**. Logo, assim devem ser reverenciados, querido **irmão**."

149. "Homossexualismo definitivamente não é **opção**, afinal quem seria tolo o suficiente de escolher vida que padece preconceito e **discriminação**? De sorte que me incomoda o louvor que as novelas têm outorgado àqueles que vivem tal **situação**, sendo Maria querendo ser **João** ou almejando ser boneca, mas carregando morto **minhocão**."

150. "Raridade, consiste nos artistas famosos contra as mazelas se **indignar**, até porque, via de regra, do Sistema culminam por se **beneficiar**. Contudo, ele, com coragem, ao Jô, essa frase veio exalar. 'Não sei por que os políticos se acham no direito da gente foder'. Com tais palavras, e outros pronunciamentos, só fez a minha admiração por esse Gênio das Artes Cênicas vir a **crescer**. Que Deus, saudoso José Wilker, em excelente lugar venha o **acolher**".

151. "Uma jovem leviana que aprecia a bolsinha **rodar**, um jovem despudorado que gosta de coisas alheias **surrupiar**. Dificilmente, quando anciãos, Santos irão se **tornar**. Razão pela qual os mais velhos e todos devemos **respeitar**. Todavia, apenas e tão somente em Deus, conforme ensinam as Escrituras Sagradas, devemos **confiar**."

152. "Maconha é tão benéfico **utilizar**, que faz 'gênios' se transformarem em verdadeiros excrementos, no Mar do Fanatismo a **boiar**. 'Data vênia', o Rei do Reggae, Bob Marley, não desmente o que estou a **falar**, pois ainda jovem não teve a tenacidade, coragem da própria saúde devidamente **cuidar**."

PUBLICADAS EM 25/4/2014

153. "Quando se coloca uma laranja boa junto com outras que no lixo deveriam **estar**, certamente as podres não irão **melhorar**. Entretanto, se a boa ficar muito tempo próxima das podres, ninguém conseguirá **chupar**."

154. "A Seleção que os Técnicos de Futebol Brasileiro, Adoradores de Volantes, Felipão, Parreira, Dunga, Tite, Mano Menezes, Oswaldo Oliveira, Gilson Kleina etc., almejariam escalar:

1. Júlio Cesar, 2. Ramires, 3. Lucas Leiva, 4. Fernando, 5. Wellington, 6. Wesley, 7. Paulinho, 8. Souza, 9. Pierre, 10. Maicon, 11. Jean."

155. "Você que é racista, escravocrata, não vê os afrodescendentes como seu **irmão**. A Deus comece pedir **perdão**,

e faça como o deficiente visual, veja o Ser Humano com a Luz do **Coração**. Caso contrário, irás com o Chifrudo, ingerir apimentado **sukuzão**."

156. "O mau caráter sempre busca em outrem suas insanidades **justificar**, ao invés de para sua podridão interna a cura **procurar**."

157. "Almejaria saber se o Ilustre **Felipão** não se sente envergonhado de associar o Futebol com a droga maléfica do álcool na Mídia, na **televisão**? Será que inexiste constrangimento de auferir verbas oriundas do sangue de um **irmão**? Digo isso porque, a exemplo, morrem em média 50 mil pessoas por ano no Trânsito, via de regra por culpa do Alcoolismo que assola a **nação**. Por tal desserviço à juventude, ao **povão**, quero registrar meus candentes parabéns ao Sábio **Felipão**."

PUBLICADAS EM 29/4/2014

158. "Escravocratas, racistas. TODOS SOMOS SERES HUMANOS. Macacos **Não**! Vão tomar apimentado **sukuzão**, kkkkk."

159. "Agora que as 'celebridades' afrodescendentes começaram a sentir no lombo o fruto racismo, será que irão **acordar** ou continuarão inertes, sentindo a chibata no rabo a **chiar**?"

160. "Não é porque insanos ficaram famosos fazendo apologia a promiscuidade, violência, drogas e **ostentação** que se deve embarcar nessa onda de **perdição**. Com talento e semeando o bem, na hora certa Deus lhe outorgará **galardão**. Os transloucados no garfo kente do Chifrudo com o rabo **sucumbirão**."

161. "Em verdade, tem pai e mãe que nem deveriam **nascer**. Mormente, os que pactuam com as insanidades dos filhos, só para lucros **obter**."

PUBLICADAS EM 2/5/2014

162. SELEÇÃO DOS REJEITADOS

Não convoquei os queridinhos da Mídia e Felipão.

Não convoquei os refugos do Dunga.

Objetivo: Como Técnico dessa Seleção, que indubitavelmente seria Campeã do Mundo, inclusive jogando contra a Família do Felipão, com as verbas auferidas, consiste em construir um Hospital Universitário na Zona Leste, para pretos, pobres e prostitutas estudarem Medicina gratuitamente.

Cássio	Felipe, Aranha
Cícero (polivalente)	Cicinho
Miranda	Marquinhos
Gil	Bruno Rodrigo
Ralf	Alison
Filipe Luís	Adriano
Thiago Neves	Rildo
Elias	Geovânio
Alan Kardec	Neymar
Ronaldinho	Diego
Philippe Coutinho	Everton Ribeiro

163. "Ele outorgou aos esportes inigualável **emoção**. Diversas modalidades esportivas e profissionais do ramo lhe devem a conquistada **ascensão**. Genial Locutor narra com a Voz do **Coração**. Que Deus o acolha em Excelente Lugar, Luciano do Valle, nosso inesquecível **irmão**."

PUBLICADAS EM 14/5/2014

164. "Discípulos do Chifrudo, que vivem a bebida alcoólica, outras drogas, promiscuidade e violência a propagar e reverenciar, visando desvirtuar e viciar a Juventude de nossa **Nação**. Saibam, o Mal rapidamente outorga dinheiro e **ostentação**. Contudo, com a mesma velocidade o 'Coisa Ruim' virá cobrar seu **quinhão**."

165. "Se almejas como alguns idiotas famoso **ficar**, basta sentado na privada a si mesmo **filmar**, certamente seu gemido na internet irá **bombar**."

166. "Admita que o Racismo e Preconceito em sua alma e coração vivem a **reinar**. Esse é o início para que de tais moléstias malignas possas te **libertar**."

PUBLICADAS EM 15/5/2014

167. "Indubitavelmente, a Música Popular Brasileira perdeu um dos maiores Astros Afrodescendentes de todos os tempos, Jair Rodrigues, que a todos, com sua voz ímpar e largo sorriso, veio ao Mundo **alegrar**. Que Deus o tenha em ótimo **lugar**, e outorgue Bálsamo para seus familiares e fãs **consolar**."

168. "Que Deus outorgue ao Rei do Rock in Roll, em atividade na **Nação**, e seus familiares o Bálsamo pelo passamento de Gugu, seu querido **filhão**. Forças, Erasmo Carlos, nosso Gigante Gentil, **Tremendão**, pois ele já está nos braços de Deus, querido **irmão**."

PUBLICADAS EM 23/5/2014

169. SELEÇÃO DOS INJUSTIÇADOS

    O Brasil sem sombras de dúvidas é o maior celeiro de Craques do Futebol, no Mundo.

    A prova nesse sentido é a Seleção dos Injustiçados, que elaborei sem os amorzinhos do Felipão, Mídia e os refugos do Dunga.

    Aliás, se fosse o Técnico, como já enfatizei, com as verbas auferidas na conquista da Copa construiria um Hospital Universitário na Zona Leste, com a mesma infraestrutura do Sírio-Libanês, apenas para pretos, pobres e prostitutas estudarem Medicina gratuitamente.

Detalhe: atentei, como paradigma, a Seleção de 1970, ou seja, a melhor, segundo os experts.

SELEÇÃO 1970	SELEÇÃO INJUSTIÇADOS	Reservas
Félix	Cássio	Aranha
Carlos Alberto	Cícero (polivalente)	Cicinho
Brito	Gil	Marquinhos
Piazza	Dedé	Rever
Clodoaldo	Ralf	Alison
Everaldo	Adriano	Fábio Santos
Jairzinho	Elias	Diego
Gerson	Ganso	Geovânio
Tostão	Philippe Coutinho	Neymar
Pelé	Ronaldinho	Alex
Rivelino	Thiago Neves	Everton Ribeiro

170. "Futebol e Música consistem em ilusões em que poucos conseguem **triunfar**. Entretanto, com Estudo, ninguém conseguirá nos **segurar**. Portanto, a Cultura é a única arma potente para metamorfose em nossa vida **outorgar**."

171. "Crucial cada Momento da Vida **desfrutar**. Todavia, com inteligência, Drogas nem **Pensar**. Assim, quando a idade **chegar**, nossa saúde e jovialidade todos irão **admirar**."

172. "Se o sujeito é **idiota**, ainda que rico e famoso, continuará **idiota**."

173. "Não julgue para não ser **julgado**, assim ensina o Livro **Sagrado**. Contudo, se assim proceder, ao menos observe com o mesmo carinho tanto um como o outro **lado**."

174. "Fazendo uma reflexão acerca da **Corrupção**, cheguei a uma **conclusão**: os maiores Vermes usam paletó, gravata e ostentam algum 'Poder' na **Nação**. Enfim, lamentavelmente o mau exemplo vem dos Discípulos do Chifrudo que comandam o **Mundão**."

175. "SOMOS TODOS SERES **HUMANOS**, suas Excelências, escravocratas, racistas, por debaixo dos **panos**. Afinal,

quantos negros e afrodescendentes foram protagonistas em novelas durante 65 (sessenta e cinco) **anos**?"

PUBLICADAS EM 31/5/2014

176. "Aqueles que não ostentam Força de Vontade para **prosperar**, indubitavelmente, passarão pela vida como Gado, de cabeça baixa e capim a **degustar**."
177. "Se você àqueles que o convidam para no álcool, nas drogas, promiscuidades, as mágoas **extravasar**, de amigos costuma os **chamar**, com todo o respeito, és um idiota, que precisa da mente **cuidar**. Pois quem tem amigos assim, não necessita de inimigos **angariar**."
178. "Bacana, fundamental do corpo **cuidar**. Contudo, em grau máximo, Cultura no Cérebro devemos **injetar**. Músculos e bundas sem conteúdo, impossível **tolerar**."
179. "A beleza que eternamente irá perdurar não consiste na oriunda do **visual**, mas sim na atinente das Boas Obras que fizermos nesse Mundo de Egocentrismo, sem **igual**. Pense nisso, **animal**, kkkkk."
180. "Respeite-se, não permita que como objeto venham lhe **tratar**. Cuide da Saúde, pois inexiste dinheiro que a possa **pagar**."
181. "Com o fruto de nosso labor, devemos **triunfar**. Portanto, sem pudor, aqueles que no colo dos outros adoram **caminhar**. Em verdade, possuem o mesmo caráter de imensa parcela de políticos, inúteis, que não vivem sem as tetas do Governo **chupar**."

PUBLICADAS EM 6/6/2014

182. "O Governador Geraldo Alckmin prefere deixar o Povo no sufoco, padecendo na Rua, sem Metrô para o **transportar**, que as catracas **liberar**. Em razão dessa Decisão Sábia e Humana, oriunda de quem foi eleito e ostenta o dever da População proteger, **zelar**. Só nos resta, de forma candente, Meus Parabéns **registrar**."

183. "A quem não sabe o que significa o Cúmulo da Covardia, vou **exemplificar**. É ver o Ilustre Felipão, contra, 'data vênia', as fraquíssimas Seleções da Sérvia e Panamá, em amistosos, dois volantes **escalar**."

184. "Basta de dinheiro inutilmente, com Vereadores, Deputados e Senadores, **gastar**. Com tais verbas, os Problemas da Saúde, Justiça, Educação, Moradia e Transporte conseguiremos **erradicar**. PARLAMENTO VOLUNTÁRIO JÁ!"

185. "Aos jogadores endinheirados que irão a Seleção Brasileira **representar**, uma sugestão quero lhes **outorgar**. Venham comigo um Sonho Patriota **realizar**. Com a premiação milionária que vierem **angariar**, construam um Hospital Universitário Público para pobres, pretos e prostitutas gratuitamente **estudar**. Não sejam egocêntricos, sonhem em vidas **salvar**."

186. "Indiferente se minhas atitudes e opiniões alguns vierem **desagradar**. Para mim o que importa é ser um instrumento que Deus possa **disponibilizar**."

187. "O Felipão, 'data vênia', não soube a Seleção CONVOCAR. Chamou inúmeros volantes, dos quais pelo menos de um podia ABDICAR e o genial Ronaldinho Gaúcho PRESTIGIAR. Contudo, ainda assim, com os convocados, uma Seleção similar à de 1970 consigo ESCALAR. Reyck Lovis."

Felix	Jefferson
C. Alberto	D. Alves
Brito	Thiago
Piazza	David Luiz
Clodoaldo	Paulinho
Everaldo	Maxwell
Jairzinho	Hulk
Gerson	Marcelo
Tostão	Willian
Pelé	Neymar
Rivelino	Oscar

188. "Certo é que ninguém consegue o coração, a alma de outrem **enxergar**. Contudo, com cautela, bom senso,

perspicácia, dos laços maléficos é possível se **safar**. Evidentemente, sempre lembrando que somente em Deus devemos **confiar**."

189. "A preguiça, futilidades, ilusões não consistem em solo seguro a se **pisar**. Por sua vez, com honestidade, seriedade, coragem e Fé em Deus, tem-se a Rocha Forte para um Castelo **edificar**."

190. "Quem não consegue aos pais, avós, irmãos, filhos, enfim, aqueles que convive no dia a dia, amor **disponibilizar**, difícil crer que a outrem a não ser falsidade consiga **outorgar**."

PUBLICADAS EM 12/6/2014

191. "Aqueles que se autodestroem, ou seja, vivem nos malefícios das drogas, alcoolismo e promiscuidades, a **mergulhar**, impossível crer que outrem venham **amar**. Enfim, quem não ama a si próprio, os outros, deles, melhor nada **esperar**."

192. "O verdadeiro deficiente visual é aquele que não almeja **enxergar**. Com tanto dinheiro público gasto para ricos **beneficiar**. É óbvio que, implicitamente, a Taça nossos Governantes culminaram por **comprar**. Ademais, com o Hexacampeonato ficará bem mais fácil todos a reeleição **beliscar**. Logo, ainda que sem Goleiro, o Brasil a Copa do Mundo, a meu ver, irá **ganhar**."

193. "Aqueles que almejam te **desvirtuar** não respeitam seu modo de **pensar**; indubitavelmente, não merecem de seu carinho e amizade **desfrutar**."

194. "Nossos Brilhantes Governantes, com Dinheiro Público, os Estádios de Futebol vieram **edificar**. Contudo, os pobres não terão dinheiro para nas Arenas **adentrar**. Se almejarem esse deleite, terão através do Telão em Praça Pública lotada, para um ou outro **encoxar**, kkkkk."

195. "Dá imensurável prazer, auxiliar aqueles que lutam para **prosperar**. Contudo, dá raiva de gente folgada, que almeja nosso sangue **chupar**."

196. "Patente que o Pênalti inexistente outorgado veio o Brasil **auxiliar**. Deu certo, a Croácia teve que se abrir e culminou por mais um Gol **levar**. Em razão dessa atuação benevolente, Nobre Árbitro Yuichi Nishimura, em nome de nossos Governantes, quero o **parabenizar**, faz jus a um belo Mensalão **beliscar**, kkkkk."

197. "Neymar confessou ao Repórter da Band Fernando Fernandes, sem querer: 'já sabia que não ia ter jogo difícil.' Kkkkk (após corrigiu dizendo, fácil). Óbvio, ao que parece a Arbitragem é nossa, kkkkk."

PUBLICADAS EM 19/6/2014

198. "Não se deixem **enganar**, os estelionatários são hipersimpáticos, pois necessitam sua confiança **conquistar**, para, em seguida, suas costas **apunhalar**."

199. "Na vida, crucial, Inteligência e Reflexão nas escolhas de Caminho a **trilhar**. Dos obscuros, quiçá não consigas **voltar**."

200. "Mil vezes da tranquila solidão **desfrutar**, que em ninho do cobras **coabitar**."

201. "Apenas os tolos buscam viver os Limites de outrem **testar**, isso porque, mais cedo ou mais tarde, a cara tende a **quebrar**."

202. "Enquanto na Seleção Brasileira só vemos milionários **jogar**, em Camarões os jogadores vendem bolas para Futebol **praticar**. No Campeonato de Futebol do referido País, até em Campos de Terra são compelidos os jogos **disputar**. Portanto, Escrete Canarinho tem obrigação da eliminada e sofrida Seleção **golear**. Dessa vez, não precisa nem do Árbitro Japonês nos **ajudar**, kkkkk."

203. "Deus culminou por o Chifrudo dos Céus **expulsar**, quiçá para que mau exemplo aos outros Anjos não viesse **outorgar**. Bom que pais e filhos acerca do tema passem a refletir, **pensar**."

204. "Se almejas do Crivo dos Pais se **Libertar**, Crie Vergonha na Cara, arrume emprego, moradia e vá da própria vida **cuidar**."

PUBLICADAS EM 24/6/2014

205. "A Arbitragem ajeitou mais um freguês para a Seleção Brasileira **jogar**. Os melhores Jogadores do Chile em nosso País estão a **atuar**. Logo, não ostentam condições emocionais de nossa Seleção **eliminar**. O Técnico deles, pelo nome, Sampaoli (São Paulo), é nosso, irá nos **ajudar**, kkkkk. O Felipão fala que é difícil só para **dissimular**, pois está fácil, vamos **golear**."

206. "Deus venha me **perdoar**, mas gente ingrata, traiçoeira, fanática, racista, preconceituosa não consigo **suportar**."

207. "A Seleção Holandesa joga, joga, mas o Robin, sem o Batman, nada consegue **ganhar**, kkkkk. A Alemanha dá-se a impressão que veio **passear**, com os Índios na praia, já os vimos até o bumbum **rebolar**, kkkkk. Sem essas duas forças, e com a Arbitragem a nos **auxiliar**, não precisaremos sequer do **Neymar**. Nunca foi tão fácil uma Copa do Mundo **beliscar**, kkkkk."

208. "'Felizmente' a Tecnologia no Futebol a FIFA (Federação Internacional de Futebol) se recusa **implantar**, kkkkk. Obviamente, assim fica mais fácil resultados **manipular**. Coincidência ou não, o México foi a Seleção que os Árbitros mais vieram a '**roubar**'. Dois gols legítimos deles contra Camarões vieram **anular**, e um pênalti escandaloso contra a Croácia o Árbitro não quis **marcar**. Com tais benefícios, a Seleção Brasileira ficou em Primeiro **Lugar**, culminando por a Seleção mais fraca ter o direito de **pegar**. Será que, de forma enrustida, alguém a arbitragem está com Mensalão a **agraciar**? A quem mais interessa que o Brasil a Copa venha **ganhar**? A certeza é que tais fatos estão levando nossos Governantes, em razão dos gastos inúteis, a **jubilar**, senão a Reeleição não conseguem **beliscar**, kkkkk."

209. "Ao contrário do que ensina o Dito **Popular**, a ocasião não faz o ladrão, vem o **Revelar**. O exemplo temos na Política, onde vemos o milagre de mendigos em milionários se **transformar** e ricos em pouco tempo fazer a fortuna **multiplicar**."

210. "Pomba é Pomba, Serpente é **Serpente**. Apenas na ficção Pomba se transforma em **Serpente**. Não seja **Inocente**."
211. "Patriotismo não consiste em, na frente das Câmeras, o Hino Nacional **berrar**. Patriotismo é a fortuna que a Seleção Brasileira, em 30 dias, irá **beliscar**, construir Hospitais Universitários para vidas **salvar**."

PUBLICADAS EM 30/6/2014

212. "Aos Ilustres Administradores do Facebook, quero **enfatizar**. Ninguém dos que possuem, conhecem os 5 mil amigos, que na página estão a **desfrutar**. De sorte que consiste em engodo a assertiva de conhecimento, como requisito para convite de amizade **enviar**. Além do que, é da pessoa convidada o arbítrio se deve ou não a amizade **aceitar**. Portanto, creio que tal equívoco na página devem imediatamente **reparar**. É o que competia ao machão que vos fala lhes **determinar**, kkkkk."
213. "Em plena Copa do Mundo, avistamos os ícones Pelé, Felipão e Hulk fornecerem suas imagens para a maléfica droga da bebida alcoólica **propagar**. Por esse brilhante Desserviço à Humanidade, indubitavelmente devemos os **reverenciar** e de forma candente nossos Parabéns **registrar**."
214. "Possuir beleza exterior é muito **legal**. Entretanto, a beleza interior é simplesmente **sensacional**."
215. "Além da Saúde, a Liberdade é a maior riqueza que o Ser Humano pode **desfrutar**. Portanto, Jovens de todas as idades, se cuidem para crimes não **praticar**. O Cárcere é um custo altíssimo, não vale a pena **pagar**."
216. "O Ilustre Presidente da FIFA (Federação Internacional de Futebol), Joseph Blatter, para a História há de **ficar**. Com a Evolução da Tecnologia, não permitiu que a mesma, em sua plenitude, no Futebol viesse se **implantar**, deixando que erros de Arbitragem continuem a **imperar**. E tem mais, permite que a droga da maléfica Bebida Alcoólica

ao Amado Esporte venham **associar**. Por tais fatos, o Brilhante Presidente, para todo o sempre, deveremos **reverenciar**, kkkkk."

217. "Na Copa do Mundo, não visualizamos mulheres na Arbitragem **trabalhar**. Negros, afrodescendentes e mulheres na Locução nem **pensar**. É o Racismo e o Preconceito a todo vapor a **imperar**."

218. "A melhor estratégia, 'data vênia', que a Família Felipão nesta Copa, até agora, vimos **adotar**, é importante **realçar**, consiste no mesmo Hotel dos adversários hospedar o Pai do **Neymar**. O resultado foi maravilhoso, pois no jogo, misteriosamente, os Camaroneses o que mais almejavam era o Astro **tietar**, deixando o Escrete Canarinho a vontade os **golear**, kkkkk."

219. "A FIFA (Federação Internacional de Futebol) deve de forma enrustida nossos adversários mais fortes da Copa **eliminar**. Aqueles que ficarem, com suculento Mensalão **agraciar**. Isso porque já nos lascamos em 1950 e agora que fortuna inútil gastamos, a Copa é nossa, ninguém pode **levar**. Caso contrário, nossos Governantes não conseguem a Reeleição **beliscar**, kkkkk."

220. "Jogando o Futebol Arte, como na atualidade a Seleção Brasileira vimos **estar**, kkkkk. Mil vezes, as freguesas Seleções Chilena e Colombiana **encarar**. Interessante que nossa algoz Holanda fique para depois, quando quiçá virmos **melhorar**. Por esse benefício para sempre deveremos a Sacrossanta Arbitragem **reverenciar**. A Seleção Mexicana felizmente se lascou em nosso **lugar**, kkkkk."

221. "Não importa como, mas o Hexa vamos **conquistar**. A Sacrossanta Arbitragem deve continuar a nos **auxiliar**. Com a Alta Temperatura os gringos vamos **cozinhar**. Os Jogadores Adversários de Saltinhos Altos, e o bolso recheado, nossa missão devem **facilitar**. Enfim, tudo deve ser feito, para o objetivo **alcançar**. Senão com as Verbas Públicas gastas, inutilmente, nossos Governantes não conseguirão a Reeleição **beliscar**, kkkkk."

222. "Aos imbecis que de forma rasteira tentam nos **desanimar**, quero **alertar**. A verdadeira Força vem de Deus e contra ela ninguém consegue **triunfar**."
223. "A mulher deve de forma incessante lutar, para todos os direitos **desfrutar**. Contudo, imoralidades, insanidades, promiscuidades deve **execrar**. Nesses aspectos são os homens que na mulher necessitam se **espelhar**."
224. "Graças a Arbitragem, a Seleção da Colômbia, 'data vênia', é mais um freguês que o Escrete Canarinho vai **faturar**. Sendo fregueses, com as perninhas tremendo, os jogadores, indubitavelmente, em Campo contra a Seleção Brasileira irão **adentrar**. Assim ao invés de Cúmbia, ao som de um bom sambinha, Armero, James, Cuadrado e Cia culminarão por o bumbum **rebolar**. Kkkkk."
225. "Se a Seleção de Gana, que evidentemente não ostentava nenhuma pretensão da Copa **conquistar**, e como visualizamos, com volumosos maços de dinheiro, foi para casa **descansar**, imaginem quanto faturaram as Seleções que ostentam amplas condições de no Torneio **triunfar**, se colocarem saltinhos altos e para a anfitriã o labor **facilitar**? Será que não foram esses motivos ensejadores para o Fenômeno em 1998, na França, viesse mal a **passar**? E a Seleção Brasileira literalmente no Campo não **adentrar**? Não acredito, pois no Futebol é a Justiça, a Lisura que vivem **imperar**, kkkkk. Nunca presenciei a Arbitragem resultados **fabricar**, tampouco nenhuma Seleção a outra **ajudar**, kkkkk."
226. "O Jogador Suárez, ao que parece, não pode ver homem que mordidas carinhosas adora **desfechar**. Kkkkk. Com essa, 'data vênia', insana bichice, foi a Seleção Uruguaia que culminou por **chupar**, kkkkk."
227. "A Rede Globo pelo fantástico programa *SuperStar* temos que **parabenizar**. O mencionado espetáculo atesta a abundância de talentos ocultos, que não ascendem por falta de espaço e verbas para o Trabalho **divulgar**. Quando será que essa safadeza, injustiça irá **acabar**?"

228. "Incrível, mas nos Concursos Musicais Televisivos, via de regra, os mais velhos, os afrodescendentes e as mulheres sempre culminam por se **lascar**. O mesmo fenômeno sucedeu no *SuperStar*. É o Racismo, o Preconceito, como sempre a **imperar**. Kkkkk."

229. "A Estrela Ivete Sangalo e os Astros Fábio Júnior e Dinho Ouro Preto ministram Aulas no sentido de como os Jurados devem **atuar**. Ícones Consagrados não necessitam da desgraça dos outros para se **propagar**. 'Data vênia', já passou da hora de jurados azedos virmos **aposentar**. Dificilmente, quem tem valor ao crivo de idiotas irá se **sujeitar**. Sem bons talentos, ao contrário do que pensam equivocadamente alguns, a audiência tende é por **afundar**. O povo está se cansando de assistir na TV o rico o pobre **humilhar**."

230. "Alguns reparos, 'data vênia', devem ser inseridos no programa *SuperStar*. Dentre eles, a Injustiça de Sucessos Consagrados com Novidades **disputar**, a meu ver, conforme ensina o Livro Sagrado, às custas do suor do próprio trabalho que se deve **prosperar**. Logo, apenas Músicas Autorais deveriam concorrer e a premiação **conquistar**. Nenhum Cover para eternidade há de **ficar**."

231. "Quando a Taça do Hexa viermos **levantar**, ingratidão não se pode **perpetrar**. Evidentemente, a Arbitragem deveremos **louvar**, pois, queiram ou não, na Primeira Fase, culminaram por nos **auxiliar**. Nossos Governantes com Voto temos que **agraciar**. Isso porque priorizaram a Construção de Lindos Circos, para gente saudável se **alegrar**, os doentes nos Hospitais Públicos Podres que vão se **lascar**, kkkkk."

PUBLICADAS EM 5/7/2014

232. "Se porventura, de fato, a Copa do Mundo o Brasil veio a **comprar**, mesmo sem o Neymar irá **conquistar**, kkkkk. Basta que com os bolsos recheados os adversários venham

saltinhos altos contra a gente **colocar**, kkkkk. E a sacrossanta Arbitragem, desfrutando dos mesmos benefícios, continue a nos **agraciar**, kkkkk. Afinal, se o Caneco o Thiago não **levantar**, nossos Governantes com os desperdícios para o evento **realizar** não conseguirão a Reeleição **beliscar**, kkkkk."

233. "Contra a Colômbia felizmente a Arbitragem também veio nos **beneficiar**. Em uma falta frontal a nossa meta, Neymar atrapalhou o batedor a **chutar** e cartão não veio **levar**. Júlio Cesar deu uma rasteira no Colombiano e o Árbitro aliviou, não quis o **expulsar**. Isto sem falar que os brasileiros é que começaram o Jogo Violento **praticar**, também sem cartão **levar**. Logo, o Teimosão não deve ser ingrato e da Arbitragem **reclamar**, mas sim, para todo o sempre, os **reverenciar**."

234. "Os filhos que entendem ser os braços dos amigos o melhor lugar a **desfrutar**. Libertem seus pais! Peguem suas tralhas e vão com eles **morar**."

235. "O Gênio Neymar, indubitavelmente, em breve irá se **recuperar**. Contudo, as dez vidas que se foram, em nome do evento, nunca mais irão **retornar**. 'Data vênia', é por eles que a Nação deve **chorar**. E tem mais, as Empreiteiras, Clubes, CBF (Confederação Brasileira de Futebol) e FIFA (Federação Internacional de Futebol), A Justiça deve compelir, antes do final da Copa, os familiares **indenizar**. É o mínimo a fazer, se quisermos algum pudor ao Mundo **demonstrar**."

236. "O Gênio Neymar ostenta mais quatro Copas do Mundo para **disputar**. Contudo, os dez que morreram nas obras para o evento nenhum Minuto de Silêncio nos Jogos vimos se **respeitar**. É Hipocrisia que na Terra vive a **reinar**."

237. "Será que Neymar é o inocente que pelos pecadores veio **pagar**? Pagar por aqueles que preferiram com Verbas Públicas Luxuosos Circos **edificar**, para a Copa do Mundo **viabilizar**, quando se poderia, com tais verbas, Hospitais Podres **exterminar**, e por conseguinte milhares de vidas **salvar**."

238. "As Seleções, independente do lugar que venham **ocupar**, uma imensa bolada irão **beliscar**. Contudo, as dez vidas que se esvaíram nas obras para o evento certamente as famílias terão que **esperar**, quiçá décadas, para na Justiça os direitos **conquistar**. 'Data vênia', é a imoralidade e a safadeza da Lentidão da Justiça que em nosso país vivem a **imperar**."

239. "Após 65 anos, finalmente com o Manoel Carlos começaram os afrodescendentes com algum respeito em novela **tratar**. Pena que papel de protagonista a um afro não teve coragem de **outorgar**. Mas alegro-me quando vejo Ícones almejando o nefasto Racismo **largar**. Que sirva de exemplo para os demais, o mesmo caminho **trilhar**."

240. "Se lamentavelmente aqui é o País do **Mensalão**, é evidente que teria a Copa do Mundo, 'data vênia', com mais Árbitro **Ladrão**, kkkkk. E nesse sacrossanto cenário, eivado de **Corrupção**, é certo que a Seleção do **Teimosão**, mesmo sem Neymar, será Campeã, senão nossos Governantes não conseguirão beliscar a **Reeleição**, kkkkk."

241. "A Seleção Alemã que ganhou uma Ilha para **desfrutar**, está, 'data vênia', complemente podre de tanto **farrear**. Aliado a tal fato, se vierem de forma enrustida a Arbitragem **agraciar**, é certo a Família do Teimosão irá a Alemanha **eliminar**. Afinal, também pelos nossos Governantes tem que **jogar**, kkkkk."

242. "Se ganhando um milhão e meio para quiçá sete joguinhos **disputar**, eles, com todo respeito, têm ataque de frescura e começam a **chorar**, imaginem se o SUS tivessem que **utilizar**? kkkkk."

243. "O verdadeiro idiota é aquele que as próprias insanidades passa **amar**. Não tem noção que nem todos são idiotas a lhe **rodear**."

244. "Em razão da Copa do Mundo, oito trabalhadores nos Grandes Circos a vida culminaram por **ceifar**. Agora um Viaduto para o evento veio cair e mais duas pessoas **matar**. Enfim, dez vidas, em razão das afoitas e superfaturadas obras, culminaram por **sacrificar**. E ainda existem, com todo o respeito, idiotas que dizem ter valido a pena a Copa **realizar**. Valeu a pena para quem, quero **indagar**?"

PUBLICADAS EM 9/7/2014

245. "Se a Arbitragem não tivesse nos **beneficiado**, quiçá o vexame de perder de 7 X 1 para a Seleção Alemã não teríamos **passado**."
246. "Crucial cautela com aqueles que, à beira do abismo, vemos se **encontrar**. Fazendo muito barulho, sem querer, podemos o infeliz por no buraco **jogar**."
247. "O Teimosão pensou que sem Goleiro e um Bando de Volantes iria levantar o **Caneco**, culminou por levar o **Fuleco**, kkkkk."
248. "O Técnico da Holanda surpreendeu o Mundo quando no último minuto de Jogo contra a Seleção da Costa Rica colocou o Goleiro Gigante Tim Krul para nos pênaltis **atuar**, conseguindo corajosamente na peleja **triunfar**. Surpreendeu novamente quando contra a Seleção Argentina se acovardou e o mesmo ato não veio **praticar**. Resultado: Os Laranjinhas, 'data vênia' em mais um Mundial, tiveram que **chupar**, kkkkk. Portanto, só lhes resta para casa com o bolso recheado **voltar**, deixando a nossa Seleção os **golear** e, por conseguinte com tal ato, o Teimosão se **vangloriar**, kkkkk. Afinal para que vale o terceiro **lugar**? Kkkkk."
249. "Nossa Ilustre Presidenta nasceu em Minas **Gerais**. Preferiu construir Luxuosos Circos a decentes **Hospitais**. Resultado: Vexame em seu Berço Natal, dos Queridinhos do Teimosão, jamais escrito nos **Anais**, Indago, Coincidência ou Castigo, oriundo de Divinos **Tribunais**?"
250. "O Jovem quando erra, por vezes, é por experiência não **ostentar**. Os maduros quando pecam é porque a podridão em sua mente vive a **imperar**. É o que explica o péssimo exemplo que Políticos e Empresários, Velhos e Ricos, à Juventude vêm **outorgar**, quando culminam por descaradamente os Cofres Públicos **saquear**."
251. "A Juventude Brasileira deve parar com a insanidade de Artistas sem conteúdo **tietar**. Deus, Jesus Cristo e Virgem Maria, os únicos que devemos **idolatrar**."

252. "Uma Laranja Podre consegue uma caixa inteira com o fruto **estragar**. Mas Centenas, Milhares de Laranjas Boas não têm o Poder de uma podre **melhorar**. Por tais motivos, Jovens de todas as idades, procurem de companhias perniciosas se **afastar**."
253. "Nunca antes na história desse país se gastou tanta Verba Pública com Obra que não consistia **prioridade**. Nunca antes na história desse país a Seleção alemã contra a nossa perpetrou tamanha **maldade**, kkkkk."
254. "Cada um tem seu gosto, essa é uma das benesses que no mundo vive a **reinar**. Razão por que é imbecilidade da predileção de outrem **falar**."
255. "O Teimosão não respeitou a experiência, o Histórico de astros do Futebol Nacional, a exemplo Ronaldinho Gaúcho, que atualmente atua no **Mineirão**. Outorgou sua imagem para vender droga (Bebida Alcoólica) na **televisão**. Resultado: Padeceu a maior Derrota e **Humilhação** em 100 anos de **Seleção** e, por conseguinte, dentro do Brasil a **eliminação**. Indago, seria coincidência ou Divina **Punição**?"
256. "Quiçá com a Seleção Alemã, oriunda de País de Primeiro Mundo, negociata não conseguiram **entabular**. O Árbitro foi do México, a Seleção mais roubada, para nos **auxiliar**, logo só almejava vingança **perpetrar**. Por tais fatos, ou seja, sem o respaldo enrustido da arbitragem e saltinhos altos dos adversários, aliado ao Futebol Arte que a Seleção Brasileira estava a **demonstrar**, culminamos por se **lascar**, kkkkk."
257. "Deplorável a atitude de alguns Artistas que em vão tentaram induzir o público, com depoimentos, para que a Banda composta com Filhos de Artistas Ricos e Famosos o programa viesse **ganhar**. A Profícua e Exuberante Fernanda Lima e o Ilustre André Marques, pela coragem de demonstrar de forma suave o Tráfico de Influência que estava a **rolar**, venho **congratular**. A Rede Globo, por não permitir que tal safadeza no *SuperStar* viesse **imperar**, quero **parabenizar**. Enfim, venceu a Banda Malta, que teve coragem de sua obra **mostrar**. Aqueles que marmelada

tentaram **armar**, inclusive o Apresentador que em seu programa vive negros a **execrar**, literalmente tiveram que **chupar**, kkkkk."

258. "Os Técnicos Adoradores de Volantes só fizeram a Seleção Brasileira vexame **passar**. E tem alguns insanos, mais um retranqueiro, o Tite, querendo **convocar**. Nesse passo, daqui quatro anos, desfilando o Futebol Arte, indubitavelmente voltaremos a **chupar**, kkkkk."

259. "O Gol mais bonito da Copa, a meu ver, foi o de peixinho que Van Persie veio **marcar**. Igual a esse nem Pelé conseguiu **anotar**."

260. "Você que é Rico e Famoso não deixe seus filhos Mico **pagar**. Banque o Trabalho deles para na Mídia **divulgar**. Não os ensine do maléfico Tráfico de Influência **desfrutar**. Na vida, Vergonha na Cara em Primeiro **Lugar**."

261. "Volte atrás sempre que perceber que viestes a **errar**. Deixe a teimosia apenas para os idiotas **praticar**."

PUBLICADAS EM 17/7/2014

262. "O Brasil, 'data vênia', consiste no Melhor Lugar do Mundo, é **maravilhoso**. O que estraga é você, Político, Empresário, Juiz, Ministro, Desembargador, Advogado, enfim, quem é Corrupto, **pernicioso**."

263. "David Luiz e Thiago Silva formam uma dupla para os adversários muito **legal** ou um emotivo **casal**? Kkkkk."

264. "Não gosto que ninguém dos meus defeitos venha **falar**, pois os tenho em excesso e culmino por me **estressar**, kkkkk."

265. O DIREITO DOS ASTROS TRABALHAR

    A Copa do Mundo é um evento em cujo melhor Futebol se deve **premiar**. Portanto, justo que os Melhores Jogadores possam **atuar**.

    De modo que:

Considerando a exemplo, o Brasil, com 200 milhões de habitantes, muitos Futebolistas Brilhantes não convocados se culmina por **injustiçar**.

Considerando ser injusto que um país com 200 milhões de habitantes contra outros com 3 milhões, como o Uruguai, venha em pé de igualdade o Torneio **disputar**.

Considerando a Isonomia de Direitos, e que Técnicos podem outras Seleções que não seu País **comandar**.

Considerando ser ilegal impedir o Jogador, que é um profissional, de **trabalhar**.

Decido:

Doravante, todas as Seleções com pequeno número de habitantes podem do labor de 1/3 de jogadores não naturais **desfrutar**, ainda que por outras tenham vindo **atuar**.

É vedado proibir o Jogador que tenha atuado por outro País de em seu Natural vir a **jogar**.

Com tais medidas, além de salvaguardar o Direito do Trabalhador, o espetáculo será agraciado, vez que Astros Futebolísticos, tais como Ronaldinho Gaúcho, Ibrahimovic, Tévez, Petr Čech etc., a participação no evento não irá **prejudicar**.

Portanto, '*data máxima vênia*', Ilustre Joseph Blatter, à decisão do machão que vos fala venha se **curvar**, kkkkk.

Enfim, obedeça a Reyck Lovis, kkkkk.

266. "A maconha é um treco tão **fedorento**, que só o doente do maconheiro pra curtir esse **excremento**, kkkkk."

267. "Enquanto vida se tem, a quem fizer jus, valor devemos **outorgar**. Depois que morre, não adianta com falsidade no buraco dos outros **chorar**, kkkkk."

268. "Alerta aos Adoradores de Volantes da **Nação**. A Seleção Alemã sem nenhum brucutu e três atacantes na final levou o almejado **canecão**. Portanto, aprendam e chupem o **dedão**, kkkkk. Parabéns, Escrete **Alemão**."

269. "Um belo exemplo de idiota consiste naqueles que pensam **ostentar** o poder de o tempo todo o mundo inteiro conseguir **enganar**."

270. "Teimosão faça um carinho para a **Nação**. Aposente-se, pegue o Manhosa, o Bananeira, e vá para o Sul degustar um gostoso e apimentado **chimarrão**, kkkkk."

271. "Por Ganância, alguns são capazes até de Entes Queridos **matar**. Outros, o defunto mal esfria e pela partilha já começam a **brigar**. Esses insanos nos enoja **observar**. E certamente eles o Chifrudo no Inferno, com o garfo quente, o rabo irá **espetar**, kkkkk."

272. "Quando o Goleiro é Ruim, todo mundo chuta a vontade, pois sabe que ele vai **aceitar**. Quando o Goleiro é Bom, até os Gênios da Bola, na cara do gol por vezes, a perna treme e acabam por **errar**. Moral da História: devemos por capacidade, não por proteção e tráfico de influências, cargo **ocupar**. Quando assim não acontece, o Cabra acaba sempre por vergonha **passar**."

273. "Com a realização da Copa do Mundo, sem condições **ostentar**. Em razão de tal fato, nossos Governantes as prioridades **desprezar**. As obras de forma afoita e superfaturada virem **realizar**. Evidentemente por desleixo 10 vidas culminaram por **sacrificar**. O resultado não poderia ser outro, na Copa das Copas a 'Família do Teimosão' o maior vexame de todos os tempos teve que **suportar**. Por tais motivos, os Jogadores Injustiçados devem levantar a Mão para o Céu e agradecer a Deus o Livramento que os veio **agraciar**."

274. "Infelizmente duas pessoas na Queda de Viaduto nas Obras para Copa em Minas Gerais faleceram, e a 7 palmos foram prematuramente compelidas a **descansar**. Lamentavelmente, dentro do Mineirão nossa Seleção não veio sequer um minuto de silêncio **respeitar**. Resultado: em 7 minutos e a 7 palmos, a Seleção Alemã veio o sonho do Hexa **enterrar**. Coincidência ou Castigo que veio **imperar**?"

275. "Vossa Santidade, Papa Francisco (Jorge Mario Bergoglio).

Indubitavelmente, revela Humildade e Sabedoria, desculpas por atos maléficos oriundos de falsos profetas a população **pleitear**. Contudo, as sequelas não irão se **apagar**. De sorte que, se faz necessário, *'data máxima vênia'*, as seguintes medidas na Igreja **encetar**:

Outorgar o Direito de Padres e Freiras, enfim, Membros da Igreja poderem se **casar**.

As Mulheres dos mesmos Direitos dos Homens venham **desfrutar**, inclusive de para Papa se **candidatar**.

Todos os Pedófilos da Igreja **expulsar**.

Revogar a Eternização Papal, ou seja, a cada 5 anos, Eleição para o cargo **realizar**.

Afinal, *'concessa vênia'*, se quisermos os Caminhos de Nosso Senhor Jesus Cristo **trilhar**, o Racismo e Preconceito temos que **excomungar**. E tem mais, ao Poder e aos Bens Materiais nunca, jamais se **apegar**."

276. "A Presidenta na Construção dos Luxuosos Circos para a Copa do Mundo, dos Parlamentares, Prefeitos e Governos obteve respaldo em todos os aspectos e **colaboração**. De sorte que os insanos 'elogios' dirigidos a ela na Abertura da Copa evidentemente foram extensivos a todos esses políticos sapientes e com abundante **noção**. E tem mais, a Presidenta demonstrou a todos que se acovardaram, não comparecendo na Abertura tampouco Encerramento da Copa do Mundo, que ela, 'data vênia', ao contrário deles, tal qual este que vos fala, é um verdadeiro **Machão**, kkkkk."

277. "Com todo o respeito, chutando mal como o Palacio e Higuaín, na cara do gol do Neuer, vieram **chutar**, nem com reza brava do Santo Papinha a Seleção Argentina conseguiria a Copa **ganhar**, kkkkk. Indubitavelmente, o Sabella deve ter morrido de arrependimento do Tévez não **convocar**, kkkkk. Dos 24 anos continuarão a **desfrutar**, kkkkk."

278. "As pessoas que adoram o sonho de outrem destruir, **exterminar**, sempre culminam por o azar **abraçar**. A exemplo, o Teimosão que destruiu o sonho do Ronaldinho,

Robinho e Kaká, que almejavam no Brasil a última Copa do Mundo **disputar**. Os Deuses da Bola culminaram por não permitir que a estrela do Teimosão voltasse **brilhar**, tendo o mesmo literalmente que **chupar**, kkkkk."

PUBLICADAS EM 25/7/2014

279. "Incrível que Técnicos de Futebol auferem fortunas e não ostentam a **percepção** que alguns atletas com o tempo devem ser utilizados em outra **posição**. A exemplo, Daniel Alves e Marcelo, que já não possuem o mesmo poder de **marcação**, contudo deveriam, dentre os convocados, compor o Meio-Campo da **Seleção**. Isso porque, são habilidosos e seriam utilíssimos na **armação**. Mas tal detalhe não percebeu o sapiente **Teimosão**, naufragando com uma Seleção sem nenhuma **criação**. E assim, com o Manhosa e o Bananeira, culminou por ingerir apimentado **chimarrão**, kkkkk."

280. "Lamentavelmente 50 mil pessoas por ano, nas estradas mortíferas do Brasil, perdem a vida, via de regra por causa da bebida alcoólica se **extrapolar**. Na maioria dos Homicídios dolosos a ingerência da bebida alcoólica pode-se **constatar**. Enfim, na violência contra a mulher; na iniciação nas demais drogas; a degustação da bebida alcoólica sempre é um fator preponderante a **realçar**. Não obstante, todos esses infortúnios, doenças maléficas e inúmeras mazelas geradas pelo alcoolismo, lamentavelmente, recentemente verificamos os Astros Felipão, Thiago Silva e Hulk, na Mídia, a bebida alcoólica **propagar**. Surpreendentemente, todos tiveram participação ridícula na Copa do Mundo, que veio **acabar**. De sorte que uma pergunta não pode **calar**: coincidência ou castigo a quem desserviço à sociedade por ganância se sujeitaram a **prestar**?"

281. "Você que é artista, formador de opinião, procure de suas insanidades não **falar**. Isso porque muitos que o admiram, mormente a Juventude, podem querer o mesmo caminho **trilhar**. Enfim, dependendo da idiotice que vieres **exalar**, o

Ministério Público deve no Crime de Associação ao Tráfico te **enquadrar**. Portanto, pense antes de asneiras **prolatar**."

282. "Mil vezes duras palavras **verdadeiras** que doces palavras falsas e atitudes **traiçoeiras**."

283. "Evidentemente qualquer tolo ostenta conhecimento que engolir fumaça, oriunda do cigarro, maconha, carvão, nenhum benefício traz à saúde, muito menos à **respiração**. Enfim, essas insanidades defumam e apodrecem por dentro, mormente o **pulmão**. Tanto é verdade que o maconheiro, após o ato sem **noção**, fica com o olho arregalado e **vermelhão**. E tem mais, fica exalando fedorento bafo, pior que o oriundo do **popozão**, kkkkk."

284. "É com você, meu querido Governante anencéfalo, que venho **falar**. Nunca se sabe a hora e o local que Vossa Excelência, ou algum ente querido, o infortúnio virá **abraçar**. Longe do mal a outrem **desejar**, mas prevenir é melhor que **remediar**, ensina o Dito **Popular**. Portanto, criem pudor e construam Hospitais com a infraestrutura do Sírio-Libanês em todo **lugar**, para que a população possa **desfrutar**. Não esperem que a Justiça Divina venha os **penalizar**."

PUBLICADAS EM 8/8/2014

285. "Muitos Artistas que cantam Músicas para Cornos **chorar**, kkkkk, de forma inteligente, se intitulam Sambistas, Roqueiros e Sertanejos, para que de Bregas não venham os **chamar**, kkkkk."

286. "Certas Espécies de Fama melhor nem **ostentar**. Sucesso sem Conteúdo, melhor não **desfrutar**. Enfim, a Fama e o Sucesso são efêmeros, e, ao se esvaírem, sem alicerce é a frustração que irá te **abraçar**."

287. "De idiotas Mensagens Construtivas não podemos **esperar**, pois é no Mar das Promiscuidades, Futilidades, enfim, das Insanidades, que vivem a **mergulhar**."

288. "O Muricy, 'data vênia' de forma afeminada, de 'Douglinhas' seu jogador vimos **chamar**, kkkkk. O jogador Sandro, com um beijinho no pescoço do He-Man, vimos **agraciar**, kkkkk. O Cleber Rachado e o da Dacida, com água na boca, nos Comentários, vimos **ficar**, kkkkk. O Sheik, publicamente selinho, quiçá em seu namorado, um barbudinho, vimos desfechar, kkkkk. Nos parece que o Frescor das Novelas o Futebol começou **contagiar**, kkkkk. Só nos resta o Keto no colo da Lacraia vir os Jogos **comentar**, kkkkk. E o Milton Neves e o Animal, assim como o Gavião e o Coelho, com selinhos virem os trabalhos **encerrar**, kkkkk."

289. "Você que entende ser Jovem demais para Responsabilidades **abraçar**, certamente se tiveres futuro, para aqueles que souberem as oportunidades **aproveitar**, terás, com a cabeça plantada ao solo, que o bumbum **arrebitar**, kkkkk."

290. "Com todas as 'vênias' não adianta gente 'FDP' pretender **agradar**. Pois esses ingratos nunca valor hão de lhe **outorgar**. Melhor para essa raça o desprezo **disponibilizar**. Ter Fé em Deus, e no Mar da Vida continuar a **navegar**."

291. "Não seja anencéfalo, fanático, enfim, idiota, esperando que Deus venha pessoalmente te **auxiliar**. Ele, nosso Criador, outorgou Inteligência ao Ser Humano para, através da Ciência, Tecnologia, Medicina etc., nossa vida **melhorar**. Portanto, com muita Fé, e toda Evolução que se pode **desfrutar**, sua Vida vai **mudar**. Ele irá te **Libertar**. Ele irá te **Salvar**. Diga comigo, Amém."

292. "Se o Ilustre Ratinho colocasse 50% de bailarinas afro para **dançar** e o Décio no colo do Saccomani e vice-versa para **sentar**, kkkkk, nota 1000 para o programa iria **levar**. Como isso não acontece, por enquanto 10 no lombo vai **suportar**, kkkkk."

293. "O Santos 'data vênia' deveria o Oswaldo de Oliveira, Edu Dracena, David Braz, Renato, Leandro Damião **despachar**. E com tais verbas, o Ronaldinho Gaúcho **contratar**. Para o Time comandar, trazer o Fernando Diniz, pois consiste num Guardiola, que ainda não vieram **valorizar**. Para seu auxílio o Serginho Chulapa, pois se o time não **jogar**,

certamente com a orelha quente os jogadores hão de **ficar**, kkkkk."

294. "Ao Trabalho Bem Realizado, mais cedo ou mais tarde, até os invejosos, culminarão por **reverenciar**. Portanto, busque a Perfeição em tudo que vieres **encetar**."

PUBLICADAS EM 15/8/2014

295. "Procure, ao menos de vez em quando, o Cérebro **utilizar**. Priorize o Conteúdo **observar**. A Enfeitada e Bela Casca pode te **enganar**, ou nada **significar**."
296. "Muitos ostentam Força Fenomenal na Língua para os outros **criticar**. Contudo, possuem uma Má Vontade Fantástica para aqueles que necessitam **auxiliar**."
297. "Legal o Fluminense o Assis e o Washington, casal 20, **homenagear**. Bacana o Sport o Suassuna também **festejar**. Contudo, seria mais emocionante se eles estivessem vivos para a reverência **presenciar**. Enfim, Demonstre seu Amor a quem pode **vivenciar**."
298. "Tem uns invejosos que não te ajudam e ficam torcendo contra, como **urubu**. Esses que assim procedem, que vão tomar apimentado Suco de **Caju**, kkkkk."
299. "Imagine na Cadeira de um Dentista vires a **sentar**, e antes que o labor comece a **executar**, ele resolva lhe **alertar** de todos os riscos, inclusive moléstias que poderás **angariar**. Certamente, com a Dor de Dente preferirás **ficar**. É assim que agem os chatos, pessimistas, ao **atuar**. Portanto, em tudo, Otimismo em Primeiro **Lugar**."

PUBLICADAS EM 23/8/2014

300. "Quem fala alto podem de bruto **chamar**, confesso, por vezes, assim culmino por me **comportar**. Contudo, são os dissimulados, aqueles que cochicham, que corrompem, traem, caluniam e difamações vivem a **prolatar**. Enfim, as obscuridades são no silêncio que vivem a **reinar**."

301. "Deus certamente não outorga Duras Missões para quem é frouxo **encetar**. Portanto, se a Batalha está Difícil, Lute, não decepcione aquele que em você veio **confiar**."
302. "Se vives sem objetivos a **alcançar**, com todo respeito, não passas de um Bosta no Mar da Vida a **boiar**, kkkkk."
303. "Largue de ser idiota e as pessoas idosas **discriminar**. Se não morreres jovem, sua hora vai **chegar**."
304. "Dizem que os Jovens são mais suscetíveis a insanidades **praticar**. Contudo, são os Mais Antigos que a nefasta Escravidão vieram **perpetrar**. São os Idosos que o Racismo e o Preconceito há 65 anos na Mídia vivem a **comandar**. E tem mais, são os Velhos Governantes que as Guerras vêm **decretar**. De sorte, quem é mais insano, o Jovem ou o Idoso, quero **indagar**? Ou seria o Caráter que tal vem **revelar**?"
305. "Não se decepcione com aqueles que deveriam, mas valor não vem lhe **outorgar**. Pense que até Jesus Cristo, para ser reconhecido como filho de Deus, sua Terra Natal foi compelido a **deixar**."
306. "Aqueles que dependem de drogas para se **alegrar**, sinceramente, são doentes que não enxergam que a Verdadeira Felicidade é da Alma e Coração que vem **aflorar**, não de tranqueiras que culminam por nos **detonar**."
307. "Melhor seus projetos a ninguém **contar**. Os invejosos irão criar tantas dificuldades que poderás **desanimar**."

PUBLICADAS EM 31/8/2014

308. "Aqueles que amamos e hoje em outro plano devam **estar** terão Paz quando apenas dos Bons Momentos e da Felicidade que nos propiciaram viermos **lembrar**. Tristezas, Lamúrias, nem os Espíritos devem **gostar**, kkkkk."
309. "Não adianta o Mundo inteiro **conquistar**, se do Bem Maior, nossa Saúde, não viermos com zelo ímpar **cuidar**."
310. "Pense Mil Vezes antes de drogas **experimentar**. Esse é um Caminho de Trevas, difícil de **retornar**."

311. "Incrível a ganância de muitos que ostentam o 'Poder' em nossa **Nação**. Esquecem que ao morrer nada **levarão**, e ainda, como prêmio sentirão do Chifrudo o garfo kente espetando o fedorento **popozão**, kkkkk."

312. "Os vícios consistem na maior **perdição**. Contudo, para abandoná-los, tem que ter muita Fé em Deus e ser muito Macho, querido **irmão**. De sorte que, se vives mergulhado neles, indubitavelmente essa não é sua **condição**, kkkkk."

PUBLICADAS EM 6/9/2014

313. "Se não tens consideração por seus pais, professores, enfim, aqueles que almejam que na vida venha **prosperar**, indubitavelmente um Futuro Sombrio irá te **abraçar**. Portanto, enquanto houver tempo, cuide de **mudar**."

314. "O doente que imagina ficar agradável, simpático, depois de bebidas, drogas **utilizar**. Bom saber, pessoas nesse estado nem a própria Mãe consegue **suportar**."

315. "A Honestidade, definitivamente, não é **qualidade**. Consiste na obrigação que deve nortear toda **Humanidade**."

316. "Sei que na prática, por vezes, é difícil assim se **comportar**, mas vou **registrar**. Os problemas inerentes a vida é com Fé em Deus e Otimismo que devemos **encarar**. No tempo certo, a Vitória luzirá."

317. "O Mundo gira e as Pedras podem se **encontrar**. De sorte que procure com o rabo limpo e a cabeça erguida sempre pela vida **caminhar**, kkkkk."

318. "As pessoas ignorantes que não gostam de Orientação **aceitar**, o sacrossanto remédio é **desprezar**."

PUBLICADAS EM 18/9/2014

319. "Sou Cristão, e por tal vou **enfatizar**. Se com alguém Racista e Preconceituoso vir me **deparar**, é com o coração repleto de amor que, no bom sentido, seu rabo vou **chutar**, kkkkk."

320. "O Estudo culmina por fazer a cabeça **esquentar**. Contudo, bem melhor que como Mula pela Vida **passar**, kkkkk."

321. "Os Gênios são incompreendidos, ensina o Dito **Popular**. Quiçá, por tal motivo, todos entendem perfeitamente o que vivo a **prolatar**, kkkkk."

322. "Junior Baiano foi indagado se teve Treinador Negro e se pela cor da pele teme como Professor virem o **boicotar**. De Técnico Negro não conseguiu **lembrar**, enfatizando que pela etnia dificuldade irá **encontrar**. Essa foi a resposta que outorgou aos cinco branquinhos que estavam a lhe **entrevistar**, kkkkk."

323. "Graças a Deus nunca tive essa frescura de Moda me **escravizar**. Etiquetas gratuitamente não vou **exposicionar**. Em suma, a meu ver, é o conteúdo que culmina pela vestimenta **valorizar**."

324. "A vida do crime sequer Bandido irá **aconselhar**. O sujeito passa a vida inteira fugindo e com a consciência a lhe **cobrar**. Via de regra, perde a Liberdade e, atrás das grades, com um bando de macho passa a **coabitar**. Isto quando não viaja mais cedo, para o Chifrudo **encontrar**, fornecendo-lhe o lombo fedorento, para com o garfo kente na eternidade possa **espetar**, kkkkk."

325. "Quem vota em **Titica** tem todo o direito de chiar, quando se **Trombica**, kkkkk."

PUBLICADAS EM 27/9/2014

326. "**13 de maio** foi o dia em que a Princesa Isabel Abolição veio **promulgar**. Grande Silêncio em tal data vimos **ecoar**. Certamente, em razão da velha e insana brancaiada ostentar vergonha de, durante quase quatro séculos, os negros virem **escravizar**."

327. "É com você que tem o pé fedorento de chulé que vou **falar**. Não é o suor que esse descalabro tem vindo **causar**, mas o sapato de plástico, sintético que estás a **usar**. Utilize calçado de couro ou tecido e tome banho de vez em quando, que a carniça irá **acabar**, kkkkk."

328. "Credibilidade é difícil **adquirir**, mas basta um deslize a se **esvair**."
329. "De nada adianta gastar saliva, perder tempo com Pessoas que não te Respeitam, pois não irão lhe **escutar**. Melhor para essa raça é o Desprezo **disponibilizar**."
330. "Em verdade, os invejosos buscam sempre outrem **desvalorizar**. Isto porque esses idiotas almejam ser e possuir o que as pessoas vitoriosas vieram **conquistar**."
331. "No Jornal do SBT, veiculado em 17/9/2014, mostrou-se, na Ucrânia, o Povo um Deputado na Lata do Lixo **jogar**. Se tivéssemos Vergonha, imagine aonde nosso Parlamento, a Deputaiada, iria **parar**, kkkkk."

PUBLICADAS EM 1/10/2014

332. "Meu povo, já se passaram mais de meio século e nossos Governantes não conseguiram outro Hospital das Clínicas em São Paulo **edificar**, ao contrário se utilizam de locais sem qualquer infraestrutura para a Saúde do Pobre **vilipendiar**, digo **cuidar**. Coitados, vamos **relevar**, sermos Sem-Vergonhas e novamente neles **votar**, kkkkk."
333. "Meu povo, a todos, tanto Governante quanto **Parlamentar**, que não conseguiram uma única Estação de Metrô nas últimas décadas para a Zona Leste **inaugurar**. Vamos **relevar**, sermos Sem-Vergonhas e novamente neles **votar**, kkkkk."
334. "Se você é negro, afrodescendente e seu Candidato a Governador, Presidente, não nomeia nossa raça em quantidade igualitária aos brancos para Ministérios, Secretarias **ocupar**. Me perdoe, mas vou **falar**, afrodescendente como Vossa Excelência, Sem-Vergonha, se existe, no Mundo não veio **habitar**, kkkkk."
335. "Meu povo, pouco importa se nossos Governantes não vieram as obras prioritárias **realizar**. Afinal, para que Hospitais, Escolas, Moradias **edificar**? O que interessa é que nos outorguem Pão, vinho e Circo, para que possamos, embriagados, o bumbum **rebolar**. Em suma,

vamos **relevar**, continuar sendo Bestas e neles novamente **votar**, kkkkk."

336. "Meu povo, pouco importa se o Candidato a Deputado, Senador não tem Competência para Leis **elaborar**. O que interessa é que seja simpático, brincalhão, famosos e da nossa cara saiba, de boa, um barato **tirar** e, por conseguinte, nossa grana em abundância **levar**. Enfim, vamos **relevar**, continuaremos sendo Palhaços e novamente neles **votar**, kkkkk."

337. "Meu povo, não interessa se nossos Governantes não conseguiram a Solução para a Superlotação do Transporte Público no Horário de Pico **viabilizar**. O importante é que em confortáveis Helicópteros eles possam às nossas custas **trafegar**. Enfim, não vamos nessas bobagens nos **apegar**. Vamos **relevar**, esquecer o pudor e novamente neles votar, kkkkk."

PUBLICADAS EM 11/10/2014

338. "Sabes a diferença fundamental entre o Supremo Tribunal Federal e o Congresso Nacional? É que no primeiro pouca gente para a Sociedade faz muito. Enquanto, no segundo, muita gente, para o Povo, não faz absolutamente nada, kkkkk."

339. "Dúvida Cruel entre o Desgoverno que vive a **imperar** e o nefasto Retrocesso travestido de Mudança almejando **voltar**. Razão pela qual, em nome da Verdadeira Democracia, silenciosamente vou **protestar**. A quem não entendeu vou **explicitar**, não irei à Urna para em quem não acredito **votar**."

340. "Observando 'data vênia' diversas Titicas a Eleição **beliscar**, cheguei à conclusão que o Gigante Acordou, não Levantou e novamente veio a **roncar**."

341. "Os Homofóbicos que vivem na Mídia os Gays a **atacar**, quiçá almejam a Concorrência **exterminar**. Isto porque é possível que, de forma enrustida, culminem por a rosca **keimar**, kkkkk."

342. "Já que nossos Brilhantes Apresentadores, sem os Jurados, pseudo 'Mestres' da Ciência Musical, quiçá não tem Competência para Audiência **conquistar**. Continuaremos assistindo Calouros e Artistas Pobres o Desrespeito desses 'Sábios' tendo que engolir e **chupar**, kkkkk."

343. "Tem Candidato que na Terra que governou veio **apanhar**. Em São Paulo, onde é estranho culminou por **ganhar**. Será que é reprise da velha história, apenas quem não conhece, é que vem **comprar**?"

344. "Almejo me congratular com o Google +, pois não é necessário pagar para o Bem **divulgar**. Ademais, ao contrário de algumas Redes Sociais, não se deixa por Políticos **manipular**."

PUBLICADAS EM 15/10/2014

345. "Não são Artistas Endinheirados e Famosos, quiçá obtendo favores escusos, que irão induzir-me em algum Candidato **votar**. 'Data vênia' não vejo ninguém que Mudança possa **representar**. Ao contrário, vejo o Continuísmo do Ruim e o Nefasto Retrocesso, loucos para a Eleição **faturar**. Razão pela qual prefiro a Multa Inconstitucional de R$ 3,50 (três reais e cinquenta centavos) **pagar**. Torço que a Ilustre ABSTINÊNCIA venha a Eleição **beliscar**, kkkkk."

346. "Acredito que nenhum Candidato em Debates, por mais equivocada estivesse a oponente, nunca, jamais deveria de leviana a **chamar**, pois o respeito está em primeiro **lugar**. Pessoa que age dessa forma, com agravante de ser contra mulher, 'data vênia' não ostenta Controle Emocional para um País **governar**. Também por tal motivo prefiro a Multa Inconstitucional de R$ 3,50 (três reais e cinquenta centavos) **pagar**. Não voto em quem não consigo **acreditar**. Enfim, almejo que a Ilustre *Abstinência* venha a Eleição **beliscar**."

347. "Sentiria imensurável prazer se Joaquim Barbosa e Eliana Calmon a Presidência estivessem a **disputar**. Aí sim, acredito que o Brasil iria **mudar**. Com esses que aí

estão, 'data vênia', gostaria que a *Abstinência* viesse a Eleição **beliscar**, para que os dois pudéssemos **trocar**. Assim, silenciosamente vou **protestar**. Não me dirigirei a Urna, para em quem não acredito **votar**. Mil vezes a Multa Inconstitucional de R$ 3,50 (três reais e cinquenta centavos) à pseudodemocracia **pagar**, kkkkk."

348. "Não se desespere, inexistem problemas que Deus não possa solucionar. No momento certo, se tiveres Fé e merecer, com o Milagre, ele te agraciará."

349. "Infelizmente nos Políticos não consigo **acreditar**. As Urnas Eletrônicas por Suspeita de Fraude, os Países de Primeiro Mundo culminam por as **repudiar**. Esses consistem em dois motivos cruciais, porque não vou perder tempo e ir ao Colégio **votar**. Enfim, a meu ver, absolutamente nada irá **mudar**. Prefiro a Multa Inconstitucional de R$ 3,50 (três reais e cinquenta centavos) **pagar**. Esse é o desabafo que o machão queria **registrar**. Àqueles que não gostaram, seis palavrinhas: com todo respeito, vão se **lascar**, kkkkk."

350. "Em nosso País, quitamos uma fortuna para inúmeros incompetentes Leis **elaborar**. Contrario sensu, aqueles que são responsáveis por Médicos, Juízes, Advogados etc. **formar**, são literalmente Escravizados, tendo que **labutar** em Diversas Escolas para necessidade não **passar**. De sorte que, pelo sacrifício, com todos os Professores venho me **congratular**. Que Deus os abençoe pelo Bem que, no Mundo, vivem a **propagar**."

351. "Se você vive em qualquer País ou Nação a **imperar**, desfruta de ótimo Tratamento **Hospitalar** e seus súditos, como lixos, até no chão os médicos são compelidos a **cuidar**. Me perdoe, mas vou **falar**. Se existe gente Sem-Vergonha como Vossa Excelência, no Mundo não veio **habitar**, kkkkk."

352. "Nunca, jamais, pense a Vida **ceifar**. Aonde equivocadamente pensas que tudo irá se **findar**, consiste exatamente no Marco do Martírio **começar**. A princípio, ao invés de Deus sua alma **acalentar**, certamente será o Chifrudo com o garfo kente que estará pronto para seu bumbum **espetar**, kkkkk."

353. "PRISCILA SCHIMDT, ZÉ AIRES e ANDERSON NILO

    Obrigado pela Paciência e Carinho **outorgado**. Obrigado por seu Respaldo, fundamental por termos maior Cultura **angariado**. Que Deus lhe dê Saúde, Felicidades, o Ilumine e esteja sempre do seu **lado**."

PUBLICADAS EM 21/10/2014

354. "Nunca visualizei os Reis Roberto Carlos e Silvio Santos na Mídia a maléfica droga da bebida alcoólica **louvar**. Essa maldita droga culmina só no Trânsito, por ano, quase 50 mil pessoas **matar**. Assim, é com imensurável tristeza, que os ícones Ratinho, Carlos Alberto de Nóbrega e Danilo Gentili, que estão a nefasta droga vender, **reverenciar**, de forma candente, pelo desserviço que estão à sociedade prestar, venho Meus Parabéns **registrar**, kkkkk."

355. "Há mais de duas décadas são os mesmos Partidos que no Brasil vivem a **reinar**. Na Saúde, o Hospital Sírio-Libanês é a referência, onde os ricos vem se **cuidar**. Nossos Presidenciáveis não tiveram a coragem de outro igual, em São Paulo, Minas Gerais, Brasília, tampouco qualquer lugar, **edificar**. E tem mais, sentem verdadeira paúra de, por um infortúnio, do SUS (Sistema Único de Saúde) **precisar**. Verbas para tal existem, mas nossos Governantes preferiram com Luxuosos Estádios, Clubes de Futebol milionários literalmente **presentear**. A quem não acredita a Justiça Divina veio **aflorar**. A Seleção do Teimosão, a maior vergonha de todos os tempos, teve que **suportar**. Como nunca se viu, da Seleção Alemã, 7 x 1 tiveram que **chupar**. Por tais motivos, e muito outros, 'data vênia' em nenhum dos Candidatos consigo **acreditar**. Com todo o respeito, tivéssemos vergonha na cara, na data da Eleição, ambos no 0 x 0, iriam **ficar**, pois ninguém sairia de casa, para neles **votar**."

356. "O negro além de ser, durante quase quatrocentos anos aqui no Brasil, vergonhosamente **escravizado**, em todos os segmentos da sociedade continua sendo **execrado**. Apesar

do afrodescendente representar a maioria da população, não temos nenhum para Presidente e Governador, salvo engano, podermos **votar**. De sorte que, silenciosamente, hei de **protestar**, não sairei de casa para em branco **votar**, kkkkk. Prefiro a Multa Democrática de R$ 3,50 (três reais e cinquenta centavos) **quitar**. Aos Racistas que vierem discordar, três palavrinhas: vão se **lascar**, kkkkk."

357. "Incrível, mas alguns em Nero, Mussolini e Hitler piamente na existência conseguem **confiar**. Contudo, em Jesus Cristo, que veio ao Mundo, foi sacrificado e outorgou sua vida para a nossa **salvar**, dizem não **acreditar**. De sorte que esses que assim procedem só nos resta, de forma efusiva, Meus Parabéns **registrar**."

358. "Se você na Campanha seu oponente veio **excomungar**, e ele, por sua vez, você vivia **execrar**, e agora quiçá obtendo vantagens escusas, só falta um no colinho do outro **sentar**, com intuito do Povo **ludibriar**. Com todas as vênias vou **registrar**: se existe gente Sem-Vergonha como Vossa Excelência, no Mundo não veio **habitar**, kkkkk."

359. "Tenho assistido os Presidenciáveis um acusada no outro **desfechar**. Nepotismo, Corrupção, Incompetência são qualidades que um no outro, com o dedão a ferida, estão a **machucar**. Como ambos têm razão no que estão a **falar**, pra acabar com a briga, em nenhum irei **votar**. Torço para que a Ilustre *Abstinência* venha a Eleição **ganhar**. Enfim, não sairei de casa para em quem não acredito, com meu Voto **agraciar**. Prefiro com prazer a Multa Inconstitucional de R$ 3,50 (três reais e cinquenta centavos) **pagar**. Àqueles que vierem **discordar**, quatro palavrinhas: carinhosamente, vão se **lascar**, kkkkk."

360. "Receita Antiga que veio **estragar**, absolutamente nada irá **mudar**. Coisa Ruim Atual é difícil **degustar**. Essa é a Terrível Escolha que o Povo nessa Eleição terá que **opinar**. Razão pela qual, 'data vênia', tivéssemos vergonha, certamente a Ilustre *Abstinência* a Eleição iria **beliscar**, kkkkk. Mil vezes a Multa Democrática de R$ 3,50 (três reais e cinquenta centavos) **pagar**, kkkkk."

361. "Bem Vindo ao Mundo, Enzo Jones. Que Deus ilumine sua vida e lhe outorgue Saúde, Sucesso, Sempre. Parabéns e Felicidades a Cássia e Emerson, mãe e pai frescos, kkkkk."

PUBLICADAS EM 31/10/2014

362. "Uma grande verdade quero **realçar**, os Invejosos, aqueles que não ostentam Competência, não conseguem na dos outros **acreditar**."
363. "É engraçado **falar**, mas pessoas idiotas ficam felizes vendo e ouvindo outras, de sua espécie, as **ridicularizar**."
364. "Tem filhos que, ao verem os pais **separar**, tomam partido, pasmem, até tentam um ou outro **estrepar**. Se esquecem que, no Futuro, o mesmo caminho poderão **trilhar**, e da Prole, como Castigo, obterão o mesmo veneno que vieram **destilar**."
365. "Aqueles que de forma ridícula vivem a **lamuriar** do supostamente pouco que as Pessoas e o Mundo vieram lhe **outorgar** bom a Página **virar**. Cuidem de Ser Exemplo de como o Ser Humano deve se **comportar**."
366. "Meu querido Verme da **Corrupção**, arregale esse eivado **zoião** e preste **atenção**. Por causa das Verbas Públicas que você de forma enrustida tem surrupiado da **Nação**, milhares de vidas se perdem nos Hospitais Públicos Podres, meu **irmão**. Portanto, devolva aos Cofres Públicos, com juros e correção monetária, tostão por **tostão**. Enfim, não espere que a Justiça Divina, em você e seus entes queridos, venha pesar a **mão**. Isto porque Deus é Bondoso, mas também é um Fogo Devorador, e os Inocentes podem pagar por gente imoral e, como você, completamente sem **noção**. É o que competia registrar o **machão**. Àqueles que a Mensagem não vieram **apreciar**, três palavrinhas: Vão se **lascar**, kkkkk."

PUBLICADAS EM 7/11/2014

367. "Se você trabalha na Área da Saúde e já se acostumou com a Desumanidade, o Genocídio contra os Pobres que

inúmeros 'Brilhantes Governantes' vivem a perpetrar, Meus Parabéns, kkkkk."

368. "Com todo o respeito, é falta de Fé em Deus sentir vontade de eutanásia **praticar**, enfim, a vida **ceifar**. Procure abrir a Alma, o Coração, Jesus fez cego enxergar, aleijado andar, se acreditares, ele irá te **Libertar** e **Curar**."

369. "Desnecessário com a idade se **preocupar**. Digo isto porque muitos Jovens culminam por 'N' motivos, antes dos mais Velhos, para o além **viajar**. O que importa é procurar, com hábitos saudáveis, o máximo se **conservar**. E tem mais, a Criança que existe dentro de todos nós, para sempre **eternizar**. Por derradeiro, Rogar a Deus Saúde para as Benesses da Vida **desfrutar**."

370. "Se és um dos Idiotas que aufere verbas para os outros **ridicularizar**, ou Desserviços a Sociedade **prestar**, Meus Parabéns, kkkkk."

371. "Os 'Manchões' que vivem contra os Gays a **vociferar**, indubitavelmente querem o próprio mercado **preservar**. Pois certamente, de forma enrustida, devem morder a fronha e o bumbum **arrebitar**, kkkkk."

372. "Não esquente os chifres com aqueles que não te outorguem **valor**, kkkkk. Siga, e não decepcione os que demonstram através de atitudes a expressão da palavra **Amor**."

373. "Quem escolhe sempre culmina por **perder**. Foi o que relatou Jô Soares ter aprendido com o filho, que, lamentavelmente, veio **falecer**. Tal fato atesta que, em verdade, os Autistas são Gênios, que ainda não encontramos capacidade mental de **entender**. Que Deus conforte os corações de Tereza e Jô, e venha o Rafael em seus braços **acolher**."

PUBLICADAS EM 14/11/2014

374. "No Brasil, mais de 50% (cinquenta por cento) da população é constituída por afrodescendentes. Muito bem, foram eleitos 27 Governadores, temos 11 Ministros no Supremo Tribunal Federal; Diversos Apresentadores na Mídia Maior

e, pasmem, em nenhum dos exemplos mencionados detectamos sequer um afrodescendente. Ah! estava esquecendo, na novela de maior audiência, como sucede há 65 anos, nenhum negro está a **protagonizar,** o que conseguiu trabalho colocaram para rosca **queimar**, kkkkk. Ainda assim, 'data vênia' alguns idiotas dizem que em nosso País Racismo não há. A eles, três palavrinhas: vão se **lascar**, kkkkk."

375. "Aqueles que almejam obstruir o caminho de quem busca o Bem à Humanidade **espalhar**. Cuidem enquanto houver tempo de metamorfose no comportamento **encetar**. Digo isto porque Deus é Bom, mas também um Fogo Devorador, portanto não permita, com suas atitudes, que a Justiça Divina venha te **alcançar**."

376. "É importante construir-se os CEUs, todavia possui o mesmo valor pagar Salário Digno aos Professores; outorgar Alimentação Saudável aos Alunos; o Ensino ser em Tempo Integral; viabilizar em 100% (cem por cento) a **Informatização**. Enfim, os CEUs devem possuir exatamente o mesmo nível das Escolas Particulares, que desfrutam os filhos dos endinheirados da **Nação**. Hipóteses adversas, assim como estão, tais obras, 'data vênia', consistem em mero engodo, querido **Irmão**."

377. "Se consiste em verdade ou não, sinceramente não sei, mas vou **enfatizar**. Tem pessoas que não adianta sequer com força, no bom sentido, por trás **empurrar**, kkkkk. Pois não têm Boa Vontade, são frouxas, não almejam **prosperar**. Quiçá, aqueles que nascem para Estrume, a Filé nunca hão de **chegar**."

378. "Dinheiro para construir Hospitais 'Padrão FIFA' em todo o País existe em abundância, como se depreende com as verbas que se esvaem com a **Corrupção**. Contudo, se assim for, os Hospitais e Clínicas Particulares, bem como os Planos de Saúde, **sucumbirão**. De sorte que, para não contrariar os anseios gananciosos dos abastados que comandam a **Nação**, nossos Eficientes Governantes se curvam e deixam os Pobres continuarem ingerindo apimentado **sukuzão** (suco na jarra), kkkkk."

PUBLICADAS EM 21/11/2014

379. "Equívoco dizer-se que morreu do **coração**. Em verdade, ele viveu de **coração**. Instrumento de Deus, salvou e continuará salvando a vida de muito **cidadão**. Que Jesus o aconchegue em seus braços, Adib Jatene, querido **irmão**."

380. "A meu ver, é falta de pudor dos Governantes, dos endinheirados em luxuosos Hospitais irem cuidar sua **podridão**, enquanto os serviçais, os pobres sequer em Hospitais Podres conseguem digna **atenção**. Quem dera todos tivessem a mesma atitude de Silvio Santos, que, segundo Carlos Nascimento, custeou seu tratamento no melhor Hospital da **Nação**. Também pela humanidade, ele deve ser reverenciado como o Rei da **Televisão**."

381. "Cerca de 50 mil pessoas perdem a vida assassinadas por ano em nosso País; o mesmo montante de vidas se esvaem em nossas mortíferas Estradas, como nos noticiários se pode **constatar**. E pasmem, um dos maiores vilões dessa história nefasta é a bebida alcoólica, em cujo vício nossa Juventude está a **mergulhar**. Ainda assim, a Estrela Ana Maria Braga, os Astros Leonardo e Carlos Alberto de Nóbrega se prestam a essa maléfica droga na Mídia vender e **louvar**. Rezo para que Deus venha os perdoar por esse desserviço que à sociedade estão a **prestar**."

382. "A perda de um ente querido é difícil **suportar**. Contudo, a Vontade de Deus, temos que nos **resignar**. Que Jesus aconchegue a Alma de seu **familiar** e venha seu Coração **acalentar**."

383. "Vejo com imensurável tristeza, nas margens de fedorentos córregos e rios, milhares de pessoas a **habitar**. Entra e sai Governo, e tal safadeza não conseguem **solucionar**. Por essa eficiência, só nos resta de forma candente, a todos, nossos Parabéns **registrar**. Que Deus não os castigue e venha os **perdoar**."

384. "Todo Invejoso vive no sufoco, porque perde tempo crescendo o zoião no que é do outro."

385. "Não seja idiota, discutindo com pessoas que quiçá não ostentam Capacidade Mental de lhe **entender**. Encerre o assunto, seu coração vai **agradecer**."
386. "Tudo nesse Mundo é passageiro e, como ensina o Livro Sagrado, há tempo de Nascer, Crescer e **morrer**. Daí por que a ganância do Ser Humano é difícil **entender**, mormente daqueles que ostentam o **'Poder'**."

PUBLICADAS EM 29/11/2014

387. "Padokitos, Padokitos. Que Deus ilumine sua vida e lhe outorgue proteção. São os votos desse humilde irmão. Parabéns. Saúde, Sucesso, Sempre. Saudações, Pistolinha."
388. "Obrigado, meu Deus, Jesus Cristo, Virgem Maria e Espírito Santo, pela Dádiva de **Viver**. Obrigado a todas(os) que em nosso níver, com carinho vieram nos **envaidecer**."
389. "Agraciando os amigos para no Poder Judiciário a mais Alta Corte virem **ocupar**. Fazendo vistas grossas para Maracutaia **Parlamentar**, quiçá beliscando Verbas Públicas e deixando os outros **beliscar**. Indubitavelmente, fica tranquilo uma Ditadura Enrustida se **institucionalizar**. Será que tal fato ocorre em algum **lugar**? Kkkkk."
390. "Não me importo do Ser Humano **agradar**, só à Vontade de Deus almejo me **curvar**. Tampouco busco minha trilha **suavizar**. Se assim fosse, faria como a maioria, e no saco dos 'poderosos' conseguiriam me **filmar**, kkkkk."
391. "Querido Verme da **Corrupção**, devolva todas as verbas públicas em que pusestes a **mão**. Ainda há tempo de obter a **salvação**. Não espere que o Chifrudo de você e seus beneficiários venha cobrar seu **quinhão**."
392. "Pare da Vida dos Outros **cuidar**. Utilize tal tempo para de sua Saúde e Podridão de Espírito **tratar**, kkkkk."

PUBLICADAS EM 6/12/2014

393. "A pessoa que guarda ódio e rancor no **coração** deve ao máximo rezar, fazer **oração**. Assim, quiçá escape que o Chifrudo com o garfo kente venha espetar seu fedorento **popozão**, kkkkk."

394. "Os endinheirados vêm dos quatro cantos do Brasil para o Sírio-Libanês e Albert Einstein, da podridão da carne **tratar**. Clinicados como Reis, egocêntricos, não conseguem a voz **levantar** contra o Genocídio que nossos Brilhantes Governantes contra os Pobres nos Hospitais Públicos vivem a **perpetrar**. Razão pela qual esses bumbuns de veludo, de alma eivada, temos que **reverenciar** e de forma candente os **parabenizar**, kkkkk."

395. "Pessoas negativas, que vivem a **lamuriar**, bom a companhia **evitar**. Pode até ser que não, mas, para mim, essa raça dá **azar**, kkkkk."

396. "Se a bebida alcoólica, maconha, enfim, as drogas representam para ti a **felicidade**, indubitavelmente és um doente que precisa se tratar, sem **maldade**."

397. "Se vives acusada nos outros **desfechar**, certamente estás se esquecendo do próprio rabo **limpar**, kkkkk."

PUBLICADAS EM 13/12/2014

398. "A pessoa santificada que, contrariando a Bíblia, adora os outros **julgar**. Bom que se cuide para o veneno da língua não **degustar**. Até porque o Chifrudo estará de plantão, louco por seu rabo **espetar**, kkkkk."

399. "Não seja Tolo, perdendo tempo com coisas impossíveis de **realizar**. Quiçá o que esteja bem próximo é que a Felicidade venha lhe **outorgar**."

400. "Nossos Brilhantes Governantes não solucionam os Problemas de Transporte, Saúde e **Educação**, porque vivem no bem-bom, logo que se lasque e chupe o **Povão**, kkkkk."

401. "Tudo na vida tem-se os dois lados da moeda, preste **atenção**. A exemplo: o goleiro que passar mais tempo jogando neste **Mundão**, também será o que mais engolirá frangos, querido **irmão**, kkkkk. Sem maldade, está aí o Rogério, que não desmente minha **alegação**, kkkkk."

402. "Refletindo e analisando, certos acontecimentos me chamaram **atenção**. Os cowboys que faziam propaganda de cigarro morreram de doença ruim no **pulmão**. Astros do automobilismo que carregavam a marca da besta, qual seja, de cigarro em seus veículos, uniformes, capacetes, padeceram em acidentes sem **explicação**. Ícones nacionais que vendiam a maléfica droga da bebida alcoólica na Mídia para a **população** padeceram toda sorte de infortúnios, perderam parentes, até filhos, inclusive nas mortíferas Estradas da **Nação**. Portanto, aos que insistem em semear a promiscuidade, louvar as drogas, e a violência, para o nosso **Povão**, arrependam-se enquanto houver tempo, senão o Chifrudo virá cobrar seu amargo **quinhão**. E tem mais, inocentes podem pagar pelo pecador, querido **irmão**. É o que competia registrar o **machão**. Àqueles que continuarem nessa perdição, quatro palavrinhas: vão tomar apimentado **sukuzão**, kkkkk."

403. "Fora ela e o saudoso Vicentão, que geraram esse **machão** e, para compensar, um que morde a fronha e arrebita o **popozão,** kkkkk. Geraram, ainda, alguns cornos e duas com o pé grande, querido **irmão**, kkkkk. Criaram a todos, com os ensinamentos de Jesus no **coração**. Exemplo a ser seguido por toda a **Nação**. Evidente que falo da Rainha **Maria Esther**, um Divino, presente para esse **Mundão.** Mãe, I Love You, Saúde, Sucesso, Sempre, são os votos sinceros de seu **filhão**, dos outros Xibungos, da Gordinha e aquela do **barrigão,** kkkkk."

PUBLICADAS EM 19/12/2014

404. "Apesar de todas as desgraças que a droga denominada bebida alcoólica à Sociedade Mundial vive a **causar**, as

bestas do apocalipse, 'data vênia', que ostentam o Poder teimam essa maldita droga aos Esportes **associar**. Indubitavelmente, essa é uma insanidade que temos que, de forma candente, **parabenizar**, kkkkk."

405. "Àqueles que de forma sorrateira vivem a te **execrar**, reaja, peça a Deus para os **abençoar** e dos olhos gordos deles venha te **livrar**, kkkkk."

406. "Foi um ano positivo, declarou o **Teimosão**. Indubitavelmente, foi positivo às suas finanças, querido **irmão**. Nós, brasileiros, iremos sempre lembrar que, sem Cassio, Ronaldinho Gaúcho, Kaká, Robinho, a Alemanha de 7 a 1 nos fez ingerir apimentado **sukuzão**, kkkkk."

407. "Ilustre José Sarney, mostre sinceridade no arrependimento que dissestes **ter**. Devolva neste Natal, ao Pobres do Maranhão, todas as verbas oriundas do 'data vênia' inoperante Congresso Nacional que viestes **obter**, kkkkk."

408. "O Nascimento de Jesus Cristo, todo santo dia, temos que **comemorar**. Daí por que o melhor presente é o Amor ao Próximo que ele veio nos **ensinar**."

409. "Prefiro andar na **contramão** a ser ridículo para obter **ascensão**."

410. "Nunca antes em nosso País, em qualquer Emissora de TV, se constatou tanta abundância de afrodescendentes a **trabalhar**. Salvo, é lógico, quando o assunto era Escravidão ou Criminalidade que estavam a **imperar**. Aliás, Tony Tornado e Milton Gonçalves morriam de vontade de um beijo na boca da Regina Duarte, Gloria Menezes, Vera Fischer virem **desfechar,** mas só Tarcísio Meira, Francisco Cuoco, e outros brancos, desse benefício puderam **desfrutar**. Coincidência ou não, após começarmos contra esse preconceito **lutar,** os afrodescendentes culminaram, ainda que de forma modesta, por **respeitar**. Muito bem, quero fazer Justiça e parabenizar a Rede Globo, pois consiste a primeira que acerca do tema veio se **sensibilizar.** Quero me congratular com o Miguel Falabella, pois é um dos poucos escritores que papéis dignos aos atores negros passou a **outorgar**. Penso que, não obstante tenha sido

infeliz na escolha do nome 'Sexo e as Negas', que também entendo depreciativo, basta a denominação **mudar**. Contudo, de racista esse Astro não podemos **tachar**. É o que competia ao machão **registrar**. Àqueles que não gostarem, três palavrinhas: vão se **lascar**, kkkkk."

PUBLICADAS EM 26/12/2014

411. "'Copa do Mundo só participa quem é bom', consiste em outra afirmativa equivocada do Ilustre **Teimosão**. Em verdade, para tal, dá-se impressão que o sujeito deve possuir bom empresário, quiçá pague **Mensalão**, e saiba repartir o **pão**. Se assim não fosse, como explicar a presença de Treinador que praticamente afundou o **Verdão** e Goleiro que não rejeita um **peruzão**? Kkkkk."

412. "Inquestionavelmente, esses que vivem a droga do álcool na Mídia a louvar, 'data vênia', não têm **noção**. Quiçá, nunca adentraram em Hospitais Públicos para atestar o árduo trabalho de nossos Médicos(as) e Enfermeiros(as), mormente aos finais de semana, tentando a vida de jovens, embriagados, acidentados, salvar, bem como livrá-los da **mutilação**. Nunca acompanharam o sofrimento de familiares tentando libertar entes queridos do alcoolismo, enfim, dessa **perdição**. Por tais motivos, inclusive desfrutando da audiência da maior emissora de televisão, se prestam a perpetrar esse Desserviço à **População**. Aqueles que não gostarem da verdade chupem e engulam com **moderação**, kkkkk."

413. "Se você é Governante de qualquer País ou **Nação**, se cuida em Hospital que consiste em verdadeira **mansão**, contudo aos pobres que te sustentam destina Hospitais Públicos que parecem verdadeiro **lixão**, não restam dúvidas, Vossa Excelência consiste num tremendo Sem-Vergonha, querido **irmão**."

414. "O verdadeiro amor, quiçá não seja oriundo do **tesão**, mas sim aquele que podemos dedicar aos fracos e oprimidos, querido **irmão**."

415. "Nunca encoste o rabo na porta do Trem, Ônibus, Metrô, sem em nada **segurar**. Isto porque, por falha mecânica ou humana, a porta pode abrir e você nos trilhos ou asfalto, vir seus chifres **quebrar**, kkkkk."

416. "Os idiotas que maconha vivem a **vangloriar**, baste ver que os maconheiros são tão escravos da fedorenta droga que, por ela, são capazes da própria Mãe **trocar**, e quiçá morder a fronha e o bumbum **arrebitar**, kkkkk."

417. "Feliz Ano Novo!!! Que tenham um Ano repleto de excelentes **novidades**, longe de todas as **insanidades**, com muita Saúde e **prosperidade**, são nossos votos, com toda **sinceridade**."

418. "Se os afrodescendentes que são ricos e famosos não fossem, salvo raríssimas exceções, egocêntricos, covardes, e exigissem que igualdade em todos segmentos da Sociedade viesse **imperar**, indubitavelmente a Isonomia entre Brancos e Afrodescendentes passaria **reinar**."

FRASES DE REYCK LOVIS - 2015

PUBLICADAS EM 5/1/2015

419. "Homem de Fé, Honesto, Trabalhador, sem vícios, com dedicação veio oito filhos **criar**. Ainda dois netos adolescentes nos auxiliou **educar**. Com simplicidade, calma e educação, todos há décadas viveu a **cativar**. Suas histórias, conselhos e carinho para sempre iremos **lembrar**. Meu Querido Amigo, Irmão, verdadeiro Paizão, José Moreira do Prado, que Deus o acolha em Excelente **Lugar**."

420. "Querida Jessianny Farias, quero registrar nossa Gratidão pelo denodo e carinho que tens com o semelhante, mormente com aqueles que estão próximos a nos **deixar**. Indubitavelmente, consiste num Anjo que na Terra veio **habitar**. Que Deus lhe pague e venha grandemente a **abençoar**."

421. "Querida Ligia Regina e Silva quero registrar nossa Gratidão, em razão da atitude de extrema sensibilidade humana que viestes, no Hospital, **demonstrar**. Quem dera todos, em seu Gesto de Amor ao Próximo, viessem se **espelhar**, até porque é isso que Jesus Cristo ao Mundo veio **ensinar**. Que Deus lhe pague e venha grandemente a **abençoar**."

422. "À vontade de Deus, simplesmente devemos nos curvar e dizer, Amém."

423. "Deus, sendo nosso Pai, aqui na Terra todo mundo é **irmão**. Portanto, é com ele que tudo devemos aprender e, por conseguinte, obtermos a **solução**."

424. "É melhor ouvir asneiras que ser surdo e nada **escutar**. Contudo, o importante é ostentar Inteligência, para apenas o que for bom **aproveitar**."

425. "Jesus aos Discípulos só Mensagens Divinas veio **ensinar**. Ainda assim, na Santa Ceia a traição de Judas veio **suportar**. Daí por que é mera ilusão sentir-se a salvo por viver rodeado de pessoas das quais, a rigor, não poderia **desconfiar**. Como ensina Maria Esther, temos que sempre rezar o Pai-Nosso, para Deus do mal nos **livrar**."

426. "Seja forte, torne o desprezo, a **rejeição** em escadas para obteres **ascensão**."

427. "A Ilustre Presidenta, que não teve tempo de muito fazer para honrar compromissos assumidos por seu antecessor, mormente a Construção de Estádios de Futebol, tem outra chance de ouro de seu valor **demonstrar**. Penso que todas as questões em quatro anos não conseguirá **solucionar**. De sorte que, em nosso bem maior, a Vida, deve o Governo **focar**. **Em primeiro lugar**, deve equipar todos os Hospitais Públicos do País com a mesma infraestrutura do Sírio-Libanês, que costuma viajar de Brasília para se **tratar**. **Em segundo lugar**, como os Partidos que no Poder há décadas estão a **reinar** não tiveram competência para Médicos suficientes **formar**, tem-se que continuar médicos **importar**. **Em terceiro lugar**, construir Hospitais Universitários Padrão Fifa, em todas as periferias do Brasil, para que pretos e pobres possam Medicina **estudar**. **Em quarto lugar**, decretar que nas Universidades Públicas apenas os comprovadamente pobres cursem gratuitamente, sendo compelidos a quitar as despesas após virem se **formar**. Se lograr êxito, na sacrossanta missão que ressaltei, a Presidenta fará melhor Governo que todos, cujo honroso cargo vieram **ocupar**. Digo isto porque virá o Genocídio dos Pobres nos Hospitais Públicos **exterminar**. É o que competia ao machão **registrar**. Aos bumbuns de veludo que vierem **discordar**, três palavrinhas: vão se **lascar**, kkkkk."

PUBLICADAS EM 9/1/2015

428. "Aqueles que acham ruim a Ditadura do Bem, inerente ao País, se subjugar, quero **realçar**. Criem juízo ou no

futuro lágrimas de sangue nas garras de Criminosos, cruel ditadura, poderão **experimentar**."

429. "Jesus Cristo e Maomé representam a expressão da Palavra **amor**, nunca, jamais, a Intolerância, o **terror**."
430. "Mil vezes seguir quem Bons Exemplos **outorgar** que ouvir Lindos Discursos, daqueles que não ostentam moral a **prolatar**."
431. "Na vida temos que experimentar o que não deteriore a nossa Saúde e nos faça **evoluir**. A tolice das drogas e o que gostam os gays, estou fora, não quero **sentir**, kkkkk."
432. "O machão que vos fala não tem o intuito de magoar **ninguém**. Contudo, Luto sem temor no sentido da conscientização do **Bem**."
433. "O touro que a intimidade de sua companheira adora **compartilhar** não deve **estranhar** quando chifres em sua cabeça vierem **brotar**, kkkkk."
434. "Se você, às custas da Corrupção, toma champanhe e degusta **caviar**, e seu coração, não sofre por quem sequer possui um pescoço de peru para **chupar**, no bom sentido, kkkkk, perdoe-me, mas vou **FALAR**: Gente desumana, Sem-Vergonha como Vossa Excelência na Terra não veio **habitar**."
435. "Se você não corrigir seus filhos, não os compelir ao Caminho Certo **trilhar**, no futuro, a Polícia e a Justiça, de forma amarga e dolorosa, tal serviço irão **perpetrar**."
436. "Se você possui condições financeiras de custear as despesas financeiras de seus filhos, em Universidades Particulares, até no **Exterior**, contudo os treina para levarem vantagem sobre aqueles que ostentam condição econômica **inferior**, indubitavelmente és Sem-Vergonha, ou, no mínimo, poder-se-ia dizer, de forma mais suave, falta-lhe **pudor**."

PUBLICADAS EM 16/1/2015

437. "Pseudoidiotice dos outros não perdoam muito menos justificam as suas."

438. "Quem é Rei nunca perde a **Majestade**, ao passo que todo Gay senta com **vontade**, kkkkk."

439. "A belíssima e talentosa Deborah Secco, em entrevista ao Jô Soares, mencionou ser evangélica e não ingerir bebida alcoólica, mas de sua imagem para propagação da maldita droga está a **desfrutar**. Lamentavelmente, dá a impressão que não teme que a Mão de Deus sob sua cabeça venha **pesar** por o nefasto alcoolismo **divulgar**. Assim, só nos resta a Brilhante Estrela pelo Desserviço que a Sociedade está a **prestar**, de forma candente, Meus Parabéns **registrar**, kkkkk."

440. "Se tiveres um Ente Querido, que dos vícios não almeja se **libertar** e quando está na 'nóia' a ninguém, vem **respeitar**. Enfim, pensa que a vontade e impunemente, pode o barraco **zuar**. A solução é simples, basta a Polícia e a Justiça, **utilizar**, pegar o touro pelos chifres e o **internar**. A Lei da Internação Compulsória está em vigor é só **desfrutar**, quiçá assim, vergonha na cara, venham **tomar**. Aos idiotas que porventura virem se **magoar**, três palavrinhas: vão se **lascar**, kkkkk."

441. "Elas, quando mais precisávamos, foram enviadas por Deus, para nos **auxiliar**. Com imensurável Dedicação e Amor ao Próximo, através de suas mãos abençoadas, guiadas por Jesus, lograram êxito do infortúnio nos **libertar**. É evidente que contaram com Equipe Médica e de Enfermagem, Extremamente Proficiente, que, a nosso exemplo, muitas e muitas Vidas, com a Luz Divina, conseguem **salvar**. Assim, do Fundo do Meu Coração, às Dras. Célia Regina Soares e Maria do Socorro Maciel e toda a equipe queremos nossa Eterna Gratidão **registrar**. Que Deus a todos esses Anjos da Saúde venha grandemente **abençoar**. Maria Esther."

442. "Ele abriu as portas de seu Escritório e como um Pai que segura a mão do filho nos ensinou, no Mundo Jurídico, os primeiros passos **trilhar**. Sendo o maior Tribuno do Júri de sua Geração, seus ensinamentos foram cruciais para que viéssemos na vida **prosperar**. Sua maravilhosa

Família, com fraternal amor e carinho, sempre a nós veio **agraciar**. É evidente que do Dr. Paulo Jabur, Sra. Neusa Jabur, Dras. Patrícia Jabur, Pérsia Jabur e Poliana Jabur estou a **falar**. Família Maravilhosa, que inexistem palavras para que possamos nossa Gratidão **expressar**. Que Deus lhes pague e venha grandemente os **abençoar**."

443. "Considerando que a Guerra contra o Tráfico sucumbiu.

Considerando que os grandes traficantes, via de regra, restam impunes.

Considerando que nossos Presídios estão abarrotados de viciados, supostos traficantes, pilhados com pequenas quantias, até algumas gramas de drogas.

Penso que a solução é a seguinte:

a) Todos os Governantes fornecerem gratuitamente as drogas aos viciados e, concomitantemente, o Tratamento para, querendo, se Libertarem dessa Escravidão.

Sendo assim, os doentes viciados se livrarão das mãos dos verdadeiros traficantes.

b) E quanto aos que estão presos por tráfico, deverão ser libertados, passando a laborar para o Estado, até o final da penalidade a cumprir.

É o que sugere o machão, para o tráfico acabar. Àqueles que não gostarem, três palavrinhas: vão se lascar, kkkkk."

PUBLICADAS EM 24/1/2015

444. "A exuberante Viviane Araújo, com todo o respeito, faz até cobra morta **acordar**, kkkkk. Logo, o Ilustre Aguinaldo Silva demorô para fazer a boneca afro em Machão se **transformar**, kkkkk."

445. "A maioria dos Políticos Brasileiros e as Emissoras Televisivas, não conseguem sobreviver sem o maldito dinheiro oriundo da droga denominada bebida alcoólica, em nossa **Nação**. Razão pela qual não se importam com milhares de vidas que se esvaem, em razão do alcoolismo em crescente

ascensão. E tal fato sucede, evidentemente, por causa da vultosa propaganda que as bestas do apocalipse fazem dessa **perdição**. É o que competia registrar o **Machão**. Aos manguaceiros e afins que não gostarem, cinco palavrinhas: CHUPEM E ENGULAM COM **MODERAÇÃO**, kkkkk."

446. "Enquanto eu recebo honorários para tentar os problemas dos outros **solucionar**, alguns idiotas na minha vida, gratuitamente, vivem a **palpitar**, a esses três palavrinhas: vão se **lascar**, kkkkk."

447. "Mil vezes o ecoar incômodo de Alto Bradar dos **Pais** que ser agraciado com o cassetete no rabo proferido por **Policiais**. Portanto, larguem de frescuras, Jovens **Animais**, kkkkk."

448. "No Jornal do SBT, veiculado na madrugada de 14/1/2015, mostrou-se a Luxuria que Poderosos de Brasília vivem a **desfrutar**, enquanto Funcionários Públicos sem receber Salários necessidades estão a **passar**. E tem mais, Hospitais Públicos até analgésicos não possuem para aos Pacientes **outorgar**. Por tais motivos, aos nossos Brilhantes Governantes, que, aliás, vivem com o bolso recheado e tem o Sírio-Libanês para se **tratar**, pela incompetência, só nos resta, de forma candente, Meus Parabéns **registrar**, kkkkk."

449. "Os Filhos dos Ricos, logo cedo, nas Escolas Luxuosas aprendem de tudo, inclusive a **nadar**. Os Filhos dos Pobres, ainda que nos CEUs com piscinas, pouco aprendem, muito menos tal Esporte, já que inexistem Professores motivados com Salários Dignos a **Ensinar**. Portanto, Ensino de Natação, nem **pensar**. De sorte que os três pobrezinhos que lamentavelmente essa semana vieram se **afogar**, a meu ver, são aos Brilhantes Governantes que, de forma candente, temos que nossos Parabéns **registrar**."

450. "O Governador outorga água do seu volume morto, digo, da Cantareira, kkkkk, para a População **desfrutar**. Mas ingere água mineral para se **refrescar**, kkkkk."

PUBLICADAS EM 30/1/2015

451. "Pai, perdoe a insanidade desses desconhecidos e famosos que têm a maléfica droga do álcool na Mídia **propagado**. Eles não sabem o que é possuir um ente querido **viciado**. Não sabem o que é perder um ente querido vítima de um **embriagado**. Não sabem o sofrimento de quem, em razão da bebida alcoólica, se acidentou e ficou **mutilado**. Enfim, não sabem a desgraça que a Sociedade com tal Desserviço tem **causado**, tampouco que auferir verbas, banhadas de sangue, dá um azar **danado**."

452. "Judas, com beijinho negativo e cochichos, Jesus veio as costas **apunhalar**. Nunca cometeria tal insanidade no alto **bradar**. Portanto, desconfie daqueles que vivem pelos cantos a **sussurrar**."

453. "Não adianta o Homem **arquitetar**, pois é o Projeto de Deus que irá **imperar**."

454. O ESQUECIDO JARDIM SÃO CARLOS

    Como morador do Jardim São Carlos, próximo do Terminal A. E. Carvalho, enfim, Zona Leste, tenho conhecimento para do assunto **falar**.

    O melhor Governo dos últimos tempos para nossa região fora o de Marta Suplicy, apesar dos funcionários do Transporte ter vindo **estrepar**. Aqui, a Prefeita Marta construiu o Céu São Carlos e duas Quadras Esportivas para a Comunidade **desfrutar**.

    Lamentavelmente, "data vênia", o pior Prefeito, na minha ótica, para nossa Zona, no bom sentido, kkkkk, Kassab permitiu que as duas viessem **deteriorar**.

    Hoje os referidos espaços são depósitos de lixo que o Jardim São Carlos estão a **enfeitar**. O Ilustre Prefeito Fernando Haddad, aqui em nossa região, com a devida "vênia", dá-se a impressão que não começou a **trabalhar**.

    Com efeito, tais espaços permitem a Construção de Prédios para que o pessoal que reside em Favela próxima possa dignamente vir **habitar**, e ainda, a edificação de uma Quadra Coberta, para que todos esportes possam **praticar**.

É o que competia ao machão registrar e **pleitear**. Aos bumbuns de veludo que porventura vierem se **magoar**, quatro palavrinhas: carinhosamente, vão se **lascar**. Kkkkk.

455. "O negócio é não cobrar nada de ninguém. Afinal, cada um dá o que tem."

PUBLICADAS EM 7/2/2015

456. "Dizem línguas insanas que os Jovens não têm **noção**. Que o Negro parado é suspeito, correndo é **ladrão**. Contudo, o que se vê nos escândalos é um Bando de Brancos, Velhos em Verbas Públicas metendo a **mão**. A meu ver, esses são os verdadeiros vermes, pois matam por atacado, de fome, nos Hospitais etc., os pobres da **Nação**."

457. "Lamentavelmente, os Astros Erasmo Carlos, Zeca Pagodinho, Naldo Benny e Felipão Entes Queridos vieram **perder**. Os saudáveis Ícones Pelé e Ivete Sangalo culminaram por **adoecer**. O imbatível Anderson Silva o Mundo viu **sofrer**. Coincidência ou não, tudo depois que a maléfica droga da bebida alcoólica, responsável por tantas desgraças, na Mídia começaram louvar e **vender**. Portanto, meus queridos, que desse mal estão a **sobreviver**. Mais um aviso: arrependam-se, enquanto a Mão de Deus não venha pesar sobre vocês, sempre lembrando que Inocentes pelos Pecadores poderão vir **padecer**."

458. "Nossos Governantes, 'data vênia', têm que criar pudor e Hospitais Públicos, com a mesma infraestrutura do Sírio-Libanês e Albert Einstein, vir aos pobres **outorgar**. Digo isto porque Vossas Excelências não sabem quando o infortúnio poderá os **abraçar**. Pode não haver tempo de nos Hospitais mencionados vir a **chegar**."

459. "Para os Problemas da Vida, procure 50% de razão e 50% de coração **disponibilizar**. Quiçá assim 99% deles conseguirás **solucionar**."

460. "Quando os Governantes usarem o cérebro e passarem as drogas e o tratamento para a cura gratuitamente aos

viciados **disponibilizar**, os traficantes em outro ramo de comércio terão que **trabalhar**, kkkkk."

461. "Se Vossa Excelência, com cascalho oriundo da **corrupção**, não deixa faltar em sua mesa o champanhe, o filé mignon, e ver os que padecem de fome não te dói o **coração**, não resta dúvidas, você é um tremendo Sem-Vergonha, querido **irmão**, kkkkk."

PUBLICADAS EM 14/2/2015

462. "É inimaginável que o Ser Humano possua tamanha crueldade de um Ser Vivo com fogo **queimar**. Esses que assim procedem, o Fogo Ardente da Mão de Deus sobre eles e todos seus Entes Queridos irá **pesar**. E tem mais, quando dessa para pior partirem, o Chifrudo estará a postos para todo o sempre, com o garfo kente, seus fedorentos rabos **espetar**, kkkkk."

463. "Mil vezes ser pobre, mas **machão**, que ser rico, famoso, escrever novelas de **televisão**, mas morder a fronha e arrebitar o **popozão**, kkkkk."

464. "Não interessa aos Governantes, Parlamentares, Banqueiros, Grandes Empresários que a Justiça venha com agilidade **funcionar**, pois é essa gloriosa raça, salvo honrosas exceções, que mais processos no lombo vive a **carregar**."

465. "Pouco importa o Tempo que nesse Mundo venhamos **habitar**. O que importará são as obras que viermos **semear**. Jesus, em apenas 33 anos, para sempre o Mundo conseguiu **mudar**."

466. "Se você é Governante de qualquer País ou Nação, rouba e deixa todo mundo **roubar**, perdoe-me, mas vou **falar**. Se existe gente Sem-Vergonha como Vossa Excelência, na Terra não veio **habitar**, kkkkk."

PUBLICADAS EM 21/2/2015

467. "O Ser Humano sem força de vontade e objetivos não passa de uma bosta no Mar da Vida a boiar."

468. "DEUS FOGO

Meu Deus Fogo, venho respeitosamente perante ti **suplicar**.

Me torne um Instrumento em suas Mãos para contra as Injustiças **lutar**.

Quero ver as Desigualdades de Escolas, Hospitais se **exterminar**.

Nunca mais o Pobre das sobras dos Ricos se **alimentar**.

O Afrodescendente não ser execrado e também na vida **protagonizar**.

A Violência contra a Criança e a Mulher nunca mais **aflorar**.

Os homossexuais sem discriminação possam a vida **desfrutar**.

Perdoe, só mais duas coisinhas quero **pleitear**.

Que todas as garotas sintam vontade de me **experimentar**.

E a concorrência uma vontade louca de morder a fronha e o bumbum **arrebitar**, kkkkk."

469. "Não é o Ensino Público que deixa a **desejar**. São nossos Políticos, pois não outorgam Salários Dignos aos Professores, para terem ânimo de **ensinar**. Muito menos infraestrutura, para as Escolas Públicas virem a contento **funcionar**. Enfim, almejam que os Filhos dos Pobres, para sempre, capim vivam a **degustar**. É o que competia ao machão **enfatizar**, aos sensíveis que vierem se **magoar**, três palavrinhas: vão se **lascar**, kkkkk."

470. "Não obstante, somos todos falíveis, querido **irmão**, não se veem defeitos quando se enxerga com a Luz do **Coração**."

471. "Praticando barbaridades ninguém irá te **escutar**. Ao contrário, o ódio generalizado, irás **angariar**. Portanto, revolucionários dementes, cuidem de Juízo **tomar**."

472. "Se até o Papa sente vontade de agredir, quem de sua mãe vier a **falar**, Ilustre Ratinho, imagine o que sentem os filhos das Senhoras que vives no Tobogã a **zoar**. Pare com essa insanidade, ou está esperando alguma pessoa, nessa brincadeira idiota, **enfartar**?"

PUBLICADAS EM 27/2/2015

473. "Faz mal, até afônico culminas por **ficar**, mas, por vezes, para ser ouvido se faz necessário **gritar**."

474. "Na Justiça do Trabalho não existindo mais Recursos para **interpor**, o não pagamento constitui afronta ao Judiciário e falta de **pudor**. A nosso ver, a burocracia na fase executória consiste em mais um inútil sofrimento imposto ao **trabalhador**."

475. "Na Vida, a gente todo dia Ensina, mas também Aprende, ainda que seja com a idiotice dos outros, kkkkk."

476. "Perdendo-se Tempo com o **banal**, faltará no **essencial**. Tal fato, é o que constatamos na Mídia em **geral**."

477. "Seria bacana que nossos Governantes e Integrantes do Parlamento fossem para Indonésia **traficar**. Quiçá assim o Brasil de muita droga conseguiria se **livrar**, kkkkk."

478. "A Ilustre **Glória Perez** mencionou que prefere suas obras sozinha **elaborar**. De fato, por mais cultas possam ser as parcerias a **encetar**. Em verdade, muitas cabeças culminam uma por a outra **atrapalhar**. Se torna uma Torre de Babel, difícil êxito se **vislumbrar**. Daí por que em Trabalho em Conjunto cada qual deve ter sua missão a **executar**. E tem mais, a vaidade nunca jamais deverá **imperar**. Com tais ingredientes, quiçá o Sucesso venha **reinar**."

PUBLICADAS EM 6/3/2015

479. "Força na Língua todos vêm **ostentar**, mas Atitudes de Nobreza é difícil **encontrar**."

480. "A verdade tem que ser dita e o machão vai **falar**. Os escravocratas, racistas que trabalham há décadas nas Emissoras de Televisão acham os afrodescendentes feios, têm medo que a Audiência venham **queimar**. Por tais motivos, não outorgam a nossa raça condições igualitárias aos irmãos de pele branca para **laborar**. Aos insanos que vierem se **magoar**, três palavrinhas: vão se **lascar**, kkkkk."

481. "Num País com tanta Miséria, 'data vênia' são idiotas aqueles que vivem Riquezas a ostentar."
482. "Observando os Escândalos do Mensalão, Metrô, Petrobrás, uma conclusão culminei por **chegar**. Os Corruptos do passado têm que se **envergonhar**, fazer um Curso de Aprimoramento na Safadeza de Verbas Públicas, de forma enrustida **beliscar**, kkkkk."
483. "Tenho Sede e Fome de Justiça **perpetrar**. A Música, o Teatro, enfim, as Artes em Geral são Instrumentos que se pode, nesse sentido, **disponibilizar**. Pena que, 'data vênia', a maioria de nossos Artistas assim não venham **pensar**."

PUBLICADAS EM 14/3/2015

484. "Se temos o Livre-Arbítrio das Escolhas, devemos trilhar aquelas úteis à Sociedade, querido **irmão**. Artistas vazios, egocêntricos, já existem demais na **Nação**."
485. "Por que será que o Ilustre Ministro Dias Toffoli está tão interessado em os Heróis da Operação Kata Rato **julgar**? Para fazer Justiça ou do tempo de Advogado do PT se **recordar**? 'Data vênia', sem o destemido Dr. Joaquim Barbosa, tenho a sensação que tudo em Pizza vai **acabar**. Sinceramente, espero a língua **queimar**. Aí sim, desmunhecando e pulando, viva o Brasil, poderemos **gritar**. Kkkkk."
486. "Pai, Vicentão

    Jamais, agi com falsidade com o senhor.

    Jamais, desrespeitei sua ausência.

    Jamais, tolerarei ou pactuarei com aqueles que ousarem tentar macular a sua honra.

    Jamais, fui seu vampiro, nem seu algoz.

    Jamais, agi com desonestidade, falta de caráter e ingratidão.

    Jamais, utilizei drogas, cigarro, e bebidas ingiro socialmente.

    Pai, não sou perfeito, mas busco a perfeição.

    Valeu,

    Seu filho, Reyck Lovis."

487. "Com todas as 'vênias', são ridículos os Parlamentares investigados na Operação Kata Rato que almejam rapidez da Justiça na **investigação**. Com a safadeza da **Reeleição**, muitos apodrecem no Poder, sem absolutamente nada fazer, para mudar a **Legislação**. Enfim, acabar com os Recursos Enrolatórios e estabelecer prazo para o término da **Ação**. Compaixão, temos que ter do Trabalhador, que, a exemplo, aqui, em São Paulo, ainda no Governo da Marta Suplicy no Transporte Público foram para o olho da rua e até hoje não receberam nenhum **tostão**. Enquanto isso, seus patrões, deixando a empresa em nome de 'laranjas', desfilam até com frota de **avião**. Portanto, Ilustres Sacripantas da **Nação**, tomará que Deus não pese sobre vocês o Fogo Ardente de sua **mão**, e recebam os Parabéns do **Machão**, kkkkk."

488. "Para mim, pouco importa o Ser Humano não me outorgar **galardão**. Para mim, o que interessa é ser um Instrumento de Deus, útil à **população**."

489. "Os Astros da Música Popular Divina, estão em festa, pois esses dias vieram dois Ícones no Céu **abraçar**. Inezita Barroso e José Rico, que Deus os aconchegue em Excelente Lugar e o Coração dos seus Amigos e Entes Queridos venha **acalantar**."

490. "O Ilustre Agnaldo Silva deveria, no final da novela, fazer a Marta da Xana **engravidar**. E o Comendador saltar do armário e seu amor por Josué **propagar**, as duas saírem Mundo afora, a rosca **queimar**, kkkkk."

PUBLICADAS EM 20/3/2015

491. "Gordura abdominal, de fato, para a Saúde do Coração não é **legal**. Tamanho de pés, orelhas, seios, bunda etc., sendo **funcional**, não há nenhum **mal**. Já o complexo para a saúde pode ser **fatal**. Portanto, devemos nos amar e viver, sempre em alto **astral**."

492. "Não deixe a imbecilidade da inveja te **afetar**. Cuide de seu Labor **aperfeiçoar**."

493. "Pense mil vezes antes de defender ou **louvar** o consumo de bebida alcoólica ou qualquer droga que dependência química venham **causar**. Quiçá, você seja forte e nenhum mal de imediato venha lhe **afetar**. Contudo, para a maioria, o álcool, a maconha, enfim, as drogas são a abertura da porta para toda sorte de desgraças no seio das famílias **adentrar**."

494. "Segunda-feira, depois da novela, vem o BBB, com Conteúdo Cultural, sempre vazio e acolhimento aos afros, sempre **Vil**. Muda para o Ratinho, está Passando Dez ou **Mil**, onde os pobres têm que cantar, visualizando a simpatia do Décio Piccinini e do Arnaldo Saccomani, que causa mais malefício que Sanduíche Podre de **Pernil**, kkkkk. Mil vezes ver o replay do jogo, onde a Alemanha enfia 7x1 no time do Teimosão do **Brasil**, kkkkk."

495. "Sendo os Hospitais Públicos, voltamos a repetir, PÚBLICOS, inaceitável que a Imprensa livre acesso a eles não venha **ostentar**. Indubitavelmente, tal fato ocorre para não se mostrar o Genocídio que dentro deles vive a **imperar**. Cadê nossos Ilustres Integrantes do Parlamento, Ministério Público, Ordem dos Advogados do Brasil e Poder Judiciário? Será que estão em Berço Esplêndido a **descansar**?"

PUBLICADAS EM 27/3/2015

496. "Almejo saber quando os Caciques do Mundo criarão pudor e a droga da bebida alcoólica tal qual o cigarro proibirão de a Mídia **propagar** e aos Esportes vergonhosamente **associar**? Almejo saber até quando diante dessa safadeza, os Magistrados, Promotores de Justiça, Advogados, Religiosos, enfim, os Homens e Mulheres de Bem inertes irão se **calar**?"

497. "Ao Autor, Compositor, Radialista, Cantor e Apresentador, o carinho do Leitor, Ouvinte e Telespectador é o combus-

tível indispensável que outorga forças a **seguir**. Em nome de todos esses amores, que não temos o privilégio de conhecer, de alma e coração, obrigado, Neli, por **existir**."

498. "Aqueles que não conseguem em razão de preconceitos, complexos, a si próprios **amar**, como castigo na vida, do Amor, não irão **desfrutar**."

499. "Não obstante, seja obrigação do Ser Humano em tudo buscar a **Perfeição**. Em verdade, essa só encontramos em Deus, querido **irmão**."

500. "Um alerta aos Operadores do Direito, 'data vênia' passou da hora de **acordar**. Digo isto porque os que estão na imundice almejam jogar o Poder Judiciário, no mesmo **patamar**. A Nomeação de Amigos, para si e os companheiros **julgar**, é um sinal que não dá para os olhos **tapar**."

PUBLICADAS EM 3/4/2015

501. "Existem inúmeros pseudocomediantes que, impunes, na Mídia falam de uma erva maléfica como se fosse doce. Indago, onde está o Ministério Público que não enquadra esses insanos por apologia e associação ao Tráfico de Drogas? Será que temem os ricos e famosos?"

502. "É melhor deixar mil bandidos **ESCAPAR** que um Inocente com bala perdida **MATAR**."

503. "De nada adianta o Artista cantar como um pássaro a **VOAR**. Pseudoclássicos da Literatura de forma esplendorosa **INTERPRETAR**, se tal labor não for útil, no sentido da humanidade **MELHORAR**."

504. "A ansiedade e o nervosismo consistem num casal inapto a aconselhar quem almeja **PROSPERAR**. Muito Estudo, Fé em Deus, e tudo a contento irá **TERMINAR**."

505. "Com tantas desumanidades e falta de amor, me pergunto: valeu a pena nosso Senhor Jesus Cristo sacrificar sua vida para a nossa salvar?"

506. "A minha Tia Cida, que seu filho Tonho prematuramente ontem em Hospital Público veio nos **DEIXAR**; a Dona Terezinha e Senhor José Maria, que no Morro do Alemão, por homens da Lei despreparados, acabaram a vida de seu filho Eduardo, de 10 anos, **CEIFAR**; bem como ao Governador Geraldo Alckmin e sua esposa Lucia Alckmin, que perderam Thomaz, seus familiares e de todos que mesmo infortúnio, lamentavelmente, vieram **EXPERIMENTAR**. Peço que Deus seus corações venha **ACALANTAR** e receba a Alma de seus Entes Queridos em Excelente **LUGAR**."

PUBLICADAS EM 10/4/2015

507. "O Astro Carlos Alberto de Nóbrega, que tem decepcionado, chamando de santa a maléfica bebida alcoólica, pisou na bola, de novo, no Programa da Eliana, ao chamar de velha a exuberante Vera Fischer. Deveria o brilhante cidadão se retratar e **CONFESSAR** que estava sob o efeito da droga que na Praça vive a **LOUVAR**, kkkkk."

508. "O Ilustre Jô Soares sugeriu que a Presidenta um negro para o Supremo Tribunal Federal viesse **NOMEAR**, indagou se nenhum teria Competência para o Cargo **OCUPAR**. Plagiando sua piada, também quero brincar. Será que não existe nenhuma Jornalista Afro Competente para como sua Menina vir a **TRABALHAR**? Ou o Racismo em seu festejado programa também vive a **IMPERAR**? kkkkk."

509. "Apesar de cético, atesto, ele é um Ser Humano **EXEMPLAR**. Minha vizinha, mãe de trigêmeos, com uma bela casa mobiliada veio **AGRACIAR**. É evidente que de Augusto Liberato estou a **FALAR**. Gugu, Feliz Aniversário! Que Deus continue o **ABENÇOAR**. Saúde, Sucesso, Sempre."

510. "Antigamente, existiam tantos problemas e injustiças, que fica difícil até **IMAGINAR**. É a Escravidão, Falta de Transporte, Hospitais, Medicamentos, Tecnologia e Infraestrutura, que ainda perduram, mas guardam distância do passado, impossível de **MENSURAR**. Enfim, lendo *Cyrano de Bergerac*, hoje é até ridículo que tamanho de nariz seja

empecilho para **AMAR**. Taí o saudoso Rei do Pop, Michael Jackson, que não desmente o que estou a **FALAR**, kkkkk."

511. "Aos desavisados que confundem Liberdade de **EXPRESSÃO**. Ela encontra seu limite quando fere a **LEGISLAÇÃO**, e se torna maléfica ao Bem-Estar da **POPULAÇÃO**. A exemplo, os que fazem apologia às drogas, inclusive a bebida alcoólica, à violência, promiscuidade, inclusive desfrutando espaço em conceituadas Emissoras de **TELEVISÃO**. Em verdade, são pseudoartistas, querendo transformar o Brasil em Sodoma e Gomorra, confundindo tal Liberdade com Libertinagem, em nossa **NAÇÃO**. Portanto, já passou da hora de se acabar com essas safadezas, querido **IRMÃO**. Para tanto, concito os Ilustres Integrantes do Ministério Público para que entrem em **AÇÃO**. Basta de Insanidades, Viva a **MORALIZAÇÃO**."

512. "A meu ver, quase tudo que os Empresários do Congresso Nacional fazem é em próprio benefício e detrimento do **TRABALHADOR**. O PROJETO DE TERCEIRIZAÇÃO é mais uma manifestação desse **TERROR**. A única hipótese de minimizar os malefícios desse projeto, consiste em estabelecer que as EMPRESAS BENEFICIADAS SEJAM RESPONSÁVEIS SOLIDÁRIAS POR TODOS OS DIREITOS DO EMPREGADO, esse Pobre **SOFREDOR**."

513. "Um bom descanso é sempre **PROVIDENCIAL**. Depois dele, sempre renasce e revigora o Alto **ASTRAL**."

PUBLICADAS EM 17/4/2015

514. "Aqueles que estavam mal acostumados, viviam impunemente, execrando os diferentes e afros, estão perdendo a linha por terem que ao Politicamente Correto se **AMOLDAR**. Não é ser Mal Educado, tampouco Dar Acusada, quando contra os insanos se vem **REBELAR**. Pouco importa, o que jornalista norte-americano tenha vindo no século passado **FALAR**. Até porque, naquela época, era tradição a maldita **ESCRAVIDÃO**. Portanto, a assertiva que a 'Imoralidade é a

Moralidade de quem se Diverte Mais', depende do gosto e da **situação**. Ademais, todos ostentam o Livre-Arbítrio de fazer o que quiser, em sua casa, não na Mídia, outorgando maus exemplos a Juventude de nossa **NAÇÃO**. Enfim, Liberdade de **EXPRESSÃO** não se confunde com Libertinagem, Viva o Politicamente Correto, Viva a **MORALIZAÇÃO**."

515. "Procuro sem temor as mensagens que recebo benéficas ao bem-estar da Sociedade **DIVULGAR**. Contudo, aqueles que vierem as **DESDENHAR**, como os insanos que a promiscuidade, drogas, inclusive a bebida alcoólica, insistem as **DIVULGAR**, venho **REITERAR**. Se redimam, antes que o Fogo Ardente da Mão Divina sobre suas cabeças venha **PESAR**, e lembrem-se que Inocentes por Pecadores poderão **PAGAR**."

516. "Sou um pobre **SONHADOR**, que acredita na Justiça e apesar do tamanho do nariz no **AMOR**. Quero um mundo igualitário, sem guerras, sem **TERROR**. Embora pequeno, sem posses, melhorar o mundo pretendo **CONSEGUIR**. Semeando o Bem em todos os Caminhos que **PROSSEGUIR**. O que me importa é Paz no mundo voltar a **REINAR**. E que o Amor Eterno possa **CONQUISTAR**. Meus sonhos **SUCUMBIRÃO** quando Deus me levar desse **MUNDÃO**. Por não ser ator, não sei **REPRESENTAR**. Mas as palavras sei **MANUSEAR**. Cyrano de Bergerac é quem está a lhes **FALAR**."

517. "Sou um pobre **SONHADOR**, que acredita na Justiça e no **AMOR**. Quero um mundo igualitário, sem guerras, sem **TERROR**. Embora pequeno, sem posses, melhorar o mundo pretendo **CONSEGUIR**. Semeando o Bem em todos os Caminhos que **PROSSEGUIR**. O que me importa é Paz no mundo voltar a **REINAR**. E que um Amor Eterno possa **ENCONTRAR**. Meus sonhos **SUCUMBIRÃO** quando Deus me levar desse **MUNDÃO**."

518. "Se você ostenta o Poder, contudo só faz os ricos e poderosos **BENEFICIAR**, e, de forma enrustida, sempre fatura para os pobres **ESTREPAR**, mil perdões, mas vou **REGISTRAR**: se existe gente Sem-Vergonha como Vossa Excelência, na Terra não veio **HABITAR**, kkkkk."

519. "Se você separou e com discursos maléficos procura pai ou mãe contra os filhos **COLOCAR**, um aviso quero lhe **OUTORGAR**. Tal atitude se enquadra na Alienação Parental e no banco dos réus poderás **SENTAR**. Portanto, deixe seus filhos em paz e vá de sua cabeça **CUIDAR**."

520. "Sem o Estabelecimento da Responsabilidade Solidária das Empresas Beneficiárias ao pagamento dos direitos do Trabalhador; Sem outorgar-se aos trabalhadores os mesmos direitos dos relativos a beneficiária; A meu ver, o Projeto de Terceirização consiste em Revitalização da Escravidão. Se assim estabelecerem os Integrantes do Congresso Nacional, 'data vênia' não é demais chamá-los de Judas Iscariotes da Nação."

PUBLICADAS EM 25/4/2015

521. "Se você é um Ser Humano imprestável, na lama dos vícios vive a **MERGULHAR** e através da Corrupção, Tráfico de Influências tem conseguido **PROSPERAR**, saiba que da Justiça da Terra poderás **ESCAPAR**, mas o Chifrudo, mais cedo do que pensas, seu quinhão virá **COBRAR**. Melhor se redimir, enquanto houver tempo, e lembre-se Inocentes por Pecadores poderão **PAGAR**."

522. "Pouco importa se venham ou não gostar da ideia de **MORALIZAÇÃO**. Estou com saco cheio de ver, impunes, tantos fazerem putaria na **TELEVISÃO**. Dá-se a impressão que tem alguns idiotas loucos para a volta da censura em nossa **NAÇÃO**. E não venham dizer que a Moral entre o Ser Humano pode **DIFERIR**. Pois somente os Tolos desconhecem que em tudo na vida se tem limites a **SEGUIR**. Divulgar a prostituição, drogas, tirar onda com aparência dos outros não se amolda à Liberdade de **EXPRESSÃO**. De sorte que guarde suas insanidades para si e sua família, querido **IRMÃO**. Liberdade de **EXPRESSÃO** não se confunde com Libertinagem. Viva a **MORALIZAÇÃO**."

523. "Crucial o esmero para um Lindo Entorno se **CONSEGUIR**. Contudo, fundamental é o Conteúdo a **TRANSMITIR**. Quiçá, seja o último que deva nos mover em **PERSEGUIR**."
524. "Não haverá Guerras, Injustiças, a Paz voltará a **REINAR**, quando todos o ódio, a ambição da alma vierem **EXPURGAR**."
525. "O importante na Vida não é o Sucesso a qualquer custo, nesse **MUNDÃO**. Crucial é propagar o Bem, proteger os fracos e oprimidos, querido **IRMÃO**."

PUBLICADAS EM 1/5/2015

526. "Messi, Suárez e Neymar, artilheiros, formam um Trio **EXEMPLAR**. Se fosse aqui no Brasil, os experts diriam que juntos não poderiam **JOGAR**. Nossos treineiros preferem vinte volantes para **MARCAR**, e os meias e atacantes habilidosos **EXTERMINAR**. Por isso que 7 X 1 da Alemanha tivemos que **CHUPAR**, kkkkk."
527. "A Mãe, o Pai e os Professores, via de regra, são seres que se esmeram para que possamos na vida **TRIUNFAR**. De sorte que a afronta, o desrespeito a eles consistem em ingratidão a quem devemos **REVERENCIAR**. Entenderam ou preciso **DESENHAR?** Kkkkk."
528. "Aqui no Brasil, temos um Ministro no Supremo Tribunal preocupado com a psique sexual dos homens do Brasil, protegendo a Propaganda do Vem **VERÃO**. Contudo, com os Milhares e Milhares de Jovens que Perdem Suas Vidas e Ficam Mutilados, via de regra, embriagados pelo maléfico líquido, propagandeado pelo belo **BUNDÃO**, não nos parece que o Ilustre Julgador demonstre qualquer **PREOCUPAÇÃO**. Tomara que nenhum infortúnio oriundo da bebida alcoólica venha abraçar Vossa Excelência, seus pares e entes queridos, **IRMÃO**. E parabéns por esse relevante Desserviço que os Ilustríssimos, liberando a propaganda de droga, prestaram a **NAÇÃO**, kkkkk."

529. "O Santo Papinha, Jorge Mario Bergoglio, em discurso pleiteou salário igualitário para mulheres que mesmo cargo de homens **OCUPAR**. No Brasil, para tal, basta a Justiça do Trabalho **ACIONAR**. Contudo, indago a Vossa Santidade, quando as mulheres poderão Missas **CELEBRAR,** e para Papa se **CANDIDATAR**? Questiono ainda, essas atitudes da Igreja também não seriam machistas? Até quando as mulheres terão que **TOLERAR**? Só estou a perguntar, não precisa me **EXCOMUNGAR**, kkkkk."

530. "Sendo o Mundo redondo, difícil entender tanta gente quadrada, kkkkk."

531. "Qual será a Maior Injustiça, a Pena de Morte que a Indonésia aos Traficantes vem **APLICAR** ou a Impunidade, dos Menores, Assassinos do Trânsito, Corruptos, Genocídio dos Pobres nos Hospitais Públicos etc. que no Brasil vive a **IMPERAR**?"

532. "O Ilustre Anderson Silva, quando a maldita manguaça começou a **LOUVAR**, coincidência ou não, de Majestade, Mau Exemplo à Sociedade passou **REPRESENTAR**. Imbatível, quebrou a perna e, no doping, culminaram por o **PILHAR**. É a prova que vender droga dá muito **AZAR**."

PUBLICADAS EM 9/5/2015

533. "Se não houvesse o Apartheid entre os Hospitais Públicos e Privados da **NAÇÃO**, será que haveria, na Rede Pública, algum como ocorre com infraestrutura de **LIXÃO**?"

534. "A Presidenta, em belíssimo 'data vênia' Mau Exemplo, nenhum afro para Ministro veio **NOMEAR**. Indago aos escravocratas de plantão: Será que no Brasil, o Racismo vive a **IMPERAR**? Será que a Lei de Cotas é uma daquelas feitas, com todo o respeito, para podermos o bumbum **LIMPAR**? Kkkkk."

535. "Ao Astro Carlos Alberto de Nóbrega, do qual somos fã, peço que Deus lhe outorgue Juízo e um pouco de dinheiro, kkkkk, para que a maléfica droga da bebida alcoólica,

de forma herege, pare de **LOUVAR**. Assim, com saúde, a Praça, continue por mais 28 anos **COMANDAR**, e se sentir vontade, com maior leveza, possa morder a fronha e o bumbum **ARREBITAR**, kkkkk."

536. "Sempre consegue suplantar infortúnios com Fé em Deus e **SUPERAÇÃO**. Paciência e firmeza com a prole, para não desviarem da **RETIDÃO**. Bondade, dedicação, enfim, Amor ao Próximo disponibiliza à **POPULAÇÃO**. Evidente que falo da Rainha Maria Esther, uma Mãe de Verdade, querido **IRMÃO**. Por tais motivos, a ela, todos os dias, nosso Amor e Reverência de Alma e **Coração**."

537. "Aqueles que almejam dinheiro fácil **GANHAR**, será que topam ir para a Indonésia **TRAFICAR**? Esse é um campo em que a mão de obra está a **FALTAR**, kkkkk."

538. "Se necessitas da verdinha, branquinha, manguaça, para **RELAXAR**. Bom, de imediato, o caminho de Deus **PROCURAR**, antes que o Chifrudo, com o garfo quente, seu rabo venha **ESPETAR**, kkkkk."

PUBLICADAS EM 15/5/2015

539. "O Brasil não necessita de Terroristas **INVEJAR**. Aqui temos os Assassinos do Trânsito, Menores Criminosos, Políticos que Matam em Massa surrupiando verbas públicas, tudo em abundância, para podermos **DESFRUTAR**, kkkkk."

540. "Se na Igreja Católica seus membros pudessem se **CASAR**, indago ao Santo Papinha Francisco: Será que haveria tantos Padres pedófilos, sentindo vontade de morder a fronha e o bumbum **ARREBITAR**? Kkkkk."

541. "A Beleza da Natureza reside no Contraste. Como exemplos, a Noite e o Dia, a Lua e o Sol, 100% (cem por cento) diferentes, mas igualmente cruciais e ocupando o mesmo tempo no Universo, sem qualquer discriminação. Evidentemente, o Negro e o Branco não são iguais, mas ostentam os mesmos Direitos, é assim que deve **SER**. Fui claro,

imundos escravocratas? Ou preciso desenhar uma mula, para virem **ENTENDER**? Kkkkk."

542. "Criatividade, Realização, Conquista e Sucesso guardam imensurável distância da maléfica droga denominada bebida alcoólica. Portanto, é propaganda enganosa tais dádivas à manguaça se vincularem. O que dá para relacionar a todas as bebidas alcoólicas, independente do teor, é a maioria dos Homicídios Dolosos e Culposos, a Violência contra a Mulher, Inúmeras Moléstias e Mazelas. Quando tivermos Governantes comprometidos com o Bem-Estar da **POPULAÇÃO**, acabará essa safadeza na **NAÇÃO**. É o que competia registrar o **MACHÃO**, aos Discípulos do Chifrudo que vierem discordar, cinco palavrinhas: Chupem e Engulam com **MODERAÇÃO**, kkkkk."

543. "Você que se julga o Tal, muito **IMPORTANTE**. Bom lembrar, para ser Passado, basta um **INSTANTE**."

544. "Os ricos, por serem mais preparados, exigem tudo de bom e melhor dos Governantes. Portanto, se não houvesse o Apartheid nos Hospitais, ou seja, os de Luxo para os Ricos e os de Lixo para os Pobres. Enfim, se todos fossem obrigados a usar os mesmos, muitas vidas de pobres seriam salvas, pois teríamos Hospitais Padrão Fifa em todo País. Contudo, tal fato é difícil **ACONTECER**, pois nossos Políticos e Magnatas, salvo honrosas exceções, são egocêntricos, e apenas se preocupam com o próprio traseiro, quando vem **APODRECER**. Por tais motivos, diz o Livro Sagrado que rico adentrar no Reino dos Céus é difícil **SUCEDER**. É o desabafo que o machão precisava **PROPAGAR**. Aos endinheirados que vierem se **MAGOAR**, três palavrinhas: vão se **LASCAR**. Kkkkk."

PUBLICADAS EM 22/5/2015

545. "Àqueles que lutam contra o politicamente correto quero **FALAR**. Pode-se nesse mundo de tudo **BRADAR**. Contudo, preparem o lombo para o que vier **SUPORTAR**. Inclusive

eventuais ofendidos por danos morais serem condenados a **INDENIZAR**, sem prejuízo de um gostoso processo criminal culminarem por **DESFRUTAR**, kkkkk. Entenderam ou preciso uma mula **RABISCAR**? Kkkkk."

546. "Não permita que a opinião de idiotas venha te **INFLUENCIAR**. Ouça por um ouvido, mas deixe o buraco do outro bem aberto, para rapidamente a asneira **PASSAR**, kkkkk."

547. "Aos desavisados que não sabem, bebida alcoólica é droga, querido **IRMÃO**. E por ser liberada, consiste na mais perniciosa à **POPULAÇÃO**. Além do que, 'data vênia', dá-se a **IMPRESSÃO** que os proprietários dessas indústrias maléficas têm em suas mãos o Poder Legislativo, Executivo e Judiciário, já que não vedam sua propaganda, como o tabaco em nossa **NAÇÃO**. Em verdade, não se importam com as Mazelas oriundas dessa maldita droga, dentre elas, quase 50 mil pessoas que, por ano, perdem a vida, via de regra, embriagados, e a mesma quantia que passa a viver com **MUTILAÇÃO**. Essa consiste na nossa **INDIGNAÇÃO**. Àqueles que vierem se estressar, cinco palavrinhas: chupem e engulam com **MODERAÇÃO**, kkkkk."

548. "Temos visto ultimamente Jornalistas criando coragem e o Genocídio dos Hospitais Públicos, que há muito denunciamos, na Grande Mídia virem **REPERCUTIR**. Alegro-me ao ver também Médicos contra esse descalabro se **INSURGIR**. Continuando assim, um dia, essa safadeza viremos **EXTINGUIR**."

549. "Se o Supremo Tribunal Federal continuar sendo constituído de Ex-Advogados de Partidos, Amigos de Governantes ou seus Entes Queridos, indubitavelmente, no Descrédito da Sociedade culminará por **NAUFRAGAR**. Portanto, a Constituição Federal tem-se que mudar, de modo a tirar das mãos nem sempre limpas de Governantes e nunca desinteressadas da Corte, que inclusive poderá os **JULGAR**. Para que haja Justiça, apenas os Juízes de Carreira, Promotores e Advogados, mais antigos, e sem vínculos políticos e partidários, devem a mais Alta Corte **INTEGRAR**. Enfim, não se pode dizer ser Independente o

Poder Judiciário quando assistimos Governantes o **MANIPULAR**, indicando pessoas que eterna gratidão têm que lhes **DISPONIBILIZAR**. É o que competia ao machão **REGISTRAR**. Àqueles que, porventura, virem se **MAGOAR**, seis palavrinhas: Com todo respeito, vão se **LASCAR**. Kkkkk."
Texto Proferido no Programa 60 MINUTOS KENTES COM REYCK LOVIS. Transmitido pela Rádio Cumbica AM 1500, em 26/4/2015.

550. "Dia 13 de Maio, Dia da Libertação dos Escravos, parece que os escravocratas, fazem questão que da mente seu significado venhamos **APAGAR**. Indubitavelmente, a alma de nossos ancestrais, Grande Mágoa, com tal indiferença, estão a **SUPORTAR**. Temos, como fazem os Hebreus, essa data eternamente **CELEBRAR**, agradecendo a Deus por dessa maldade ter vindo nos **LIBERTAR**. Esse feriado temos que imediatamente **REVITALIZAR**. Entenderam, racistas que estão no Poder, ou preciso uma Besta **DESENHAR**? Kkkkk."

PUBLICADAS EM 29/5/2015

551. "Causa estranheza quem sofre preconceito dos outros vir a **FALAR**. É o Negro vindo Homossexual **EXECRAR**. A Sapatão, os Nordestinos vir **PICHAR**. O Jovem falando do Idoso, como se não viesse **FICAR**. Enfim, é tanta imbecilidade, em todos os segmentos, que enoja **OBSERVAR**. Só Deus para tantos idiotas **SUPORTAR**, kkkkk."

552. "Com todas as 'vênias', é uma tradicional bobagem os Artistas "Merda", antes do Espetáculo, para os outros vir **DESEJAR**. Essa é uma idiotice do Tempo da Escravidão, que se deve **MODERNIZAR**. Mil vezes o bordão que minha mãe, Maria Esther, vive a **PROLATAR**: Que Deus Venha o **ABENÇOAR**."

553. "Nunca visualizamos Angélica e Luciano Huck, na Mídia, drogas **LOUVAR**. A Angélica sequer com nudismo o público masculino veio **AGRACIAR**, kkkkk. Nas ondas da podridão

da política, nunca vieram **NAVEGAR**. Detalhe, famosos, queridos como são, mais votos que a maioria conseguiriam **CONQUISTAR**. Luciano Huck, em seus programas, rotineiramente vimos muita gente necessitada **AUXILIAR**. Por tais motivos, com o Livramento, Deus veio os **BENEFICIAR**. Que o Brilhante Casal continue o Caminho do Bem a **TRILHAR** e Bons Exemplos à Sociedade **DISPONIBILIZAR**."

554. "O Templo do Rei Salomão é um maravilhoso Exemplo de Luxúria e **OSTENTAÇÃO**. Contudo, Jesus Cristo, nesse Mundo, fora a Simplicidade e o Amor em **ENCARNAÇÃO**. De sorte, com tantos fiéis padecendo em Hospitais Públicos Podres, indago **IRMÃO**: Não seria melhor o abençoado Bispo Edir Macedo ter construído um Hospital, estilo Sírio-Libanês e Albert Einstein, para cuidar da saúde e corpo de todo **CRISTÃO**? Não precisa me rogar pragas, só estou a perguntar, Santificado **CIDADÃO**, kkkkk."

555. "Qual a ideia da **TERCEIRIZAÇÃO**? É os Grandes Empresários, Banqueiros, Poder Público terem muitos empregados e com eles não ostentarem nenhuma **OBRIGAÇÃO**.

    Qual a **SOLUÇÃO**? É a Lei estabelecer a Responsabilidade Solidária das Empresas Beneficiárias a todos Direitos Trabalhistas, Fiscais e Previdenciários. Deve a Lei estabelecer, ainda, que os direitos do trabalhador sejam os relativos ao da empresa beneficiária. É o que competia ao machão **REGISTRAR**. Aos gananciosos Discípulos do Chifrudo que vierem **DISCORDAR**, seis palavrinhas: com todo respeito, vão se **LASCAR**. Kkkkk."

    Texto Proferido no Programa 60 MINUTOS KENTES COM REYCK LOVIS. Transmitido pela Rádio Cumbica AM 1500, em 24/5/2015.

556. "Segundo o Ilustre Paulo Ricardo, é preciso ter cabelo bom, para Rock and Roll vir a **CANTAR.** Minha irmã, Esther, que tem o cabelo duro, kkkkk, com o preconceito exalado, no mesmo instante, veio de canal **MUDAR**. Bom lembrar, o Rei do Rock and Roll, Elvis Presley, foi com os negros, na ótica dos brancos, 'de cabelo ruim', kkkkk, que aprendeu a

CANTAROLAR. Assim, com todo respeito, Cabelinho Liso, melhor **PENSAR** antes de asneiras vir a **PROLATAR**, kkkkk."

557. "Consiste numa tremenda sacanagem Sucessos Consagrados, com Canções Inéditas, Premiação virem **DISPUTAR**. Portanto, o certo seria duas categorias para o Concurso **CRIAR**: de Cover e **ORIGINAIS**. Aí sim, o 'SuperStar', com a Brilhante Fernanda Lima, ficará **DEMAIS**."

PUBLICADAS EM 6/6/2015

558. "O Rei da Televisão, Silvio Santos, deve imediatamente mais espaço para a Patrícia Abravanel **OUTORGAR**. Além do Cover, um Programa Semanal, com Cantores Desconhecidos e Canções Inéditas, ela merece **DESFRUTAR**. E tem mais, nos mesmos moldes inerentes à Máquina da Fama, com Cenários Exuberantes e sem Jurados querendo se aparecer, vindo os Pobres **EXECRAR**. É a Patrícia e os Artistas, como sucede atualmente, que devem **BRILHAR**."

559. "Como a Saúde e a Educação no Brasil está uma **BELEZA**, preferimos pagar, de forma inútil, Ministros, Vereador, Deputado e Senador, com toda **CERTEZA**. Por tais motivos, a Ilustre Presidenta fez muito bem de verbas para tais Áreas **CORTAR**, kkkkk. Afinal, a Prioridade do País consiste em essa raça **ENGORDAR**, kkkkk."

560. "Cinquenta anos de Rede Globo, nossa maior Emissora de **TELEVISÃO**. E em todo esse lapso temporal, nunca se viu um protagonista **NEGRÃO**. Cenas de romance entre as famosas brancas e afrodescendentes somente agora em Babilônia vimos **PASSAR**. Contudo, rapidamente o afro na trama vieram **ELIMINAR**. Para apresentador afro, oportunidade nunca vieram **OUTORGAR**. Âncoras de Jornal afrodescendentes, nem **PENSAR.** No Troféu Imprensa do Faustão, kkkkk, enquanto a brancaiada se esbaldava de prêmios **GANHAR**, três afros quase enfartavam para o Troféu de COADCHUPANTE **BELISCAR**, kkkkk. E ainda tem uns idiotas que acham ruim, pedem calma para assunto de Racismo **ABORDAR**. Querem mais calma, que os Quatro-

centos Anos de Escravidão que nossos Ancestrais tiveram que **SUPORTAR**? O meio século que, na Mídia Brasileira, estão nossa raça a **HUMILHAR**? Assim, aos Discípulos do Chifrudo, Escravocratas que vierem se **ESTRESSAR**, três palavrinhas: vão se **LASCAR**. Kkkkk."

Texto Proferido no Programa 60 MINUTOS KENTES COM REYCK LOVIS. Transmitido pela Rádio Cumbica AM 1500, em 31/5/2015.

561. "Por vezes, confesso, penso em **MENTIR**. Contudo, como sou sincero, nunca logro êxito em **CONSEGUIR**. Caramba, disse nunca, acabei de uma mentirinha **PROFERIR**, kkkkk."

562. "Pouco importa venham ou não de mim **GOSTAR**. Crucial, e exijo, é nos **RESPEITAR**. Entenderam, ou preciso uma mula **RABISCAR**? Kkkkk.

563. "Quiçá Viver seja a Arte de Obstáculos **ULTRAPASSAR**, a Falsidade e a Maldade **DRIBLAR** e a busca do Amor Verdadeiro **ENCONTRAR**."

PUBLICADAS EM 12/6/2015

564. "Beba com Moderação, consiste num **BORDÃO** criado para propagar a droga denominada bebida alcoólica, responsável pelas maiores Mazelas da **NAÇÃO**. Dentre elas, as Milhares de Mortes nas Estradas, com o mesmo montante de **MUTILAÇÃO**. Portanto, àqueles que criaram, bem como os que desfrutam do referido, só nos resta alertar que se arrependam antes que Deus pese, sobre Vossas Excelências, o Fogo Ardente de sua **MÃO**. Vale lembrar, que Inocentes pelo Pecador poderão suportar a **PUNIÇÃO**."

565. "Idiotices dos outros não justificam as suas."

566. "Se você, em seu Reinado, de Luxuosos Hospitais vive a **DESFRUTAR**, mas seus súditos não ostentam nenhuma dignidade para a Saúde da Família vir **CUIDAR**. Não tenho dúvidas do que vou **ENFATIZAR**, se existe Gente Sem-Vergonha como Vossa Excelência, creio que no Mundo não veio **HABITAR**, kkkkk."

567. "Quando se declara Guerra, há que se ter noção, não será apenas um soldado a **COMBATER**. Por tais motivos, é em Paz que devemos empreender esforços para **VIVER**."
568. "Se você desfruta dos Serviços dos outros, mas enrola e detesta **PAGAR**, perdoe-me, mas vou **FALAR**, se existe gente Sem-Vergonha como Vossa Excelência, na Terra não veio **HABITAR**, kkkkk."

PUBLICADAS EM 19/6/2015

569. "A quem tem vergonha, deve ser frustrante ostentar o **PODER**, ver a Corrupção ao seu lado **CRESCER**, e os problemas que afligem o Povo não conseguir **RESOLVER**. Fui claro, incompetente, ou preciso desenhar uma besta, para vires **ENTENDER**? Kkkkk."
570. "Até quando Técnicos Retranqueiros, Campeões de Amistosos teremos que **AGUENTAR**? Jogar contra a Colômbia com três volantes, consiste numa coragem admirável, digna de **PARABENIZAR**. Kkkkk."
571. "Quem não cuida da própria Casa não tem direito de na dos outros **PALPITAR**. Fui claro ou preciso **DESENHAR**, Governantes e Parlamentares, Competentes, que estão a **VISUALIZAR?** Kkkkk."
572. "No Programa A Praça é Nossa, vivem droga de Santa a **CHAMAR**. Sendo a bebida alcoólica responsável por tantas Mazelas a Sociedade **CAUSAR**, indago: onde estão os Religiosos que contra essa heresia não culminam por se **LEVANTAR**? Será que 10% (dez por cento) das verbas banhadas de sangue oriundas dessas indústrias estão a **DESFRUTAR**? Calma, o Machão só quis **INDAGAR**, kkkkk. Mas aos Discípulos do Chifrudo que vierem se **MAGOAR**, cinco palavrinhas: 'data vênia', Vão se **LASCAR**. Kkkkk."
573. "É um deleite poder contribuir de algum modo para o **MELHOR**. Pobres são os omissos e os que contribuem para o **PIOR**."
574. "Tristeza não leva a **NADA**, esquecê-la é a melhor **JOGADA**."

PUBLICADAS EM 26/6/2015

575. "Ao invés de bandeirinhas, qualquer tecnologia seria mais útil ao Árbitro **AUXILIAR**. Quiçá não a utilizam no Futebol para resultados **MANIPULAR**. Quando será que essa safadeza irá **ACABAR**?"

576. "As pessoas que passam pela vida fazendo tudo por **NECESSIDADE**, sinceramente, merecem nossa **PIEDADE**."

577. "Com tantas Mazelas a nos **RODEAR**, deve ser terrível sem humor pela vida **TRAFEGAR**."

578. "Gostaria de entender a falsidade de muitos que vivem no Mundo a **HABITAR**. Deus venha me **PERDOAR**, mas sinto uma vontade louca do rabo dessa gente **CHUTAR**, kkkkk."

579. "Indubitavelmente, é frustrante o cabra achar que ostenta tanta capacidade, mas ser conhecido como Jurado Xarope, que vive o saco de Apresentadores a **PUXAR**, e os Pobres em Programas **ESCULACHAR**. Entenderam ou preciso uma besta **RABISCAR**? Kkkkk."

580. "Quanto economizaríamos por mês, se Vereador, Deputado e Senador não tivéssemos que **PAGAR**? Indubitavelmente, com tais verbas em muito a Saúde Pública iria **MELHORAR**. Por tais motivos, o machão vive a **BRADAR**. Parlamento Voluntário Já!"

PUBLICADAS EM 3/7/2015

581. "A Presidenta arguiu no Jô que perdemos dentro de campo de 7 a 1, mas fora vencemos. Se não houve avanço no Transporte, Saúde e Educação que vantagem obtivemos? Teríamos se, ao invés dos Circos Luxuosos e Caríssimos, tivessem construído em todo País Descentes Hospitais. Será que a Presidenta, quando disse vencemos, se referiu aos Políticos, Donos de Empreiteiras, Dirigentes de Futebol, Empresários? Esses sim, em pouco tempo, de fortunas puderam **DESFRUTAR**, e sem a frescura de Licitação para **ATRAPALHAR**. Kkkkk."

582. "Pessoas falsas, via de regra, arreganham o dentão, querendo amizade **DEMONSTRAR**. Mas quando vacilares, tal qual um jacaré, com o bocão fedorento tentarão te **DEVORAR**. Kkkkk."

583. "Apenas os Grandes têm a Humildade de Apedeutas vir **ESCUTAR**, não deixando rancores **PERPETUAR**. São pessoas assim que todos passam a **ADMIRAR**, não os Pequenos Mentais, puxa-sacos que adoram Fogo no Circo **COLOCAR**."

584. "É triste você ouvir que suas gentilezas para com os amigos consiste em desejo de **APARECER**. Esses que assim pensam devem muito rezar, para espiritualmente **CRESCER**. Digo isto porque, quando Deus distribuiu cérebro, quiçá não vieram **OBTER**. Kkkkk."

585. "Insignificante se o Brasil foi eliminado pelo Paraguai e novamente tivemos que **CHUPAR**. O importante é que dois jogadores desconhecidos, com a Convocação por mais de 200 milhões, seus clubes vieram **NEGOCIAR**. Não creio, mas será que, de forma enrustida, alguém veio alguma verbinha **BELISCAR**? Calma, não precisam acusada em mim **DESFECHAR**, foi só uma perguntinha que vim **REGISTRAR**. Kkkkk."

586. "Não adianta a Idade para Criminalidade diminuir ou **AUMENTAR**. Tem-se é a Pena para o Menor a do Adulto **EQUIPARAR**. Para tal, basta as Penas do Estatuto da Criança e do Adolescente **EXTERMINAR**. São as Sanções do Código Penal que, para o Criminoso Adulto e Menor, devem **IMPERAR**. Entenderam ou preciso uma mula **RABISCAR**? Kkkkk."

587. "Visualizamos Padres, Pastores, até Coronel, lutando para Alcoólatras virem se **RECUPERAR**. Enquanto isso, temos Ícones do Esporte, Humor, Dramaturgia, Cantores e Compositores, de forma despudorada, na Mídia, a manguaça **LOUVAR**. Daí por que indago: Vossas Excelências, não se sentem frustrados de dinheiro banhado em sangue na mesa de seus filhos virem **COLOCAR**? Redimam-se enquanto houver tempo, não esperem que o Fogo Ardente da Mão de Deus sobre suas cabeças venha **PESAR**. Lembrem-se, Inocentes por Pecadores poderão o débito **QUITAR**."

PUBLICADAS EM 10/7/2015

588. "A Copa do Mundo de Futebol Feminino pouco vimos a Grande Mídia **DIVULGAR**. Mulheres para transmitir os Jogos, como de praxe, nem **PENSAR**. Ainda alguns idiotas entendem que o Preconceito contra as Mulheres não está a **IMPERAR**."

589. "A Presidenta, indagada por Jô, não confirmou em razão do descalabro na Saúde sentir **INDIGNAÇÃO**. É por tal motivo, aliado ao fato do Sírio-Libanês poder desfrutar, que para essa vergonha não conseguiu **SOLUÇÃO**."

590. "Não permita que a Língua Venenosa de incompetentes, invejosos venha te **DESANIMAR**. Espalhe o Bem, sem olhar a quem, por onde vieres **PASSAR**. Foi assim que Jesus veio nos **ENSINAR**."

591. "O Conteúdo é que consiste no mais importante. A casca, por vezes, serve apenas para Tolos **ENGANAR**. Esse é meu modo de **PENSAR**. Àqueles que vierem **DISCORDAR**, três palavrinhas: vão se **LASCAR**. Kkkkk."

592. "Se o Programa aceita Patrocínio de Bebida Alcoólica, que é droga, talvez seja por ter o conteúdo **IGUAL**. Entenderam ou preciso desenhar um **ANIMAL**? Kkkkk."

PUBLICADAS EM 17/7/2015

593. "A Generosidade é uma dádiva de que muitos falam, mas poucos conseguem praticar."

594. "Fatos que vieram me **ESTRESSAR** prefiro não **LEMBRAR**, é para frente que devemos **CAMINHAR**."

595. "Não aceite o que **VIER**, lute para conseguir exatamente o que **QUISER**."

596. "Nosso Congresso Nacional é uma beleza para Leis **ELABORAR**. Criam imensa confusão e a Impunidade do Menor não conseguem **ANIQUILAR**. Não é necessário sequer a Menoridade **ALTERAR**. Basta apenas as Penas do Estatuto do Menor Delinquente às do Código Penal **EQUIPARAR**.

Entenderam ou necessitam de alfafa para o cérebro **FUNCIONAR**? Kkkkk."

597. "O Amor não tem idade, sexo, nem cor. É só o Amor."
598. "O coração tem razões que a própria razão não consegue **DECIFRAR**, muito menos **EXPLICAR**."

PUBLICADAS EM 24/7/2015

599. "Não importa as razões da mentira, continuará sendo mentira."
600. "Aos imbecis que pensam em Crimes **PRATICAR**, saibam não há dinheiro que a Liberdade venha **PAGAR**. Além do que, o bandido que vive o Cárcere a **VANGLORIAR**, pode contar uma estória e seu rabo não vir **ATESTAR**. Kkkkk."
601. "De fato, nada **SEI**, mas procurei aprender um pouco, por onde **CAMINHEI**."
602. "Enquanto os Ilustres Membros do Ministério Público não levantarem 'data vênia' do Berço Esplêndido e por Genocídio os Governantes começarem a **DENUNCIAR**, o Massacre dos Pobres nos Hospitais Públicos irá **CONTINUAR**."
603. "O invejoso é fácil **DETECTAR**, pois sempre exala um bafo podre, oriundo da língua venenosa, onde quer que venha **PASSAR**."
604. "O Presidente da FIFA, Joseph Blatter, deveria ter deixado imediatamente a **INSTITUIÇÃO**. Permanecendo no Cargo, fica patente que pretende maquiar no Órgão toda **PODRIDÃO**."
605. "Os idiotas que lutam para que a Alta Velocidade nas Estradas continue a **IMPERAR**, outorgam maior valor à rapidez que a Vida do Ser Humano, se esquecendo que o infortúnio pode a si e seus Entes Queridos também **ABRAÇAR**."

PUBLICADAS EM 31/7/2015

606. "É lamentável, mas, quando aparece o dinheiro, o Mau Caráter de alguns culmina por revelar."

607. "Mensagens duras e verdadeiras Deus não enviará a covardes que temam as prolatar."

608. "Enquanto assistimos aos Jogos, propagandas de drogas, tais como Péssima Ideia, Ita Inchada, I minhoca, Drahma, somos compelidos a **APRECIAR**. Enquanto alguns, tais como os Alcoólicos Anônimos, vemos lutando para a Sociedade do maléfico vício **LIBERTAR**, as gananciosas Empresas e Mídia tal Desserviço à Sociedade, 'data vênia', despudoradamente vem **PRESTAR**. Até quando essa imoralidade de associar droga com Esportes teremos que **TOLERAR**?"

609. "O Ex-Presidente Lula, a Presidenta Dilma se livraram de doenças maléficas, vindo no Sírio-Libanês se **CUIDAR**. Indubitavelmente, tal fato não sucederia se nos vergonhosos Hospitais Públicos viessem se **TRATAR**. Mudem, Ilustres Governantes, tratem dessa safadeza **EXTERMINAR**, pois quando o Fogo Ardente da Mão de Deus vier contra Vossas Excelências **PESAR**, nem a mão do Dr. Kalil conseguirá os **SALVAR**. Lembrem-se, Inocentes por seus Pecados poderão **PAGAR**."

610. "Os Treinadores da Seleção Brasileira deveriam perder a regalia de Jogadores fazer a **CONVOCAÇÃO**. Se a Seleção supostamente é nossa, quem ostenta esse direito é o **POVÃO**. Se assim fosse, Ronaldinho Gaúcho, Kaká. Cássio, Gil, Lucas Lima, Valdivia não seriam preteridos, sem qualquer **EXPLICAÇÃO**."

611. "O Amor não consiste em matemática, em que se aplicam regras, e dá tudo certo."

PUBLICADAS EM 7/8/2015

612. "Minha Eterna Gratidão ao meu saudoso Pai, Vicente. Maior ainda, a Deus Poderoso, único Pai em toda nossa vida, Onipresente."

613. "Não existe ninguém tão Sábio que tudo possa Ensinar, muito menos que nada tenha para Aprender."

614. "O Verdadeiro Amor é aquele que culmina por **CURAR**, não que te leva em insanidades **AFUNDAR**."
615. "Os Discípulos do Chifrudo que passam pela vida pensando apenas em seu **BEM-ESTAR** não percebem, mas os infortúnios culminam de uma forma ou outra sempre por os **ABRAÇAR**."
616. "Se não tivéssemos que pagar nenhum **PARLAMENTAR**, em pouquíssimo tempo a Miséria no País iria **ACABAR**. Parlamento Voluntário Já!"
617. "Se ninguém viesse Ordens Insanas **ACATAR**, não se teriam histórias de Guerras para **CONTAR**."

PUBLICADAS EM 14/8/2015

618. "Quem vive mergulhado no Ódio e **RANCOR**, lembre-se, Jesus deu sua vida para nos ensinar o **AMOR**."
619. "Se nós, pobres mortais, temos que nos tratar nos Hospitais da Região em que vivemos. Por que os Abastados, Políticos, podem viajar de outras cidades, para no Albert Einstein e Sírio-Libanês da podridão do corpo virem cuidar?"
620. "Sinceramente, creio ser inimaginável Governantes tanto algumas Empreiteiras **BENEFICIAR**, sem nenhuma verbinha, de forma enrustida, **BELISCAR**. Kkkkk."
621. "Um bando de gente buscando uma **SOLUÇÃO**. Resultado grande **CONFUSÃO**. É o que acontece no Congresso Nacional, querido **IRMÃO**. Razão pela qual, se o referido possuísse a mesma quantidade do Supremo Tribunal Federal, quiçá, 'data vênia', fosse útil à **NAÇÃO**."
622. "Temos com alegria visto, na beira dos Campos de Futebol, enormes garrafas de manguaça suas maravilhosas drogas **PROPAGAR**. Assim os Ilustres Dirigentes dos Esportes, por vincularem a benéfica droga, denominada bebida alcoólica, temos que os **REVERENCIAR**, Kkkkk. A propósito, almejaria saber de Vossas Excelências de onde vem a moral para algum Desportista por doping **DENUNCIAR**? Entenderam Discípulos do Chifrudo ou preciso uma mula **RABISCAR**? Kkkkk."

623. "Teorias, Conceitos se quedam diante do Sentimento em Concreto."

PUBLICADAS EM 21/8/2015

624. "É patético se dizer que para alguns Crimes, o sujeito com 16 anos é **MAIOR** e para outros, **MENOR**. Será que em algum Lugar do Mundo tem um Parlamento que o nosso **MELHOR**? Kkkkk."

625. "Ela não possui falsidade, fala o que pensa, sem **PESTA-NEJAR**. Não possui dificuldade para **ELOGIAR**, pois vaidade e inveja em seu coração não vivem a **IMPERAR**. Quando se supõe que atenção não está a **PRESTAR**, lição acerca do assunto passa a **OUTORGAR**. Músicas que não gosta, ouvir nem **PENSAR**, muitos menos **CANTAR**. É óbvio que não falo de uma pessoa **NORMAL**, mas, sim, de YARA ALTRO, uma Garotinha simplesmente **GENIAL**."

626. "Falta bom senso a Sindicalistas que com arbitrariedades tentam Questões Trabalhistas **SOLUCIONAR**. Inaceitável, a ocupação de Emissora de Rádio e ofensas contra Empresário **PERPETRAR**. O descontrole emocional, a falta de urbanidade são inaptos a **ACONSELHAR**. Melhor sempre um Advogado **CONSULTAR**. Portanto, àqueles que de forma insana procedem e culminam por Trabalhadores **PREJUDICAR**, só nos resta, de forma candente, nossos Parabéns **REGISTRAR**. Kkkkk."

627. "É melhor andar com o Carro bem **DEVAGARINHO** que correr e chegar no Inferno bem **RAPIDINHO**. Kkkkk."

628. "No Futebol, sendo onze contra onze, se o Jogador conseguiu ficar sozinho é porque o outro Time não teve capacidade de **MARCAR**. Portanto, a Lei de Impedimento deve **ACABAR**. Com tal fato, é o princípio primordial do Futebol, o Gol, que irá **IMPERAR**."

629. "Os Jovens que ostentam a Sapiência dos mais Experientes **ESCUTAR**, certamente na vida muitas agruras hão de **EVITAR**."

PUBLICADAS EM 28/8/2015

630. "Com a abundância que possui a **VERÃO**, tomasse manguaça, estaria inchada, com **BARRIGÃO**. De sorte, não deveria propagar a droga, denominada bebida alcoólica, mas sim produtos benéficos à **POPULAÇÃO**, tal como Energéticos ou **SUKUZÃO** (suco grande)? Kkkkk."

631. "Quem se incomoda por **NINHARIA** é porque não vale nenhuma **PORCARIA**. Kkkkk."

632. "Quiçá seja por o nome de excremento os Artistas de Teatro viverem a **GRITAR** que, para auferirem verbas satisfatórias, para a TV têm que **MIGRAR**. A mais famosa de todos, Fernanda Montenegro, não desmente o que estou a **FALAR**. Melhor dizer que Deus venha nos **ABENÇOAR**."

633. "Se o Torcedor paga ingresso para noventa minutos de jogo assistir, é assim que deve **SER**. Lesa o Consumidor quando tal fato não vem **ACONTECER**. Por tais motivos, Cronômetro no Futebol, imediatamente, se deve **ESTABELECER**."

634. "Somos dominados por dois Partidos Políticos, 'data vênia' um é Atraso de Vida, o outro é **RETROCESSO**, nessa toada, o resultado para o Povo é muito **SUCESSO**. Kkkkk."

635. "Espalhe o **BEM**, pois a Felicidade dos Outros terás **TAMBÉM**."

PUBLICADAS EM 4/9/2015

636. "Aos Corruptos que não venham se redimir e a verdade **FALAR**, sob o argumento de não **CAGUETAR**, um aviso quero **REGISTRAR**. É perfeitamente natural que o Fogo Ardente da Mão de Deus sobre Vossas Excelências, a Céu Aberto, venha **PESAR**, e Inocentes pelos Pecadores poderão vir a **PAGAR**."

637. "Desprezíveis as pessoas que vivem nas sombras aos outros **ATACAR**. São como esgotos, lançados no **MAR**, sujam, mas não conseguem sua beleza **APAGAR**."

638. "Enquanto os habilidosos Geuvânio e Gabigol não adquirirem a Sede de Gol que ostenta o **NEYMAR**, a Camisa da Seleção não irão **DESFRUTAR**. Façam como o Tridente do Barcelona está a **ENSINAR**. Enfim, ao invés de Lateral **MARCAR**, procurem as Redes **BALANÇAR**, pois nem sempre o Ricardo Oliveira a Pátria irá **SALVAR**. Precisamos a Copa do Brasil e a Libertadores **BELISCAR**."

639. "Felizmente, temos Governantes, Parlamentares e Membros do Judiciário para proteção aos Fabricantes de Manguaça **OUTORGAR**. Assim, a safadeza das propagandas da droga denominada bebida alcoólica, na Mídia, Beiradas de Campos de Futebol em abundância, podemos **DESFRUTAR**. Afinal, nada significa a Juventude mais cedo venha **VICIAR**, tampouco que cinquenta mil, por ano, nas Estradas, via de regra, embriagados, venham suas vidas **DEIXAR**, ou mutilados culminam por **FICAR**. O importante é que a Péssima Ideia e o traseiro da Verão não deixemos de **APRECIAR**. Kkkkk."

640. "Os Dirigentes, Técnicos e Jogadores de Futebol têm que parar com a frescura de Erros de Arbitragem **RECLAMAR**. Digo isto porque, lutassem pela Tecnologia em sua totalidade no Futebol, viessem **INCREMENTAR**, a Justiça passaria **IMPERAR**. Logo sendo, com todo respeito, pamonhas, não devem **LAMURIAR** quando vem os **DEGUSTAR**. Kkkkk."

641. "Não mudo meus Ideais, tampouco abdico Direitos, para os outros **AGRADAR**. Àqueles que, porventura, do meu jeito de Ser não vierem **GOSTAR**, cinco palavrinhas: 'data vênia', vão se **LASCAR**. Kkkkk."

642. "Cuidado com mulher mal **AMADA**, não é sua amiga, sente inveja de ti, por seres **ADMIRADA**."

PUBLICADAS EM 11/9/2015

643. "Com a evolução da bola que outrora era de **CAPOTÃO**, hoje, sendo leve e voando como **AVIÃO**, Goleiros com baixa estatura devem migrar para o futebol de **BOTÃO**, digo, de **SALÃO**. Kkkkk."

644. "Cuidado, quem vivia o saco de outrem **PUXAR**, mas como Judas veio **APUNHALAR**, na primeira oportunidade que tiver, seu rabo irá **ESPETAR**. Kkkkk."
645. "Enquanto Guardiola, sem nenhum Zagueiro, consegue um Adversário em Jogo Oficial **GOLEAR**, o destemido Dunga, contra a perigosíssima Costa Rica e o temido Estados Unidos, do casalzinho de Volantes, não conseguiu **ABDICAR**, kkkkk. Aliás, pela Belíssima Vitória de 1 x 0, com gol ilegal, em amistoso, contra a Costa Rica, fazemos questão do Brilhante Treinador, de forma candente, nossos Parabéns **REGISTRAR**, kkkkk."
646. "Parlamento Voluntário Já! Não é necessário diminuir as Esmolas concedidas nos Programas **SOCIAIS**. Para acabar com a Miséria, basta não pagarmos Vereadores, Deputados e Senadores, nunca **MAIS**."
647. "Não Estude. Não tenha Ideias. Não apresente Projetos. Enfim, procure por baixo se **NIVELAR**. Em hipótese adversa, a Mediocridade irás **MAGOAR**. Kkkkk."
648. "Não adianta o Mundo para você as portas **FECHAR**, pois é a Vontade de Deus que irá **IMPERAR**."
649. "Não de importância ao que for **IRRELEVANTE**. Esqueça e siga **ADIANTE**."

PUBLICADAS EM 18/9/2015

650. "Qual a Maior Covardia, a oriunda dos Governantes, que estão a Genocídio contra seu Povo **PRATICAR**, ou a dos que assistem sem nada fazer para a Carnificina **CESSAR**?"
651. "Com o Auxílio Tecnológico no Futebol, reinará a Verdade, não **CONFUSÃO**. Quem aduz tal insanidade, teme perder as mordomias, o que aufere na Mídia, mormente a **TELEVISÃO**. Enfim, não luta contra Injustiças, só pensa em engordar o próprio **POPOZÃO**. Kkkkk."
652. "Racismo, preconceito, bullying, lamentavelmente, em abundância, no Meio Artístico vivem a **IMPERAR**. Estranho, pois é nessa esfera que a ignorância não deveria **HABITAR**."

653. "Salvo raríssimas exceções, a Ideologia de nossos Políticos não é o Povo **AJUDAR**, mas sim nas Tetas do Governo jamais deixar de **MAMAR**. Kkkkk."
654. "Se trilhas o Bem, e não gostam de você, não há o que **FAZER**. Deixe o Senhor de Tudo, o Tempo, os problemas **RESOLVER**, não adianta **SOFRER**."
655. "Via de regra, são os Despudorados que a Falta de Pudor nos outros vêm **APONTAR**. Isto sucede pois são experts na Arte que vivem a **FALAR**. Kkkkk."

PUBLICADAS EM 25/9/2015

656. "A maléfica indústria da droga denominada bebida alcoólica, com suas propagandas, tem levado nossa Juventude mais cedo a **VICIAR**. Além do que, culmina por tomar o espaço das empresas que produtos benéficos almejam **PROPAGAR**. Será que nossos Governantes, ou seus prepostos, propinas delas andam de forma enrustida a **BELISCAR**? Kkkkk."
657. "Aos Comediantes que vivem contra o Politicamente vociferar. Volto a repetir, temos o Arbítrio de falarmos o que **QUISER**, contudo preparem o traseiro para aguentar o que **VIER**, kkkkk."
658. "Deus quando fez o Mundo não o dividiu, sequer nome a Países veio **DENOMINAR**. Sendo assim, teria o Ser Humano direito de impedir o outro de em seu País **ADENTRAR**, mormente quando tentam da Miséria e de Governantes Assassinos **ESCAPAR**?"
659. "Cuidado, quem está na lama pode querer te sujar."
660. "É lamentável dizer, mas vivemos em um País dominado pela Safadeza Generalizada, Tráfico de Influências e a **CORRUPÇÃO**. É um salve-se quem puder, uma absoluta falta de Amor ao Próximo no **CORAÇÃO**. Enfim, somos um bando de Sem-Vergonhas, Querido **IRMÃO**. Kkkkk. Aquele que se magoou por ser Santo levante a **MÃO**. Kkkkk."

661. "O bom Zagueiro há que ter raça, categoria, habilidade e tranquilidade, para os atacantes **INTERCEPTAR**. Aqueles que entram no adversário como vacas loucas e, de vez em sempre, culminam, com dribles no chão, por o bumbum **RALAR**, kkkkk, não podem em Times Campeões a Titularidade **OSTENTAR**. Entenderam, Zagueiros do Santos, ou preciso **RABISCAR**? Kkkkk."

PUBLICADAS EM 2/10/2015

662. "A grande vantagem de não desfrutares do Hospital Sírio-Libanês e Albert Einstein, mas sim do **SUS**, é que, no último, terás mil vezes mais chances de rapidamente encontrares com **JESUS**. Kkkkk."

663. "Num Mundo de Covardes, quem tem Coragem de Falar a Verdade é **EXECRADO**. Contudo, o que importa é por Deus ser **EXALTADO**."

664. "De forma descarada, a droga denominada bebida alcoólica, a gananciosa Mídia continua a **DIVULGAR**, inclusive com o Futebol a **ASSOCIAR**. Pasmem, até Novela Bíblica, vergonhosamente, o alcoolismo tem vindo **PROPAGAR**. Ou seja, durante o espetáculo temos a Mensagem de Deus a nos **ORIENTAR**, no intervalo abundância da Verão, com a manguaça para nos **DESVIRTUAR**. Kkkkk. Já que os Parlamentares têm o rabo preso, indagamos: Cadê o Ministério Público para com essa safadeza **ACABAR**?"

665. PARLAMENTO VOLUNTÁRIO JÁ!

    "Não adianta apenas a Presidenta o Cargo **DEIXAR**. Crucial seria todos Parlamentares e Ministros virem a **ACOMPANHAR**. Enfim, todos esses Cargos, apenas Voluntários **OCUPAR**, e as verbas que gastamos, com todo respeito, inutilmente com essa raça, para o extermínio da Miséria **DISPONIBILIZAR**. Assim, em pouco tempo, Todos com Dignidade, em nosso amado Brasil, poderão a vida **DESFRUTAR**."

666. "O Dunga e o Gilmar, como um casalzinho, em Lua de Mel, vivem a **PASSEAR**. Kkkkk. E tem mais, sempre levam o Cebola, que tem apelido de planta, que nem todos gostam, mas muitos culminam por **DEGUSTAR**. Kkkkk."

667. "O Santos FC deve imediatamente o Aranha e o Neto **REPATRIAR**. O Ronaldinho Gaúcho para usar a Camiseta do Pelé uma parceria **ENCETAR**. Isto para, no ano vindouro do Barcelona, que nos fez voltar de quatro, possamos nos **VINGAR**. Kkkkk."

PUBLICADAS EM 9/10/2015

668. "A vantagem de não termos, como os Vereadores, Senadores, Deputaiada e Governantes, Helicópteros e Carrinho **IMPORTADO** é que no Horário de Pico, sem dignidade, podemos desfrutar de Transporte Público, bem **LOTADO**, viajando com as costas quentes, sendo **ENCOXADO**. Kkkkk."

669. "Na Justiça do Trabalho, o caloteiro patrão pode à vontade **RECORRER**, pois as verbas que paga depois na dívida vem **ABATER**. Certo seria, não tivesse razão, além da dívida, o sujeito perdesse tal verba, para aquele que veio a causa **VENCER**."

670. "O Deputado Celso Russomanno tem usado valiosíssimo Espaço na Televisão para solucionar casinhos de cama elástica, formatura, enfim, de pouquíssimos **REAIS**. Com todo respeito, seria mais útil à Sociedade mostrar o Genocídio que nossos Brilhantes Governantes praticam contra os Pobres, nos Públicos e Podres **HOSPITAIS**."

671. Se a FIFA não autorizou que a Tecnologia no Futebol do Brasil seja **IMPLANTADA**, tal insanidade não pode ser **ACATADA**. Passou da hora dos Mandachuvas da referida Instituição, 'data vênia', terem a bunda **CHUTADA**. Kkkkk."

672. "Você que adora na Manguaça, todo santo dia, **ADENTRAR**, Kkkkk, não reclame quando, entre outras moléstias, a Cirrose te **PEGAR**."

673. "Vocês que curtem tragar, sugar fumos **DIVERSIFICADOS**, não devem reclamar quando ficarem Sem Ar, com o Cérebro e Pulmões Podres e **DEFUMADOS**. Kkkkk."

PUBLICADAS EM 16/10/2015

674. "Sabem por que o Malfeito no Brasil tem **REINADO**? Porque os Homens de Bem têm dormido em Berço Esplendido, de bruços e com o bumbum **ARREBITADO**. Kkkkk."

675. "O Comandante que alega desconhecer que seus Subordinados Verbas Públicas viviam a **BELISCAR**, seria negligente, incompetente, ou, de forma enrustida, uma grande fatia do Bolo vinha **SABOREAR**? Kkkkk. Entenderam a pergunta ou preciso moluscos marinhos denominados Lulas **RABISCAR**? Kkkkk."

676. "O Ilustre Vladimir Putin, 'data vênia', com a maior Cara de Pau, falou que para a Paz, os Países precisam **DIALOGAR**. Enquanto isso, lança Bombas, supostamente, contra Terroristas na Síria, para seu amigo, com todo o respeito, Genocida, Bashar al-Assad, no Cargo se **PERPETUAR**. Quem seriam os maiores Terroristas neste caso que estou a **DISSERTAR**?"

677. "Sendo a droga denominada bebida alcoólica, indubitavelmente, a maior responsável pelos Homicídios Dolosos e Culposos de nosso País, tivéssemos Pudor, não necessitaria Lei para ao Cigarro a **EQUIPARAR**, pois ninguém a iria **DIVULGAR**. Como somos um País recheado, com todo respeito, de Sem-Vergonhas, kkkkk, vemos toda hora a Gananciosa Mídia tal mal **PROPAGAR**."

678. "Temos que Mães, Pais, Avós e Crianças, todos os dias, respeitar e **REVERENCIAR**. Datas Comemorativas são mera hipocrisia, feitas para o Comércio **SUPERFATURAR**."

679. "Como Santista, quero o Palmeirense Dorival, kkkkk, **ALERTAR**. Mude a Defesa do Peixe senão a Copa do Brasil não iremos **BELISCAR**. Nos Jogos fora de casa, coloque o Werley e o Paulo Ricardo, no lugar do David Braz e Renato,

pois são melhores para **MARCAR**. E tem mais, incentive, treine o Geuvânio, o Gabigol e o Lucas Lima, para que Gols venham **ANOTAR**. Enfim, parem com a frescura, kkkkk, de sempre o Ricardo Oliveira **PROCURAR**. Por derradeiro, outorgue mais oportunidades para que o Neto Berola e o Rafael Longuine possam seu valor **DEMONSTRAR**, pois sabem as Redes **BALANÇAR**. Caso contrário, o Doriva, que já nos lascou com o Ituano, fará novamente virmos **CHUPAR**. Kkkkk."

PUBLICADAS EM 23/10/2015

680. "A meu ver, todos que associam a bebida alcoólica, que é droga, aos Esportes, ou vivem a **PROPAGAR**, tal qual os Traficantes, deveriam do Cárcere **DESFRUTAR**. Contudo, como somos um País, salvo raríssimas exceções, dominado por Despudorados, tal fato irá **DEMORAR**."

681. "Quando se perde a Alegria de com certas pessoas as coisas **COMPARTILHAR**, é porque passou da hora de novas Emoções **PROCURAR**."

682. "Ao pai do Luciano Huck e palmeirense Dorival Jr., kkkkk, novamente venho **ALERTAR**. Mude essa fraca Defesa, pois senão a Copa do Brasil não iremos **BELISCAR**. Imagine se o Santista Ganso, Kkkkk, e o fora de forma Alan Kardec os Gols que perderam viessem **MARCAR**, o Doriva novamente estaria a um passo de nos **ESTREPAR**. Kkkkk. Em Jogos fora da Vila, como já ensinei, kkkkk, no Miolo de Zaga, coloque o Werley e o Gustavo Henrique para **JOGAR**, e o Paulo Ricardo, na Frente Da Zaga no lugar do Renato, para **ATUAR**. E tem mais, não coloquem Saltinhos Altos, senão, com pó de arroz e tudo, culminaremos por **CHU-PAR**. Kkkkk."

683. "O Ilustre Dunga, após começar a viver o colóquio amoroso com o bigodudo **GILMAR**, Kkkkk, e, nas refeições, vindo Cebola **DEGUSTAR**, kkkkk, efetivou uma Convocação cujo conteúdo, 80% (oitenta por cento), veio nos **AGRADAR**. Assim, alguns conselhos queremos **REGISTRAR**. Ouse,

inove, e não ouça os palpiteiros que, de forma enrustida, almejam se **BENEFICIAR**. Sugiro uma Escalação que contra a Argentina, vale a pena **TESTAR**: Cássio, Danilo, Gil, Miranda, Filipe Luís, Luiz Gustavo, Daniel Alves, Marcelo, Willian, Neymar e **OSCAR**. Creio que o Talento e Experiência do Daniel e Marcelo, no Meio-Campo, devemos **DESFRUTAR**, a Defesa, deve se abster em **MARCAR**, e os Atacantes, libertos para os Zagueiros, atacar e Gols **ANOTAR**."

684. "Observo com tristeza muitos 'Pseudopoderosos' sofrendo castigo oriundo do Fogo Ardente da Mão de Deus, tais como aviões caindo e doenças incuráveis os consumindo, mas da Maldita Ganância e Mau-Caratismo não conseguem se **LIBERTAR**. Em verdade, pensam como Ramsés, que são Deuses na Terra a **REINAR**. Arrependam-se e comecem, como Jesus ensinou, o Próximo Como a Si Mesmo **AMAR**, senão das Pragas e Infortúnios não irão se **SAFAR**, e os Inocentes, junto com Vossas Excelências, culminarão por **PAGAR**."

685. "Infelizmente, na Dramaturgia Brasileira, a Distribuição de Papéis é encetada de acordo com a Cor da Pele, Ótica de Beleza e Idade, não pela **CAPACIDADE**. E os responsáveis por tal injustiça são os Escritores, Diretores e Mandachuvas da Mídia, que, Escravocratas, Racistas, Preconceituosos, 'data vênia' desconhecem a Constituição Federal, que outorga a todos o Direito à **IGUALDADE**."

686. "Tem gente que para fazer o que deve é uma **TRISTEZA**, mas para dar palpites é uma **BELEZA**. Kkkkk."

687. **TELETON**

    Faça um bem para sua Alma e **CORAÇÃO**, com uma generosa **DOAÇÃO**, quiçá, para a maior Obra Humanitária da **TELEVISÃO**. Jesus lhe compensará com muita **BENÇÃO**.
    Reyck Lovis.
    Ligue para:
    0500 12345 05 para doar R$ 5,00
    0500 12345 15 para doar R$ 15,00
    0500 12345 30 para doar R$ 30,00

688. "Os Treinadores Nacionais, 'data vênia', não sabem o Elenco **UTILIZAR**. Escolhem onze queridinhos para o tempo inteiro **JOGAR** e os outros deixam na Reserva direto para o bumbum **ENGORDAR**. Kkkkk. A exemplo, o Aranha que, no Santos, o Gol vivia a fechar e, no Palmeiras, está com calo no traseiro de tanto o banco **ESQUENTAR**. Kkkkk."

PUBLICADAS EM 30/10/2015

689. "A prepotência que, por vezes, lamentavelmente deixamos nos **GERIR**, impede de muitos Conselhos Benéficos virmos **OUVIR**."

690. "Assistimos em noticiário, o qual devemos parabenizar, que faltam Mamógrafos nos Hospitais Públicos para diagnosticar o Câncer de Mama, que consiste num dos mais mortíferos da **NAÇÃO**. Enquanto isso, os Vermes da **CORRUPÇÃO**, em abundância, nas Verbas Públicas metendo a **MÃO**. Devolvam tudo, enquanto o Chifrudo não venha buscar seu **QUINHÃO**. Lembre-se que Inocentes pelos Pecadores poderão sofrer, Querido **IRMÃO**."

691. "Gente ingrata, preconceituosa, racista e traiçoeira não consigo **SUPORTAR**. Se, porventura, nesses quesitos vieres se **AMOLDAR**, carinhosamente, Vá se **LASCAR**. Kkkkk."

692. "Não espere de idiotas nada além de idiotices. Kkkkk."

693. "Nem no Paraíso dos Céus tem-se a Liberdade de, impunemente, tudo **PRATICAR**. Se fosse assim, Deus para o Inferno o Chifrudo não iria **MANDAR**. Kkkkk."

694. "Ninguém deve impedir o Artista de Criar, Realizar, Sonhar, **VOAR**. Essa insensatez é o mesmo que um pássaro **ENGAIOLAR**. Ainda feita essa maldade, seu canto triste terão de **ESCUTAR**."

695. "Os Técnicos de Futebol do Brasil têm que parar com a frescura do excesso de Jogos **RECLAMAR**. Aprendam com o Osorio, coloquem todo Elenco para **TRABALHAR**. Mudem a Mentalidade, outorguem Ritmo e Importância a Todos do Time que optaram por **COMANDAR**. Entenderam ou preciso Mulas **RABISCAR**? Kkkkk."

PUBLICADAS EM 6/11/2015

696. "A verdade é que não adianta debiloides **ORIENTAR**, pois de estrume continuarão se **ALIMENTAR**. Kkkkk."

697. "O Marcelo Rezende e o José Luiz Datena, 'data vênia', ao invés de toda hora as mesmas Histórias **REPETIR**, deveriam não deixar que seus Repórteres dos Hospitais Públicos viessem **SAIR**. Enfim, se a Mídia não se corromper, ou acovardar, um dia o Genocídio dos Pobres, em tais locais, irá **SUCUMBIR**."

698. "Penso ser melhor a Capacidade das Pessoas **EXALTAR**, não Ótica de Beleza vir **MENCIONAR**. Indubitavelmente, esse Ingênuo Comportamento culmina por o Preconceito **ESTIMULAR**."

699. "Com tantas Mortes oriundas da bebida alcoólica, é admirável ver Artistas de Renome, tal droga na Mídia **LOUVAR**. Por esse relevante Desserviço à Sociedade, temos que a esses desengajados Ícones, Nossos Parabéns **REGISTRAR**. Cuidado, pois como já sucedeu, o Chifrudo seu quinhão vem **BUSCAR**, e o que é pior, Inocentes pelos Pecadores culminam por se **LASCAR**."

700. "Por vezes, penso ser mais fácil o Mundo **ACABAR** que os Racistas, Preconceituosos, Gananciosos, Fanáticos, Ingratos, enfim, os Sem-Vergonhas virem dos maléficos sentimentos se **LIBERTAR**."

701. "Um Erro não justifica o outro. Logo, se um do casal é promíscuo, não justifica que o outro seja. Melhor, é com honradez **SEPARAR**. Entenderam ou preciso Chifres **RABISCAR**? Kkkkk."

702. "O Torcedor Brasileiro tem que parar com essa frescura de com fanatismo histérico se **COMPORTAR**. Os Técnicos e Jogadores são Seres Humanos, logo também culminam por **FALHAR**. Contudo, são Trabalhadores, temos que **RESPEITAR**. Aplausos e até vaias é aceitável se **PERPETRAR**. Entretanto, cusparadas, agressões e palavras ofensivas não dá para **TOLERAR**. Entenderam ou preciso Jumentos **RABISCAR**? Kkkkk."

PUBLICADAS EM 13/11/2015

703. "É preciso Vontade e Fé em Deus para dos malefícios se **LIBERTAR**. Isto porque apenas os Fortes nos Ensinam o significado da palavra **SUPERAR**."

704. "Assistindo ao The Voice Brasil, vi Empate Técnico de todos(as) que vieram **CANTAR**. O diferencial seria se Canções Autorais viessem **DEMONSTRAR**. E tem mais, os 'Pegueis', é no final que deveriam **ENCETAR**, pois os últimos que se apresentaram foram **INJUSTIÇADOS**. Portanto, para uma Repescagem crucial serem **CONVOCADOS**."

705. "Ninguém é obrigado a fazer o que não está inserido nas **LEIS**. Entenderam meus queridos amigos, cornos e **GAYS**? Kkkkk."

706. "O Ilustre Bispo Edir Macedo, com belíssimo Espetáculo Bíblico, Os Dez Mandamentos, tem vindo nos **BRINDAR**. Todavia, Comerciais da Maléfica Droga denominada Bebida Alcoólica na Conceituada Emissora Evangélica não param de **VEICULAR**. Por tal, 'data vênia', Desserviço à Sociedade, incompatível a todos que possuem o Temor de DEUS, mormente Cristãos, de forma candente, a Vossa Santidade, Nossos Parabéns queremos **REGISTRAR**. Kkkkk."

707. "Se existe gente no Parlamento 'Trusts' no exterior a **ENGORDAR**. É porque somos todos Trouxas de nessa raça **VOTAR**. Kkkkk."

708. "Você que é Mal-Intencionado, e adora, de forma enrustida, os Outros **ESTREPAR**. Fica tranquilo, pois com tudo em dobro o 'Coisa Ruim' irá te **AGRACIAR**. Kkkkk."

PUBLICADAS EM 20/11/2015

709. "Com as safadezas dos Poderosos Chefões do Futebol Mundial e Nacional que têm sido noticiadas, detectamos por que não almejam que a Tecnologia seja **INCREMENTADA**. É que adoram fazer com o Esporte gostosa e rendosa **MARMELADA**. Kkkkk."

710. "Com tantos Recursos Judiciais que nosso Congresso Nacional insiste na Legislação Brasileira **PERPETUAR**. Certo é que o Trabalhador, seus Direitos na Justiça receberá depois de um Século o Chifrudo sua Alma **ABRAÇAR**. Kkkkk."

711. "Nunca vi um Racista, Preconceituoso tais podridões **ADMITIR**. Enquanto não vieres se conscientizar, o maléfico sentimento irá te **PERSEGUIR**."

712. "Pouco interessa que faltem verbas para Saúde, Transporte e **EDUCAÇÃO**. O importante é que sobrem em abundância, para que possamos engordar os Vermes da **CORRUPÇÃO**. Kkkkk."

713. "Se nem os Governantes e o Supremo Tribunal Federal, outorgando péssimo exemplo, a Lei de Cotas aos Afrodescendentes conseguiram em seu cerne **INCREMENTAR**. Patente ser a referida Lei uma daquelas sancionadas, 'data vênia', para que possamos o bumbum **LIMPAR**. Kkkkk."

714. "Vossas Excelências que insistem as drogas **PROPAGAR**, inclusive a bebida alcoólica, na Lama da Corrupção continuam a **MERGULHAR**, alerto. Assim como nas Pragas do Egito, a Céu Aberto, os infortúnios irão te **ABRAÇAR**, e lamentavelmente Inocentes pelos Pecadores poderão **PAGAR**. Mude antes de se **LASCAR**. Kkkkk."

715. "As pessoas que se incomodam, quando queres **AJUDAR**, não merecem sua Amizade **DESFRUTAR**."

PUBLICADAS EM 27/11/2015

716. "A chuteira faz parte do uniforme, logo devem as Cores do Time **OSTENTAR**. Essa frescura de rasteirinhas coloridas de balé no Futebol tem que **ACABAR**, kkkkk, até porque pela igualdade vem **ATRAPALHAR**. Acredito que as chuteirinhas afeminadas, laranjinha puxada no rosa, kkkkk, usadas por Ricardo Oliveira e Nilson, não tiveram firmeza, vindo impedir que Gols feitos contra o Palmeiras culminassem por **MARCAR**. Kkkkk. Quiçá, as meigas sapatilhas, kkkkk, estavam as unhas dos machões a **APERTAR**. Kkkkk."

717. "Apesar das Mazelas que a bebida alcoólica vem **CAUSAR**, dentre as quais a Maioria dos Homicídios, tantos dolosos como culposos que no País se vêm **PRATICAR**. A gananciosa Mídia essa droga continua em propagandas **LOUVAR**, inclusive vindo a Esportes a **ASSOCIAR**. Por tal Desserviço à Sociedade, devemos os **PARABENIZAR**. Kkkkk. É muito bom que nossa Juventude, cada vez mais cedo, na manguaça, com estímulo de Artistas, venha **VICIAR**. Kkkkk."

718. "Cuidado, quando vieres alguém, acerca das consequências da Prática do Mal, **ORIENTAR**. Digo isto porque, se for Idiota, pensará que estás Praga a **ROGAR**, kkkkk."

719. "Lamentavelmente, o Santos perdeu a chance de na Vila ser **CAMPEÃO**. Inaceitável perder Pênalti, Gol fácil, em momento de **DECISÃO**. Com todo respeito, a **SELEÇÃO não fez bem para o Ricardo Oliveira, tampouco para o Lucas Lima, pois não jogaram mais nada, depois da justa CONVOCAÇÃO**. Enfim, diante tal **SITUAÇÃO**, espero errar, mas considerando que o Santos na Vila é **TUBARÃO**, e fora não ganha de ninguém, é Terceira **DIVISÃO**, kkkkk, não acredito em Título, tampouco para Libertadores, em **CLASSIFICAÇÃO**. Penso que o Palmeiras a Copa do Brasil vai **levantar**, e nós, Santistas, infelizmente seremos compelidos a **CHUPAR**. Kkkkk."

720. "O Caso dos Assassinatos de Mariana (MG) é oriundo da Ganância **EMPRESARIAL**, combinada com a Tragédia **GOVERNAMENTAL**. O Ministério Público, 'data vênia', deve pleitear Liminar, através de Ação adequada, compelindo a Empresa, para todas as vítimas, Imóvel imediatamente Comprar e Pensão Vitalícia a elas Disponibilizar, pois esperar Decisão **FINAL**, daqui um Século, é absolutamente **IMORAL**."

721. "Você que adora, em abundância, uma comidinha bem salgada e gordurosa **DEGUSTAR**, não reclame quando com problemas de pressão alta, renais, arritmia e infarto começares a se **LASCAR**. Kkkkk."

PUBLICADAS EM 4/12/2015

722. "Com todas as 'vênias', os Jogadores de Futebol têm que treinar mais fundamentos, tais como cobrar faltas, pênaltis, lançar e **DRIBLAR**. Utilizem o tempo que perdem com frescuras, colocando brincos, piercings, pintando e alisando os cabelinhos, fazendo a sobrancelha e até inserindo tatuagem no bumbum, para **TREINAR**. Enfim, deixem de ser afeminados, e como a Rainha Marta, aprendam a jogar e gols **MARCAR**."

723. "Falar de mentira não é nada **GOSTOSO**, pois, no fundo, todo mundo é **MENTIROSO**."

724. "Ficará mais fácil o Racismo e o Preconceito na Dramaturgia **SUCUMBIR**, se os Mestres da Arte a tal luta vierem **ADERIR**."

725. "Sendo tudo passageiro, nesse **MUNDÃO**, difícil entender tanta Ganância de Endinheirados e Político **LADRÃO**."

726. "Tudo na vida tem limites, inclusive o Espírito de **CORPO**. Faça o certo, ainda que todos ao seu redor apreciem o **TORTO**."

727. "Você que adora com doces e chocolates se **ESBALDAR**, não reclame quando uma gostosa diabetes te **ABRAÇAR**. Kkkkk."

PUBLICADAS EM 11/12/2015

728. "A quem pensa que Modo Jocoso de Ser é um **HORROR**. Divirjo, com todo respeito, Tosco é Viver, sem Senso de **HUMOR**."

729. "Alguns, ultimamente, estão de Igualdade, Dignidade, Liberdade a **FALAR**. Contudo, suas atitudes demonstram exatamente o contrário do que estão a **EXALAR**. É a Hipocrisia que vive a **REINAR**."

730. "Imaginem não houvesse, no Mundo, Leis a **RESPEITAR** e Policiamento para a Integridade da Sociedade **SALVAGUARDAR**. Nem a bandidagem teria Paz para **TRAFEGAR**. Kkkkk."

731. "Muitos Tolos já foram castigados pela droga da bebida alcoólica virem **PROPAGAR**, mas como outros continuam a **PECAR**. Parem, enquanto o infortúnio não venha os **ABRAÇAR**. O verdadeiro deficiente visual é aquele que não almeja **ENXERGAR**."

732. "Quanto mais tentam seu tapete **PUXAR**, mais Deus lhe outorga Forças para **PROSPERAR**."

733. "Você que economiza, deixando seus pés sem **RESPIRAR**, enfiando sapatos de plástico, para **DESFILAR**, não reclame quando com Chulé de Carniça vieres **FICAR**. Kkkkk."

PUBLICADAS EM 18/12/2015

734. "Aos fanáticos, traíras, ingratos, invejosos, racistas e preconceituosos, nosso respeitoso desprezo e eloquente Silêncio."

735. "Se a Lei não presta, devemos a **COMBATER**. Se a Decisão é errada, devemos **RECORRER**. Isto porque é o certo e justo que deve **PREVALECER**, não o que, com todo respeito, alguns insanos ou despreparados vêm **ESCREVER**."

736. "Se droga fosse bom, certamente o nome seria outro."

737. "Se o Trabalhador tivesse o direito de ir e vir para o Trabalho no Transporte Público, sentado a **DESCANSAR**, ninguém conseguiria da situação se **APROVEITAR**. Mas não é assim, e essa safadeza nenhum Governante conseguiu **SOLUCIONAR**, pois em seus carrinhos importados, helicópteros, ninguém consegue os **ENCOXAR**. Kkkkk."

738. "Sendo o Futebol jogado com os pés, não se justifica os Jogadores ficarem desmunhecando a mão para cobrar **LATERAL**. Kkkkk. Se tais arremessos, fossem cobrados com os pés, os Jogadores fariam de tudo para os evitar e mais tempo em Campo a pelota iria ficar, o que seria **SENSACIONAL**."

739. "Você que adora em abundância, farinha na comida **SOCAR**, não reclame quando seu traseiro fedorentos tijolos não consiga **SOLTAR**. Kkkkk."

PUBLICADAS EM 25/12/2015

740. "Enquanto não outorgarem oportunidade para o Filho do Pobre Medicina **ESTUDAR**, a safadeza da Falta de Médicos nos Hospitais Públicos não irá **ACABAR**."
741. "Mil vezes o Silêncio que proferir palavras a quem não tem cérebro para lhe entender."
742. "Pare de **SONHAR**, levante o rabo da cadeira e vá **REALIZAR**. Kkkkk."
743. "Posso controlar meus sentimentos, mas a maldade alheia deixo nas mãos de Deus."
744. "Quando todos os Seres Humanos seguirem o que Jesus nos ensinou, mormente amai-vos uns aos outros, como nos amou, todas as Mazelas irão sucumbir. FELIZ NATAL."
745. "Vocês que se lembram dos Ensinamentos de Jesus, o Aniversariante, cujo Nascimento, todos os Dias, devemos **CELEBRAR**, e ao menos tentam, um pouquinho **PRATICAR**. Tenham um FELIZ NATAL."

FRASES DE REYCK LOVIS – 2016

PUBLICADAS EM 1/1/2016

746. "Delete de sua vida os vícios, malefícios, as pessoas invejosas, sem **NOÇÃO**. Diga **NÃO**. Ao Atraso de Vida e àqueles que te secam com o Gordo **ZOIÃO**. Kkkkk."

747. "O The Voice Brasil Kids em breve irá **COMEÇAR**. E para abrilhantar o Programa, como Jurada, a Rainha do Axé poderemos **DESFRUTAR**. Pena que a mesma novamente a droga denominada bebida alcoólica na Mídia voltou a **LOUVAR**. Com o belo exemplo, ficará mais fácil nossas Crianças na maléfica manguaça virem mais cedo **VICIAR**. Kkkkk."

748. "Que Deus lhe Proteja e de Saúde venha **DESFRUTAR**, para que do SUS (Sistema Único de Saúde) não venha **PRECISAR**. Kkkkk."

749. "Que Deus, nesse Ano Novo e Sempre, Chuvas de Bençãos em suas hortas venha abundantemente **REGAR**. E como Jesus Cristo nos ensinou, Amor ao Próximo possamos **DISPONIBILIZAR**."

750. "Que no Ano Vindouro não sejas Vítima de **TRAIÇÃO**. Enfim, que nenhuma Serpente venha picar por trás seu **POPOZÃO**. Kkkkk."

751. "Que tenhas um Ano rodeado daqueles que efetivamente te amam."

752. "**Yara Altro,** gratificante de sua Amizade poder **DESFRUTAR**. Primeiro, pois consistes numa das Pessoas mais Sapientes que na vida pude **CONTATAR**. Segundo, porque, quando mais precisei, fostes a única que não temeu vir me **ABRAÇAR**. Que Deus não só esse ano, mas por Toda Vida, venha grandemente a **ABENÇOAR**. São os Votos Sinceros deste que sempre irá te **ADMIRAR**."

PUBLICADAS EM 8/1/2016

753. "Aqueles que subestimam sua capacidade, quiçá seja por não ostentarem."
754. "Enquanto não admitirmos nossos Defeitos, não conseguiremos **MELHORAR**. Entenderam ou preciso Mulas **RABISCAR**? Kkkkk."
755. "Não busque nos Outros razões para se **MOTIVAR**. Pois, infelizmente, com a Inveja que reina, não irás **ENCONTRAR**."
756. "Não é porque o sujeito seja rico e famoso que seu Trabalho é melhor para **HUMANIDADE**. A prova, nesse sentido, está nos podres de ricos, mais podres que ricos, kkkkk, que auferem milhões, cantando e propagando Vício e **INSANIDADE**."
757. PARLAMENTO VOLUNTÁRIO JÁ!

    O Astro Sergio Reis mencionou que o Ilustre Tiririca não vem na Câmara **FALTAR**, pois deixaria de R$ 2.500,00 (dois mil e quinhentos reais) por dia **BELISCAR**. Enquanto isso, nossos Médicos do SUS e Professores se matam para uma verdadeira Miséria **GANHAR**. Quando será que tais safadezas irão **ACABAR**?
758. "Procure com Inutilidades e Futilidades não se **ESTRESSAR**. Caso contrário, seus Chifres culminarão por sua Cabeça **QUEIMAR**. Kkkkk."

PUBLICADAS EM 15/1/2016

759. "Aqueles que ostentam Bom Caráter, Temor a Deus, Desserviços à Sociedade não vêm **PRESTAR**. Contudo, os que possuem desvios, não podem ver dinheiro que imediatamente culminam por arrear as calças e o bumbum **ARREBITAR**, kkkkk, pouco importa da Sociedade o **BEM-ESTAR**."
760. "Até os Idiotas devemos **AGRADECER**, pois nos ensinam exatamente como não devemos **SER**. Kkkkk."

761. "Não temas o Boi Zebú e procure em tudo que fizeres a Mensagem Divina **PROPAGAR**. O Mal não tem Poder de sobre o Bem vir **TRIUNFAR**."
762. "Quem vive com Maldade no **CORAÇÃO**, não dá Sorte na Vida, em nenhum aspecto, Querido sem **NOÇÃO**."
763. "Sempre temos mais e mais a **APRENDER**. Ainda quando invejosos, inúteis tentam nos fazer **ESMORECER**."

PUBLICADAS EM 22/1/2016

764. "Crie seu filho à vontade, deixe fazer o que **QUISER**, depois aguente no lombo o fumo que **VIER**. Kkkkk."
765. "É ridículo se almejar a reverência de um **TRIBUNAL** a quem está no pasto cuidando de **ANIMAL**. Kkkkk."
766. "Em um trânsito assassino, que mata quase 50 mil pessoas por ano, é admirável **OBSERVAR** Jovens perdendo a vida, ficando mutilados, aleijados, como Idiotas, com a cabeça cheia de drogas, inclusive a manguaça, de skates, bicicletas, motos e carros, em alta velocidade, virem nas Estradas **TRAFEGAR**. Os Pais e Governantes, omissos, que permitem essas insanidades temos que **REVERENCIAR**. Kkkkk."
767. "Engraçado, via de regra, aqueles que tem o rabo **IMUNDO** vivem dando acusada em todo **MUNDO**. Kkkkk."
768. "Faça seus filhos, depois venha me orientar como conduzir os meus."
769. "Filhos, gritem **INDEPENDÊNCIA**, peguem suas tralhas, seu macho ou mulher e vão, às suas custas, curtir sua **DEMÊNCIA**."
770. "Na vida, tudo no local adequado devemos **PRATICAR**. Ninguém faz sua ceia sentado no trono a **DEFECAR**. Kkkkk."
771. "O sujeito que, por mesquinharias, vem os pais desrespeitar, já mostra o Bom Marido e Genitor que será. Kkkkk."

PUBLICADAS EM 29/1/2016

772. "Messi, Soares e Neymar, Artilheiros, formam um Trio **EXEMPLAR**. Se fosse aqui no Brasil, os experts diriam que juntos não poderiam **JOGAR**. Nossos Treineiros preferem vinte Volantes para **MARCAR**, e os Meias e Atacantes habilidosos **EXTERMINAR**. Por isso, que de 7 a 1 da Alemanha tivemos que **CHUPAR**. Kkkkk."
773. "Não permita que a Maldade do Ser Humano culmine por enrijecer seu Coração."
774. "Não permita que a inveja de imbecis venha interromper sua **TRAJETÓRIA**. Tenha certeza, no final, Deus lhe agraciará com a **VITÓRIA**."
775. "Não sei por que alguns vivem das Prostitutas **FALAR**, se observamos muitos Poderosos em todos setores que, ao se depararem com dinheiro, culminam por as calças, sem nenhuma vergonha, no chão **ARRIAR**. Kkkkk."
776. "Quem vende 'data vênia' despudoradamente a maléfica droga denominada bebida alcoólica na **TELEVISÃO**, sinceramente, constitui um belíssimo exemplo para a **NAÇÃO**. Kkkkk."
777. "Quiçá falte cérebro àqueles que as atitudes dos pais não conseguem **ENTENDER**, pois, via de regra, visam aos filhos **PROTEGER**."

PUBLICADAS EM 5/2/2016

778. "Mil vezes ser taxado de chato, querido **IRMÃO**. Que ser Discípulo do Chifrudo, e viver louvando promiscuidades, drogas, enfim, as safadezas, como muitos sem **NOÇÃO**."
779. "Aqueles que de forma vil, por trás, dos outros vivem **FALAR**, são os mesmos que, ao bobear, seu rabo irão **ESPETAR**. Kkkkk."
780. "A função de Médico é a mais sagrada que um Ser Humano pode **OSTENTAR**, pois diuturnamente lutam e culminam por Vidas **SALVAR**. Portanto, Doutores, exijam condições

dignas para poderem o Sacrossanto Dever **EXERCITAR**. Não sejam Covardes, Omissos e Gananciosos, guerreiem para que, nos Quatro Cantos do Brasil, de Hospitais iguais ao Sírio-Libanês e Albert Einstein todos possam **DESFRUTAR**. Basta de inertes, calados, observarem os Sacripantas do Poder contra os Pobres Genocídio virem **PERPETRAR**; ter que escolher entre essa ou aquela Vida **SALVAR**. Em Vossas Excelências a População ainda vem **ACREDITAR**."

781. "Na Justiça do Trabalho, o caloteiro Patrão pode à vontade **RECORRER**, pois as verbas que paga, depois na dívida vem **ABATER**. Certo seria, não tivesse razão, além da dívida, o sujeito perdesse tal verba para aquele que veio a causa **VENCER**."

782. "Na proporção em que Julgas, irão te **JULGAR**. Quiçá seus Pecados sejam maiores que aqueles que acusada estás a **DESFECHAR**. Kkkkk."

783. "Não adianta, com Hipocrisia, a Igreja ter Casa de Recuperação para drogados **TRATAR**, se em sua Emissora de Televisão a maléfica droga denominada bebida alcoólica até em Novela Bíblica culmina por **PROPAGAR**. Taí a abundante Verão que não desmente o que estou a **FALAR**. Kkkkk."

PUBLICADAS EM 12/2/2016

784. "É inaceitável que um Treinador de Futebol não consiga vinte e dois Jogadores **ENTROSAR**. Se assim fosse, todos poderiam sempre **JOGAR**. Aprendam com o Osorio, vão se **RECICLAR**. Kkkkk."

785. "Na Vida, quem não se prepara para Nada, o resultado será Igual. Kkkkk."

786. "Lamentavelmente, em todos os seguimentos da Sociedade, estamos bem servidos de Vermes da **CORRUPÇÃO**. Tais sacripantas não têm Amor ao Próximo e pouco se importam com a palavra Justiça, querido **IRMÃO**. Em verdade, não podem ver dinheiro que viram e arrebatam o **POPOSÃO**. Kkkkk."

787. "O bacana é que um Idiota sempre tem Outro para Apoiar."
788. "Prefira as Qualidades do ser Humano **RESSALTAR**, pois Perfeito foi Jesus, e vieram o **CRUCIFICAR**."
789. "Procure na vida de forma incessante **CAMINHAR**, pois, no Mundo dos Mortos, terás a Eternidade para o traseiro **SOSSEGAR**. Kkkkk."

PUBLICADAS EM 19/2/2016

790. "Não penses que apagando a Luz do Vizinho, a sua irá **BRILHAR**. Quem está nas Trevas, se não **MUDAR**, nela irá se **ESTREPAR**. Kkkkk."
791. "Que a Tecnologia, em sua plenitude, os Árbitros de Futebol possam **DESFRUTAR**. Assim, os linguarudos Comentaristas, kkkkk, com os bumbuns sentados, no conforto dos bem equipados Estúdios, não terão como os **EXECRAR**. Kkkkk."
792. "Quem cuida Bem da Própria Vida, não ostenta Tempo de crescer o zoião na dos Outros. Kkkkk."
793. "Se exerces a função sacrossanta dos Filhos dos Outros **ENSINAR**, contudo Drogas vives a **LOUVAR**. É triste dizer, mas a erva que usas seu Cérebro veio **TRAGAR**. Kkkkk."
794. "Se um Mosquitinho Insignificante tanto Mal vem **CAUSAR**, imagine se Cobras pudessem **VOAR**. Kkkkk."
795. "Se vistes o errado e nada fizestes para **MUDAR**, depois de sacramentado, melhor com bico calado **FICAR**. Kkkkk."
796. "Sessenta e cinco anos de **TELEVISÃO**, e Protagonista de Novela nenhum Negro veio desfrutar o **GALARDÃO**. E tem Escravocratas dizendo que não há Racismo na **NAÇÃO**."

PUBLICADAS EM 4/3/2016

797. "Cuidado com aqueles que vivem de Cochichos. Judas Iscariotes era assim. Kkkkk."
798. "Deixem as Crianças Puras, como no Mundo vieram **HABITAR**. Só assim os Conflitos e as Guerras irão **ACABAR**."

799. "Enquanto não se outorgar oportunidade para o Filho do Pobre Medicina **ESTUDAR**, a safadeza da falta de Médicos nos Hospitais Públicos não irá **ACABAR**."

800. "O Viciado somente se **LIBERTARÁ** quando, por si só, se Conscientizar que tal Escravidão apenas o Retrocesso lhe **OUTORGARÁ**."

801. "Quando se é criança, dá vontade de diversos Artistas **CONHECER**. Os Políticos achamos que são Homens Importantes, para o País **MOVER**. Depois que crescemos e passamos a **ENTENDER**, diante tanta podridão, sinceramente o nome de muitos deles dá nojo até ouvir **DIZER**."

802. "O invejoso, por ficar com o pescoço voltado para os outros, para frente não consegue andar."

PUBLICADAS EM 11/3/2016

803. "Aqueles que lutam para seus Direitos não venham **MACULAR**, têm que, na mesma medida, o Direito dos Outros **RESPEITAR**."

804. "Aqueles que vêm a Capacidade dos Outros **SUBESTIMAR**, sempre culminam por **CHUPAR**. Kkkkk."

805. "Ordens Insanas e Ideias Idiotas ninguém deve **ACATAR**. Se assim for, as Guerras irão se **EXTERMINAR**."

806. "Quem puxa o saco é por não ter Competência de **PROSPERAR**. Contudo, tal leviandade é incabível **ASSACAR** àqueles que visam apenas e tão somente afeto **DISPONIBILIZAR**."

807. "Todos nós, como sempre enfatizo, em diferentes dosagens, temos **PRECONCEITOS**. O importante é detectar e procurar melhorar nossos **CONCEITOS**."

PUBLICADAS EM 18/3/2016

808. "Não é porque todo mundo vai **MORRER** que, como inúteis, devemos **VIVER**."

809. "Indago: Os Políticos estão se digladiando para melhorar a **NAÇÃO** ou para, através da Sacrossanta **CORRUPÇÃO**, nas Verbas Públicas poderem meter a **MÃO**? Kkkkk."
810. "Ouvir é uma Sábia Arte, devemos **EXERCITAR**. Entenderam ou preciso Bestas **RABISCAR**? Kkkkk."
811. "Quando todos os Hospitais Públicos terão a mesma infraestrutura do Sírio-Libanês e Albert Einstein em nossa Rica **NAÇÃO**? Ou será essa uma mera Utopia, querido **IRMÃO**?"
812. "Siga em Paz a **ESTRADA**. Não se preocupe com os levianos que contra si assacam injusta **ACUSADA**. Kkkkk."

PUBLICADAS EM 25/3/2016

813. "O bom Governante tem que manter o Pobre **ESTREPADO**, para ter o que prometer, e ser sempre bem **VOTADO**. Kkkkk."
814. "Incumbe aos Professores de Artes Cênicas a Sacrossanta **MISSÃO** de exterminar o Preconceito e o Racismo que reina na Dramaturgia em nossa **NAÇÃO**, ensinando aos alunos o Amor ao Próximo, distribuindo papéis sem **DISCRIMINAÇÃO**, em breve, conseguirão Metamorfose na injusta **SITUAÇÃO**."
815. "Amor, não consiste apenas em beijinhos e abraços **TROCAR**, e, por vezes, Palavras Traiçoeiras **PROLATAR**. Na minha ótica, Amor é sem temor por Justiça, em todos os aspectos, **LUTAR**."
816. "Quando a Lei o Impedimento **SUCUMBIR**, a safadeza, o antijogo denominado Linha de Impedimento deixará de **EXISTIR**. Assim, nós, Torcedores, mais Gols poderemos **CURTIR**."
817. "Quando será que o STF (Supremo Tribunal Federal) irá decretar o Salário Mínimo vigente **INCONSTITUCIONAL**? Ou será que a Egrégia Corte entende que tais trocados atende a Carta Magna e é **LEGAL**?"
818. "Se a Voz do Povo fosse a de Deus, Jesus Cristo não seria **CRUCIFICADO** e Barrabás **OVACIONADO**."

PUBLICADAS EM 2/4/2016

819. "Aqueles que pretendem sobre Leis e Justiça **DISSERTAR**, primeiro deveriam Direito **ESTUDAR**. Entenderam ou preciso Bestas **RABISCAR**? Kkkkk."

820. "Os habilidosos Daniel Alves e Marcelo deveriam como Meio-Campistas na Seleção **ATUAR**. O brilhantismo de Junior do Flamengo é um belo exemplo do que estou a **FALAR**. Basta de Volantes brucutus termos que **TOLERAR**."

821. "Se o Cidadão foi Governante e Empreiteiras vive a **REPRESENTAR**, em Inauguração de Fábrica de Manguaça, culmina por **DESFILAR** e por tais préstimos nada vier **BELISCAR**. Indubitavelmente, temos que rogar ao Papa, venha o **CANONIZAR**. Kkkkk."

822. "Se não abdicar Direitos, não se curvar aos que se julgam 'poderosos', e a Lei e a Justiça vêm **AFRONTAR**, consiste em ser chato, turrão, cabeçudo, ou o raio que o parta que desejem **CHAMAR**. Presente, é de Reyck Lovis que estão a **FALAR**."

823. "Quem fala **BERRANDO** é porque Surdo está **FICANDO**. Kkkkk."

824. "Todo sem-vergonha que com a Injustiça é **BENEFICIADO** se revolta contra aquele que fica **INDIGNADO**, pois teme perder o lugar que, por sacanagem, foi **AGRACIADO**. Kkkkk."

PUBLICADAS EM 8/4/2016

825. "O Controle Emocional em qualquer circunstância é **FUNDAMENTAL**, contudo não esperem tal fato de animal **IRRACIONAL**. Kkkkk."

826. "Enquanto os Pobres nos Hospitais Públicos, sem Equipamentos, Medicamentos e Atendimento Digno, continuam se **LASCANDO**, nunca antes na História desse País vimos tantas Jararacas nas Tetas do Governo **MAMANDO**. Kkkkk."

827. "Aos Escravocratas quero **LEMBRAR**, o Crime de Racismo é inafiançável e imprescritível, cuidado, pois qualquer hora vocês poderão na Vara de um Juiz Criminal virem se **LASCAR**. Kkkkk."

828. "Ideia de União de Grupo é utopia, querido **IRMÃO**. Se assim fosse, não haveria Felicidade com a Desigualdade, a Injustiça Praticada, contra qualquer Membro, em nenhuma **SITUAÇÃO**."

829. "Se o Técnico que não convoca Cássio e Marcelo, deixa Oscar e Phillipe Coutinho, com os bumbuns no banco, o tempo inteiro, aprendendo com brucutus, vier entender de **FUTEBOL**, não sou afrodescendente, mas sim **ESPANHOL**. Kkkkk."

830. "Nada como viver em Paz, longe de cobras peçonhentas e outros animais. Kkkkk."

831. "Governantes que carregam um Bando de Corruptos nas costas, para os Cofres Públicos **SAQUEAR**, vindo os **BENEFICIAR**. Poderíamos tal fato de Golpe **CHAMAR**? Kkkkk."

PUBLICADAS EM 15/4/2016

832. "Esses dias o SBT mostrou o descalabro num Hospital do SUS em Ceilândia, Brasília; também assistimos na Globo ao caos nos Hospitais Públicos do Rio de Janeiro; são alguns dos exemplos inerentes ao Genocídio que contra os Pobres vivem a **PERPETRAR**. Indago: por que esses Brilhantes Governantes não almejam o Poder **DEIXAR**? Será que pretendem Verbas Públicas, de forma enrustida, virem **BELISCAR**? Kkkkk."

833. "Aos irmãos afrodescendentes, digo, parem de as bananas que vos lançam **DEGUSTAR**. Kkkkk. Busquem a Justiça, a Constituição Federal e outras Leis seus Direitos irão **SALVAGUARDAR**. Basta ao Racismo, Preconceito e a Discriminação que vivem a **IMPERAR**."

834. "Falam as más línguas que os afrodescendentes e os mais jovens são mais suscetíveis a no crime **ADENTRAR**. Con-

tudo, o que vemos nos Noticiários é um bando de velhas jararacas brancas os Cofres Públicos **SAQUEAR**. Kkkkk."

835. "O bom Juiz consiste naquele que não ostenta Vaidade, não é **PARCIAL**, sabe que se equivocar é **NORMAL**, mas persistir no Pecado é esquisito, **SOBRENATURAL**. Kkkkk."

836. "O Poder Judiciário a mão interesseira e quase sempre imunda de alguns Políticos não pode mais **SUPORTAR**. Basta ao Direito de Governantes amigos virem Ministros e Desembargadores para Tribunais **NOMEAR**. São os Juízes, Promotores e Advogados que devem dessa esfera **CUIDAR**. Quando assim for, não haverá mais Jararaca gratidão de ninguém a **COBRAR**. Kkkkk."

837. "Quem anda com Deus sempre estará em maior número."

838. "Fora! Rua, Meio **MUNDO**! Basta! A todo Político mal-intencionado, Corrupto e **VAGABUNDO**. Kkkkk."

PUBLICADAS EM 22/4/2016

839. "Devemos nos permitir o que nosso foro íntimo não venha **AVILTAR**. É Preconceito pretender os Outros **MUDAR**. Entenderam ou preciso Bestas **RABISCAR**? Kkkkk."

840. "Diante de tantas Empreiteiras existentes no Mundo, sendo apenas algumas agraciadas com Obras **GOVERNAMENTAIS**, indago: Será que possuem Sócios Ocultos, ocupando Cargos em Órgãos **INSTITUCIONAIS**?"

841. "O Zagueiro que vira o **BUNDÃO** quando o Atacante ameaça chutar deve mudar de **PROFISSÃO**, ligar para o Compadre Washington e no É o Tchan! começar a rebolar o **POPOSÃO**. Kkkkk."

842. "Os Jogadores de Futebol dos Times de Elite auferem verbas vultosas, se alimentam bem, treinam e vão **JOGAR**. De modo que inaceitável não saibam em qualquer Posição **ATUAR**. Com certeza, essa raça tem que largar de frescura, kkkkk, e os Treinadores melhor **AUXILIAR**. É o Sistema Osorio que deve **IMPERAR**."

843. "Que sua Santidade, Papa Francisco, com os Poderes que ostenta, utilize a caneta e acabe com o Preconceito na Igreja Católica. Dentre eles, outorgue às mulheres os mesmos direitos que os homens vêm **DESFRUTAR**, inclusive que para Papa possam se **CANDIDATAR**. Discursos são bonitos para mim, que nada posso **MUDAR**. Kkkkk."

844. "Não dê Ibope aos Idiotas que nas sombras de ti venham falar e **JULGAR**. O importante é que com a Cabeça Erguida e a Consciência Tranquila continues a **CAMINHAR**."

PUBLICADAS EM 30/4/2016

845. "Aquele que, no meio de Cobras Venenosas, vive a **TRAFEGAR**, não pode se **LAMURIAR** quando uma delas venha seu rabo **PICAR**. Kkkkk."

846. "Não adianta os Discípulos do Boi Zebu, para os Servos de Deus, as portas tentarem fechar. Ele a seus filhos até o Mar abrirá."

847. "Não permitas que o Racismo, o Preconceito e a Discriminação venham te **APRISIONAR**. Meta o pé na porta, vá embora, pois no mesmo instante a Felicidade irá te **ABRAÇAR**."

848. "Nenhum Amor é maior que aquele que Jesus veio nos **ENSINAR**. É o Amor ao Próximo que deve sempre **IMPERAR**."

849. "Os supostos 'Poderosos' não aguentam a Verdade **OUVIR**, pois aqueles que ousam fazê-lo passam a **PERSEGUIR**. Esquecem esses Idiotas que no mesmo buraco todos irão **SUCUMBIR**."

850. "Quem Governa em próprio **BENEFÍCIO**, sucumbirá no próprio **PRECIPÍCIO**."

PUBLICADAS EM 7/5/2016

851. "A meu ver, o Corinthians é o melhor Elenco da **NAÇÃO**. O Palmeiras não fica atrás, pois gastou uma fortuna em **CONTRATAÇÃO**. Seus Torcedores, em conflito, culminaram

por matar um Inocente **CIDADÃO**. Coincidência ou **NÃO**, os dois Times, nos Campeonatos, se lascaram com precoce **ELIMINAÇÃO**. Será que o Boi Zebu agraciou essas Equipes com a **MALDIÇÃO** oriunda do sangue derramado de nosso **IRMÃO**?"

852. "Amor é para quem **MERECE**. O de Mãe é Verdadeiro e **PREVALECE**."

853. "Deus, Obrigado por a Rainha Maria Esther **EXISTIR**. Mãe melhor ninguém no Mundo irá **CONSEGUIR**."

854. "É um absurdo ligar a Televisão e assistir o Milton Neves, brilhante Apresentador de Programa de Esporte, Ratinho, uma mistura de Chacrinha com Mazzaropi, vendendo bebidas alcoólicas à Juventude de nossa **NAÇÃO**. Esses Ícones, assim como outros, como Antônio Fagundes e Rodrigo Lombardi, se aproveitam da Inoperância de nosso Parlamento para angariar verbas prestando Desserviço à **POPULAÇÃO**. A quem desconhece, a Bebida Alcoólica é mais perniciosa que o Tabaco, pois mata por moléstias, no trânsito, em variados tipos de **CONFUSÃO**, ou seja, é a Principal Causadora dos Homicídios Culposos e Dolosos de muito **IRMÃO**. Até quando a Justiça Inerte tolerará esse descalabro, essa **SITUAÇÃO**? Que tristeza, que **DECEPÇÃO**."

855. "Me causa asco o excesso de ganância, a desmedida **AMBIÇÃO**. E lamentavelmente observamos em abundância tais qualidades, kkkkk, nos 'pseudo' Poderosos da **NAÇÃO**."

856. "Responda aos Imbecis com Silêncio."

PUBLICADAS EM 15/5/2016

857. "Aqueles que a discórdia vêm **SEMEAR**, certamente é o Boi Zebu que os passos vem **GUIAR**. Kkkkk."

858. "O Dia da Libertação dos Escravos, nós, Afrodescendentes, como fazem os Judeus, temos o dever e direito de **CELEBRAR**. Não se pode esquecer dos quase quatrocentos anos que nossos Ancestrais vieram nas mãos dos Discípulos do Chifrudo, Escravocratas, se **ESTREPAR**. Pena que tal

martírio não foi o suficiente, pois, até a presente data, o Maldito Racismo vive a **IMPERAR**. A Cor dos Ministros do Supremo Tribunal Federal e do Presidente Michel Temer não desmentem o que estou a **FALAR**."

859. PARLAMENTO VOLUNTÁRIO JÁ!

"Os Professores do Ensino Público deveriam Salário Digno auferir, para apenas em uma Escola Aulas **MINISTRAR**. Contudo, como tal fato não sucede, são compelidos a verdadeira via crucis para o pão da mesa não vir **FALTAR**. Enquanto isso, ainda que nenhuma Lei venham **APROVAR**, os Vereadores, Senadores e a Deputaiada vivem no cascalho a **NADAR**. Quando será que essa safadeza irá **ACABAR**?"

860. "Parabéns ao Santos FC, por ser do Campeonato Paulista, Campeão. Contudo, o que necessitamos é a Copa do Brasil **BELISCAR**, para a Libertadores voltarmos a **DISPUTAR** e **GANHAR**. Para tal, necessário a fraca Zaga **REFORÇAR**, o Alison voltar a ser **TITULAR**. E tem mais, o Santos deve o Fernando Diniz para Treinador **CONTRATAR** e o Dorival promover para **SUPERVISIONAR**. Inaceitável, ainda, que Atletas como Rafael Longuine e Joel não ganhem ritmo e oportunidade de pelo menos um Jogo por semana, virem **JOGAR**. Tem-se que o Elenco Inteiro **UTILIZAR**. Com todo respeito, dá-se a impressão que o pai do Luciano Huck, o Dorival, tem medo de colocar Jogadores como David Braz, Renato e Ricardo Oliveira no banco, para o bumbum **ESQUENTAR**. Kkkkk."

861. "Será que, aos olhos de Deus, aqueles que fazem sucesso e prosperam prestando Desserviço à **POPULAÇÃO** obterão o mesmo **GALARDÃO**?"

862. "Tivéssemos um Parlamento, 'data vênia', revestido de **NOÇÃO**, não teríamos Apresentadores, inclusive de Esportes, Atores, Artistas, vendendo cerveja, manguaça, à vontade, na Mídia, **TELEVISÃO**, com intuito de viciar a Juventude de nossa **NAÇÃO**. Bebida Alcoólica é Droga, portanto criem Vergonha na Cara, comecem a vender energéticos, e gostoso **SUKUZÃO**. Kkkkk."

PUBLICADAS EM 20/5/2016

863. "Aqueles que não têm Coragem para Bandeiras de Justiça **HASTEAR**, quiçá por inveja procuram defeitos naqueles que fazem **ENCONTRAR**. Como se Ativista Social tivesse Cargo de Santo a **DISPUTAR**. Kkkkk."

864. "Como alguns Líderes Religiosos, picaretas, vivem a **DIZER**. Não sei o que, mas alguma coisa na sua vida irá **ACONTECER**. Kkkkk."

865. "Conforme confessou o Ministro Gilmar Mendes, o Supremo Tribunal Federal é um Tribunal Político a **ATUAR**. Seguindo esse raciocínio, sendo os Proprietários das Indústrias de Manguaça Patrocinadores de Campanha Eleitoral de inúmeros Políticos, nos cabe **INDAGAR**: Será que por tais motivos não vieram a propaganda da perniciosa bebida alcoólica, na Mídia, como ocorre em relação ao cigarro, **VEDAR**? É lamentável, mas 'data vênia' como Pôncio Pilatos os Sábios Ministros vieram **JULGAR**, até porque, sabidamente, o Alcoolismo, além das doenças, consiste num dos maiores fatores que Homicídios, tanto dolosos como culposos, vem **CAUSAR**. Além do que, com as enganosas propagandas, podemos **COMEMORAR**, cada vez mais cedo, nossas Crianças no vício **ADENTRAR**. Kkkkk."

866. "Os Afrodescendentes Famosos e Endinheirados, que, salvo raríssimas exceções, sempre foram Omissos e Covardes, com o Racismo que no Brasil vive a **IMPERAR**, começaram a sentir na pele o dissabor que faziam questão de não **VISUALIZAR**. Quiçá, assim, levantem o rabo do sossego e contra os Escravocratas, Racistas, ao lado do Machão, comecem a **LUTAR**. Kkkkk."

867. "Paulinho, na China, mencionou o óbvio, que todo Jogador não aproveitado fica sem Ritmo e **CHATEADO**. Por tais motivos, o Sistema Osorio consiste no mais inteligente e em todos os Times tem que ser **IMPLANTADO**. Em outras palavras, todo Elenco deve sempre ser **UTILIZADO**, não onze trabalhando e os outros tendo o bumbum **ENGORDADO**. Kkkkk."

868. "Quem vive utilizando a Desgraça para **PROSPERAR**, é bom **LEMBRAR**, uma hora a mesma irá te **ABRAÇAR**."
869. "Se o Silêncio chega alguns **INCOMODAR**, imagine as Pessoas que Falam Mais que a Boca, como Tagarelas, o tempo todo sem **PARAR**. Kkkkk."

PUBLICADAS EM 27/5/2016

870. "A Inveja fica **PATENTE** quando observamos Idiotas contra **PROFICIENTE** desferindo acusada **INJUSTAMENTE**. Kkkkk."
871. "A quem adora **COMPLEXIDADE**, quiçá a Beleza reine na **SIMPLICIDADE**."
872. "Na vida, mesmo sem querer, alguns Caminhos temos que **TRILHAR**. O importante é que no final, sem ilicitudes e imoralidades, os Objetivos venhamos **ALCANÇAR**. Crucial, nesses casos, com Alegria os Obstáculos **VENCER**, até porque de nada ajuda o **SOFRER**."
873. "O Foco deve nortear o Fato **PRINCIPAL**. Situação adversa é coisa de **ANORMAL**. Kkkkk."
874. "Quem com ferro fere, com ferro irá se **FERRAR**. Portanto, aos Covardes Estupradores quero **ALERTAR**, se chegarem no Cárcere, provavelmente diversos maridos irão te **ARRANJAR**."
875. "Se Brancos Racistas não dá para **TOLERAR**, ridículos são os afrodescendentes frouxos, que vivem de joelhos e o bumbum arrebitado, para os mesmos **DESFRUTAR**. Kkkkk."
876. "Será que os Assassinos do Trânsito e seus Comparsas, aqueles vendem a droga denominada Bebida Alcoólica, na Mídia, mormente **TELEVISÃO**, impunes aqui na Terra, não temem do Fogo Ardente da Mão de Deus padecerem Severa **PUNIÇÃO**? Cuidado, Inocentes poderão pagar pelos Pecadores, como diz o Livro Sagrado, Querido **IRMÃO**."

PUBLICADAS EM 3/6/2016

877. "Nossos Governantes com luxuosos e superfaturados Circos para a Copa do Mundo fábulas vieram **GASTAR**. Para as Olimpíadas, fortunas estão a **DISPONIBILIZAR**. Com Museu do Futuro, 300 milhões vieram supostamente **TORRAR**. Contudo, alegando Falta de Verbas, contra os Pobres nos Hospitais Públicos Genocídio continuam a **PERPETRAR**. Até quando, como bananas, esse descalabro iremos **AGUENTAR**? Quando os bumbuns de veludo, kkkkk, que dormem em berço esplêndido irão se **LEVANTAR**? Será que no Brasil apenas os Vermes, seus Filhotes e Discípulos, conseguirão **TRIUNFAR**?"

878. "Deve ser **FRUSTRANTE** viver com Inveja dos Outros, por ser absolutamente **INSIGNIFICANTE**. Kkkkk."

879. "Será que existe Democracia em País cujas Emissoras de Rádio e Televisão são supostamente controladas pelos Governantes da **NAÇÃO**? Será que cobram fidelidade para não Cassar a **CONCESSÃO**? Não é Imoralidade os Próprios Políticos e seus Familiares ostentarem esse benefício, querido **IRMÃO**? Viva, Viva a Liberdade de **EXPRESSÃO**. Kkkkk."

880. "Por vezes é crucial os Objetivos **MUDAR**. Isto porque padece de sede aquele que almeja sukuzinho de pedra **TIRAR**. Kkkkk."

881. "Quem pensa Saber Tudo, Humildade ostenta em abundância, devemos reverenciar. Kkkkk."

882. "Se o que auferes tem como origem o **MAL**. Fique tranquilo, seu fim será **IGUAL**."

PUBLICADAS EM 11/6/2016

883. "Deus deve ficar **REVOLTADO** vendo o Povo, como bestas, sendo **ENGANADO**. Kkkkk."

884. "Infeliz o Ser Humano que tal qual a cobra vive a se **RASTEJAR**. Bom dessa raça se **AFASTAR**, pois, crescem o zoião naqueles que começam a **VOAR**, kkkkk."

885. "Se você é Atacante e não sabe Gols **ANOTAR**, vive os Laterais a **MARCAR**, mude de Posição ou comece os Gandulas **AUXILIAR**. Kkkkk."
886. "Se você vincula sua Imagem a Produtos que causam Malefícios à **POPULAÇÃO**, inclusive a droga denominada bebida alcoólica, não restam dúvidas, és um tremendo Sem-Vergonha, querido **IRMÃO**."
887. "Uns escrevem o Nome na História por contra o Racismo **LUTAR**, outros lamentavelmente por **PRATICAR**."

PUBLICADAS EM 17/6/2016

888. "Em tudo quanto é **LUGAR** tem sempre uma Serpente querendo te **PICAR**. Judas, Apóstolo de Cristo, não desmente o que estou a **FALAR**."
889. "O Silêncio, muitas vezes, nossa Alma vem **ACALENTAR**. Ao passo que quem fala demais, culmina por nos **IRRITAR**."
890. "Para quem for Bom, tudo na vida terá **SOLUÇÃO**. Fato que não ocorrerá com os Maléficos, que o Chifrudo carregará, e com o garfo quente espetará seu fedorento **POPOSÃO**. Kkkkk."
891. "Se pensas poder fazer os outros de **BOBÃO**, é melhor se reciclar, pois Paciência tem Limites, querido **IRMÃO**."
892. "Todo Racista detesta do tema **FALAR**, e, pasmem, procuram até a odiosa Escravidão **SUAVIZAR**."

PUBLICADAS EM 24/6/2016

893. "A capacidade de ouvir, a coragem de outorgar oportunidade a quem fama ainda não veio **GALGAR** consistem em segredos de muitos que vêm **TRIUNFAR**."
894. "Aqueles que torcem para que seus Sonhos não venhas **REALIZAR**, certamente são Invejosos, que Amor não tem para te **DISPONIBILIZAR**."

895. "Faça questão de estar com aqueles que fazem questão de estar com Você."

896. "Muitas ideias para a mesma **SITUAÇÃO** gera **CONFUSÃO** e afasta a **SOLUÇÃO**. O Congresso Nacional, 'data vênia', não desmente o que falo, querido **IRMÃO**. Kkkkk."

897. "Por Deus nos ter agraciado com o privilégio de pertencer a esta Turma Espetacular, registro minha imensurável **SATISFAÇÃO**. Não obstante todos praticamente Formandos, nos receberam de braços abertos, com carinho, sem racismo, preconceitos e qualquer **DISCRIMINAÇÃO**. Encontramos ainda Professores Fantásticos, Lúcia de Léllis, Renata Hallada, Rodrigo Polla e Thiago Silveira, que nos acolheram com afeto e **DEDICAÇÃO**, e conquistaram para sempre nosso respeito e **ADMIRAÇÃO**. De sorte que, de Alma e **CORAÇÃO**, minha Eterna **GRATIDÃO**."

898. "Se Jesus Cristo vieram **CRUCIFICAR**, eu me preocupo demais com pessoas que de mim não vêm **GOSTAR**. Kkkkk."

PUBLICADAS EM 9/7/2016

899. "Acerca do Passado dá para **LER**. O Futuro a Deus vem **PERTENCER**. Contudo, um belo Presente temos o dever de **ESCREVER**."

900. "Lamentavelmente, faz mais de duas décadas e não tivemos nenhum Governante com Competência do Fura Fila para a Cidade Tiradentes **TERMINAR**. Enquanto isso, o Povo Carente, sem dignidade, continua a **TRAFEGAR**. Certo seria compelirmos todos os Políticos no horário de pico de Transporte Público virem **VIAJAR**. Quiçá, sendo encoxados, criem pudor e comecem com eficiência a **TRABALHAR**. Kkkkk."

901. "O Ilustre Milton Neves, outro dia, estava tirando onda no programa, enfatizando que alguém residiria em Rua de Pobre, que somente um carro conseguiria **PASSAR**. Contudo, vos digo, Nobre Cidadão, mil vezes em lugar modesto **MORAR**, que residir em Mansão, vendendo droga

à **POPULAÇÃO**. Ou Vossa Excelência não sabe que bebida alcoólica é droga, e propagá-la pode ser legal, mas é imoral, mormente quando se vincula ao Esporte, querido **IRMÃO**? Arrependa-se, enquanto houver tempo, pare de prestar Desserviço à **POPULAÇÃO**."

902. "O Supremo Tribunal Federal, lamentavelmente, novamente frustrou o Interesse Público, os Trabalhadores da **NAÇÃO**. É que julgou improcedente Ação, nitidamente procedente, ajuizada pela ANAMATRA (Associação Nacional dos Magistrados da Justiça do Trabalho), a qual devemos louvar pela **ATUAÇÃO**. Não é possível que se discrimine a Justiça do Trabalho, querendo os Juízes Trabalhistas coagir, **PRESSIONAR**, para a favor dos patrões **JULGAR**, e a Corte Maior faça vistas grossas e a Inconstitucionalidade do ato eivado não venha **DECRETAR**. O único Ministro que 'data vênia' Voto Perfeito veio **PROLATAR** foi o brilhante Celso de Mello, acompanhado por palavras justas de Ricardo Lewandowski e Rosa Weber, quase também induzida a erro pelo Relator, tendo que atrás **VOLTAR**. Se Celso de Mello tivesse apresentado seu Voto no início, creio que o resultado do julgamento seria outro, pois seus fundamentos nem o Relator conseguiu **REFUTAR**, em verdade veio é corado **FICAR**. Pena também que os Ministros daquela Egrégia Corte, não vieram ouvidos aos Advogados, requerentes, **OUTORGAR**, preferindo ao bem articulado contudo 'data vênia' equivocado Voto do Insigne Relator virem se **CURVAR**, alguns nitidamente sem sequer o processo **ESTUDAR**. Se isso, com todo respeito, for Justiça, acho que preciso me **RECICLAR**. Kkkkk."

903. "Negros em abundância na Mídia Brasileira conseguimos **VISUALIZAR**, quando alguma Novela de Escravidão vai para o **AR**. Mesmo assim, outorgar Protagonismo a esses, nem **PENSAR**. Assim, a Televisão mais Racista, Escravocrata, do Mundo, que consiste na do Brasil, indubitavelmente devemos **REVERENCIAR**. Kkkkk."

904. "Os Governantes não têm interesse em que o Sistema Único de Saúde (SUS) venha a contento **FUNCIONAR**. Se

assim for, os Planos de Saúde, Clínicas e Hospitais Particulares deixarão de **FATURAR**. E, assim, Discípulos do Chifrudo do Genocídio dos Pobres nos Hospitais Públicos vindo a se **BENEFICIAR**. Até quando essa safadeza teremos que **TOLERAR**?"

PUBLICADAS EM 15/7/2016

905. "Aos Ministros do Supremo Tribunal Federal, compete a Inconstitucionalidade da Lei ou não **DECRETAR**. Se os Governantes possuem Verbas ou não, para cumprir a Decisão, não compete aos mesmos, 'data vênia', virem **JULGAR**. Até porque, para Verbas virem nos Cofres Públicos **SOBRAR**, basta que os Governantes parem de Corruptos nas costas **CARREGAR**, e quiçá, **COMANDAR**. Kkkkk."

906. "Na Mídia mais Racista, Escravocrata do Mundo, a Brasileira, Negros, Afrodescendentes, como é patente, não são bem-vindos a **TRABALHAR**. A comprovar tal fato, basta a Televisão **LIGAR**. Não existem Negros, Afrodescendentes, Telejornais a **ANCORAR**, inexistem em Programas a **APRESENTAR**, Protagonistas de Novelas nem **PENSAR**. E ainda tem uns idiotas que discordam que o Racismo vive a **IMPERAR**."

907. "Os Médicos detestam na Periferia virem **TRABALHAR**, pelo simples fato de não obterem Condições Dignas para a Sacrossanta Missão **EXERCITAR**. Ainda assim, aqueles que a dura empreitada têm que **ENCARAR**, encontram idiotas crimes contra os mesmos vindo **PRATICAR**. Indubitavelmente, àqueles que delitos contra os Médicos vêm **PERPETRAR**, a pena no mínimo tem-se que **DOBRAR**. Inaceitável a covardia contra aqueles que vivem a vida dos outros **SALVAR**."

908. "Se a retrógada FIFA (Federação Internacional de Futebol) finalmente autorizou o Uso da Tecnologia, e os Cartolas ainda não vieram no Futebol **INCREMENTAR**, não tem moral, não podem dos Árbitros **RECLAMAR**. Não se pode muito **COBRAR** daqueles que não ostentam infraestrutura

digna e moderna para **LABORAR**. Entenderam ou preciso bestas **RABISCAR**? Kkkkk."

909. "Se o brasileiro não adorasse rebolar o bumbum, kkkkk, não fosse tão fanático por Novela e **FUTEBOL**, teria tempo para refletir e assim, indubitavelmente, a situação socioeconômica do País seria bem **MELHOR**."

910. "Não gaste seu Verbo com aqueles que não almejam o **ESCUTAR**, deixe a Vida os **ENSINAR**."

PUBLICADAS EM 22/7/2016

911. "Com dinheiro, qualquer porcaria culmina por **BOMBAR**. Sem cascalho, ainda que sejam Lindas Poesias, no Ostracismo hão de **FICAR**."

912. "Enquanto os brasileiros bestamente por Futebol vivem a se **MATAR**, com Novelas Fantasiosas culminam por se **EMOCIONAR**, e Músicas Inúteis vivem o bumbum a **REBOLAR**, os espertos Políticos, lhes outorgando Pão, Vinho e Circo, em todos os aspectos acabam por os **ESTREPAR**. Estão aí Saúde, Transporte, Segurança e Educação Públicos que não desmentem o que estou a **FALAR**. Kkkkk."

913. "Fique em Paz, a Verdade às vezes tarda, mas não falta jamais."

914. "O Ser Humano, dependendo do Dom, terá nas atividades, maior ou menor **FACILIDADE**. Os invejosos têm destreza em crescer o zoião em toda **HUMANIDADE**. Por tais motivos, vivem entalados na fossa de sua **MALDADE**."

915. "O Sistema de Saúde Pública do Brasil nunca irá **MELHORAR** enquanto os, 'data vênia', Sacripantas do Poder não outorgarem espaço para os Negros e Pobres poderem Universidade de Medicina **CURSAR**."

916. "Quem ousa tentar fazer tudo com **PERFEIÇÃO**, dos desleixados não obterá **GALARDÃO**. Ao contrário, sendo incompetentes, evidentemente se **INCOMODARÃO**."

PUBLICADAS EM 30/7/2016

917. "A FIFA (Federação Internacional de Futebol) ostenta o dever legal e moral de determinar que no Futebol a tecnologia em toda amplitude se venha **UTILIZAR**. E tem mais, proibir que a droga denominada bebida alcoólica ao amado Esporte venham **ASSOCIAR**. Ou será que seus integrantes auferem, de forma enrustida, verbas para que resultados possam **MANIPULAR** e a perniciosa manguaça vergonhosamente continuem a **PROPAGAR**?"

918. "As mulheres devem apenas e tão somente, no tocante ao que for justo e perfeito, ao homem se **EQUIPARAR**. Com relação aos malefícios e deformações, aulas devem prosseguir a nos **ENSINAR**."

919. "Deus quando fez o Mundo deixou o Sol, a Lua, a Terra e o **MAR**, para todos poderem **DESFRUTAR**. Logo, não se justifica que, por ideias divergentes, Religiões diferentes, venhamos nos **MATAR**."

920. "Não se combate o Terrorismo com **TERROR**, mas sim com muita Sabedoria e, quiçá, boas pitadas de **AMOR**."

921. "O Brasil recebe a todos os Povos de braços abertos, independente de Ideologias e **RELIGIÃO**. Assim, Senhores Terroristas, nem pensem em manchar esse Solo Sacrossanto, pagando nossa Hospitalidade com tamanha **INGRATIDÃO**."

922. "Quero parabenizar o Dorival Junior, Técnico do Santos, por conseguir finalmente numa partida fora da Vila não **SUCUMBIR**. Mormente por o Time do Vitória **DISTRAIR**, enquanto o Peixe uma jogada fatal veio **CONCLUIR**. Kkkkk."

923. "Ser chato, desagradável, negativo, consiste naquelas pessoas que dormem em berço esplêndido, adoram na farra se **ESBALDAR**, e egocêntricas não enxergam as Mazelas que estão a **RODEAR**. Protesto é um direito que todos podem **DESFRUTAR**, mormente contra Governantes que deixam as Prioridades em Último **LUGAR**. Com a fortuna gasta na Copa do Mundo e nas Olimpíadas, indago: quantos Hospitais Públicos estilo Sírio-Libanês e Albert Einstein daria para no País **EDIFICAR**? Se assim fosse, quantas Vidas viriam se **SALVAR**? Entenderam? Ou preciso bestas **RABISCAR**? Kkkkk."

PUBLICADAS EM 6/8/2016

924. "A Justiça em todos os aspectos deve **IMPERAR**, e, nesse sentido, a Igualdade de Direitos e Obrigações está em Primeiro **LUGAR**."

925. "Chorar o leite derramado é até **PECADO**. Vá mamar em outras tetas, que ainda não tenha **MAMADO**. Kkkkk."

926. "Os Artistas, Jogadores, Famosos ganham uma fortuna para marcas, na cabeça, no bumbum, **EXPOSICIONAR**, kkkkk. Enquanto os otários até passam fome para os **IMITAR**, e, com isso, os olhares da vagabundagem contra si **AGUÇAR**. Por essa idiotice, só nos resta os **PARABENIZAR**. Kkkkk."

927. "O Santos, a Copa do Brasil ou o Brasileirão, tem o dever de **GANHAR**. No lugar do Zeca, o Caju conta do recado culmina por **DAR**. Thiago é volante, e no Peixe diversos com o mesmo nível recebem sem chance de **TRABALHAR**, o Valencia não desmente o que estou a **FALAR**. Para o lugar do Gabigol, o Copete com a mesma competência consegue **ATUAR**, fora o Joel e o Rafael Longuine, que do amor do nosso Jucas Chaves, kkkkk, não vem **DESFRUTAR**, pois ainda não tiveram oportunidade do Futebol **DEMONSTRAR**. Enfim, não quero desculpas ou frescuras, a próxima Libertadores temos que **BELISCAR**. Basta de apenas o Paulistão **FATURAR**. Kkkkk."

928. "Quem muita sapiência faz questão de o tempo todo **DEMONSTRAR**, indubitavelmente, Humildade deveria **CURSAR**. Kkkkk."

929. "Coisa muito **COMPLICADA**, via de regra, não vale **NADA**. Kkkkk."

PUBLICADAS EM 12/8/2016

930. "A Mídia Brasileira, além de ser a mais Racista do Mundo, também no Machismo vive a **NAVEGAR**. A exemplo, a Seleção Brasileira Feminina de Futebol, que também

apenas os homens estão a **NARRAR**. Voz suave feminina para podermos **DESFRUTAR**, nem **PENSAR**. E com isso, o Galvão o tempo todo temos que **AGUENTAR**. Kkkkk."

931. "Deus, onisciente, onipresente, onipotente, consiste no nosso Verdadeiro Pai e o único que devemos **GLORIFICAR**. Os demais, como ele ensinou, os filhos devem **HONRAR**."

932. "Não seria melhor as Escolas Públicas bem **EQUIPAR**, pagar bem os Professores, nossas Crianças bem **ALIMENTAR**, os Esportes nas Escolas **ESTIMULAR**, para depois as Olimpíadas **PATROCINAR**? Calma, é só uma perguntinha no **AR**, não precisam minha mãe **XINGAR**. Kkkkk."

933. "Por que os Empregados do Povo, que estão no Poder em Hospitais de Luxo, suas podridões vivem a **CUIDAR**, enquanto o Povo, que é Soberano, em Hospitais Públicos, sem dignidade, culmina por se **LASCAR**? Alguém pode me **EXPLICAR**? Kkkkk."

934. "Todos aqueles que o tempo todo vem a **FALAR**, no mesmo montante, asneiras vivem a **EXALAR**. Kkkkk."

935. "Tudo que é **COMPLICADO**, culmina por dar **ERRADO**."

PUBLICADO EM 20/8/2016

936. "Assim como uma laranja podre o cesto todo pode **ESTRAGAR**, mais rapidamente um baú de frutos eivados uma boa culmina por **DETERIORAR**."

937. "Nada é mais surpreendente que a Ignorância. Kkkkk."

938. "O mal-**INTENCIONADO**, no fim, culmina **ESTREPADO**. Kkkkk."

939. "Observando que nos Jogos Olímpicos nenhuma Emissora veio a droga denominada bebida alcóolica **PROPAGAR**. Agradeço a Deus, por me usar para a Guerra contra essa safadeza **DEFLAGRAR**. Basta da Mídia nossa Juventude **VICIAR**, e esse desserviço à População **PRESTAR**."

940. "Os melhores Jogadores do Mundo não vieram as Olimpíadas **DISPUTAR**. Será que o Torneio já foi planejado

para o Brasil o Ouro **BELISCAR**, e assim esquecermos do 7 a 1 que fomos compelidos a **CHUPAR**? Kkkkk. Calma, é só uma perguntinha no **AR**, não precisam minha mãe **XINGAR**. Kkkkk."

941. "Quando um caminho não dá **CERTO**, procure outro que esteja **ABERTO**."

PUBLICADAS EM 27/8/2016

942. "Engraçado o fanatismo de alguns por coisas sem muito **VALOR**, e a incredulidade em Jesus, que veio ao Mundo plantar o **AMOR**."
943. "O Invejoso é tão **INFELIZ**, que não consegue enxergar um palmo diante do **NARIZ**. Kkkkk."
944. "O Jogador que possui **GENIALIDADE**, mostra seu Valor é na **ADVERSIDADE**."
945. "Os Negros, Afrodescendentes ostentam os mesmos direitos que nossos irmãos brancos vêm **DESFRUTAR**. Basta da ignorância dos racistas, escravocratas **IMPERAR**."
946. "Quando estiveres **ESTRESSADO**, fique com o bico **CALADO**. Kkkkk."

PUBLICADAS EM 2/9/2016

947. "A **ANSIOSIDADE**, para seus nervos e coração, consiste em imensurável **MALDADE**."
948. "Aqueles que efetivamente te amam, não toleram ver-te no Mundo dos Vícios a **MERGULHAR**, muito menos para tal perdição tentam o **CARREGAR**."
949. "Não há que em Democracia se **FALAR** num País onde Todos são Obrigados a **VOTAR**."
950. "No Futebol, o Treinador deveria ter o livre-arbítrio de todos os Jogadores **TROCAR**. Isto porque não se pode o Direito ao Trabalho de ninguém **CERCEAR**."

951. "Sentimento não **BILATERAL**, não é nada **LEGAL**. Kkkkk."
952. "Viessem uma pesquisa no Cárcere **ENCETAR**, constatar-se-ia que os ladrões, traficantes prefeririam **LABORAR** a, no afã de ganhar dinheiro no mole, culminarem por perder precioso tempo de vida, como animais em jaulas a se **LASCAR**."

PUBLICADAS EM 10/9/2016

953. "A Luz que Deus outorga, o Ser Humano não consegue apagar."
954. "Aqueles que ostentam muito Medo de **PERDER**, dificilmente conseguem **VENCER**."
955. "Inexiste Felicidade entre aqueles que a contento para a vida não vieram se preparar."
956. "Não vale a pena a mão com estrume **SUJAR**, a não ser que seja para a terra **ADUBAR**. Kkkkk."
957. O Escravocrata não gosta nem do assunto **FALAR**. Mudam até história de William Shakespeare para no Racismo não **TOCAR**. Kkkkk.
958. "Temos que as mãos, por vezes imundas e interesseiras, de Políticos de cima da Justiça **EXPURGAR**. Para Desembargadores, Ministros, a qualquer Tribunal, são os Advogados, Juízes e Promotores que devem **INDICAR**. Consiste em imoralidade Governantes seus queridinhos, para o Poder Judiciário, virem **NOMEAR**. Indubitavelmente, é a Impunidade e a Gratidão que visam **DESFRUTAR**."

PUBLICADAS EM 17/9/2016

959. "Jovens, não esquentem os Chifres com relacionamentos que não darão certo e outros impossíveis de **SER**. O mundo é grande, temos muito para **VIVER**."
960. "Muito mais que os Serial Killers, os Vermes da Corrupção culminam por **MATAR**, surrupiando, por exemplo, Verbas

Públicas que nos Hospitais muitas Vidas poderiam **SALVAR**. Mudando de assunto, kkkkk, ao observar os Ilustres Cunha e Lula, na Mídia, querendo **CHORAR**, sinceramente, como um psicopata, não consegui me **EMOCIONAR**. Kkkkk."

961. "O Advogado que tem Tempo de no processo ganho dos outros crescer o **ZOIÃO**, é tão Competente que sequer aprendeu Ética, querido **IRMÃO**. Kkkkk."

962. "O Mar, os Rios e Represas não consistem em lugares apropriados para **NADAR**. Existem armadilhas fatais, tais como buracos, poços, redemoinhos, correntezas etc., que ninguém consegue **ESCAPAR**. Que o lastimável infortúnio sucedido com o Brilhante Ator da Rede Globo sirva de alerta para Vidas **SALVAR**. Que Deus receba a Alma do Astro Domingos Montagner em Excelente **LUGAR**, e o Coração de sua Família e Amigos venha **ACALENTAR**."

963. "Se algum Técnico me convencer que contra Times ou Seleções fracas tem-se que com dois Volantes **ATUAR**. E tem mais, que se alimentando bem, jogando e treinando direto, não conseguem 22 jogadores **ENTROSAR**, de modo que todos de forma igualitária não possam **TRABALHAR**. Aí sim, sua sapiência passarei a **REVERENCIAR**. Kkkkk."

964. "Tem-se que perseguir os Assassinos do Trânsito, com multas altas, ostensivo policiamento rodoviário, câmeras camufladas, penalidades criminais severas em regime fechado, até que a Carnificina nas Estradas venha **ACABAR**. Basta de nesses que matam e mutilam, mais que em muitas Guerras, a mão na cabeça **PASSAR**. A integridade física, a Vida estão em primeiro **LUGAR**."

PUBLICADAS EM 23/9/2016

965. "Cuidado quando vieres o indicador para alguém **APONTAR**. O dedão no mesmo instante, irá se **LEVANTAR**, e sua unha, como um espelho, passará a te **ENCARAR**. Kkkkk."

966. "Enquanto o Presidente Genocida da Síria, Bashar al-Assad, o Povo vem **MASSACRAR**. Barack Obama e o Vladimir

Putin o Poder de suas Armas, no mesmo País, derramando sangue daqueles irmãos, estão a **DEMONSTRAR**. Não estariam esses Discípulos do Chifrudo no mesmo **PATAMAR** dos Terroristas que dizem **CAÇAR**. Só mesmo a Ingenuidade de uma Criança para em qualquer um deles **ACREDITAR**."

967. "Não penses que sorriso solto consegue a todos **ENGANAR**. O fedor do traíra ao longe se consegue **INALAR**. Kkkkk."

968. "Não sejas idiota, permitindo que 'pseudas' pesquisas te induzam em quem **VOTAR**. Com certeza, duvidam de sua inteligência, acham que és Maria Vai Com As Outras, querem te **MANIPULAR**. Kkkkk."

969. "Quem não possui nada a **TEMER**, eu disse **TEMER**, kkkkk, não precisa correr atrás de Cargo Público, para se **ESCONDER**. Muito menos carregar nas costas Artistas Famosos e Interesseiros, para o Carinho do Povo **OBTER**. Kkkkk."

970. "Sendo afrodescendente e não havendo nenhum Candidato de minha raça, para o Cargo de Prefeito, com o Voto podermos ou não **AGRACIAR**. No Dia da Eleição, não sairei de casa para em branco **VOTAR**. Kkkkk."

PUBLICADAS EM 30/9/2016

971. "Como alguém já falou, 'realmente a Operação Lava Jato deveria de nome **MUDAR**.' Em verdade, deveria de Operação Kata Ratos virmos **CHAMAR**. Kkkkk."

972. "Como os Americanos, em Urnas Eletrônicas, não consigo **ACREDITAR**. Os Candidatos não conseguiram minha Credibilidade **ANGARIAR**. Como o Sistema é Racista, inexistem afrodescendentes para o Cargo Principal podermos ou não **VOTAR**. No Parlamento, apenas Voluntários deveriam a função **OCUPAR**, e as verbas gastas, inutilmente com eles, serem destinadas para a Saúde Pública **MELHORAR**. Por tais motivos, Democraticamente Ninguém com meu Voto irei **AGRACIAR**. Kkkkk."

973. "Consiste em imensurável safadeza os Políticos e seus Familiares não serem obrigados a **UTILIZAR** os Serviços Públicos que a População vem **OUTORGAR**. Indubitavelmente, não haveria tanta indignidade nos Hospitais Públicos, se essa raça fosse compelida a também deles **DESFRUTAR**, e no Transporte Público o Povo pudesse os **ENCOXAR**. Kkkkk."

974. PARLAMENTO VOLUNTÁRIO JÁ!

"Jovens, cuidado, em nenhuma hipótese procurem locais ermos para **ACASALAR**. Não esqueçam que os Criminosos, mormente os Menores, têm salvo-conduto para **ESTUPRAR** e **MATAR**. E lamentavelmente, a População gastando uma fortuna inutilmente, para Vereadores, Senadores e a Deputaida **ENGORDAR**. Kkkkk."

975. "Não acreditem nas Pesquisas **ELEITORAIS**, podem querer nos enganar, achando sermos animais **IRRACIONAIS**. Kkkkk. Vote em quem quiser ou, como nós, não vote em ninguém. Kkkkk."

976. "Os Jogadores de Futebol e Dirigentes deveriam da Arbitragem deixar de **RECLAMAR**. Ora, se reina a frouxidão entre eles, não lutam para, na arbitragem, a tecnologia em sua totalidade venha se **IMPLANTAR**, tem mais é **CHUPAR**. Kkkkk."

977. "Por que será que nomeando Ministros, conhecidos e amigos, os Políticos adoram o Poder Judiciário **MUNICIAR**? Será que, de forma enrustida, safadezas os santinhos vivem a **PERPETRAR**? Kkkkk."

PUBLICADAS EM 15/10/2016

978. "Admitindo que padeces da insanidade denominada Racismo, querido **IRMÃO**, será o primeiro passo para se Libertar dessa **PODRIDÃO**."

979. "Enquanto nossos Professores se matam, laborando em diversas escolas, para literalmente fome, necessidades não virem **PASSAR**. Um bando de Políticos, ainda que analfabetos, inúteis, na fortuna e mordomias vivem a **NADAR**. Pelo Sacerdócio, a todos Professores devemos **REVERENCIAR**. Para safadezas no Brasil **ACABAR**. PARLAMENTO VOLUNTÁRIO JÁ!"

980. "Mil vezes, de cabeça-dura virem te **CHAMAR**, que às idiotices dos outros vires se **CURVAR**. Kkkkk."

981. "Nem tudo que reluz é **OURO**, às vezes, atrás de uma cara de santa, achamos um cabeça de **TOURO**. Kkkkk."

982. "Siga as Batidas do **CORAÇÃO**, desde que não caias na insanidade de perder a **RAZÃO**. Kkkkk."

PUBLICADAS EM 23/10/2016

983. "Afaste-se do **INVEJOSO**, pois consiste num verme **PERNICIOSO**. Kkkkk."

984. "Aqueles que não têm Competência, no órgão genital dos outros, sempre conseguimos filmar, kkkkk."

985. "Por que o José Luiz Datena e o Marcelo Rezende o Genocídio nos Hospitais Públicos começaram, mas rapidamente pararam de **NOTICIAR**? Será que ficaram com medo ou as Empresas e os Governantes não os deixam **FALAR**? Notícias de bandidos pés-rapados, toda hora, não dá para **AGUENTAR**. Kkkkk."

986. PARLAMENTO VOLUNTÁRIO JÁ!

    "Aqui no Brasil, é permitido veicular na Mídia propagandas de droga, para nossa Juventude **VICIAR**, assim como a mesma aos Esportes **ASSOCIAR**, está aí a bebida alcoólica, que não desmente o que estou a **FALAR**. E a População gastando uma fortuna inutilmente, para Parlamentares **ENGORDAR**. Kkkkk."

987. "É admirável ver Discípulos do Chifrudo preferindo seu Povo **DIZIMAR** que o Poder **DEIXAR**. Pior são os destemidos, que,

com o rabo entre as pernas, assistem à Carnificina sem nada **PERPETRAR**. Aliás, aos Poderosos Dirigentes dos Países, ditos de Primeiro Mundo, pela Coragem, de forma candente nossos Parabéns queremos **REGISTRAR**. Kkkkk."

988. "O Ilustre Dorival Júnior, 'data vênia', não sabe usar o elenco, utiliza seus 'queridinhos' sempre, e deixa os outros engordando o **POPOZÃO**. Kkkkk. Fora da Vila Belmiro, não ganha de ninguém, parece um Time de Terceira **DIVISÃO**. Kkkkk. Por tais motivos, novamente na Copa do Brasil tivemos que chupar, querido **IRMÃO**. Kkkkk."

989. "Tem gente chata que, de tanto **FALAR**, não deixa nem o Cérebro **PENSAR**. Kkkkk."

PUBLICADAS EM 29/10/2016

990. "Aos Ministros pseudoguardiões da Constituição, duas pequenas **INDAGAÇÕES**: o Salário Mínimo vigente Miserável e o Pobre sendo Massacrado nos Hospitais Públicos estão de acordo com a Lei Maior, Ilustres **CIDADÃOS**?"

991. "Aqueles que, em Decisões Esquisitas, os Direitos do Trabalhador vêm **VIOLAR**, com certeza nos banquetes dos empresários não deixam de o bucho **FARTAR**. Contudo, arroz, feijão, ovo ou picadinho, na mesa do trabalhador, têm nojo até de **PENSAR**. Kkkkk. Cuidado, se a Polícia Federal não os **PEGAR**, Vossas Excelências e seus Entes Queridos, da Justiça Divina, não hão de **ESCAPAR**."

992. "Com tantas desgraças que a bebida alcoólica no seio da População vem **CAUSAR**, os Astros Ratinho, Gabriel Pensador, Antônio Fagundes, Rodrigo Lombardi, e outros, pelo Desserviço à Nação, indubitavelmente devemos **PARABENIZAR**. Kkkkk."

993. "É lamentável, mas via de regra, o Ser Humano só pensa no próprio **BEM-ESTAR**. É o Egocentrismo que vive a **REINAR**."

994. "O comandante que não outorga direito aos comandados de **CRIAR**, seus trabalhos e ideias se recusa a **APRECIAR**, pela Sapiência, devemos **REVERENCIAR**. Kkkkk."

995. "Para alguns, com todo respeito, Parlamentarecos, kkkkk, o Bom Juiz, é aquele amigo que para o Tribunal ajudou a **NOMEAR**, pois sabe, no momento exato, da Gratidão irá **DESFRUTAR**. Kkkkk."

PUBLICADAS EM 5/11/2016

996. "Os Formadores de Opinião que vivem impropérios, insanidades na Mídia a **PROLATAR**, são Bestas do Apocalipse que vieram no Mundo **HABITAR**. Cuidado, quando a Ordem e a Justiça começarem a **REINAR**, o Castelo de Areia dos Vermes irá **DESMORONAR**. Kkkkk."

997. "Quando o Treinador não sabe o Elenco **UTILIZAR**, culmina por os Jogadores **ARREBENTAR**. Está aí o Santos FC, que não desmente o que estou a **FALAR**. Enquanto, Luis Felipe e Gustavo Henrique, dois zagueiros a nível de **SELEÇÃO**, eram compelidos a jogar em duas competições, outros engordavam no banco o fedorento **POPOSÃO**. Kkkkk. Agora, Ilustre Dorival Júnior, nem sonhe em ser **CAMPEÃO**, o título será de seu querido **VERDÃO**. Kkkkk."

998. "Quando vejo um Ministro do Supremo Tribunal Federal vir com versinhos de Monteiro Lobato **RECITAR**, incitando os colegas a deixar tudo como está, senão vítimas poderão se **TORNAR**. Penso, passou da hora da Justiça se **RECICLAR**, e aceitar em seu cerne apenas pessoas como os Ilustres Sérgio Moro, Joaquim Barbosa, que ousam tentar as injustiças **CEIFAR**. Basta de Políticos as mãos interesseiras e nem sempre limpas na Justiça **COLOCAR**."

999. "Quem são os maiores culpados pelas mortes que, lamentavelmente, em Mariana e na Boate Kiss **SUCEDERAM**? Seriam os Empresários ou os Governantes, que o Empreendimento precário o funcionamento **AUTORIZARAM**? Seria utopia pretender-se que a pena desses assassinos fosse na **PRISÃO**?"

1000. "Se tem uma coisa que deixa os Seres Humanos **ESTRESSADOS**, é não ter as Ideias e Trabalho devidamente **VALORIZADOS**."

1001. "Tudo na vida ostenta Limites, querido **IRMÃO**, inclusive a Liberdade de **EXPRESSÃO**, garantida a todos que não violam a **LEGISLAÇÃO**."

PUBLICADAS EM 12/11/2016

1002. "Alguns, para que remorso não culmine por os **SUFOCAR**, preferem **ACREDITAR** que no País das Maravilhas vieram **HABITAR**. Kkkkk."

1003. "Aqueles que não têm Capacidade para Voo **ALÇAR**, sentem até Medo de não poder **RASTEJAR**. Kkkkk."

1004. "Aqueles que sabem a Vida, de forma saudável, **GOZAR**, com o tempo, mais fortes e inteligentes culminam por **FICAR**. Contudo, os transloucados viajam rapidamente, para o Chifrudo com o garfo quente seus rabos vir **ESPETAR**. Kkkkk."

1005. "Com tanta gente morrendo nos Hospitais Públicos, sem dignidade, querido **IRMÃO**, sabe qual foi o Pacto Diabólico perpetrado em nossa **NAÇÃO**? Indubitavelmente, foi o mancomunado para saquear os Cofres Públicos, pelos Jararacas da **CORRUPÇÃO**. Kkkkk."

1006. "O que necessitam aprender alguns pseudoartistas, sem **NOÇÃO**, é que Apologia ao Crime também é Delito, passível de **PUNIÇÃO**."

1007. "Os artistas que vêm a droga denominada bebida alcoólica na Mídia vender, **PROPAGAR**, deveriam de no Cárcere o mesmo tempo que os Traficantes ter que **SUPORTAR**. Não vejo diferença entre essas raças que acabei de **FALAR**, pois ambas o mesmo Desserviço à Sociedade culminam por **PRESTAR**."

PUBLICADAS EM 26/11/2016

1008. "A Vida e a Saúde consistem em nossos Bens de teor **MAIOR**, e isso os Governantes sabem **DECOR**. Por tais motivos, frequentam Hospitais que tudo possuem de **MELHOR**. Quanto ao Povo, pouco se importam, que morram no sufoco, sem dignidade, na **PIOR**. Kkkkk."

1009. "Inúmeros Jogadores de valor padecem na Reserva, sem o direito de apresentar devidamente o labor. Ora, se o Time disputa dois Torneios concomitantemente, o certo é que onze jogadores, preferencialmente, atuem em um, e os outros atuem noutro. A exemplo, no Santos FC, será que Vladimir, Daniel Guedes, Lucas Veríssimo, Yuri, Caju, Léo Cittadini, Elano, Emiliano Vecchio, Rafael Longuine, Joel e Rodrigão, na Copa do Brasil, não viriam melhor o Peixe **REPRESENTAR**? Tenho convicção que se o palmeirense Dorival, kkkkk, assim procedesse alguma Copa viríamos **BELISCAR**, como não o fez, esse ano teremos que **CHUPAR**. Kkkkk."

1010. "Não deixe as coisas para a última **HORA**. Faça-as **AGORA**."

1011. "Não perca Tempo com coisas **BANAIS**, mas, sim, com o Teor Global, e os Fatos **PRINCIPAIS**."

1012. "Onde reina a Soberba e a **PREPOTÊNCIA**, inexiste **INTELIGÊNCIA**."

1013. "Quem vive cascas a **ADMIRAR**, não merece de bom conteúdo vir **DESFRUTAR**."

1014. "Se William Shakespeare e Nelson Rodrigues viessem seus textos **REVER**, indubitavelmente culminariam por mais os **ENRIQUECER**. Isto porque é assim que os sapientes vêm **PROCEDER**."

1015. "Viva aqueles que incentivam a **CRIATIVIDADE**. Vaias aos boçais, que podam dos Seres Humanos essa **LIBERDADE**."

PUBLICADAS EM 10/12/2016

1016. "Aqueles que não te conhecem e vão com seus inimigos se **INFORMAR**, é certo que não irão te **AMAR**. Kkkkk."

1017. "Com atraso, mas em tempo, registro nosso deleite pelo carinho de todas(os) que vieram de nosso aniversário **LEMBRAR**. Que Deus venha os **ABENÇOAR**, e lhes conceda em abundância o que vieram nos **DESEJAR**."

1018. "Gente falsa, egocêntrica, lamentavelmente, é feito capim, encontramos em tudo quanto é lugar."
1019. "Mantenha distância daqueles que gostam de o **CONTRARIAR**, seu coração irá te **GLORIFICAR**."
1020. "Quem vive para Deus e o Chifrudo **REZAR**, não dá para **CONFIAR**."
1021. "Sem a Saúde, absolutamente Nada faz Sentido. Cuidem-se Bem."

PUBLICADAS EM 17/12/2016

1022. "A vida é tênue, não vale a pena tempo e paciência com coisas de somenos importância perder."
1023. "Aqueles que por ter a Bíblia embaixo do sovaco pensam que a todos conseguem **LUDIBRIAR**. Cuidado! Deus está a te **OBSERVAR**."
1024. PARLAMENTO VOLUNTÁRIO JÁ!

    "Aqui no Brasil, os Menores e os Assassinos do Trânsito possuem salvo-conduto para à vontade **MATAR**. Razão pela qual, os Vereadores, Senadores e a Deputaiada, que gastamos inutilmente uma fortuna para **ENGORDAR**, temos que **REVERENCIAR**. Kkkkk."
1025. "Na vida tem-se maré alta e baixa **ULTRAPASSAR**. Contudo, é certo que se necessita muita paciência e sapiência para a maré baixa **TOLERAR**."
1026. "Não adianta a anencéfalos conselhos, ideias **DISPONIBILIZAR**. É mais fácil levares um coice que a besta entender, **ASSIMILAR**. Kkkkk."
1027. "Temos que daqueles que nas Sombras vivem a nos **PERSEGUIR**, ter piedade e a Deus por eles **PEDIR**."

PUBLICADAS EM 23/12/2016

1028. "O Aniversário de NOSSO SENHOR, JESUS CRISTO, Todos os Dias devemos **CELEBRAR**. Ele sacrificou sua vida para a nossa **SALVAR**. No Mundo só haverá Paz quando viermos o próximo como a nós mesmos **AMAR**, exatamente como JESUS veio nos **ENSINAR**. Feliz Natal!"

1029. "A Função do Presidente da República é Executar as Leis Vigentes, não, com todo respeito, de forma desnecessária, **LEGISLAR**. Quem assim procede, mormente para Direitos Sacrossantos do Trabalhador **VILIPENDIAR**, 'data vênia', deve ao Cargo **RENUNCIAR**."

1030. "Aqueles que suas Ideias e Trabalho não vêm **VALORIZAR**, não possuem nenhum Direito de o **CRITICAR**. Conselhos aceitamos apenas daqueles que efetivamente vêm nos **AMAR**, os demais 'data vênia' que Vão Se **LASCAR**. Kkkkk."

1031. "Aqueles que acreditam em coisas de somenos importância e adoram a Fé em Deus ridicularizar, expliquem os Milagres daqueles que sobreviveram à nefasta Queda do Avião com Jornalistas e Jogadores **CHAPECOENSES**. Neto, por exemplo, o Ilustre Roberto Cabrini encontrou, nos escombros do avião, a Bíblia dentre seus **PERTENCES**. Diga-se, Neto foi encontrado com vida, após sete horas da queda, quando não mais se acreditava em **SOBREVIVENTES**. Se tal fato não consiste num Milagre Divino, consiste em que, Sábios **DESCRENTES**?"

1032. "Como um Discípulo do Chifrudo, seu Povo culmina por **DIZIMAR** e no Poder ainda continua a **DESFILAR**. A Covardia dos Países ditos 'Poderosos' de Primeiro Mundo devemos **REVERENCIAR**. Kkkkk."

1033. "Cuidado, todos vocês que os Pobres vivem a **MASSACRAR**. Da Justiça Divina, Vossas Excelências não hão de **ESCAPAR**. E tem mais, como descreve o Livro Sagrado, Inocentes pelos Pecadores a Céu Aberto podem **PAGAR**."

1034. "Hipócritas contra o Racismo vivem a **VOCIFERAR**. Contudo, quando vemos suas Atitudes, na mesma Lama os detectamos a **NAVEGAR**. Está aí a Grande Mídia, que não desmente o que estou a **FALAR**. Kkkkk."

1035. "Os Brilhantes Vereadores de São Paulo, que, de relevante, estabeleceram que para levar o saquinho do dono do mercado temos que **PAGAR**, kkkkk, resolveram eles mesmos com Pomposo Aumento os **AGRACIAR**. Por tais motivos, e pelos Relevantes Serviços que prestam à Nação, devemos os **REVERENCIAR**, Kkkkk. Isso que é saber Cascalho **GANHAR**. Kkkkk. PARLAMENTO VOLUNTÁRIO JÁ!"

PUBLICADAS EM 31/12/2016

1036. "A propaganda da droga denominada bebida alcoólica, na Mídia, culmina por o espaço de Produtos Benéficos à População **CEIFAR**. Será que se a Polícia Federal e o Ministério Público, com carinho, essa safadeza vierem **INVESTIGAR**, promiscuidades entre os políticos e essas empresas não virão **ENCONTRAR**? Será que é graciosamente que o Congresso Nacional não vem a maléfica Manguaça ao Tabaco **EQUIPARAR**?"

1037. "Busco uma Dupla Sertaneja de Negros, Afros, não consigo **ENCONTRAR**. Banda de Rock And Roll, nem **PENSAR**. Na Mídia, como Protagonistas é difícil **ACHAR**. E ainda alguns idiotas ficam nervosos quando dizemos que o Racismo no Brasil vive **IMPERAR**. Ora bolas, 'data vênia', Vão Se **LASCAR**. Kkkkk."

1038. "Agradeço a Deus, pois com suas Mensagens, veiculadas em nossos Discursos ao longo de quase seis anos, logramos alguns Êxitos, vejamos: Os Direitos dos Empregados Domésticos vieram finalmente aos demais **EQUIPARAR**; Os Negros, Afrodescendentes na Mídia começaram Papéis Melhores **GALGAR**; A Tecnologia no Futebol vieram **AUTORIZAR**; A droga denominada Bebida Alcoólica, na Mídia, ainda não vimos **EXTERMINAR**, mas é inegável que tal safadeza veio **MINORAR**; A Velocidade, os Manguaceiros, enfim, Assassinos do Trânsito, começaram a se **LASCAR**.

Peço apenas para o Ano Vindouro que a **LUZ DIVINA** me agracie com forças, sapiência e paciência, para que a Guerra contra todas as Injustiças possamos **CONTINUAR**."

1039. "Aos Brilhantes Jornalistas da Mídia, que Ciências Jurídicas não vieram estudar, enfatizo que os Direitos Sacrossantos Trabalhistas estão consagrados na Constituição Federal de 1988. Portanto, não são de 1943, como Vossas Senhorias vivem vociferando, padeceram e padecem, rotineiramente, Atualizações, mormente Jurisprudências. E diga, sentem Metamorfose, por Juízes e Tribunais, competentes na Esfera. Além do que, o Rito, como não existe Código Trabalhista, segue o de Processo Civil, recentemente atualizado. Por outro lado, urge **ENFATIZAR** que os Maus Empresários literalmente vivem das Decisões Judiciais a Desdenhar e não **ACATAR**. Portanto, deixar o Trabalhador na mão do Sindicato e do **PATRÃO** é exatamente revitalizar a **ESCRAVIDÃO**."

1040. "Aos Invejosos, seu Êxito culmina por **INCOMODAR**. Por tais motivos, não conseguem Êxito na Vida **LOGRAR**."

1041. "Os mesmos Políticos se alternando no Poder vemos, o tempo todo, no País a **REINAR**. Quando algum sai, deixa os herdeiros a **DESFRUTAR**. Indubitavelmente, deve ser uma delícia passar a vida, nas Tetas do Governo, a **MAMAR**. Kkkkk."

1042. "Primeiro se Alfabetize, para depois Ensinar os Outros a Ler e **ESCREVER**. É ridículo querer ensinar ao Papa como a Bíblia se deve **LER**. Kkkkk."

1043. "Que neste Ano Novo cessem as Guerras, o Racismo, o Preconceito e a DESIGUALDADE. Que o Ensinamento de Jesus Cristo: 'Amai-vos uns aos outros. Como vos amei...' Se torne REALIDADE. Enfim, que 2017 seja Sinônimo de FELICIDADE."

FRASES DE REYCK LOVIS - 2017

PUBLICADAS EM 7/1/2017

1044. "Acidente **PAVOROSO** é o Cidadão sair para Votar, e fazê-lo em Político Incompetente, Corrupto e **GANANCIOSO**. Kkkkk."

1045. "Dê Bom Exemplo para o seu Irmão **MENOR**. Procure, a Cada Dia, ser um pouco **MELHOR**."

1046. "Infelizmente, um Homem de Grande Coração, e no Tribunal do Júri o maior Defensor que apreciei **ATUAR**, nosso Convívio Terreno deixou de **HABITAR**. Ao ILUSTRE DR. PAULO JABUR, nossa Eterna Gratidão, como sempre venho **REGISTRAR**. Que Deus receba sua Alma, em Excelente **LUGAR**, e venha o coração de sua Fabulosa e Querida Família **ACALENTAR**."

1047. "O Brasil necessita de um Presidente obcecado, como nós, para o Genocídio nos Hospitais Públicos **EXTERMINAR**. Aqueles que almejam a Justiça do Trabalho e Previdenciária **SACRIFICAR** e, por conseguinte, a Escravidão **REVITALIZAR**, devem imediatamente **RENUNCIAR**."

1048. "Os Empresários do Governo e do Parlamento querem Tudo **TERCEIRIZAR**, para também, em Tudo, as Mãos poderem **LAVAR**. Está aí a Tragédia nos Presídios, que não desmente o que estou a **FALAR**."

1049. "Os Funcionários Públicos do Rio de Janeiro, como se vê nos Noticiários, estão literalmente passando **FOME**. Enquanto isso, os Vereadores, a Deputaiada, enfim, os Políticos continuam Nadando em Dinheiro, degustando iguarias que apenas quem é abastado **CONSOME**. Kkkkk."

1050. "Os Ícones do Cenário Nacional, Ivete Sangalo, Claudia Leitte, Antônio Fagundes, Carlinhos Brown, Gabriel o

Pensador e Ratinho, por **PROPAGAR** a droga denominada Bebida Alcoólica, que de forma notória é causadora de tantos Malefícios à População, devemos **REVERENCIAR**. Kkkkk. Cuidado, quando o Saldo Credor de Vossas Excelências **TERMINAR**, como sucedeu com outros, o Fogo Ardente da Mão de Deus a Céu Aberto sobre suas cabeças poderá vir a **PESAR**. E tem mais, como prevê o Livro Sagrado, Inocentes pelos Pecadores poderão culminar a **PAGAR**."

1051. "Quando o Homem conseguir no Sol **ADENTRAR** sem o Bumbum **QUEIMAR**. Aí sim, nele, hei de **ACREDITAR**. Kkkkk."

PUBLICADAS EM 14/1/2017

1052. "Ao invés de se construir Hospitais Dignos para o Genocídio dos Pobres na Saúde se **EXTERMINAR**, os Poderosos querem, com a Justiça do Trabalho, Cortando Verbas, Diminuindo Direitos, a ESCRAVIDÃO **REVITALIZAR**. Por tais motivos, essa Raça de Políticos devemos **REVERENCIAR**. Kkkkk."

1053. "É lastimável observar a ganância de uma gama de Artistas Brasileiros. Não se preocupam em sua Imagem a Produtos Maléficos Vincular, desde que entre um bom **DINHEIRO**. A Moral daqueles que assim procedem, com todo respeito, é igual aquilo que fede e damos descarga no **BANHEIRO**. Kkkkk."

1054. "Por quase quatrocentos anos, os Negros vieram aqui, no Brasil, **ESCRAVIZAR**. Em quase setenta anos de Televisão, nunca se viu Negros em quase nada **PROTAGONIZAR**. E ainda alguns Idiotas ficam nervosos quando dizemos que o Racismo no Brasil vive a **IMPERAR**."

1055. "Quem Ama de **VERDADE**, não Apoia **INSANIDADE**."

1056. "Por que aqueles que têm dinheiro a Mídia vive a **REVERENCIAR** e os Pobres vem **ESCULACHAR**? Será que de fato existe o famigerado Jabá? Consiste nisso a Democracia que os Mandachuvas Midiáticos vêm ao Povo **OUTORGAR**?

Até quando, essa safadeza nós, pobres mortais, teremos que **TOLERAR**?"

1057. "Se o Estado terceiriza suas Obrigações a Empresas sem Competência e Idoneidade para tais Serviços **EXECUTAR** e, mais, não exerce seu Dever de Fiscalizar e **VIGIAR**, afirmo: É Responsável Solidário por todos os infortúnios pavorosos que à Sociedade veio **CAUSAR**. Vou além, agindo assim, os Administradores Públicos assumem o Risco de Vidas **TIRAR**, logo por Homicídio Doloso devem ser Condenados e Penas Severas **SUPORTAR**."

1058. "Quem desconhece o que vai **FALAR**, é melhor o bocão fedorento **FECHAR**. Kkkkk."

PUBLICADAS EM 24/1/2017

1059. "Feliz Aniversário, São Paulo! Desejo que, um dia, tenhas Governantes do tamanho de sua Grandeza. Saúde, Sucesso, Sempre."

1060. "Concito todos os Operadores do Direito, ou seja, os Juízes, Promotores e Advogados, para que Nomeações dos Políticos para as Casas de Justiça venhamos **EXTERMINAR**. É uma Vergonha Nacional eles nomearem quem poderá vir os **JULGAR**. Precisamos tornar a Justiça efetivamente Independente, basta de assistirmos, inertes, a safadeza, a marmelada **IMPERAR**. Para que a Justiça obtenha sua Carta de Alforria, se livre das mãos nem sempre limpas e interesseiras dos Políticos, devemos nos **LEVANTAR** e **LUTAR**."

1061. "Na Vida nem sempre é possível **VENCER**, razão pela qual o mais importante é nunca **ESMORECER**."

1062. "No Brasil, a quem o Sucesso está em Primeiro **LUGAR**, a receita é a maléfica manguaça **PROPAGAR**, os Governantes jamais **DESAGRADAR**, e o bumbum arrebitar e **REBOLAR**. Estão aí as Divas Ivete Sangalo e Claudia Leitte, que não desmentem o que estou a **FALAR**. Kkkkk."

1063. "Não obstante o que dizem os Comentaristas de Língua Venenosa, kkkkk, o Brasil possui tantos Jogadores Excelentes, que consigo, extraindo os queridinhos da Mídia e dos Mandachuvas Futebolísticos, fazer duas Seleções de Rejeitados, quiçá até superior a deles. PRIMEIRA: Cássio, Jailson (Goleiros); Tchê Tchê; Jemersom; Felipe; Zeca; Thiago Maia; Oscar; Ganso; Valdívia; Ronaldinho Gaúcho e Thiago Neves. SEGUNDA: Vanderlei, Sidão (Goleiros); Danilo; Cleber; Réver; Jean; Cícero; Vitor Bueno; Nenê; Marinho; Vitinho (Keno) e Clayton. Que tal Tite, dá para encarar? Kkkkk."

1064. "O Ilustre Felipe Melo, 'data vênia', deveria com nossos Irmãos Uruguaios se **RETRATAR**. Não se pode dizer que Tapa na Cara de nenhuma pessoa virá **DESFECHAR**. A Humildade, Bom Senso e o Controle Emocional, em qualquer circunstância, devemos colocar em primeiro **LUGAR**."

1065. "O Ilustre Modesto Roma Júnior, Presidente do Santos FC, deveria contratar o Ronaldinho Gaúcho para a função de Fazer Gols, alternando as partidas com Ricardo Oliveira, querendo ou não o **DORIVAL**. Kkkkk. Certamente, com o Respaldo de Vitor Bueno e Copete, e as Assistências de Lucas Lima, teríamos um Ataque **FENOMENAL**. Ronaldinho deveria encerrar a Carreira no Peixe, sendo Campeão **MUNDIAL**. Devolver os quatro que chupamos do Barcelona, seria muito **LEGAL**. Kkkkk."

1066. "Para que não haja pessoas, com o Desastre Aéreo que vitimou o Ministro Teori Zavascki, **BENEFICIADAS**, Ilustres Integrantes do Supremo Tribunal Federal, a Sociedade almeja que todas as Delações **PREMIADAS** sejam devidamente **HOMOLOGADAS**. No contraditório, veremos se devem ou não ser **CONDENADAS**."

PUBLICADAS EM 6/2/2017

1067. "Aos Familiares dos Detentos que, por Culpa, Negligência e Incompetência do Estado, vieram suas Vidas nos Presídios **PERDER**, devem entrar na Justiça, para Indenização virem **OBTER**. Pena que, com a Lentidão da Justiça e a Imoral Gama de Recursos, apenas daqui um século irão **RECEBER**."

1068. "Até quando a População a safadeza da falta de Atendimento Digno **HOSPITALAR**, silente, irá **AGUENTAR**? Cadê o Ministério Público, as Autoridades Judiciárias, para fazer esse Descalabro **CESSAR**? Cadê o Direito Sacrossanto à Igualdade que a Constituição veio **PROMULGAR**? Tem-se que esses 'data vênia' Genocidas de Pobres para o Cárcere, por Crime Hediondo, **ENVIAR**."

1069. "É muito difícil **LABORAR** com quem torce que venhas **ESCORREGAR**. Gente Falsa é espeto **TOLERAR**. Kkkkk."

1070. "Jovens, a não Politização torna a População **ALIENADA** e, assim, suscetível de por Sacripantas ser **GOVERNADA**."

1071. "Nas Estradas do Brasil, durante as Festividades de Final de Ano, quase duas centenas e meia de Vidas vieram **PERECER**. No mesmo período, nas Guerras do Oriente e Atentados, de longe para tal Mortandade vieram **PERDER**. E ainda assim, a Propaganda da droga denominada Bebida Alcoólica na Mídia continuamos a **VER**, mesmo sendo a principal causadora desse e outros Malefícios que rotineiramente vemos **SUCEDER**. É a ganância e o intuito óbvio de nossa Juventude **PERVERTER**."

1072. "O Ilustre Presidente Michel Temer, ao invés de abdicar do direito de Nomear Ministro para o Supremo Tribunal **FEDERAL**, indicou um Companheiro Bem Próximo, para a referida Vaga no **TRIBUNAL**. Em suma, não teve a Ousadia de Libertar a Justiça das Mãos, nem sempre limpas e interesseiras, dos Políticos, tornando-a efetivamente Independente, a agraciando com sua Carta de Alforria, extinguindo essa Vergonha **NACIONAL**."

1073. "Quando o Ilustre Donald Trump, em seu Discurso de Posse, enfatizou que os Políticos vivem a **PROSPERAR**, enquanto o Povo na Miséria culmina por **AFUNDAR**, indago: Seria do Brasil que veio **FALAR**? Kkkkk. Se não foi, a Carapuça em nós culminou como uma luva por **ENCAIXAR**. Kkkkk."

PUBLICADAS EM 17/2/2017

1074. "Deus, sendo nosso Pai e Dono do Universo, se pedirmos e merecermos, Ele irá nos **AGRACIAR**. Senão, como sucedeu com o Boi Zebu, do Paraíso ao Inferno irá te **LANÇAR**, e sem Direito de ao Supremo Tribunal vires **APELAR**. Kkkkk."

1075. "É incrível como os invejosos, incompetentes, puxa-sacos se incomodam quando veem os outros espalhando o **BEM**. Não desanimes diante desses idiotas, pois quem semeia o Bem o colherá **TAMBÉM**."

1076. "Sempre que estiveres com o saco cheio de alguém ou determinada **SITUAÇÃO**. Melhor esfriar os chifres, kkkkk, antes de qualquer **DECISÃO**. Quiçá seja difícil, mas certamente encontrarás melhor **SOLUÇÃO**."

1077. "O Ilustre Silvio Santos, o qual devemos reverenciar, como o Rei da **TELEVISÃO**, o Abençoado Bispo Edir Macedo, as Profícuas e Festejadas Famílias Marinho e Saad deveriam vetar a Propaganda da Droga denominada Bebida Alcoólica nas Emissoras que são agraciadas com **CONCESSÃO**. Não acredito que esses Homens de Bem pensam mais no Dinheiro e Lucro que no Bem-Estar da **POPULAÇÃO**, ou será que **NÃO**? Kkkkk."

1078. "O Santo Papinha, Bergoglio, não obstante tenha nascido na Argentina, tem o sangue Italiano, já que seus pais são descendentes daquele País. Portanto, é engodo, 'data vênia', dizer que consiste em ser o Primeiro Papa Latino. Em outras palavras, o Preconceito da Igreja também nesse aspecto ainda vive a **IMPERAR**. Calma, cambada de fanáticos, apenas estou a verdade **REVELAR**, kkkkk."

1079. "O Trabalhador no Brasil é punido de tudo quanto é **JEITO**. Se na Justiça do Trabalho a causa **GANHAR** e a Empresa aplicar o Golpe da Falência, no dia de são nunca, receberá tal **DIREITO**. Ao invés do Juiz Trabalhista suas verbas **REQUISITAR**, o infeliz tem que na Falência se **HABILITAR** e esperar mais um Século para seus Direitos **VIABILIZAR**. Por tais motivos, ao Brilhante Congresso Nacional, de forma candente, queremos nossos Parabéns **REGISTRAR**. Kkkkk."

PUBLICADAS EM 24/2/2017

1080. "A Mídia diuturnamente vive a droga da bebida alcoólica com o Futebol **ASSOCIAR**, usa Artistas Famosos, Mulheres Seminuas, para tal droga **PROPAGAR**. Os Malefícios do Álcool, por ser uma droga livre, culminam por as demais **SUPLANTAR**. Assim, só nos resta, aos Mandachuvas Midiáticos, pelo Desserviço que prestam a População, nossos Parabéns **REGISTRAR**. Kkkkk."

1081. "Ao Ilustre Dorival, por ter ganho mais um Campeonato Paulista, venho **AGRADECER**. Contudo, por não utilizar todo Elenco, possuir aproveitamento pífio fora da Vila, ter efetuado Contratações Desnecessárias, por exemplo, de um Volante Amigo, quando Alisson, Léo Cittadini, Yuri, poderiam a Posição **EXERCER**, creio que a Liberação, o Nobre Professor, passou a **MERECER**. Certamente, com esse Comando, o Peixe na Libertadores irá **PERECER**. Kkkkk."

1082. "Assim que seu filho nascer, comece Aposentadoria para ele **PAGAR**, pois tendo que 50 anos o INSS **QUITAR**, apenas Duas Décadas depois de Morto, ele irá se **APOSENTAR**. Kkkkk. Tem que sobrar mais Verbas para os Corruptos poderem **BELISCAR**. Kkkkk."

1083. "É Carnaval! Com tantas Mazelas a **IMPERAR**, quanto será que nossos Brilhantes Governantes, com esse Evento, irão **TORRAR**? Será que nunca perderão a benéfica e saudável mania de ao Povo apenas Pão, Vinho e Circo **DISPONIBILIZAR**? Kkkkk."

1084. "Engraçado, Comentaristas Esportivos de Racismo **FALAR**, sem ter ao lado deles, nenhum Negro, Afrodescendente a **TRABALHAR**. O lamentável Infortúnio da Chapecoense, cujo nenhum Jornalista Negro estava no Avião, não desmente o que estou a **BRADAR**. Infelizmente, o Nefasto Racismo está enraizado em todo **LUGAR**. Quando será que esses Escravocratas irão Vergonha na Cara **TOMAR**? Kkkkk."

1085. "Indubitavelmente, se houvesse Justiça, seria o Dr. Sérgio Moro que ocuparia a Vaga no Supremo Tribunal Federal. Por que então o Ilustre Presidente preferiu seu Companheiro de Trabalho **INDICAR**? Será Temer malfeitos virem **AFLORAR**? Kkkkk."

1086. "Não é a Carreira do Árbitro que errou no Jogo Corinthians e Palmeiras que tem que **ACABAR**, mas sim dos Cartolas que não lhe outorgaram as benesses da Tecnologia, para sua Função **EXECUTAR**."

1087. "Você que depende do **SUS** (Sistema Único de Saúde) é melhor se apegar em **JESUS**. O importante é que nossos Governantes tratam suas podridões no Albert Einstein e **SÍRIO-LIBANÊS**. Pena que apenas Jesus tem Poder sobre a Vida e a Morte, meu caro **BURGUÊS**. Kkkkk."

PUBLICADAS EM 3/3/2017

1088. "Dá nojo trabalhar em **LUGAR** onde o Tráfico de Influência, a Corrupção e o Racismo vivem a **IMPERAR**. Só mesmo o Fogo Ardente da Mão de Deus para o Reinado desses Sacripantas **EXTERMINAR**."

1089. "Engordar não é Questão de **BELEZA**, faz Mal para a Saúde, com toda **CERTEZA**."

1090. PARLAMENTO VOLUNTÁRIO JÁ!

"O dinheiro que gastamos inutilmente com **PARLAMENTAR** (Vereador, Deputado e Senador), deveria ser utilizado para a Questão da Saúde Pública **SOLUCIONAR**."

1091. "Por onde passo, uma Semente de Amor à Justiça procuro **PLANTAR**. Tenho certeza que, no Futuro, algumas irão **GERMINAR**."

1092. "Por que ainda não outorgaram às Delações Premiadas **PUBLICIDADE**? Passou da hora da Justiça atuar com Transparência, sem **MALDADE**."

1093. "Se você é Atacante, Gols e Assistências a Torcida irá te **COBRAR**. Portanto, não outorgue ouvidos a Técnicos insanos, que determinam venhas, atrás de Laterais, suas forças **GASTAR**. Se assim fizeres, nunca irás **PROSPERAR**, estão aí o Messi e o Cristiano Ronaldo, que não desmentem o que estou a **FALAR**."

1094. "Se você exerce a Missão Sacrossanta de **JULGAR**, procure não se **MACULAR**. Faz mal à Justiça sua presença no desfrute ao lado daqueles que vivem as Leis a **BURLAR**. Na Mesa do Trabalhador, temos certeza, não o veremos Pão com Ovo a **DEGUSTAR**. Portanto, Vossa Excelência deve ter o mesmo proceder com Empresários Interesseiros que vivem o **ASSEDIAR**."

PUBLICADAS EM 10/3/2017

1095. "A Censura enrustida, qualquer tolo sabe, vive a **IMPERAR**. Contudo, a Decisão da Prefeitura de São Paulo proibindo Artistas Grafiteiros de Política e Religião **EXPRESSAR**, veio a Inconstitucionalidade aos olhos **SALTAR**. A Justiça deve imediatamente uma resposta a tal Ilegalidade **OUTORGAR**. Não podemos ao arbítrio de Ditadores nos **CURVAR**."

1096. "Aqueles que ostentam Poder e não garantem Direitos Igualitários, a todos, mormente aos Pobres e **AFRODESCENDENTES**, inquestionavelmente, não são Sacripantas, tampouco Escravocratas, ao contrário são pessoas **DECENTES**, mas devem Renunciar. Kkkkk."

1097. "Com todas as 'vênias', Treinador que não consegue montar um Time sem o experiente Renato e DAVID BRAZ, eu não aguento **MAIS**. Kkkkk. Creio, com Fernando Diniz, o Guardiola do Brasil, o Peixe melhorará **DEMAIS**. Kkkkk."

1098. "É interessante as Pessoas **ESCUTAR**. Pena que algumas Línguas Soltas não consigam a Matraca **FECHAR**. Kkkkk."

1099. "O Governante que em Hospitais Luxuosos sua podridão vem **TRATAR**, e Hospitais Podres, sem infraestrutura, ao Povo vem **DISPONIBILIZAR**, em que pese seu Senso de Justiça, deve **RENUNCIAR**. Kkkkk."

1100. "O Presidente da FIFA, Gianni Infantino, a exemplo dos antecessores, permite que a droga denominada Bebida Alcoólica vergonhosamente ao Futebol venham **ASSOCIAR**. Por tal Desserviço à População, sem dúvidas, deve **RENUNCIAR**."

1101. "O Treinador que não utiliza todo Elenco vem o Patrimônio do Clube **DESVALORIZAR**. O Presidente que tolera tal fato é 'data vênia' frouxo, deve **RENUNCIAR**. Kkkkk."

PUBLICADAS EM 17/3/2017

1102. "Adoro gente falsa, ingrata, racista e **PRECONCEITUOSA**. Kkkkk. Contudo, longe dessa raça, confesso, a vida fica muito mais **GOSTOSA**. Kkkkk."
1103. "Aqueles que para o Futuro não vêm se **PREPARAR**, devem estar prontos, para carroça **PUXAR**, e a chibata no lombo **SUPORTAR**. Kkkkk."
1104. "Aqueles que vivem a manguaça, a droga da bebida alcoólica a **PROPAGAR**, saibam estão atraindo contra si e os seus entes queridos um tremendo **AZAR**. Tudo que vierem auferir com o mal, o Chifrudo seu quinhão, mais cedo ou mais tarde, virá **BUSCAR**. Cuidado, Inocentes podem padecer em seu **LUGAR**. A história, inclusive recente, atesta o que estou a **FALAR**. Basta **INVESTIGAR**."
1105. "Atirar farpas, para alguns imbecis, é **NORMAL**, mas quando as recebem, esperneiam, não acham **LEGAL**. Kkkkk."
1106. "Existe o tempo exato de tudo **ACONTECER**. Portanto, acredite em Deus, esqueça a Ansiosidade, pare de inutilmente **SOFRER**."
1107. "Se almejam os Direitos Trabalhistas e a Aposentadoria **EXTERMINAR**. A solução é todo mundo cruzar os braços, ficar em casa, a **DESCANSAR**. Vamos deixar os Empresários do Congresso Nacional, qual seja, a Deputaiada, e os Senadores, juntinhos com o Presidente, fazerem sozinhos o que mais gostam, **TRABALHAR**. Kkkkk. Essa é a forma correta do Povo **PROTESTAR**, não na Rua, atrás de Ratos, loucos, para o queijo do Governo voltarem a **DEGUSTAR**. Kkkkk."
1108. "O Treinador que contra Times de pouca expressão, sem dois volantes, jogar, não culmina por **CONSEGUIR**, precisa Elixir contra a Covardia **INGERIR**. Kkkkk."

PUBLICADAS EM 24/3/2017

1109. "Graças aos Brilhantes Lula, Dilma e Temer, com o Dinheiro Público, gastou-se uma fortuna construindo Estádios de Futebol, em tudo quanto é lugar. Diversos estão se deteriorando e custam uma fábula para **MANUTENÇÃO**. Não deveriam quitar do próprio bolso tais dispêndios, esses Heróis da **NAÇÃO**? Kkkkk."

1110. "O Presidente, que estabelece Salário Mínimo Miserável, em desacordo com a Constituição Federal, almeja a Aposentadoria e os Direitos Trabalhistas **EXTERMINAR**, indubitavelmente, deve **RENUNCIAR**."

1111. "Procure com o Tolo não **DISCUTIR**, pois, com sua Sapiência, nunca se sabe até onde pode **IR**. Kkkkk."

1112. "Quando o Jogador Habilidoso não consegue **JOGAR**, é porque o Treinador, suas qualidades, não sabe **APROVEITAR**?"

1113. "Temos o Livre-Arbítrio dos Caminhos **ESCOLHER**. Portanto, quem opta pelos tortuosos, não deve se queixar quando o fumo quente no lombo começar a **ARDER**. Kkkkk."

1114. "Vivemos em um País comandado pela Indústria da Droga denominada Bebida Alcoólica. É o dia inteiro, a DRAMA, TOFIDIDA, a PÉSSIMA IDEIA, e outras, veiculando suas Maléficas Mensagens, com intuito da Juventude **VICIAR**. E não se tem a quem **DENUNCIAR**. Isto porque os 'Poderosos' têm o rabo preso e quiçá em suas tetas vivem a se **EMBRIAGAR**. Kkkkk. Até quando essa safadeza vamos **ATURAR**?"

PUBLICADAS EM 31/3/2017

1115. "A **OBJETIVIDADE** indubitavelmente consiste numa Espetacular **QUALIDADE**."

1116. "Aqueles que ostentam **COMPETÊNCIA**, incomodam os Vaidosos, sem **INTELIGÊNCIA**, enfim, todos que possuem alguma **DEMÊNCIA**. Kkkkk."

1117. "É um absurdo, no milionário Futebol, a Tecnologia em sua plenitude não se **INCREMENTAR**. A quem interessa não se outorgar infraestrutura para os Árbitros virem **TRABALHAR**?"

1118. "O Artista, sendo um Formador de **OPINIÃO**, tem obrigação de transmitir Boas Mensagens à **POPULAÇÃO**. Aqueles que agem de forma diversa, consistem em Idiotas, querido **IRMÃO**. Kkkkk."

1119. "Os Ensinamentos de JESUS CRISTO, mormente de Amor ao Próximo, consistem no melhor Alicerce para qualquer **REVOLUÇÃO**, que deve advir da Alma do **CORAÇÃO**."

1120. TERCEIRIZAÇÃO SEM:

    Igualdade de Direitos entre o Trabalhador da Terceirizada e os da Beneficiada;

    A Responsabilidade Solidária entre a Terceirizada e a Beneficiada;

    É GOLPE CONTRA O TRABALHADOR. É TER A ESCRAVIDÃO REVITALIZADA.

1121. "Vemos nos noticiários, diuturnamente, o Genocídio dos Pobres nos **HOSPITAIS**. Paradoxalmente, os Políticos ganhando mensalmente Verbas **SURREAIS**. Se não tivéssemos que pagar Vereador, Senador e a Deputaiada, destinando tais Verbas à Saúde, em pouco tempo, não veríamos esse Descalabro nunca **MAIS**."

PUBLICADAS EM 7/4/2017

1122. "Considerando que o Presidente da Rússia, Vladimir Putin, protege e apoia o Genocida Bashar al-Assad, que, há mais de seis anos, está o Povo da Síria a **MASSACRAR**. O Brasil, como repúdio e protesto, não deveria da COPA DO MUNDO, no ano vindouro, naquele país **PARTICIPAR**."

1123. "Ignore aqueles que sua Força e Capacidade venham **DESDENHAR**, deixe-os se **LASCAR**. Kkkkk."

1124. "Nenhum Governante tem direito, por qualquer motivo, de seu Povo **MASSACRAR**. Assim, os Inócuos Líderes dos Países ditos de Primeiro Mundo têm que Expedir Mandado de Prisão contra o Genocida Ditador da Síria, Bashar al-Assad, e de forma perpétua no Cárcere o **LANÇAR**."

1125. "O Futebol é o Esporte que, vergonhosamente, mais a droga da bebida alcoólica vem **DIVULGAR**. A maior Tragédia na Área Desportiva, que lamentavelmente veio suceder, fora a da Chapecoense, que 71 vidas inocentes culminou por **CEIFAR**. Patente, pois, vender droga, viciar nossa Juventude dá muito **AZAR**."

1126. "O suposto rombo na Previdência se deve aos Poderosos, que, sozinhos, a maior parte do bolo vem **DEGUSTAR**, enquanto a maioria as sobras tem que **PARTILHAR**. Essa é a Igualdade que a Constituição Federal veio **PRECONIZAR**?"

1127. "Os Policiais Civis e Militares têm que Ordens Insanas de Comandantes deixar de **ACATAR**. Quando assim for, de Guerras não mais veremos **FALAR**."

1128. "Treinadores que disputando vários Campeonatos não permitem que Jogadores, tais como Valdívia, Clayton, Neilton, Rafael Longuine, Marquinhos Gabriel, Jailson, Vlaldimir, Guilherme, Rodrigão, Breno, Lugano, Cleber Reis, Hyoran, Arouca, Rafael Marques, Vitinho, Vinícius Júnior, Yuri, Fellipe Bastos, Cristian, Giovanni Augusto, Vladimir Hernández, Thiago Ribeiro, Marcelo Lomba, e outros, possam Ganhar Ritmo e pelo menos uma vez por semana venham **JOGAR**, arrebentam seus queridinhos e o Elenco vêm **DESVALORIZAR**. Os Dirigentes que tal fato permitem, deveriam Remédio para Frouxidão em abundância **DEGUSTAR**. Kkkkk."

1129. "Um Presidente que, ao invés de deixar todos os Hospitais com a Infraestrutura daqueles que desfruta, almeja os Direitos Trabalhistas e Previdenciários **EXTERMINAR**, como Golpista, não Reformista, para História irá **ADENTRAR**. Kkkkk."

PUBLICADAS EM 14/4/2017

1130. "Com tantas Mortes e Dilacerações que o Alcoolismo causa nas Estradas do Brasil, prestam imensurável Desserviço à População os Dirigentes do Futebol e da Fórmula 1, ao permitirem que tal droga aos Esportes venham **ASSOCIAR**. O Ilustre Felipe Massa não desmente o que estou a **FALAR**. Deveriam todos do Cárcere **DESFRUTAR**."

1131. "Jesus Cristo outorgou sua Vida para as nossas **SALVAR**. Morto, crucificado, venceu a morte e, como enfatizou, culminou por **RESSUSCITAR**. Fez milagres que sequer seus inimigos lograram êxito **REFUTAR**. Pena que nem todos os Seres Humanos consigam Amar ao Próximo como a si mesmos, como ele veio **ENSINAR**. Estão aí as Guerras, inclusive a Civil que vivemos, a não desmentir meu **BRADAR**."

1132. "O Desânimo, a Preguiça e a Ignorância são dádivas que o Chifrudo a algumas bestas vem agraciar. Kkkkk."

1133. "Quem vive acoitando, apoiando **INSANIDADE**, culmina sendo Vítima dessa **MALDADE**."

1134. "Se não querem os Direitos Trabalhistas corretamente **PAGAR**, o negócio é todo mundo como Autônomo **LABUTAR**. Deixemos os Governantes, Parlamentares, Empresários, Escravocratas, sem pudor, sozinhos se **VIRAR**. Kkkkk."

1135. "Se ninguém com vida conseguirá se **APOSENTAR**, kkkkk. Por que, então, temos que INSS **PAGAR**?"

1136. "Seria uma maravilha se nossos Queridos Políticos fossem para a Síria o Ditador Genocida e os Terroristas **CAÇAR**, e as verbas que gastamos de forma inútil com essa raça, kkkkk, fossem destinadas para o Descalabro da Saúde Pública **EXTERMINAR**."

PUBLICADAS EM 21/4/2017

1137. "Consiste num Crime desperdiçar o Talento do Zé Roberto, colocando-o na Lateral para **MARCAR**. É na Articulação de Jogadas, no Ataque, fazendo Gols, que o Genial Atleta deve sua Carreira **TERMINAR**. E mais, Jogadores como ele, Renato, Ricardo Oliveira, fisiologicamente devem apenas uma vez por semana **ATUAR**. A Lógica e o Bom Senso, em Primeiro **LUGAR**."

1138. "Ilustre Verme da **CORRUPÇÃO**, seus Bens Materiais não serão suficientes para Deus lhe outorgar **SALVAÇÃO**. Devolva tudo que, de forma enrustida, surrupiou, entregue seus Comparsas e o **CHEFÃO**. Não deixe que o Boi Zebu, de você, e quiçá de seus Entes Queridos, venha cobrar seu **QUINHÃO**."

1139. "Não acreditem no **NEYMAR**. Na bebida alcoólica, ninguém consegue o Jogo **VIRAR**. Aliás, depois que começou essa droga **PROPAGAR**, o modesto Juventus do Daniel Alves fez o gigante Barcelona dele, com choro e tudo, **CHUPAR**. Kkkkk. Cuidado gente, querer nossa Juventude no Alcoolismo **VICIAR** traz muito **AZAR**."

1140. "O Trabalhador perde várias horas para ir ao Trabalho e **VOLTAR**. Tem que 44 horas semanais **LABUTAR**, sendo oito diárias para o suor **DERRAMAR**. E ainda assim, alguns bumbuns de veludo, kkkkk, almejam que o Intervalo de 1 hora venham **EXTERMINAR**, e as Férias **FATIAR**. Para essa raça, a Saúde do Trabalhador se encontra em Primeiro **LUGAR**. Kkkkk."

1141. "Quando houver no País apenas Empresários, não Escravocratas, que venham seus Empregados, como a si mesmos, **AMAR**, que todos os Direitos dos Trabalhadores venham **HONRAR**, a Justiça do Trabalho não terá tanto labor aos seus integrantes a **MASSACRAR**."

1142. "Querem a Aposentadoria **EXTERMINAR**? Então, coloquem publicamente o Nome e Valores de todos que dela estão a **DESFRUTAR**. Assim, saberemos, os que estão seus Cofres a **ARROMBAR**. Basta da corda sempre do lado mais fraco **QUEBRAR**."

1143. "Via de regra, lamentavelmente, o Ser Humano tende, dos que conhece, depende ou é conivente, às Insanidades **ADERIR**, quando deveria ser Imparcial e o Caminho Certo e Justo **SEGUIR**."

PUBLICADAS EM 28/4/2017

1144. "A CLT, ao longo dos anos, através daqueles que entendem de Leis Trabalhistas, Juízes, Desembargadores e Ministros, acolhendo pedidos do Ministério Público e Advogados, veio muito **AVANÇAR**. Estou falando da Moderna Jurisprudência que está a **IMPERAR**. Os Empresários do Parlamento e ou patrocinados por eles querem o Retrocesso, a Revogação dos Direitos do **TRABALHADOR**. Seriam eles Judas Iscariotes agindo em benefício próprio e dos amigos, sem nenhum **PUDOR**?"

1145. "Dizem os Escravocratas do Poder e da Mídia que existe Excesso de Ações Trabalhistas. Isto só comprova que os Maus Empresários são Caloteiros, só pensam no próprio **BEM-ESTAR**. Ademais, os Processos Novos são 13,8% Trabalhistas, 69,7% da Justiça Estadual, 14% da Justiça Federal contra o Governo, a União Federal. Portanto, essa raça Omite, Engana e almeja o Povo **ESTREPAR**."

1146. "Dizem os Escravocratas do Poder e da Mídia que a CLT é de 1943, contudo Omitem que, de seus 510 Artigos, apenas 75 não sofreram **ATUALIZAÇÃO**. Por que essa raça almeja Enganar o **POVÃO**? Falam em Democracia, mas pretendem é a **REVITALIZAÇÃO DA ESCRAVIDÃO**."

1147. "Dizem os Escravocratas do Poder e da Mídia que a Proteção dos Direitos do Trabalhador gera Desemprego na **NAÇÃO**. Mentira, as Leis Trabalhistas impedem é a **ESCRAVIDÃO**. Quem não tem Competência que não se Estabeleça, querido **IRMÃO**. Kkkkk."

1148. "Dizem os Escravocratas do Poder e da Mídia que o Rigor das Leis Trabalhistas culmina em Excesso de Processos. Mentira, pois, segundo o Conselho Nacional de Justiça, quase metade dos processos adentrados em 2015, se referiam ao Não Pagamento das Verbas Rescisórias, ou seja, os Maus Empresários têm usado a Justiça para parcelar a quitação dos Direitos do **TRABALHADOR**. Fato que demonstra, nessa raça, Falta de **PUDOR**."

1149. "Enquanto os Escravocratas do Poder e da Mídia vêm até 60 dias de Férias **DESFRUTAR**, a do Trabalhador, de 30 dias, em três vezes querem **FATIAR**. O Bem-Estar do Trabalhador, para essa raça, está em Primeiro **LUGAR**. Kkkkk."

1150. "O Governo que literalmente Revoga Direitos, prejudicando o Trabalhador e beneficiando os Poderosos Empresários, é Democrático, Ditador ou Golpista?"

1151. "O Presidente e 296 Deputados Federais literalmente vieram aplicar Golpe nos Direitos Trabalhistas. Por exemplo, eles trabalham demais, têm 60 dias de Férias. Enquanto, a besta do Trabalhador terá 30 dias fatiados em 3 partes. Enquanto eles fazem quantas horas de almoço almejarem, a besta do Trabalhador poderá desfrutar apenas de 30 minutos. E ainda tem Idiotas, na Mídia, que propagam que isso é **MODERNIZAR**. Para nós, é Retrocesso a Escravidão **REVITALIZAR**."

1152. "Os Escravocratas do Poder e da Mídia vivem dizendo que as Súmulas, ou seja, Decisões dos Tribunais, causam Insegurança Jurídica. Contudo, tal fato, sempre existirá, mormente com a Evolução dos Tempos e Complexidade de Certas Questões."

1153. "Querem a Aposentadoria e os Direitos Trabalhistas **EXTERMINAR**. Seriam eles Discípulos do Boi Zebu, na Terra a **REINAR**? Kkkkk."

1154. "Querer colocar o Empregado para Negociar com o **PATRÃO** é o mesmo que compelir o Carneiro a enfrentar o **LEÃO**."

PUBLICADAS EM 6/5/2017

1155. "A diminuição da Jornada de Trabalho de 8 horas para 6 horas diárias, sem alterar o mísero salário, culminaria por abrir milhares e milhares de vagas de trabalho em toda **NAÇÃO**. Essa seria uma Reforma Benéfica, tanto para o Trabalhador quanto para o **PATRÃO**."

1156. "A diminuição dos inúmeros Recursos Trabalhistas para apenas três. Estipulação de prazo para tramitação dos processos, que deveriam findar-se no máximo em dois anos. Enfim, se exterminar com a safadeza da eternidade **PROCESSUAL** seria um item para a reforma trabalhista **IDEAL**."

1157. "Antes, o Empresário podia contratar o Trabalhador Temporário por 3 meses, agora pode fazê-lo, pelo período de 9 meses e com a Nefasta Reforma, se o Sindicato quiser, por período **MAIOR**. O segredo é que o Temporário vai para o Olho da Rua, Sem Receber Os Mesmos Direitos Dos Outros Trabalhadores, a exemplo, Aviso Prévio e Multa sobre o FGTS. Essa perda de direitos não consiste em Golpe contra o **TRABALHADOR**?"

1158. "Aqueles que militam na Justiça do Trabalho sabem que Maus Empresários desdenham e não respeitam sequer as Determinações Judiciais. O que acontecerá se o Trabalhador for obrigado a Negociar seus Direitos direto com o **PATRÃO**? Existe dúvida de qual deles será compelido a ingerir apimentado **SUKUZÃO**? Kkkkk. Isso não é Golpe Trabalhista, querido **IRMÃO**?"

1159. "Determina o art. 7º, IV, da Constituição Federal que o valor do Salário Mínimo deve ser capaz de atender as Necessidades Básicas do Cidadão, sua Família com Moradia, Alimentação, Educação, Saúde, Lazer, Vestuário, Higiene, Transporte e Previdência Social, que, segundo o DIEESE, norteia hoje em R$ 3.673,09. Portanto, os Sacripantas que almejam os Direitos Trabalhistas **VIOLAR**, criem pudor e tratem de nossa Carta Magna Respeitar e **ACATAR**."

1160. "Ele, desrespeitando a Luta dos Afrodescendentes, é contra as Cotas dos Negros, que, em nosso País, não vêm Espaço Igualitário aos irmãos brancos **DESFRUTAR**. Ele vive os Direitos dos Homossexuais publicamente a **VIOLAR**. Ele, desrespeitando as Mulheres, louvando o Crime, mencionou que sua colega de trabalho era vagabunda e, por si, não merecia ser **ESTUPRADA**. Quem apoia um sujeito dessa espécie, com todo respeito, não bate bem da cabeça, meu **CAMARADA**. Kkkkk."

1161. "Mil vezes, a obstinação dos Jovens mas Idôneos Membros da Magistratura, do Ministério Público, Ordem dos Advogados do Brasil e Polícia Federal, que lutam contra a **CORRUPÇÃO**, que a esperteza de muitos velhos Sacripantas dos Três Poderes, que utilizam o Tráfico de Influência, recebem dádivas, fazem vistas grossas, são coniventes, quiçá comparsas, comandantes, dos Vermes que saqueiam os Cofres Públicos da **NAÇÃO**."

1162. "O Trabalhador que não tem a possibilidade de as Férias na íntegra **DESFRUTAR**, não tem ao menos uma hora, entre um período de labor e outro, para se alimentar e **DESCANSAR**. Certamente, não irá render e a tendência é adoecer e se **ACIDENTAR**. Isso não é Golpe que almejam contra o Trabalhador **APLICAR**?"

1163. "Querem deixar a Supremacia das Leis Trabalhistas nas mãos dos Sindicalistas, sabidamente muitos empresários enrustidos, políticos, que rezam para Deus e o Chifrudo, kkkkk. Isso não consiste em Golpe Trabalhista?"

1164. "Querida. Doce, doce amor. Deixe de lado esse baixo astral, erga a cabeça, enfrente o mal, que agindo assim será vital para seu coração. Nossos ídolos ainda são os mesmos e as aparências, as aparências não enganam não. Que Deus receba as almas desses Ícones da Canção em Excelente **LUGAR** e venha o coração de seus familiares e amigos **ACALENTAR**."

1165. "Queridos Governantes, hipócritas, ao invés de ficarem gastando Verbas Públicas com Propaganda **ENGANOSA**, visitem os Prontos Socorros, UBS, AMAS, Hospitais das Periferias e mostrem o Genocídio que contra os Pobres vivem a perpetrar de forma **ESCANDALOSA**."

1166. "Reforma Trabalhista que só traz Benefícios ao **PATRÃO**, inclusive a Safadeza da Prescrição Intercorrente, ou seja, o Empresário Pilantra transfere a firma para 'Laranjas' e depois de dois anos não poderá mais ser responsabilizado, não é Golpe, querido **IRMÃO**?"

PUBLICADAS EM 12/5/2017

1167. MARIA ESTHER

Ela viveu uma história
De amor com Vicentão
Geraram oito filhos
Pra não sentir solidão
Prole criada com os Mandamentos
De Jesus, na retidão
É um exemplo de amor devoção

Maria Esther, Maria Esther
Maria Esther é uma mulher hiperbacana
Maria Esther, Maria Esther é uma guerreira
Filha da saudosa Anna

É admirada e respeitada por todos os irmãos
A quem necessita sempre estendeu a mão
Canta bonito com doçura, encanto e afinação
Deus abençoe é o seu maior bordão
Maria Esther, Maria Esther
Maria Esther é uma mulher hiperbacana
Maria Esther, Maria Esther é uma guerreira
Filha da saudosa Anna

1168. PROPAGANDA ENGANOSA

"O Governo que a safadeza da Prescrição Intercorrente no País deseja **IMPLANTAR**, ou seja, o Empresário Pilantra poderá deixar a Firma em nome de 'Laranjas' e depois de 2 anos, por seus Direitos, a Justiça não poderá o **RESPONSABILIZAR**, não quer **MODERNIZAR**, quer o Retrocesso, quer te **ESCRAVIZAR**."

1169. PROPAGANDA ENGANOSA

"O Governo que almeja deixar os Sindicalistas Negociarem seus Direitos, sem a Proteção das Leis Trabalhistas e da Justiça do Trabalho, não quer **MODERNIZAR**, quer o Retrocesso, quer te **ESCRAVIZAR**."

1170. PROPAGANDA ENGANOSA

"O Governo que almeja fazê-lo 40 anos a Previdência Social **PAGAR**, não almeja **MODERNIZAR**, quer o Retrocesso, quer a APOSENTADORIA **EXTERMINAR**."

1171. PROPAGANDA ENGANOSA

"O Governo que não deseja tenha o Trabalhador ao menos uma hora, entre um período e outro de labor, para comer e um pouco **DESCANSAR**, não quer **MODERNIZAR**, quer o Retrocesso, quer te **ESCRAVIZAR**."

1172. PROPAGANDA ENGANOSA

"O Governo, utilizando a Mídia, quer o Trabalhador **ENGANAR**. Quem deseja sem a Proteção da Justiça do Trabalho lhe obrigar a Negociar seus Direitos Direto com o Patrão, não quer Leis **MODERNIZAR**, quer o Retrocesso, quer te **ESCRAVIZAR**."

1173. PROPAGANDA ENGANOSA

"Se o Governo desejasse as Leis Trabalhistas **MODERNIZAR**, teria que Providências para sua Qualidade de Vida **MELHORAR**. Quem almeja seus Míseros Dias de Férias em três partes **FATIAR**, quer o Retrocesso, quer te **ESCRAVIZAR**."

1174. PROPAGANDA ENGANOSA

"Se o Governo quisesse gerar mais Empregos, as Leis **MODERNIZAR**, deveria diminuir a Jornada de Trabalho de 8 para 6 horas diárias e de 44 para 40 horas semanais, sem diminuição do Mísero Salário, como assim não procede, quer o Retrocesso, quer te **ESCRAVIZAR**."

1175. PROPAGANDA ENGANOSA

"Se o Governo quisesse o Bem do Trabalhador, as Leis **MODERNIZAR**, antes cumpriria o artigo 7º, IV, da Constituição Federal, e decretaria como Salário Mínimo o valor de R$ 3.673,09, como é a média dos Países de Primeiro Mundo, não a esmola de R$ 937,00, que não se consegue sequer Aluguel em Favela **QUITAR**."

1176. "Os Escravocratas, que, aliás, até hoje, estão no Poder a **REINAR**, vieram por quase 400 anos os Negros no Brasil **ESCRAVIZAR**. Em 13 de maio de 1888, com a Lei Áurea, houve o Fim do Holocausto Negro, o Fim da **ESCRAVIDÃO**. Indubitavelmente, por ser uma Vergonha para a **NAÇÃO**, retiraram essa Data dos Feriados, para nós, afrodescendentes, principalmente em homenagem aos nossos antepassados, não efetivarmos nenhuma **CELEBRAÇÃO**. Contudo, em verdade, não há o que **COMEMORAR**, se nós, afrodescendentes, as sobras das mesas, literalmente, ainda estamos a **DEGUSTAR**. O Supremo Tribunal Federal, as Novelas, Apresentadores, Âncoras de Jornais, Cursos de Medicina, Governantes etc., em que dificilmente encontramos Negros a **PROTAGONIZAR**, atestam, não desmentem, o que estou a **FALAR**. Portanto, um Brinde ao Preconceito, a Discriminação e o Racismo, que 128 anos após o Fim da Escravidão ainda vive a **IMPERAR**."

PUBLICADAS EM 19/5/2017

1177. "A Autoridade que, na calada da noite, recebe Empresário Corrupto para **CONVERSAR**, é obvio que sobre Catecismo não hão de **FALAR**. Kkkkk."

1178. "Aranha, um dos maiores Goleiros que o Santos teve, foi eleito o melhor do **PAULISTÃO**. Jailson indubitavelmente foi o melhor Goleiro do último **BRASILEIRÃO**. O primeiro, nunca foi convocado para a **SELEÇÃO**. O segundo, apesar do Palmeiras disputar Três Campeonatos, só o deixam no banco, esquentando o **POPOSÃO**. Será que é o Racismo que vive a imperar, querido **IRMÃO**? Kkkkk."

1179. "É incrível, a Coragem de certos Treinadores de Futebol. Uns apenas sabem Onze Queridinhos **ESCALAR**, outros com inúmeros Atacantes preferem só Volantes e Zagueiros **UTILIZAR**. Por esse Desserviço ao Futebol, temos que os **REVERENCIAR**. Kkkkk."

1180. "É maravilhoso ver um Pai vícios para o filho **ENSINAR**. Melhor ainda, quando o faz publicamente, com intuito de toda Juventude **DESVIRTUAR**. Kkkkk. Por tais motivos, devemos Neymar e seu genitor, de forma candente, **REVERENCIAR**. Kkkkk. Cuidado, vender a droga maléfica denominada Bebida Alcoólica atrai muito **AZAR**."

1181. "O Criminoso que vem sua Culpa, nos Menores e Mortos **COLOCAR**, nem o Respeito dos Companheiros culmina por **DESFRUTAR**. Kkkkk."

1182. "O Jornalista Lauro Jardim temos que **PARABENIZAR**, ao contrário daqueles que vivem no Colo dos Políticos a **SENTAR** e o saco **PUXAR**. Kkkkk."

1183. "O que foi dito e **GRAVADO não pode ser MAQUIADO**. Tem gente que pensa, o Povo é Besta, fácil de ser **ENGANADO**. Kkkkk."

1184. "Patente, porque eles querem acabar com os Direitos Trabalhistas e a Aposentadoria, enfim, fazer os Trabalhadores de **OTÁRIOS**. Porque estão no Bolso dos **EMPRESÁRIOS**. Kkkkk."

1185. "Qualquer Autoridade que ouve Confissão Criminosa e nenhuma Providência Legal vem **ENCETAR**, ao contrário, apoio culmina por **OUTORGAR**, indubitavelmente não tem Condição Legal e Moral para no Cargo **FICAR**."

1186. "Que me perdoem os Idiotas, mas Inteligência é da Companhia dos Sábios desfrutar. Kkkkk."

1187. "Tem-se que as Mãos, muitas vezes Imundas e Sempre Interesseiras, dos Políticos de cima da Justiça **EXTIRPAR**. Quem deve Ostentar o Direito dos Integrantes do Poder Judiciário **NOMEAR são os Juízes, Promotores e Advogados**, do modo atual não há que em Independência da Justiça **FALAR**."

PUBLICADAS EM 27/5/2017

1188. "Alguns Treinadores de Futebol colocam Atletas como Cueva, Lucas Barrios, Neilton, Valdívia, Keno, Copete e outros correndo atrás de Laterais para **MARCAR**, quando deveriam usar a Habilidade e Energia deles para outorgar Assistências e Gols **MARCAR**. Por essa inteligência, devemos esses Professores, de forma candente, **REVERENCIAR**. Kkkkk."

1189. "As mulheres modernas não ostentam tempo sequer de zelar pela própria casa a contento, imaginem ter que cuidar e reformar também o Sitio e Tríplex dos amigos. Kkkkk."

1190. "É engraçado ver bandidos chamando a Polícia para os **PROTEGER**. Kkkkk. Qualquer semelhança com atitudes de Políticos é mera coincidência, com o que acabo de **DIZER**. Kkkkk."

1191. "Homens que recebem Fortuna Mensal para Leis em benefício do Povo **ELABORAR**, mas que se corrompem e pelo Cabresto de Empresários se deixam **GUIAR**, ostentam alguma Condição Moral para Reforma Legal no País **ENCETAR**?"

1192. "Infelizmente, aqueles que deveriam não lhe outorgarão o devido **VALOR**. Não estranhe, siga em frente, sem **RANCOR**."

1193. "Nossos Governantes não outorgam Moradia e Tratamento Digno Hospitalar ao Cidadão que possui Saúde Mental para se **CUIDAR**. Imaginem se tiverem o livre-arbítrio dos doentes, por vícios, virem **CAPTURAR**. Com certeza, Campos de Concentração será o destino de nossos irmãos que vivem a **PERAMBULAR**."

1194. "O Cidadão que entende ser Supremo, mas, de forma camuflada, auxilia Corrupto a insanidades **PRATICAR**, tem Condição Moral de os outros **JULGAR**?"

1195. "O Ilustre Dorival Júnior, ao invés de colocar o Goleiro Vladimir como Titular em algum Campeonato, lhe outorgando ritmo, prefere usar o Vanderley até o **ARREBENTAR**. Nesse sentido, basta vermos o Luís Felipe, Gustavo Henrique e Lucas Lima, que, indubitavelmente, foram vítimas do desgaste físico, de tanto **JOGAR**. Por essa sapiência, devemos o referido Treinador e todos que assim procedem, de forma candente, **REVERENCIAR**. Kkkkk."

1196. "O sujeito que alega não ter feito dinheiro na vida pública, mas belisca mensalmente 35 mil, com direito a verbas de gabinete, moradia e tudo quanto é **MORDOMIA**. Imaginem se ganhasse Salário Mínimo Mensal para suprir todas as necessidades do **DIA A DIA**. Se me dissessem que existe gente com essa cara de pau, eu não **ACREDITARIA**. Kkkkk."

1197. "Se houvesse Justiça no País, alguns Discípulos do Chifrudo estariam apodrecendo na **PRISÃO**, ao invés de pousarem de ingênuos, santinhos, querendo ganhar **ELEIÇÃO**. Kkkkk."

PUBLICADAS EM 2/6/2017

1198. "A História atesta, Quem combate o **MAL**, Deus outorga Força **SOBRENATURAL**."

1199. "A Proficiente Apresentadora **MARIANA GODOY**, em 7/4/2017, entrevistando o Ex-Delegado da Polícia Federal e Ex-Deputado Federal Dr. Protógenes Queiroz, demonstrou que a Perseguição de 'Poderosos', a Injustiça, lamentavelmente um Ser Humano Destemido **DESTRÓI**."

1200. "Busque a Excelência para seu Brilho **REALÇAR**, não tentando, nas Sombras, o tapete dos outros **PUXAR**."

1201. "Dizem os experts que os Estados Unidos consistem numa Democracia a ser **COPIADA**. Ora, se uma Candidata teve 3 milhões de Votos a mais que o Oponente, e não ganhou a Eleição, indago: Que Democracia é essa que O POVO NÃO APITA **NADA**? Kkkkk."

1202. "O Presidente do Santos FC Clube deveria questionar seu Querido Técnico por que o fez gastar tanto dinheiro com **CONTRATAÇÕES** se apenas o David Braz, Renato e Ricardo Oliveira privilegia em todas as **COMPETIÇÕES**? Por que tantos rejeitados, injustamente recebendo e engordando os fedorentos **POPOZÕES**? Kkkkk."

1203. "PACIÊNCIA TEM LIMITES, pena que alguns imbecis insistem em não os **RESPEITAR**. Entenderam, ou preciso bestas **RABISCAR**? Kkkkk."

1204. "Para as pessoas **PERNICIOSAS** e **INVEJOSAS**, suas Ideias serão sempre **DEFEITUOSAS**, e as Idiotices delas serão sempre **VALOROSAS**. Kkkkk."

1205. "Pessoas de Bem devem adentrar para Política, pois o País **MERECE**. O problema é que, via de regra, nesse meio a pessoa **APODRECE**. Kkkkk."

1206. BASTA AO RACISMO!

"Se você é Negro, Afrodescendente, e em qualquer seguimento lhe outorgarem papel **IRRELEVANTE**, denuncie, recuse, não hesite, nenhum **INSTANTE**."

1207. "Sendo a Mídia, Concessão Governamental, seria efetivamente Livre? Se até em Países de Primeiro Mundo a Internet é controlada, será que aqui não sucede o mesmo? E mais, seriam esses motivos pelos quais os que mais prosperam consistem naqueles que ajudam os Governantes a outorgar Pão, Vinho e Circo para a sofrida População?"

PUBLICADAS EM 9/6/2017

1208. "Menciona o dono da JBS ter quitado em propinas, nos últimos anos, 400 milhões a Políticos e estranhamente a referida empresa possui 34 mil Processos Trabalhistas. Será que é por tais motivos que o Presidente, a Deputaiada e os Senadores, a toque de caixa, almejam literalmente com a Justiça do Trabalho **ACABAR** e a Escravidão **REVITALIZAR**? Seria alguma maldade dessa Santíssima Trindade virmos assim **PENSAR**? Kkkkk."

1209. "Precisamos a Mão nem sempre limpa dos Políticos de cima da Justiça **EXTIRPAR**, antes que venha na mesma Lama **NAUFRAGAR**. Imagina que os Presidentes Lula e Michel Temer iriam nomear Ministros para os Tribunais, com intuito que viessem para eles **ADVOGAR**. Kkkkk."

1210. "O Ministro ADMAR GONZAGA foi nomeado para o Tribunal Superior Eleitoral por Michel Temer, atuou como Consultor na Campanha da Dilma e já advogou para o PMDB. Portanto, com todo o respeito, deveria se declarar Suspeito, e, por motivos de foro íntimo, não atuar no caso da Cassação da Chapa Dilma-Temer. Não é constrangedor ver Juiz atacando seu **PAR**, deixando a impressão de querer o seu Padrinho **AUXILIAR**? Será que não possui gratidão a quem veio lhe **AJUDAR**? Kkkkk."

1211. "O Ministro GILMAR MENDES foi indicado ao Supremo Tribunal Federal por Fernando Henrique Cardoso, que é público e notório simpatizante de Michel Temer, inclusive tendo lhe outorgado apoio para ser Presidente da Câmara dos Deputados. Portanto, com todo o respeito, deveria se declarar Suspeito, e, por motivos de foro íntimo, não atuar no caso da Cassação da Chapa Dilma-Temer. Não procedendo dessa forma, não estaria endossando o que o Dr. Joaquim Barbosa mencionou em 2009, ou seja, que Gilmar Mendes estaria 'destruindo a credibilidade da Justiça brasileira'?"

1212. "O Ministro NAPOLEÃO NUNES MAIA FILHO foi nomeado por Lula para o Superior Tribunal de Justiça. Sendo Dilma Rousseff e Michel Temer, apadrinhados de seu bem feitor, indago: Não teria o Ilustre Ministro, interesse em os auxiliar? Não saberia o mesmo, a palavra Gratidão exercitar? Kkk. Portanto, com todo o respeito, deveria se declarar Suspeito, e, por motivos de foro íntimo, não atuar no caso da Cassação da Chapa Dilma-Temer."

1213. "O Ministro TARCISIO VIEIRA foi nomeado para o Tribunal Superior Eleitoral por Michel Temer, e já foi advogado de Políticos do PT e do PMDB. Portanto, com todo o respeito, deveria se declarar Suspeito, e, por motivos de foro íntimo, não atuar no caso da Cassação da Chapa Dilma-Temer. Não seria imoral, constrangedor, passar a impressão ao Povo de que um Juiz almeja seu bem feitor **BENEFICIAR**? Será que o Ilustre Ministro Gratidão não costuma **PRATICAR**? Kkkkk."

PUBLICADA EM 10/6/2017

1214. "Em que pese não tivéssemos um convívio frequente, sempre foi um tio, amigo, **IRMÃO**. Jamais tivemos qualquer divergência ou leve discussão, ao contrário, sempre houve mútua **ADMIRAÇÃO**. De nossa parte, mormente por ser uma pessoa simples, humilde, despida de qualquer ganância e **AMBIÇÃO**. Deus me concedeu o privilégio de estar contigo no Hospital, e consciente, tiramos onda, fizemos **GOZAÇÃO**, e nos lembraste de seu contato sempre amistoso e amigo com meu genitor, o saudoso **VICENTÃO**. Essa é a última lembrança que fiz questão de guardar de ti em meu **CORAÇÃO**. Obrigado pelas palavras a nós dirigidas nessa derradeira **OCASIÃO** e por sempre ter tratado minha genitora, sua irmã MARIA ESTHER, com afeto e respeito, Querido **TIOZÃO**. Que Deus o receba em seus braços, ao lado de nossa saudosa AVÓ ANNA, e todos nossos entes queridos que se foram e merecerem esse **GALARDÃO**. Descanse em paz, DOUGLAS GILBERTO TEODORO, ao lado de Jesus, nosso verdadeiro amigo e **IRMÃO**."

PUBLICADAS EM 16/6/2017

1215. "Os Invejosos que nas Sombras tentam o Tapete dos Outros **PUXAR**, tal qual a Serpente, obterão como Prêmio a Vida Inteira para **RASTEJAR**. Kkkkk."
1216. "Quando entenderes que Singelas Palavras vieram te **INCOMODAR**, é porque a Carapuça em seus Cornos veio **ENCAIXAR**. Kkkkk."
1217. "Quem Semeia Maldade, dela irá Desfrutar."
1218. "Um Local cheio de Ratos almejando Queijo **COMER**, certamente o Dono, de fome, culmina por **PADECER**. Será que Vossas Excelências conseguirão me **ENTENDER**? Kkkkk."
1219. "Um País onde a Justiça, em razão da Lentidão, a contento não vem **FUNCIONAR**. Indubitavelmente, é um País

cujos Governantes deveriam **RENUNCIAR**. Justiça Tardia consiste em Injustiça, é difícil **TOLERAR**."

1220. "Zagueiros que pensam ser **HABILIDOSOS** são os Responsáveis por o Time tomar montoeira de Gols **VERGONHOSOS**."

PUBLICADAS EM 22/6/2017

1221. "Dinheiro para Empresários Corruptos, com respaldo dos Políticos iguais, no BNDES (Banco Nacional de Desenvolvimento Econômico e Social), não vemos **FALTAR**. Contudo, para duplicar Estradas Assassinas, construir a toda População Hospitais Públicos dignos não há interesse de **VIABILIZAR**."

1222. "Fere a Independência dos Poderes o direito outorgado ao Presidente e aos Parlamentares de Integrantes da Justiça virem avaliar e **NOMEAR**. É ridículo ver os Políticos designando aqueles que poderão vir os **ACUSAR** e **JULGAR**. Essa consiste numa Mudança Constitucional que imediatamente se tem que **VIABILIZAR**, para tal sacanagem **EXTERMINAR**. Basta de marmelada **IMPERAR**."

1223. "Indubitavelmente, essa Reforma Trabalhista que a Toque de Caixa almejam **FAZER** é uma Contrapartida que Políticos querem outorgar aos Empresários, pelos benefícios escusos que deles vieram **RECEBER**. Os noticiários de Corrupção rotineiramente veiculados atestam o que estou a **DIZER**."

1224. "O Juiz que, de forma esquisita, vive contra a Colaboração Premiada a **LUTAR**, é por certamente Temer que venham seus podres **DENUNCIAR**. Kkkkk."

1225. "Os Ilustres Membros da FIFA (Federação Internacional de Futebol) devem imediatamente determinar que as benesses da Tecnologia aos Árbitros em todos os Jogos venham **DISPONIBILIZAR**. Permanecendo, de forma opcional, a safadeza irá **CONTINUAR**. Os vergonhosos erros que estão sucedendo no Campeonato Brasileiro não desmentem o que estou a **FALAR**."

PUBLICADA EM 26/6/2017

1226. "Ele, durante o curto lapso temporal que esteve nesse Mundo, só fez semear o Bem, um ser Humano **ESPETACULAR**. Assim, rapidamente veio se **APERFEIÇOAR**, e foi ao lado de Deus, nosso Pai, Nossa Senhora e Jesus Cristo, para Eternidade **HABITAR**. Consiste em mais um Anjo no Céu, que a genitora Clotildes, irmã Andreia, esposa Eliane, sobrinho Phelipe, cunhado Dudu, todos Parentes e Amigos, estará outorgando Forças, Sabedoria e Serenidade, para que venham Superar a Tristeza e finalmente possam Agradecer o Privilégio de ter convivido com uma Pessoa **EXEMPLAR**. Nada Acabou, É Só O Começo De Uma Nova Etapa, agora com Você Eternamente em Nossos Corações, Querido Irmão Franklin Luiz Manna."

PUBLICADAS EM 1/7/2017

1227. "A Corte não vai ignorar o Clamor Público por Justiça, disse a Ministra Cármen Lúcia. Pena que alguns de seus colegas assim não vem **PENSAR**. Um libera Corrupto para voltar a **LEGISLAR**; outro solta o mesmo animal, pilhado com mala cheia de propina; e noutra Corte, ignoram provas, e deixam a mesma Peste no Cargo **CONTINUAR**. Será que esse bicho pernicioso chamado Corrupto ninguém consegue **ENGAIOLAR**? Ou a Ilustre Ministra, com sua frase, só queria **BRINCAR**? Kkkkk."

1228. "A Miséria que recebe o Trabalhador ficará menor ainda quando Tudo se **TERCEIRIZAR**, vez que é público e notório que tais Empresas vêm menos **PAGAR**. Essa é a Modernização que, dizem, irá o Trabalhador **BENEFICIAR**. Kkkkk."

1229. "É inaceitável que se realize a Copa do Mundo num País cujo Presidente, Vladimir Putin, é Parceiro, Padrinho do Genocida Sírio Bashar al-Assad, que, há seis anos, seu Povo está a **MASSACRAR**. Será que Governantes, Humanos de Pudor, aceitariam que seus Países de tal Competição viessem **PARTICIPAR**?"

1230. "Enquanto os Deuses do Parlamento têm 60 dias para **DESCANSAR**, e viajam com 50 mil no bolso para **TORRAR**, o Escravo Trabalhador, que ganha R$ 937,00, terá que suas Férias em 3 vezes **FATIAR**. Essa é a Modernização que, dizem, irá o Trabalhador **AJUDAR**. Kkkkk."

1231. PARLAMENTO VOLUNTÁRIO JÁ!

    "No Jogador Montillo, os Parlamentares poderiam se **ESPELHAR**, pois "data vênia", sendo inócuos, a fortuna que recebem deveriam **ABDICAR**, e tais verbas serem destinadas para o Descalabro na Saúde Pública **EXTERMINAR**."

1232. "O Trabalhador demora várias horas para Ir ao Trabalho e **VOLTAR**. Agora, almejam que engula a comida e retorne a **TRABALHAR**, em outras palavras, o Intervalo de uma Hora para 30 minutos irão **CORTAR**. Essa é a Modernização que, dizem, irá o Trabalhador **BENEFICIAR**. Kkkkk."

1233. "Quando o Time tem Zagueiro Estabanado, Volante que Joga de Terno e não tem pique para **MARCAR**, o resultado é que o Goleiro, o tempo todo, culmina por se **MATAR**. Está aí o David Braz, Renato e Vanderlei, que no Peixe não desmentem o que estou a **FALAR**. Kkkkk."

PUBLICADAS EM 8/7/2017

1234. "É obvio que se houvesse Igualdade Social, a Criminalidade culminaria por **SUCUMBIR**. Isto porque, com a Vida Boa, apenas os Loucos se arriscariam as Leis vir a **TRANSGREDIR**. Tal fato não sucede com aqueles que não ostentam o que perder e ou nenhuma perspectiva de na Vida **SUBIR**."

1235. "É ridículo o Sujeito jurar que não roubou nenhum **TOSTÃO**, quando, 'data vênia', está patente que usou como Laranjas, Familiares e Amigos, para nos Cofres Públicos meter a **MÃO**. Kkkkk."

1236. "Importante, com o passar do Tempo, é **AMADURECER**. Pena que alguns, em verdade, culminam por **APODRECER**. Kkkkk."

1237. "Já que alguns Artistas impunemente vivem a droga denominada Bebida Alcoólica na Mídia a **PROPAGAR**. Já que os Grandes Traficantes a Justiça, via de regra, nunca consegue **PEGAR**. Já que os Presídios estão abarrotados de Mulas e pequenos Traficantes, que a Sociedade gasta até 4 mil por cabeça mensalmente para os **SUSTENTAR**, indago: Não seria o caso do Sistema Holandês o Brasil vir **ADOTAR**?"

1238. "O Governo que pretende deixar os Trabalhadores nas mãos nem sempre limpas de Sindicalistas, tendo que negociar direto com o Leão, digo **PATRÃO**; diminuir o Intervalo para descanso e **REFEIÇÃO**; fatiar as Férias; tornar Todo Trabalho parcial e **TEMPORÁRIO**, diminuindo Benefícios e **SALÁRIO**; beneficia apenas o Escravocrata, travestido de **EMPRESÁRIO**."

1239. "Observamos recentemente um Governante a Pelé se **COMPARAR**. É muita Humildade a quem, em quase uma década, as Mazelas da Saúde, Transporte, Moradia e Educação não conseguiu **SOLUCIONAR**. Kkkkk."

PUBLICADAS EM 16/7/2017

1240. "Aos puxa-sacos do Ilustre Dorival, como explicam a melhora do Peixe com sua saída? De qualquer forma, obrigado, Dorival, e até nunca Mais, por favor, leve consigo, seus queridinhos Renato e David Braz. Kkkkk."

1241. "As Cotas para os Afrodescendentes sequer os Governantes vêm cumprir. A exemplo, basta indagar: quantos Ministros afros temos no Poder? Pensando bem, com tanta Safadeza e **CORRUPÇÃO**, não fazer parte dessa imundice é um livramento, querido **IRMÃO**. Kkkkk."

1242. "Elencos qualificados como do Palmeiras, Flamengo, Atlético, Santos e outros, deveriam formar dois Quadros homogêneos, e colocá-los em Campo, de forma alternada, para ritmo, todos **ANGARIAR**. Não como sucede, em que 11 são agraciados para **JOGAR**, e os demais, para calejar o bumbum de tanto no banco **FICAR**. Kkk. Estão aí os excelentes Jailson, Vladimir, Hyoran, Clayton, Rafael Longuine, Yuri, Alisson etc., que não desmentem o que estou a **FALAR**. Kkkkk."

1243. ATENÇÃO!

    "Os Senadores, a Deputaiada e o Presidente, Acusado de **CORRUPÇÃO**, detonaram Direitos, Conquistas dos Trabalhadores, e Revitalizaram a **ESCRAVIDÃO**. Viva a Reforma Trabalhista dos Avarentos e Escravocratas da **NAÇÃO**! Kkkkk."

1244. "O burro do invejoso, ao invés de Conhecimentos com os Competentes **ANGARIAR**, vive procurando defeitos neles, para o veneno da língua **EXALAR**. Kkkkk."

1245. "Passou da hora do Povo **ACORDAR**, esquecer um pouco o Futebol, as Novelas, e começar, com vigor, os Corruptos **REPUDIAR**. É inacreditável que venham as Conquistas Sociais **VIOLAR**, e como Bananas culminemos por **ACEITAR**. Kkkkk."

1246. "Por que o Ilustre Tite não outorga Oportunidade Séria aos seguintes Jogadores: Cássio (Vanderlei), Tchê Tchê (Marcos Rocha), Réver, Geromel, Guilherme Arana, Gabriel (Thiago

Maia), Oscar, Diego (Gustavo Scarpa), Luan (Keno), Thiago Neves (Camilo), Éverton Ribeiro (Rafael Sóbis)? Será que seus queridinhos conseguiriam vencer essa Seleção de Renegados? Kkkkk."

PUBLICADAS EM 21/7/2017

1247. "Aqueles que se incomodam quando o Racismo e a vergonhosa Escravidão culminamos por **REPUDIAR**, devem Amor no Coração **CULTIVAR**. Kkkkk."

1248. "Aqui, o Presidente controla os Políticos com Cargos e Emenda **PARLAMENTAR**. Nomeia quem prefere, para o **ACUSAR**, bem como Ministros que poderão o **JULGAR**. Recebe Corruptos na Calada da Noite, para os **ABENÇOAR**. Kkkkk. Quem tem dúvidas que tudo em Pizza irá **ACABAR**? Kkkkk."

1249. "Jesus, que era Santo, Puro e Verdadeiro, com apenas 33 anos, sua presença carnal agraciou o Mundo **INTEIRO**. Assim, temos que compreender e aceitar que nós e tudo nessa Vida é **PASSAGEIRO**."

1250. "Muitos Governantes, além da Exploração dos Impostos, beliscam Propinas dos Empresários da **NAÇÃO**. Em contrapartida lhes agraciam com Escravos e não Operários, a Safadeza da Modernização Trabalhista não desmente o que falo, querido **IRMÃO**."

1251. "Não adianta alimentos finos, de primeira linha, para quem nunca entrou na Cozinha **DISPONIBILIZAR**. Certamente, a comida ficará horrível e difícil de **DEGUSTAR**. Kkkkk."

1252. "O Magistrado que não se importa em Saber a **VERDADE**, está na Profissão Errada, sem **MALDADE**. Kkkkk."

1253. "Quando Jogadores Habilidosos como Bruno Henrique, Vitor Bueno, Lucas Lima, Keno, Ganso, Geuvânio e outros vierem adquirir a Fome de as Redes **BALANÇAR**, indubitavelmente, no Cenário Futebolístico, aos Maiores irão se **EQUIPARAR**. Atacantes devem outorgar Assistências e Gols **ANOTAR**, não gastar energia correndo atrás de Laterais para **MARCAR**. Kkkkk."

PUBLICADAS EM 28/7/2017

1254. "É ridículo Jogadores que ganham verdadeiras Fábulas não saibam com ambas as pernas **FINALIZAR**. Isto apenas comprova que alguns Treinadores, ao invés dos Atacantes em todas as Espécies de Finalizações **APRIMORAR**, ficam os compelindo a gastar energia para Laterais **MARCAR**. É muita Sapiência a **IMPERAR**. Kkkkk."

1255. "É uma vergonha ver um Árbitro, por falta de Estrutura Tecnológica, erros clamorosos **PERPETRAR**. É vergonhoso ver irresponsáveis os Esportes às drogas **ASSOCIAR**. Até quando os Dignos Dirigentes Desportivos serão coniventes ou comparsas desses sábios que tais fatos vivem a **PRATICAR**? Kkkkk."

1256. "Nenhum Rato, o dedo para o Outro irá **APONTAR**. Em outras palavras, um Corrupto, de forma alguma, o Outro virá **CONDENAR**. Quem tem dúvidas que no Brasil tudo em Pizza irá **TERMINAR**? Kkkkk."

1257. "O Governante que literalmente compra com Emendas e Cargos os Parlamentares, escolhe quem poderá o Acusar e Julgar, viola e reduz o Direito do **TRABALHADOR**, é pecado chamá-lo de **DITADOR**? Kkkkk."

1258. "Os Assassinos do Trânsito no Brasil continuam impunemente a **MATAR**. Enquanto isso, continuamos a gastar uma fortuna para sustentar Parlamentares Inoperantes, que só fazem Leis para eles mesmos **BENEFICIAR**. Parlamento Voluntário Já! E as verbas que gastamos, inutilmente, com essa raça sejam destinadas para o Descalabro na Saúde Pública **EXTERMINAR**."

1259. "Pensar culmina por os Chifres **ESQUENTAR**, razão pela qual a Maioria com Vídeos Idiotas prefere o bico **RACHAR**. Kkkkk."

1260. "Quais são os Verdadeiros Culpados pelas **MAZELAS SOCIAIS**, os Políticos, Governantes, ou nós que aceitamos tudo, como Bananas, como **ANIMAIS**? Kkkkk."

PUBLICADAS EM 4/8/2017

1261. "Aqueles que não gostam de muito **FAZER**, cobram demais de quem não ostenta Tempo a **PERDER**. Kkkkk."

1262. "Já que o Dorival Jr. não sabe sem os queridinhos Renato, David Braz e Ricardo Oliveira fazer um Time **JOGAR**. O Santos deveria agradecer os préstimos dos referidos Atletas e pelo Cueva e Lucas Pratto vir os **TROCAR**. Sem dúvidas, com as Assistências do Cueva e Lucas Lima, e a fome de Gols do Prato, ou seja, com o Trio CU - LU - LU, kkkkk, a Libertadores conseguiremos **BELISCAR**."

1263. "Não precisaria ser Profeta para adivinhar a Decisão da Ilustre **DEPUTAIADA**. Seja o caso que for, mormente se falando na saudável Corrupção, havendo Cascalho, Mensalão, Cargos e Benefícios, tudo acaba em **MARMELADA**. Kkkkk."

1264. "Quando Jesus Cristo, como Primeiro Milagre, fez Água em Vinho se **TRANSFORMAR**, foi um Sinal que seu Sangue no Final derramaria, para nossas Almas **SALVAR**. Pena que um Nobre Bispo Evangélico tenha usado o bumbum, ao invés do cérebro, para tal Mistério **COMENTAR**. Kkkkk."

1265. "Quantas famílias e crianças da Miséria poder-se-ia do Mundo **SALVAR**, com a fortuna que gastaram na compra do **NEYMAR**?"

1266. "Sem Estudar o Assunto e usando **TRANQUEIRA**, nunca conseguirás fazer Nada de **PRIMEIRA**. Kkkkk."

1267. "Um sujeito que, sabiamente, kkkkk, profere que Tapa na Cara de Ser Humano por Jogo poderá desfechar. Que propaga Voto a Racista, que, entre outras idiotices, ofendeu Colega, dizendo que não merecia ser **ESTUPRADA**, o final não poderia ser outro, a não ser ter a bunda **CHUTADA**. Kkkkk."

PUBLICADAS EM 11.08.2017

1268. "A Reforma Política que o Povo almeja é não ter que com Vereador, Deputado e Senador nenhum tostão **GASTAR**. E mais, as verbas que desperdiçamos inutilmente com essa raça sejam destinadas para a Carnificina na Saúde **EXTERMINAR**. Parlamento Voluntário Já!"

1269. "Assistindo ao Jogo do Santos e Atlético Paranaense, tive a grata satisfação de não ver a Gloriosa Emissora FOX SPORTS veicular nenhuma propaganda da perniciosa droga denominada Bebida **ALCOÓLICA**. Para o bem-estar de nossa Juventude, essa atitude é **HISTÓRICA**."

1270. "Com tanta gente passando Fome, é inaceitável venham, Ovos, ainda que Podres, em Políticos iguais arremessar. Kkkkk."

1271. "O Ministério Público, 'data vênia', deveria **INTIMAR**, entre outros, a Ilustre Autora de Novelas Glória Perez para esclarecer: Por que não outorga aos Afrodescendentes espaço igualitário aos irmãos brancos? Por que nenhum de seus Protagonistas é Afrodescendente? Até quando, o Racismo e o Preconceito teremos que **SUPORTAR**?"

1272. "Os Excelentes Elencos do Flamengo, Atlético e Palmeiras, eliminados da Libertadores, demonstram, com todo respeito, que não temos Técnicos preparados para Atletas de Ponta **COMANDAR**. Quiçá, por tais motivos, apenas em Países apedeutas na Arte Futebolística conseguem se **EMPREGAR**. Kkkkk."

1273. "Para que Direitos não venham ser **VIOLADOS** e, por conseguinte, os anseios da Sociedade por Justiça sejam **SALVAGUARDADOS**, é crucial o Mister dos **ADVOGADOS**."

1274. "Se os Presidentes da Coreia do Norte e dos Estados Unidos almejam Força, Fúria e Fogo ao Mundo **DEMONSTRAR**, sugiro que agendem uma data para, dentro de um Ringue, as duas possam se morder, e carícias virem **TROCAR**. Kkkkk."

PUBLICADAS EM 18/8/2017

1275. "Aprenda seus Sentimentos **DOMINAR**, pois, em Hipótese Adversa, para o Abismo poderão o **LANÇAR**."

1276. "É inaceitável que num País onde em Hospitais Públicos não é raro Médicos por falta de infraestrutura serem compelidos a escolher que Vida **SALVAR**, continuemos a gastar fábulas para Parlamentares Inoperantes **ENGORDAR**. E agora, almejam quase 4 bilhões para supostamente na Eleição **TORRAR**. Até quando essa safadeza teremos que **AGUENTAR**? Parlamento Voluntário Já! E as verbas que gastamos inutilmente com essa raça sejam destinadas para Carnificina na Saúde Pública **EXTERMINAR**."

1277. "Nos Estados Unidos, os racistas saem às ruas para suas imbecilidades **EXPLICITAR**. Aqui no Brasil, de forma camuflada, mas nítida, continuam os Negros, Afrodescendentes a **HUMILHAR E EXECRAR**. Estão aí a Mídia e os Três Poderes, nos quais inexistem Protagonistas de nossa Raça, não desmentindo meu **BRADAR**."

1278. "O Derramamento de Sangue Inocente só faz o Ódio **AVULTAR**. Nesse aspecto, os Terroristas deveriam refletir e **PENSAR**, pois suas Insanidades não levarão a nenhum **LUGAR**."

1279. "O Membro do Supremo Tribunal Federal que beneficia amigos, ao invés de se declarar Suspeito, envergonhando, levando ao descrédito o Poder Judiciário, não merece Punição? Os Supremos seriam Seres acima da Lei? Com a palavra o Conselho Nacional de Justiça."

1280. "Será que Ederson, Fagner, Rodrigo Caio, Marquinhos, Filipe Luís, Casemiro, Fernandinho, Paulinho, Giuliano, Taison e Firmino conseguiriam uma Copa do Mundo **GANHAR**? Esses Atletas de fato estariam entre os 23 Melhores para nosso País **REPRESENTAR**? Se a Seleção é Brasileira, a Opinião do Povo não deveriam **ACATAR**? Até quando Convocações Esquisitas teremos que **TOLERAR**?"

1281. "Um equívoco não vem outro **JUSTIFICAR**. Procure apenas o Caminho Certo **TRILHAR**."

PUBLICADAS EM 25/8/2017

1282. "Incrível, mas alguns que julgam os Afrodescendentes apenas servem para fazer Papéis Irrelevantes ou de **BANDIDÃO**, já padeceram na mão de Brancos Desvirtuados e até Galã de **TELEVISÃO**. Quiçá seja o retorno pelo Racismo e Preconceito que carregam no **CORAÇÃO**."

1283. "Não é a Operação Kata Rato a culpada pela Crise Econômica do País, mas sim os Vermes da **CORRUPÇÃO**, que despudoradamente saqueiam os Cofres Públicos da **NAÇÃO**."

1284. "O Barcelona, no Sistema da Seleção de 1970, veio se **INSPIRAR**, assim tudo culminou por **BELISCAR**. Enquanto isso, Sábios, reverenciados pela Mídia, o Sistema Antifutebol aqui estão a **IMPLANTAR**. Por tais motivos, a Seleção e quase nenhum Time Brasileiro sentimos deleite em ver **JOGAR**."

1285. "O Governante que as Obras do Antecessor deixa **DETERIORAR**, e os Acertos procura **MODIFICAR**, não obstante a Sabedoria e Proficiência, deve **RENUNCIAR**. Kkkkk."

1286. "O Médico exerce a Missão Sacrossanta de Vidas **SALVAR**. Portanto, deve exigir Local de Excelência para seu Mister Divino **EXECUTAR**. É inaceitável que seja omisso, se acovarde, diante do Genocídio que Governantes Sacripantas contra os Pobres vivem a **PERPETRAR**."

1287. "Quando ouço alguns Corruptos alegando **INOCÊNCIA**, diante da Culpabilidade não estar oculta, mas em plena **EVIDÊNCIA**, não tenho dúvidas, pensam que os Magistrados e o Povo padecem de **DEMÊNCIA**. Kkkkk."

1288. "Um País onde Governantes nomeiam Amigos para Tribunais do Poder do Judiciário **OCUPAR**, outorga benesses ao Parlamento para **ATUAR**, poder-se-ia de Democracia **CHAMAR**? Ditadura Enrustida, nessa hipótese, melhor não iria se **AMOLDAR**?"

PUBLICADAS EM 1/9/2017

1289. "Ao invés de viver a mão de Padre a **BEIJAR**, dar a cabeça para Pastor **BALANÇAR**, kkkkk, pagar o Dízimo, vindo necessidade **PASSAR**. Experimente elevar o Pensamento em Oração, se mereceres, o Pai vai te **AJUDAR**."
1290. "Deixe a preguiça ficar na **HISTÓRIA**. Levante o rabo do sofá, saia do ócio, dos vícios, rumo à **VITÓRIA**."
1291. "Não outorgue chance para o **AZAR**, senão na próxima esquina de Vítima poderão o **CHAMAR**."
1292. "Os Ilustres Donald Trump e Kim Jong-un devem se unir e decretar Guerra contra a Fome, Miséria, as Mazelas da **HUMANIDADE**. Enfim, parem de mostrar ao Mundo o que possuem na cabeça, pura **INSANIDADE**. Kkkkk."
1293. "Quando o Juiz se esforça para sua Decisão **JUSTIFICAR**, algo de podre no Paraíso veio **REINAR**. Kkkkk."
1294. Se na sua Casa a Escuridão vive a **REINAR**, crie vergonha na cara e trate da Conta de Luz **PAGAR**. Kkkkk."

PUBLICADAS EM 8/9/2017

1295. "Não há que se falar em **INDEPENDÊNCIA**, um Povo governado por Corruptos, com a Mente Podre de Ganância e **DEMÊNCIA**. Kkkkk."
1296. "Não se curve tampouco se intimide com Superior Hierárquico **TRANSLOUCADO**. Enfim, não obedeça às Ordens de Insano e **SAFADO**."
1297. "Por mais tenebrosa seja a Tempestade, agradeça, pois a mesma poderá piorar. Kkkkk."
1298. "Preste **ATENÇÃO**, com os Cornos Quentes, kkkkk, em nada obterás **SOLUÇÃO**."
1299. "Quem ostenta Objetivo a **ALCANÇAR**, o Caminho se torna mais suave para **TRILHAR**."
1300. "Se tem uma coisa que causa imensurável júbilo, é ligar a Televisão e ver em Propaganda Eleitoral uns Ratos vindo dos outros **FALAR**, todos loucos para o queijo **DEGUSTAR**. Kkkkk."

PUBLICADAS EM 15/9/2017

1301. "Ao Proficiente e Estrênuo Procurador-Geral Rodrigo Janot, nossas Congratulações pelos Relevantes Serviços Prestados à **SOCIEDADE**. Aqueles que o atacam, indubitavelmente são filhotes do Chifrudo, ostentam o coração eivado de **MALDADE**. Que Deus o abençoe, lhe outorgue Saúde e **FELICIDADE**."

1302. "Essa noite tive um sonho **HORROROSO**, tratava-se de um inusitado triangulo **AMOROSO**. Sonhei que os Líderes Religiosos Edir Macedo, Silas Malafaia e Valdemiro Santiago trocavam salivas de modo **ASQUEROSO**. Foi quando o Santo Papinha Francisco chegou e exclamou: nossa que romance **GOSTOSO**. Kkkkk."

1303. "Mulheres, enquanto os Homens Vergonha na Cara não vêm **TOMAR**, cuidem de sua integridade física **PRESERVAR**. Não usem vestimentas extravagantes em qualquer **LUGAR**, evitem bebidas alcoólicas e outras drogas, nem **PENSAR**."

1304. "Procure não viver **ESTRESSADO**, para tal, busque local e convívio de Pessoas de Bem, onde és **RESPEITADO**."

1305. "Quando uma Besta abre a matraca para asneira **DIZER** e sua Turma com o rabo entre as pernas abaixa a cabeça sem o **REPREENDER**, é porque tem algo de podre a **TEMER**. Kkkkk."

1306. "Quem da droga vem **VIVER**, em razão dela culminará por **PADECER**."

1307. "Quem vive Paladinos da Justiça **ATACAR**, é porque tem o Rabo Preso, Medo da Abóbora em sua cabeça **ARREBENTAR**. Kkkkk."

PUBLICADAS EM 22/9/2017

1308. "Amor, só o **BILATERAL**. O **UNILATERAL** que vá para Casa do **ESCAMBAL**. Kkkkk."

1309. "Com o passamento de Paulo Silvino, Jerry Lewis e Luiz **MELODIA**, o Céu foi agraciado com Abundante **POESIA**. Para Apresentação do Incomparável Show, São Pedro requisitou Marcelo Rezende, para outorgar uma Pitada de Seriedade em tanta **ALEGRIA**."

1310. "Há que se angariar Conhecimentos, ter abundante Paciência e **SABEDORIA**, de modo que passemos com maior suavidade as agruras do **DIA A DIA**."

1311. "Não é porque erraram, não colocando o Árbitro de Vídeo autorizado pela FIFA, desde o início dos Campeonatos, que se justifica a continuidade da Idiotice. Peço perdão ao bichinho, mas aos Burros que vierem **DISCORDAR**, três palavrinhas: vão se **LASCAR**. Kkkkk."

1312. "Se o Gol do Jô, nitidamente com o **BRAÇÃO**, o Tribunal Desportivo não ostenta Poder de **ANULAÇÃO**, melhor fechar as portas, para a Justiça não ser Sede de **GOZAÇÃO**. Kkkkk."

1313. "Sinceramente, rogo a Deus para que ao Milton Neves, Ratinho e Neymar venha outorgar **PERDÃO**. Digo isto porque os referidos Astros, vendendo e propagando droga, qual seja, a maléfica bebida alcoólica, na Mídia, indubitavelmente tem contribuído para Avultar o Vício entre a Juventude de nossa **NAÇÃO**."

PUBLICADAS EM 29/9/2017

1314. "Aqueles que seus Erros não vêm **APONTAR**, indubitavelmente Amor por Ti não vem **OSTENTAR**."

1315. "É temerário em Partidos Políticos vires se filiar. Com tantas Falcatruas que rotineiramente vemos nos **NOTICIÁRIOS**, podes estar adentrando numa Organização Criminosa, recheada de Vermes **ORDINÁRIOS**."

1316. "Não adianta a OAB e o Ministério Público, em Corruptos Poderosos, Acusada virem **DESFECHAR**. É óbvio que seus Comparsas com o Bolso Cheio hão de Temer, kkkkk, e levar as Denúncias ao banheiro, para que no bumbum possam **DESFRUTAR**. Kkkkk."

1317. "Quem se alegra com o infortúnio de um **IRMÃO**, é digno de Deus agraciar sua Alma com a **SALVAÇÃO**?"

1318. "Se nenhum Veículo com velocidade acima de cinquenta por hora pudesse **TRAFEGAR**, indubitavelmente a Carnificina nas Estradas começaríamos a **EXTERMINAR**. Contudo, além da Impunidade, existem idiotas que propagam, estimulam a todos virem **ACELERAR**. Kkkkk."

1319. "Técnicos de Futebol que não sabem o Elenco **UTILIZAR**, merecem auferir a Fortuna que vêm **BELISCAR**? Os Dirigentes que deixam seus Jogadores **DESVALORIZAR**, de Bananas seria pecado os **CHAMAR**? Kkkkk."

PUBLICADAS EM 6/10/2017

1320. "A Reforma Política necessária consiste no Fim do Pagamento de Salário, e todas as Verbas destinadas aos Vereadores, Deputados e Senadores da **NAÇÃO**. O dinheiro que gastamos, inutilmente, com Parasitas, Inoperantes, deve ser destinado ao Fim das Mazelas que assolam a **POPULAÇÃO**."

1321. "É fácil Afeto e Dedicação dos Outros **COBRAR**, difícil é tais Sentimentos **DISPONIBILIZAR**."

1322. "Qualquer Besta sabe, quanto Maior a Velocidade dos Veículos, mais graves os Acidentes culminam **SER**. Ainda assim, alguns Governantes Insanos agraciam os Assassinos do Trânsito com o direito de mais **CORRER**."

1323. "Quero enaltecer a Criatividade dos Autores Dramáticos de Cinema e **TELEVISÃO**. Digo isto porque só empregam Atores Afrodescendentes, quando falam sobre Criminalidade e **ESCRAVIDÃO**. Kkkkk."

1324. "São em vão os Esforços para **AGRADAR** aqueles que, envenenados, almejam te **ESTREPAR**. O ideal é essa raça **DESPREZAR**. Kkkkk."

1325. "Todo Governante que carrega nas costas Ratos, Vermes para o **PODER**, a mesma punição deles devem **PADECER**. Isto porque foram negligentes, coniventes e sem dúvidas, de forma enrustida, gostoso quinhão vieram **MORDER**. Kkkkk."

PUBLICADAS EM 13/10/2017

1326. "Garotas, não sigam o Exemplo dessas Artistas que vivem o Rabo Desnudo na Mídia a **EXPOSICIONAR**. Elas só andam com Seguranças, e nas Periferias, em Locais Ermos, nem em Pensamento almejam **TRAFEGAR**. Kkkkk."

1327. "Lamentavelmente, ganham uma Miséria, são Desvalorizados, Desrespeitados, e não obstante todas as intempéries, Juízes, Médicos, Engenheiros, Advogados, Atores, enfim, todas as demais Profissões vivem a **FORMAR**. Assim, por exercerem Verdadeiro Sacerdócio a todas as Professoras(es) devemos **REVERENCIAR**."

1328. "O Bom Zagueiro há de possuir Boa Estatura, ter Categoria, Habilidade, Raça e gostar de **MARCAR**. Assim, Oscar, Mozer, Aldair, Márcio Santos, a exemplo, vimos **JOGAR**. Mas tem Sábios que preferem Chorão, Baixinhos, Estabanados **ESCALAR**. Nada como do Afeto Enrustido do Treinador o Jogador sempre **DESFRUTAR**. Kkkkk."

1329. "O Supremo Tribunal Federal, que lamentavelmente Lavou as Mãos, deixando que continue a Propaganda da Manguaça nossa Juventude **VICIAR**, agora faz o mesmo com a Organização Criminosa que os Cofres Públicos vive a **SAQUEAR**. De sorte que só nos resta aos Ilustres Drs. Cármen Lúcia, Marco Aurélio, Dias Toffoli, Ricardo Lewandowski, Alexandre de Moraes e Gilmar Mendes, de forma candente, nossos Parabéns **REGISTRAR**. Kkkkk."

1330. "Os Pseudoartistas que julgam Tudo é Arte, que Tudo podem Falar e **FAZER**, não lamentem quando a Justiça com o Rigor da Lei venha os Punir e **REPREENDER**. Inexistiria necessidade de Censura, se todos com Bom Senso viessem **VIVER**."

1331. "Todo Santo Dia, Nossa Senhora e nossas Crianças devemos **REVERENCIAR**. Sem a Proteção Divina da Primeira e a Presença das Últimas, não há que em Futuro **FALAR**."

PUBLICADAS EM 20/10/2017

1332. "Com a Corte Superior sendo formada por Políticos Interesseiros, muitos atolados na Lama da **CORRUPÇÃO**. É certo que a Operação Kata Rato, no final, acabará em Pizza, e a Justiça continuará sendo alvo de Descrédito e **GOZAÇÃO**."

1333. "Com tantos Safardanas almejando a Presidência **BELISCAR**, vos digo: É melhor na Data da Eleição ficarmos em Casa, para que nunca mais possam se **CANDIDATAR**."

1334. "Espero que os Escritores, Diretores, enfim, Mandachuvas da Dramaturgia tenham **A FORÇA DO QUERER** para Escravocratas e Racistas deixarem de **SER**. Kkkkk."

1335. "Fizeram Reforma Trabalhista que só beneficiou o **PATRÃO**. Almejam facilitar a **ESCRAVIDÃO**. Até quando como Carneiros no Pasto suportaremos Vermes e Ratos ditando nossa **DIREÇÃO**?"

1336. "Os Políticos e seus Familiares deveriam ser compelidos a Todos os Serviços Públicos **UTILIZAR**. Se assim fosse, quiçá criassem Pudor, e Préstimos de Excelência ao Povo viriam **DISPONIBILIZAR**."

1337. "Quão Bom Seria um Mundo Sem Armas, e os Seres Humanos o próximo, como a si mesmos, viessem **AMAR**. Foi assim exatamente que JESUS CRISTO veio nos **ENSINAR**."

PUBLICADAS EM 27/10/2017

1338. "Esses que vivem o Mal a **PROPAGAR**, tomem Cuidado! Mais cedo ou mais tarde, o Boi Zebú seu quinhão virá **BUSCAR**. E mais, Inocentes pelos Pecadores poderão **PAGAR**."

1339. "Gente Estressada, **ANSIOSA** deixa a Outra **NERVOSA**. Kkkkk."

1340. "Na novela Pega Pega, o Marcos Caruso várias atrizes já veio **BELISCAR**. Enquanto isso, o Milton Gonçalves não pega ninguém, kkkkk, e só humilhações vive a **SUPORTAR**.

Até quando esses Escravocratas, Racistas a Igualdade de Direitos dos Afrodescendentes IMPUNEMENTE continuarão a **VIOLAR**?"

1341. "Nunca visualizei Ratos virem outros **CAÇAR**. Kkkkk. Preferem o mesmo Queijo **COMPARTILHAR**. Qualquer semelhança com nossos Políticos não tem nada a ver com o que estou a **FALAR**. Kkkkk."

1342. "Procure na Vida sempre **EVOLUIR**. Quem não for burro, irá **CONSEGUIR**. Kkkkk."

PUBLICADAS EM 3/11/2017

1343. "A Competência que vejo muitos Políticos Safardanas **VOCIFERAR**, quiçá seja em razão da virtude que ostentam de impunemente Verbas Públicas virem **BELISCAR**. Kkkkk."

1344. "Àqueles que, tais como Marionetes, vem pela Vida **PASSAR**, piedade devemos os **DISPONIBILIZAR**. Kkkkk."

1345. "O bom Meia e Atacante consiste no Habilidoso que outorga Assistências e Gols vem **ANOTAR**. Contudo, com o perdão do útil bichinho, kkkkk, tem burros insistindo que os Avantes percam a potência de **FINALIZAR**, correndo atrás de Laterais para **MARCAR**. Kkkkk."

1346. "Olho para o Pasto e vejo um Bando de Gado, com a cabeça abaixada, degustando **CAPIM**. Olho o Brasil e vejo meu Povo exatamente **ASSIM**. Kkkkk."

1347. "Procure com Paciência a Todos, inclusive os idiotas, **ESCUTAR**, de modo que suas Insanidades não venhas **PERPETRAR**. Kkkkk."

1348. "Vergonhosamente, nas beiras dos Campos de Futebol, onde nossas Crianças e a Juventude vão **TREINAR**, e vivem por seus Times a **VIBRAR**, avarentos vem a droga denominada bebida alcoólica **PROPAGAR**. Até quando essa safadeza teremos que **TOLERAR**?"

PUBLICADAS EM 11/11/2017

1349. "Controle sua Boca, procure Ouvir o Cérebro antes de Falar. Kkkkk."

1350. "Os Ilustres Ratinho e Neymar continuam propagando a maléfica droga denominada Bebida Alcoólica na **TELEVISÃO**, ganhando Verbas oriundas de coisa que tantas Desgraças traz à **POPULAÇÃO**. Por tais motivos, só nos resta Parabenizar estes Ícones da **NAÇÃO**. Kkkkk."

1351. "Os Negros foram cassados em sua Terra Natal, e escravizados durante quase 400 anos aqui no Brasil. O Preconceito e o Racismo continuam a todo **VAPOR**. E ainda tem idiotas que procuram suavizar o holocausto havido, tanto **HORROR**. Queridos Escravocratas, vão se lascar, com muito **AMOR**. Kkkkk."

1352. "Os Políticos e seus Familiares deveriam ser compelidos a Todos os Serviços Públicos **UTILIZAR**. Se assim fosse, quiçá criassem Pudor e Serviços de Excelência ao Povo viriam **DISPONIBILIZAR**."

1353. "Procure sempre agir com **INTELIGÊNCIA**. De nada ajudará a **VIOLÊNCIA**."

1354. "Quão Bom Seria não tivéssemos que nenhum tostão com Vereadores, Senadores e a Deputaiada **GASTAR**. Imaginem se essa fortuna jogada fora com essa raça fosse destinada para o Descalabro da Saúde Pública **EXTERMINAR**. Parlamento Voluntário Já!"

PUBLICADAS EM 17/11/2017

1355. "Almejaria francamente **ENTENDER** o que possuem na cabeça aqueles que vendendo e propagando Drogas culminam por Lucro com gosto de Sangue **OBTER**?"

1356. "Certas coisas parecem Verdadeira **GOZAÇÃO**, dentre elas observar Vermes da **CORRUPÇÃO** encenando choro e dizendo ser Vítima de ardilosa **ARMAÇÃO**. Kkkkk."

1357. "Nesse Mundo, Nada nos Pertence. Nada é Eterno. Tudo é Provisório."

1358. "Podes o Mundo com falácias **ENGANAR**, mas da Justiça Divina não há de **ESCAPAR**. E mais, Cuidado, pois como ensina o Livro Sagrado, Inocentes pelos Pecadores podem **PAGAR**."

1359. "Procure Estrutura, Conhecimento, Sabedoria, Força **ANGARIAR**, aí sim os Outros conseguirá **AUXILIAR**."

1360. "Usar a desculpa de Ser Jovem para perpetrar Insanidades é Ridículo. Pior ainda, quem envelhece e continua Igual. Kkkkk."

PUBLICADAS EM 24/11/2017

1361. "O Amor não consiste num Sentimento a ser imposto é **NATURAL**. O Amor independe de Tempo, Distância, tampouco Jeito de Ser e Modo de Viver, é **INCONDICIONAL**."

1362. "Por mais incrível venha parecer, Pessoas que padecem Preconceito e **DISCRIMINAÇÃO**, também mergulham nos mesmos Pecados, querido **IRMÃO**. A exemplo, Dramaturgos, Mulheres e Homossexuais, que, via de regra, consistem nos maiores Escravocratas, Racistas da **NAÇÃO**. Kkkkk."

1363. "Quem trabalha Oito Horas Diárias ou Mais, com 30 minutos de Intervalo e ganha Salário Mínimo, seria Pecado de Escravo Moderno virmos chamar? Kkkkk."

1364. "Quem Tratamento Igualitário a Desiguais vem **OUTORGAR**, Injustiça culmina por **PRATICAR**."

1365. "Se for para a Justiça apenas os Ricos e Poderosos Proteger e Agraciar, indubitavelmente do Poder Judiciário poderemos **ABDICAR**. O Dinheiro dos Abastados já lhes confere as Benesses que no Mundo vierem **ALMEJAR**. Melhor então, os Dispêndios com tal Poder virmos **ECONOMIZAR**. Kkkkk."

1366. "Se o INSS compelisse Grandes Bancos e Empresas suas Dívidas virem **QUITAR**, estaria na Penúria que supostamente vive a **ALEGAR**?"

PUBLICADAS EM 9/12/2017

1367. "Não seja Idiota, tenha Bom Senso, evite provocações e as feridas dos outros **CUTUCAR**. Como ensina o Dito **POPULAR**, o peixe pela boca culmina por se **LASCAR**. Kkkkk."

1368. "O Presidente em Exercício e o Congresso Nacional conseguiram os Direitos Trabalhistas **VILIPENDIAR**, o Acesso à Justiça do Trabalho **DIFICULTAR**. Agora, para **ARREMATAR**, o Trabalhador, para se **APOSENTAR**, mais cinco anos de INSS terá que **QUITAR**. E tem idiota que acredita almejam sua Vida **MELHORAR**. Kkkkk."

1369. "O Santos FC deveria o Modesto Roma, Elano, Renato, Ricardo Oliveira, David Braz, agradecer e para o Dorival Junior lhes **ENVIAR**. Kkkkk. E mais, com Três Contratações viáveis, o próximo Mundial conseguiremos **BELISCAR**, veja o Time: Vanderlei, Victor Ferraz, Lucas Veríssimo (Gustavo Henrique) Luis Felipe, Jean Mota, Alison, Matheus Jesus, Geuvânio ou Conca (Flamengo), Cazares (Atlético-MG), Copete (Walter) e Bruno Henrique. Se nada **MUDAR**, e essa panelinha no Peixe continuar a **REINAR**, mais um ano sem nada teremos que **CHUPAR**. Kkkkk."

1370. "Observando o Exíguo Espaço que os Afrodescendentes na Mídia, Três Poderes, Cargos expoentes na Sociedade vêm **OCUPAR**. Como ouvi uma besta **FALAR**, dá-se a impressão que estamos em Fase de Transição, pois faz Pouco Tempo que a Escravidão veio **ACABAR**. Kkkkk."

1371. "Saudade faz parte de nosso **DIA A DIA**. Contudo, devemos lembrar a Existência dos Nossos Entes Queridos que se foram também com **ALEGRIA**."

1372. "Se o Mar que pertence ao Planeta Terra, o Ser Humano a contento não conseguiu **EXPLORAR**. Quero ver alguém me convencer que na Lua conseguiu **ADENTRAR**. Kkkkk."

1373. "Terrorismo pratica o Governante cujo País: Sequer 50% da População consegue a Miséria do Salário Mínimo **GANHAR**; Genocídio nos Hospitais Públicos contra os Pobres vive a **PERPETRAR**; Os Direitos Trabalhistas vem **PRECARIZAR**; A Escravidão tentou **FACILITAR**; E a Aposentadoria pretende

EXTERMINAR. Graças a Deus, no Brasil, a Carapuça nos cornos de ninguém irá ENCAIXAR. Kkkkk."

PUBLICADAS EM 15/12/2017

1374. "Admiro as Mulheres que almejam votar num cidadão que aduz a própria colega não merecer ser estuprada. Admiro os Afrodescendentes, execrados em todos os Setores de nossa Sociedade, que pretendem votar num sujeito contrário às Cotas Raciais. Admiro os pertencentes à Comunidade LGBT que pensam em votar numa pessoa, de forma pública e notória, Homofóbica. Enfim, por essa Falta de Bom Senso, todos admiradores de gente dessa espécie devemos reverenciar. Kkkkk."
1375. "As Feras ninguém consegue DOMESTICAR. Entenderam ou preciso bestas RABISCAR? Kkkkk."
1376. "Na Mídia Racista, são poucos Afrodescendentes, Negros que Futebol vêm COMENTAR. A maioria vive os Goleiros Afros a EXECRAR. Nesse sentido, Felipe, Aranha, Jefferson, Muralha, Vladimir, Sidão e Barbosa não desmentem o que estou a FALAR. Contudo, o Pior Goleiro de todos os tempos, de nossa Seleção, é um Branquinho, que em duas Copas veio nos ENTERRAR, sendo que na última nos compeliu de 7 a 1, em Casa, da Alemanha, termos que CHUPAR. Kkkkk."
1377. "Os Ilustres Senadores e a Deputaiada aprovaram quase 2 bilhões dos Cofres Públicos para na Eleição virem TORRAR. Enquanto isso, nos Hospitais Públicos, Sem Médicos, Medicamentos, Infraestrutura, assistimos aos Governantes os Pobres MASSACRAR. Até quando essa safadeza inertes vamos TOLERAR?"
1378. "Será que, sem a Promiscuidade, Putaria, o Tráfico de Influência e a Sacrossanta Corrupção, alguém nesse País consegue Prosperar? Kkkkk."

1379. "Um País cujos Políticos no Dinheiro vivem a **NADAR** e o Povo na Miséria a **NAUFRAGAR**, indago: Seria Pecado um País de Sem-Vergonhas virmos **CHAMAR**? Kkkkk."

PUBLICADAS EM 23/12/2017

1380. "Mulheres não outorguem chance para o **AZAR**. A Lei Maria da Penha não as agracia com o direito de ofensas físicas e verbais contra ninguém **PERPETRAR**, kkkkk. Inteligência e Bom Senso em Primeiro **LUGAR**."

1381. "O rombo que para o Brasil é **FATAL**, indubitavelmente consiste em engordar, Vereador, Senador, a Deputaiada e suas corriolas sem obtermos nenhum benefício **LEGAL**. **PARLAMENTO VOLUNTARIO JÁ** e todo dia um **FELIZ ESPÍRITO DE NATAL**."

1382. "Os Mandachuvas dos Esportes, data vênia, teriam Moral de punir alguém, se permitem que Avarentos, Bandidos associem a perniciosa bebida alcoólica, a pior das drogas, ao futebol?"

1383. "Que o Peixe contrate Conca, Casares, Geovanio, Gustavo Scarpa, Walter e traga como Técnico Fernando **DINIZ**. Sendo assim, que jogue o Futebol Arte e deixe o torcedor **FELIZ**."

1384. "Todo sujeito que possui o rabo sujo é corrupto enrustido, seus comparsas tende a beneficiar e **DEFENDER**. E essa espécie perniciosa em todos os Poderes é fácil de **VER**. Aliás, Papai Noel como tais Vermes ninguém consegue **OBTER**. Kkkkk."

1385. "Tomara que **NOSSO SENHOR JESUS** outorgue aos Sacripantas do Poder um pouco de Amor ao Próximo, e a suas mentes obscuras uma fagulha de **LUZ**."

1386. "Vamos o Nascimento de **JESUS CELEBRAR,** tentando Amar o Próximo, como nós mesmos, da forma que veio ao Mundo nos **ENSINAR**."

PUBLICADAS EM 31/12/2017

1387. "Quantas famílias daria para **ALIMENTAR** com as Verbas dos Fogos de Artificio que nas Festividades, inutilmente, vemos **QUEIMAR**? Como um bom cachorro, para mim, essa idiotice poderia **FINDAR**. Kkkkk."

1388. "Que a Ignorância, como 2017, fique para sempre no **PASSADO**. Assim, nunca mais vejamos Guerras promulgadas, patrocinadas por um Bando de **SAFADO**. Kkkkk."

1389. "Que Deus, nosso Pai, derrame Chuvas de Bençãos sobre seu **POVO**. Que o Mundo Inteiro tenha um Maravilhoso FELIZ ANO **NOVO**."

1390. "Que não vejamos Artistas, tampouco a Imprensa, fazendo o Papel Ridículo de Marionetes aos anseios de Políticos e Pessoas Perniciosas."

1391. "Que nesse Ano de **ELEIÇÃO**, na referida data, Todos Fiquem em Casa, deixando esse Bando de Corruptos na **MÃO**. Kkkkk."

1392. "Que no Ano Vindouro, os Homofóbicos passem a sentir vontade de morder a fronha e o bumbum **ARREBITAR**, e as Esposas dos Racistas, com filhos afrodescendentes, venham os **AGRACIAR**. Kkkkk."

1393. "Que tenhamos um Ano Novo com as verbas e tudo que os invejosos, olhos gordos, julgam possuirmos. Kkkkk."

FRASES DE REYCK LOVIS - 2018

PUBLICADAS EM 12/1/2018

1394. "Aqueles que agraciam os Vermes da Corrupção com Benesse **VERGONHOSA**, indubitavelmente consistem em Chefes de ORGANIZAÇÃO **CRIMINOSA**."
1395. "É fácil as Insanidades, a culpa a outrem **OUTORGAR**. Difícil é da Safadeza se **CONSCIENTIZAR**, e Lutar para **MELHORAR**."
1396. "O Verdadeiro Deficiente consiste no Preguiçoso, que não Ostenta Ânimo, Coragem de na Vida, Honestamente, **LUTAR** para **PROSPERAR**."
1397. "Aos Avarentos que continuam a Propaganda da Maléfica Bebida Alcoólica na Mídia a **VEICULAR**, inclusive vindo tal droga aos Esportes **ASSOCIAR**, venho **ALERTAR**: Todo Sangue que for derramado, oriundo do Vício que vivem a **DISSEMINAR**, mais cedo ou mais tarde, das verbas que angariaram, o Boi Zebu seu quinhão virá **BUSCAR**. Cuidado, Inocentes pelos Pecadores poderão **PAGAR**."
1398. "Todos temos Obrigação de contra as Injustiças Sociais, de algum modo, **LUTAR**. Pense e comece esse Saudável Exercício **PRATICAR**."

PUBLICADAS EM 26/1/2018

1399. "Ao Ilustre Neymar Júnior, o Prêmio de Melhor do Mundo, já podemos **DISPONIBILIZAR**, em Melhor nossa Juventude na droga denominada bebida alcoólica **VICIAR**. Kkkkk. Por esse Desserviço, só nos resta, ao referido Astro, nossos Parabéns **REGISTRAR**. Kkkkk."

1400. "Com o Tempo que o Brasileiro passa **DESEMPREGADO**, aliado às Reformas asfixiantes do Trabalho e Previdenciária que o Povo tem **SUPORTADO**. O Tempo de obter Aposentadoria será uma linda lembrança do **PASSADO**. Kkkkk."

1401. "Muitos Comentaristas Desportistas deveriam pensar antes de insanidades **PROFERIR**. Kkkkk. Quiçá assim deixariam de ser Xenofóbicos e Racistas, cessando com a covardia de Jogadores Estrangeiros e os Goleiros Negros, Afrodescendentes, **PERSEGUIR**."

1402. "No Milionário Futebol Paulista, os benefícios da Tecnologia aos Árbitros, estranhamente, ainda não vieram **DISPONIBILIZAR**. Com isso, Gol legítimo do Santos e Pênalti claro em benefício do São Paulo não vieram **MARCAR**. Será que os Ilustres Dirigentes Desportivos almejam resultados **FABRICAR**? Kkkkk. Será que para essa raça a Justiça não deve **IMPERAR**? Kkkkk."

1403. "O Desleixo, Imprudência, Negligência e Omissão dos Governantes de Santa Maria e seus Prepostos, bem como dos Donos da Boate Kiss, deixaram patente que assumiram o Risco de **MATAR**. E assim sucedeu 242 Jovens culminaram por **ASSASSINAR**. Contudo, ao contrário do Símbolo, a Justiça arregala os olhos a quem vem **JULGAR**. Sendo assim, é certo, os Verdadeiros Criminosos, nesse Mundo, impunemente hão de se **SAFAR**. E tem idiota que acha ruim quando o Povo diz que a Justiça é excelente para Preto, Pobre e Puta **ESTREPAR**. Kkkkk."

1404. "Palmeiras, Cruzeiro e Flamengo consistem em Seleções, logo ostentam o dever dos mais importantes Campeonatos **BELISCAR**. Enquanto isso, o Peixe, com o Jair Ventura, David Braz e Renato, o mesmo que o Fogão no ano passado teremos que **CHUPAR**. Kkkkk."

1405. "Quando o Julgador não se curva à Corrupção, ao Tráfico de Influência, não tem o rabo preso, não deve Gratidão a Ninguém, por ter sido **NOMEADO**, dele, dificilmente veremos Decisório **TRANSLOUCADO**. Kkkkk."

PUBLICADAS EM 9/2/2018

1406. "Absurda a pretensão de Aumentar o Tempo de Contribuição Previdenciária para pagar a Mísera Aposentadoria que auferem os Pobres da **NAÇÃO**. Incrível que os Sacripantas, Ditadores, que almejam impor esse Sofrimento ao **POVÃO**, há muito, com Pomposas Aposentadorias engordam o fedorento **POPOSÃO**. Kkkkk."

1407. "Aqueles que não têm ânimo de com honradez **BATALHAR**, ostentam preguiça até de **PENSAR**, vos digo, no Futuro, no colo dos Preparados terão que o bumbum **REBOLAR**. Kkkkk."

1408. "Considerando que, infelizmente, Jogador de Futebol e Emissoras de TV continuam o Esporte, mormente o Futebol, à maléfica droga Bebida Alcoólica **ASSOCIAR**. Considerando que continuam a não **DISPONIBILIZAR**, aos Árbitros, as Benesses da Tecnologia para a Justiça **REINAR**. Indagamos: Será que os Dirigentes do Futebol, especialmente os Ilustres Integrantes da FIFA, de forma enrustida, com essas Safadezas estão a se **BENEFICIAR**? Ou são inúteis, que nada vêm **APITAR**? Kkkkk."

1409. "Deputados, caloteiros, condenados, e empresários, patrocinadores, **IGUAIS**, indubitavelmente consistem nos Ministros **IDEAIS**, para Governantes Corruptos e **IMORAIS**. Kkkkk"

1410. "Enquanto Inocentes, a todo instante, estão morrendo na Guerra Urbana, mormente no **RIO**, vemos Governantes, 'data vênia' Inúteis, só pensando em acabar com a Aposentadoria no **BRASIL**. Ah, vão pra ponte que **PARTIU**. Kkkkk."

1411. "Ilustre Jair Ventura, considerando que o Santos FC ostenta vários Torneios a **DISPUTAR**, indago: Os seguintes Jogadores, Vladimir, Daniel Guedes, Cleber, Gustavo Henrique, Caju, Matheus Jesus, Yuri, Vitor Bueno, Léo Cittadini, Rafael Longuine, Yuri Alberto e Rodrigo, terão Oportunidade Digna do Futebol **DEMONSTRAR**? Ou o Patrimônio do Clube, que consiste no Elenco de Jogadores, fazendo-os engordar o rabo no Banco, almeja **QUEIMAR**? Kkkkk."

1412. "Os Detentos que foram pilhados fazendo Churrasco na **PRISÃO**, tem que Criar Juízo, pois Carne Assada com **CARVÃO** faz um tremendo mal para o **PULMÃO**. Kkkkk."

1413. "Qualquer Tribunal cujos Integrantes ou alguns deles, com a Conivência dos Outros, se curvam ao Tráfico de Influência e a Sacrossanta **CORRUPÇÃO**, kkkkk, culmina por Enojar, Cair no Descrédito da **POPULAÇÃO**."

1414. "Um Governante que precariza o Direito do Trabalhador; almeja Acabar com a Aposentadoria; tenta Facilitar a **ESCRAVIDÃO**; recebe na calada da noite, apoia e orienta Herói da **CORRUPÇÃO**; inquestionavelmente, não consiste Santo, mas sim Discípulo do Chifrudo, na **NAÇÃO**. Kkkkk."

PUBLICADAS EM 2/3/2018

1415. "A exemplo do Árbitro de Vídeo, o Fim da Associação da Droga, denominada Bebida Alcoólica aos Esportes, agora temos o Fim do Preconceito, da Discriminação contra as Mulheres Narrarem Futebol. A quem não acreditava, essas são Bandeiras Vitoriosas Hasteadas por nós. Parabéns, Gloriosa FOX SPORTS, por aderir a mais uma IDEIA DO MACHÃO, REYCK LOVIS. Kkkkk."

1416. "Em vão, são os esforços no sentido de **AUXILIAR** aqueles preguiçosos que não ostentam Força e Inteligência para **PROSPERAR**. O Jeito é deixar esses idiotas se **LASCAR**. Kkkkk."

1417. "O Hospital Universitário está deixando a População Carente ao Deus dará, isto porque nossos Brilhantes Governantes não estão nem aí, pois tem o Albert Einstein e o Sírio-Libanês para suas Podridões Tratar."

1418. "Propagar, Associar a Imagem a Produtos Maléficos, que Viciam, Causam Desgraças à População, como a Bebida Alcoólica, traz um TREMENDO **AZAR**. A comprovar tal fato o infortúnio que sucedeu com **NEYMAR**."

1419. "Quando o Governante coloca seus Amigos no PODER JUDICIÁRIO, indubitavelmente é com intuito de se safar impune da Prática de ATOS ORDINÁRIOS. Kkkkk."

1420. "Quanto o Prefeito de São Paulo está gastando com a Mídia para suposta Reforma em Asfalto **PROPAGAR**? Será que não existe Prioridades para tais verbas **DESTINAR**? Essa Vultosa Propaganda não seria Campanha Eleitoral antecipada a **VEICULAR**?"

1421. "Se o Presidente do Santos FC confessasse que o Elenco de forma medíocre iria **REFORÇAR**, a Eleição não conseguiria **GANHAR**. E o pior, contrata um Treinador que protege alguns Queridinhos, como Renato e David Braz, e abdica Matheus Jesus, Luis Felipe, Gustavo Henrique, Rafael Longuine, Léo Cittadini, Rodrigo e **RODRIGÃO**. Por tais fatos, no Final da Temporada, teremos que chupar, querido **IRMÃO**. Kkkkk."

PUBLICADAS EM 12/3/2018

1422. "Dia da Mulher sempre devemos **CELEBRAR**. Os homens têm mais que se **LASCAR**. Kkkkk."

1423. "Inexiste Dinheiro que pague o Deleite da **LIBERDADE**. Portanto, Cabeçudo(a) não a coloque em risco perpetrando **INSANIDADE**. Kkkkk."

1424. "Já que o Ilustre Galvão Bueno agora narra Notícia **HOSPITALAR**, segue um Texto para que possa **BERRAR**. Kkkkk. Entra mais um infeliz no **SUS**, não tem Médicos, Medicamentos, Infraestrutura, se prepara para ABRAÇAR, firme, mais Um, querido **JESUS**. Kkkkk."

1425. "Jovem, quando mais vieres a **PRECISAR**, constatará que seus Pseudoamigos, irão **FALTAR**. Fato que não sucederá com aqueles que te colocaram no Mundo e até hoje, à custa deles, vives a **ENGORDAR**. Kkkkk."

1426. "O Dr. Michel Temer, para de Acusação se **SAFAR**, deve, ao invés de Lição, à Emoção da Procuradora-Geral da República do Brasil, Raquel Dodge, **APELAR**. Lembrar ser o Autor da Honrosa **NOMEAÇÃO** e pleitear a Justa **GRATIDÃO**. Kkkkk."

1427. "O Santos FC, que o Zagueiro preferido do Treinador é **ESTABANADO**, seu Meio-Campista preferido, joga de terno, não Marca, nem Ataca, só toca a Bola do **LADO**. Não pode reclamar de Time Pequeno ser **CHAMADO**. Contudo, se o Cidadão que tal fato proferiu, quiçá, não fosse um idiota, ficaria **CALADO**. Kkkkk."

1428. "Tivéssemos o Pudor do Povo do **ORIENTE**, muitos Corruptos do Poder já estariam no Cárcere, não lutando por Impunidade, querendo ser **PRESIDENTE**. Kkkkk."

PUBLICADAS EM 19/3/2018

1429. "A Ilustre Leila Pereira da Festejada CREFISA, 'data vênia', deve **DIVERSIFICAR**. Construa Hospitais com a infraestrutura do Albert Einstein e Sírio-Libanês, com Preços Populares, para Vidas **SALVAR**. Se assim proceder, a Torcida de todo Brasil, Vossa Excelência, de forma efusiva, irá **REVERENCIAR**."

1430. "Com a devida 'vênia', nos soa Hipocrisia o Técnico da Seleção Brasileira dizer ter Medo de Injustiça **PERPETRAR**, quando não outorgou Oportunidade Digna a Oscar, muito menos a Thiago Neves, Wanderley e Luan, enquanto Queridinhos Medíocres não cansa de **CONVOCAR**. Kkkkk."

1431. "Enquanto nossos Policiais e Jovens, levados pela Miséria, Marginalidade, estão cada vez mais se **MATANDO**. Felizmente nossos Políticos, ainda que, de forma inútil, cada vez mais, no Cascalho estão **NADANDO**. Kkkkk."

1432. "O Amor para mim **RELEVANTE** é aquele que Jesus ensinou, Amar o Próximo como a si mesmo, a todo **INSTANTE**."

1433. "O Feminino **APODERAMENTO** não pode e não deve ser confundido com Feminino **APODRECIMENTO**. Kkkkk."

1434. "Pouco importa que os Seres Humanos não lhe outorguem o devido **VALOR**. De valia é cumprires os Desígnios Divinos com **DESTEMOR**."

1435. "Aqueles que ostentam os Bolsos **RECHEADOS**, culminam por deixar os Autores a redigir, para si, Protagonistas muito mais **INSPIRADOS**. Kkkkk."

PUBLICADAS EM 26/3/2018

1436. "A denominação Caixa Dois que a Politicuputaiada, kkkkk, veio **CRIAR**, nada mais é que uma forma enrustida de Propinas, oriundas de Verbas Públicas, poderem impunemente **BELISCAR**. Kkkkk."

1437. "Com tantas mazelas a Céu aberto a nos **ENTRISTECER**. Sorte que existem mulheres que nos dão ânimo de **VIVER**. Kkkkk."

1438. "O Idiota que por Causa de Corrupto vem o Povo Brasileiro **OFENDER**, de quatro e degustando capim, seu bucho deveria **ENCHER**. Kkkkk."

1439. "O Ilustre Walcyr Carrasco, que, usando Modelos na novela O OUTRO LADO DO PARAÍSO, está a Vida em Puteiro **GLORIFICAR**, tem o Dever Legal e Moral de mostrar as Moléstias Malignas que essas pessoas culminam por se **INFECTAR**. Com isso, tal Desserviço à População virá **MINORAR**."

1440. "O Treinador medroso que deixa o Vinícius Júnior e o Geuvânio apenas vindo no banco o rabo a **ENGORDAR**, com todo respeito, no mínimo, precisa se **RECICLAR**. Kkkkk."

1441. "Quando os Governantes são Discípulos do **BOI ZEBU**, o Povo, mormente o Pobre, acaba sendo compelido a engolir apimentado **SUCO DE CAJU**. Kkkkk."

1442. "Sabendo seus Dons **APROVEITAR**, o Limite nunca há de **CHEGAR**."

PUBLICADAS EM 6/4/2018

1443. "A solução para o Mengão é o Renato Gaúcho **CONTRATAR**, pois diferente de alguns cabeçudos, kkkkk, sabe o Elenco **UTILIZAR**. E tem mais, será um desafio que contribuirá para o Crescimento do Ilustre Treinador, bem como primordial que esse Ciclo como Campeão no Glorioso Grêmio venha **ENCERRAR**. Por derradeiro, digo, Renato jogava mais que o Cristiano Ronaldo e o **NEYMAR**. A quem vier diferente **PENSAR**, três palavrinhas: vão se **LASCAR**. Kkkkk."

1444. "Almejaria saber se os queridinhos do Jair Ventura, dos Rejeitados, Vladimir, Victor Ferraz, Luis Felipe, Gustavo Henrique, Cleber, Caju, Yuri, Vecchio, Rafael Longuine, Calabres e Rodrigão, conseguiriam algum Jogo **GANHAR**? Sem maldade, estou com o saco cheio desses que pelo Habilidoso, mas APOSENTADO Renato e o Esforçado, mas ESTABANADO David Braz culminam por se **APAIXONAR**. Kkkkk. Sem a devida utilização do Elenco, nós, Santistas, continuaremos a **CHUPAR**. Kkkkk."

1445. "Martin Luther King Jr. sonhava e lutava para que a Igualdade entre Negros e Brancos viesse **REINAR**. Por tais motivos, em 4 de abril de 1968 vieram o **ASSASSINAR**. Passado meio Século, mormente no Brasil, os Afrodescendentes lamentavelmente ainda vivem das sobras que os Brancos culminam por **LANÇAR**. A abundância de Protagonistas de Novelas, Apresentadores de Televisão, Ministros do Supremo Tribunal Federal, Afrodescendentes atestam o que estou a **FALAR**. Kkkkk."

1446. "No Conceituado Teatro Escola Macunaíma, tivemos o privilégio do Ilustre Professor Zé Aires, como um verdadeiro Pai, nos conduzir aos Primeiros Passos **TRILHAR**. Grande Incentivador da Criatividade, disponibiliza com denodo, respaldo e orientação a todos alunos cujas Ideias necessitam **CONCATENAR**. Detentor de Imensurável Sapiência na Dramaturgia, nos outorgou um norte, e sacramentou, não permitíssemos que nosso labor viesse **DECLINAR**. Assim, a esse Fantástico Mestre, Diretor e Ator, pela Proficiência e Carinho, nossa ETERNA GRATIDÃO queremos **REGISTRAR**."

1447. "Os Gloriosos Palmeiras, Flamengo e Cruzeiro, pela quantidade e qualidade do Elenco, têm obrigação de Títulos Importantes **BELISCAR**. Se tal fato não suceder, com o perdão do útil bichinho, é pura burrice de Técnicos Especializados no Patrimônio do Clube, que consistem nos Jogadores perseguir e **QUEIMAR**. Kkkkk."

1448. "Presunção de Inocência de um Verme da **CORRUPÇÃO** que indubitavelmente Comandou Companheiros a Saquear os Cofres Públicos da **NAÇÃO**. É um pensamento "data vênia" oriundo de idiota ou quem tem o rabo sujo, preso, e belisca de forma enrustida pomposo **QUINHÃO**. Kkkkk."

1449. "Quando vejo, no The Voice Brasil Kids, Parente e Filha de Artistas Famosos concorrendo com Filhos de Desconhecidos e ninguém fala **NADA**, fica patente que no Final haverá gostosa **MARMELADA**. Kkkkk."

PUBLICADAS EM 14/4/2018

1455. "A Droga consiste no Refúgio do **FRACO**, mais cedo que pensa os micróbios irão degustar seu corpo podre e doente, inclusive a rosca, no fundo do **BURACO**. Kkkkk."

1451. "De início, ao Grandioso Santos Futebol Clube, pelos 106 anos, queremos **PARABENIZAR**. Contudo, usando como Moedas de Troca os festejados Zeca, David Braz e Renato, kkkkk, deve o Geuvânio, Ganso, Neilton e Camilo **CONTRATAR**. E mais, o filho do FURACÃO, dentre outros, deve outorgar Oportunidade Digna ao Rafael Longuine para seu Futebol **DEMONSTRAR**. Caso contrário, com esse futebolzinho medíocre, não restam dúvidas, no Final do Ano, sem Beliscar Nada, teremos que **CHUPAR**. Kkkkk."

1452. "Indubitavelmente, apenas Desocupados e Comissionados da POLITICÚPUTAIADA, kkkkk, ostentam Tempo para, de forma ridícula, por Verme da Corrupção Condenado vir fazer Vigília e **CHORAR**. A Lei é para Todos, quem deve tem que PAGAR. Depois das contas com a Justiça virem **ACERTAR**, os RATOS LIVRES na rua poderão queijo **DEGUSTAR**. Kkkkk."

1453. "No Glorioso Teatro Escola Macunaíma, quando compelido a **ENFRENTAR** sentimentos maléficos, tivemos o Júbilo de um verdadeiro Anjo afetuosamente nos **ABRAÇAR**. Sapiente na Arte Dramática e sob o Slogan **CRIAR DÓI**, tal Dádiva em todos os alunos aguça, molda e **CONSTRÓI**. Difícil encontrar tanta Excelência, quer nos Ensinamentos, quer na **DIREÇÃO**. Com Proficiência, cuida de seus Discípulos, distribuindo papéis, sem Racismo, Preconceitos e **DISCRIMINAÇÃO**. É óbvio que falo da Espetacular Mestra, Diretora e Atriz LÚCIA DE LÉLLIS MANSO, à qual registramos nossa Eterna **GRATIDÃO**."

1454. "O Brasil que Sonho para o **FUTURO** tem o Povo vivendo em Abundância, enquanto todo Político ganha Salário Mínimo, mora em Favela, usa o SUS, degusta **RAÇÃO**, é encoxado na **CONDUÇÃO**, vive sem dignidade e **DURO**. Kkkkk."

1455. "O Genocida Bashar al-Assad deve ser caçado, preso, processado e condenado, pelo Extermínio, Carnificina, Massacre que tem espalhado, há sete anos, entre sua **GENTE**. Lançar bombas sobre toda População **INOCENTE** da Síria é proceder daqueles que, como ele, possuem o Cérebro **DEMENTE**."

1456. "O Ilustre Neymar, depois que a Maldita Manguaça começou a **PROPAGAR**, veio sozinho, como um embriagado, se **ARREBENTAR**. E mais, todas as noites sua garota, grande atriz, na novela em Cenas Calientes é compelido **SUPORTAR**. Kkk. Portanto, cuidado, Associar a Imagem a Bebida Alcoólica traz muito **AZAR**."

PUBLICADAS EM 23/4/2018

1457. "A Federação Internacional de Futebol (FIFA) deve determinar que, em todos os Jogos Oficiais, os Árbitros desfrutem do Auxílio da **TECNOLOGIA**. É inaceitável, no Século XXI, assistirmos Fabricarem Resultados em **PLENA LUZ DO DIA**. Será que os Ilustres Integrantes da FIFA Não Apitam Nada, Acoitam, são Coniventes com essa Injustiça, Safadeza e **COVARDIA**? Kkkkk."

1458. "Consiste num absurdo o Fórum Trabalhista da Barra Funda não possuir Médico de Plantão para o Público, Advogados **SOCORRER**. Será com a Morosidade da Justiça, o Stress das Audiências, ainda movidas à vela, sem os Benefícios da Filmagem, Tecnologia, também almejam tirar o Sacrossanto Direito dos que padecem no Paraíso **VIVER**?"

1459. "Ele outorgou Oportunidade de um Personagem que nos empolgou, mas não entraria na História, sob sua Égide elaborarmos o Roteiro e **INTERPRETAR**. De Humildade e Sabedoria Dramatúrgica Ímpar, agraciava todos os Projetos que alunos vinham **APRESENTAR**. Distribuiu os Papéis, sem Racismo, Preconceito e **DISCRIMINAÇÃO**. Quem almejou foi Protagonista na **ENCENAÇÃO**. Incansável se esmerava para que os Pupilos, em todos os detalhes, pudessem seus Profícuos Ensinamentos **ASSIMILAR**. Assim, ao Brilhante Mestre, Diretor e Ator ANDRÉ HAIDAMUS, do RENOMADO TEATRO ESCOLA MACUNAÍMA, nossa ETERNA **GRATIDÃO** queremos **REGISTRAR**."

1460. "Ele Revolucionou a MÚSICA **BRASILEIRA**. Canta o Amor, sem leviandades e **BESTEIRA**. Canta Mensagens Divinas de forma **VERDADEIRA**. Canta Rock and Roll de Protesto, combateu a Droga, defendeu a **BALEIA**. Suas Canções com o **TREMENDÃO** Inspiram e Impulsionam Discípulos a Vida **INTEIRA**. Que Deus outorgue a sua Majestade, ROBERTO CARLOS, mais um Século de Vida, para que continue agraciando o Mundo com Obras-Primas, tais como JESUS CRISTO, TODOS ESTÃO SURDOS, ESSE CARA SOU EU e **SEREIA**. Parabéns, **ROBERTÃO**, Saúde, Sucesso, Sempre. DO FUNDO DO MEU **CORAÇÃO**."

1461. "Joaquim José da Silva Xavier (TIRADENTES), Vítima de Traição, em 21 de Abril de 1792, com apenas 45 anos, foi Executado na Forca, teve a Cabeça Arrancada, o Corpo Esquartejado, por Lutar pela Independência do Brasil. Em razão de Ser de Classe Social Menos Favorecida, foi o Único Condenado à Pena Capital. Passado todo esse lapso temporal, indago: A Justiça é a mesma para Ricos e Pobres? Somos de fato Independentes? Seriam os Vermes da **CORRUPÇÃO**, os Joaquins Silvérios dos Reis, os Verdadeiros Traidores do Povo, Soberano da **NAÇÃO**?"

1462. "Quando os Afrodescendentes obtiverem as mesmas Oportunidades e Direitos dos Irmãos Brancos, conforme determina a Carta Magna, não será necessário em Cotas Raciais **FALAR**. Contudo, enquanto tal benesse for apenas uma Letra Morta no Mandamento Legal, consiste em Egocentrismo, Injustiça, contra **PELEJAR**. Os Sábios que pensam de modo divergente, apontem, quantos Protagonistas Negros em todos os Setores da Sociedade conseguem **ENCONTRAR** e Equiparem com os Brancos a **REINAR**. Sugiro comecem a Pesquisa pelo Supremo Tribunal Federal, que ostenta a Missão da Constituição Federal **SALVAGUARDAR**. Kkkkk. Se lograrem Isonomia **CONSTATAR**, a Besta que vos fala irá se **CALAR**. Kkkkk."

PUBLICADAS EM 30/4/2018

1463. "ALGUÉM ME AVISOU, foi difícil **ACREDITAR** que a Rainha do Lindo SORRISO DE CRIANÇA, SORRISO NEGRO, que a todos agraciou, seguindo à risca o Slogan, NASCI PRA SONHAR E **CANTAR**, elaborando Obras de Arte, como SONHO MEU, ALVORECER, FORÇA DA IMAGINAÇÃO, etc. AGORA faz parte de nossas DOCES **RECORDAÇÕES**. Que DEUS receba DONA IVONE LARA em Excelente Lugar e acalente dos Fãs, Amigos e Entes Queridos, os **CORAÇÕES**."

1464. "Causa imensurável dissabor observar Jovens Talentos vindo, para os Vícios das Drogas, do Alcoolismo, a Vida **PERDER**. Por tais motivos, aqueles que vinculam a imagem e propagam a Manguaça, como os Ícones Ratinho, Neymar, Ronaldinho Gaúcho, temos pelo Desserviço que prestam Reverenciar e **AGRADECER**. Kkkkk. Que Deus venha da Ganância de Vossas Excelências se **COMPADECER**."

1465. "No Egrégio Teatro Escola Macunaíma, tivemos o deleite de seus Sábios Ensinamentos **DESFRUTAR**. Ela ostenta Doçura e Bondade, raro de nos Seres Humanos **ENCONTRAR**. Sensível, respeita Ideais, entende Almas e detecta Poesias, Épicos, onde a Sombra dos Maldosos, não permite **VISUALIZAR**. Aguça a Criatividade, outorga Liberdade, permitindo que todos os Discípulos possam **VOAR**. Sob seu Manto, a inveja e vaidade, enfim sentimentos repugnantes, não lograram êxito em **IMPERAR**. Nos agraciou com Credibilidade, que permitiu com Chave de Ouro viéssemos o Edificante Curso **TERMINAR**. Assim, à Genial Mestra, Diretora e Atriz MARCELA GRANDOLFO, nossa ETERNA GRATIDÃO queremos **REGISTRAR**."

1466. "O Genocídio de nossos Irmãos da Síria está difícil de **FINDAR**. Pior que um dos Padrinhos do Ditador Bashar al-Assad, que o Povo está a **MASSACRAR**, é Vladimir Putin, que com a Copa do Mundo almeja **CELEBRAR**. De sorte que, a nosso ver, os Países que tiverem Pudor, tal Competição devem **BOICOTAR**."

1467. "O Governo do Corrupto só é **APROVADO** enquanto o Povo é **ENGANADO**. Kkkkk."

1468. "O Ministro Dias Toffoli foi Assessor Jurídico do Partido dos Trabalhadores (PT), atuou como Advogado nas Campanhas Presidenciais de Lula, e nunca conseguindo passar em Concurso para Juiz, recebeu a Benção do Ex-Presidente para ocupar o Cargo no Supremo Tribunal **FEDERAL**. Logo, não seria Suspeito para Atuar nos Casos da Operação Kata Rato, digo Lava Jato, kkk, e assim se declarar, por motivos de foro íntimo, nos moldes do art. 145 do Código de Processo Civil combinado com art. 254 do Código de Processo **PENAL**? Assim não procedendo, tal atitude, além de **ILEGAL**, não seria também **IMORAL**?"

1469. "Quero Parabenizar a Gloriosa TV Esporte Interativo por agasalhar a Ideia do **MACHÃO**, kkkkk, e Promover Concurso de Mulher para ser Narradora de **TELEVISÃO**. Felicito a todas, mormente a Viviane e entendo que a Elaine também merece **CONTRATAÇÃO**. Lamento apenas o Racismo sucedido, pois somente uma Afrodescendente participou da **COMPETIÇÃO**. Enfim, almejo ouvir Vozes Suaves, basta dos berros de um tal de **GALVÃO**. Kkkkk."

1470. "Sinceramente, se fosse Presidente de um Time com 30 Jogadores de Qualidade **SIMILAR**, e observasse o Treinador apenas 11 Queridinhos **UTILIZAR** e, por conseguinte, os demais **QUEIMAR**. Não tenha dúvidas, chutaria o rabo dele e pessoalmente o Elenco iria **ESCALAR**. Kkkkk. As verbas que seriam destinadas ao Técnico disponibilizaria a Todos, em cada Título que viessem **BELISCAR**."

PUBLICADAS EM 11/5/2018

1471. "A Escravidão consiste em uma das Maiores Crueldades perpetradas pela **DESUMANIDADE**. Essa safadeza, após 130 anos, persiste com os deploráveis Racismo, Preconceito e Discriminação que reinam na **SOCIEDADE**. A Princesa Isabel, que, em 13 de Maio de 1889, assinou a Lei Áurea, não fez mais que tardiamente a **OBRIGAÇÃO**. Pecou, ainda, não outorgando aos Libertos, no mínimo, Moradia e **INDENIZAÇÃO**. E pasmem, aqui no Brasil, a Brancaiada do Poder enriqueceu, engordou o fedorento **POPOSÃO**, kkkkk, desfrutando por quase 400 anos da **ESCRAVIDÃO**. Assim, registramos aos nossos ANCESTRAIS, que Padeceram, Perderam a Vida, Lutando pela Liberdade e Igualdade, que inexistem, nossa ETERNA **GRATIDÃO**."

1472. "Aqueles que seus Erros não vêm **APONTAR**, indubitavelmente Amor por Ti não vêm **OSTENTAR**."

1473. "As Queridíssimas ANDRÉIA e CLOTILDE, que pelo Saudoso Brother FRANKLIN, assim como nós, não obstante o Júbilo do Convívio, o Coração Destroçado, Padece e CHORA. Acalmem as Almas, pois, se transformando em ANJO DE LUZ, estará conosco Sempre, toda HORA, e desfruta do Acalanto dos Braços da Mãe das Mães, Mãe de todos nós, Mãe de JESUS, NOSSA SENHORA."

1474. "Dia das Mães consiste em Todo Santo **DIA**. Pensamento adverso é fruto de mero Comércio, Pura **HIPOCRISIA**."

1475. "Ela com a Força da Mulher, ao lado do Saudoso **VICENTÃO**, conduziu a Família dentro dos Ditames do Afeto, Fé e **RETIDÃO**. Sua Sabedoria, nos ensinou que é a Vontade Divina que norteará nossa **DIREÇÃO**. Aprendemos a Arte da **SUPERAÇÃO**, vendo-a Combater Vícios que assolam a **NAÇÃO**. Angariamos Vigor ao vê-la, de forma suave, Lutar contra o Racismo, Preconceito e **DISCRIMINAÇÃO**. Incansável se Reinventa, não para de produzir, Abençoa a Todos, com Amor repleto no **CORAÇÃO**. É óbvio que falo da filha da Inesquecível ANNA, a Rainha MARIA ESTHER, a quem Reverenciamos e Registramos nosso Amor e Eterna **GRATIDÃO**."

1476. "Elaborei duas Seleções de Jogadores Rejeitados e que não tiveram Oportunidade Digna com o Ilustre Adenor, logo não serão Convocados. PRIMEIRA: 1. Cássio; 2. Marcos Rocha; 3. Gil; 4. Jemerson; 6. Jorge; 5. Alison; 8. Oscar; 10. Thiago Neves; 7. Diego; 9. Luan; 11. Lucas Lima (Ganso). SEGUNDA: 1. Vanderlei e Jailson; 2. Militão; 3. Lucas Veríssimo (Réver); 4. Dedé; 6- Guilherme Arana; 5. Douglas Luiz; 8. Arthur; 10. Éverton Ribeiro; 7. Lucas Paquetá; 9. Vinícius Júnior (Sassá); 11. Keno (Everton Cebola). Quem dúvida que os Jogadores mencionados, treinados por Fernando Diniz e Renato Gaúcho, não venceriam a Copa do Mundo, incluindo os Queridinhos de Tite? Kkkkk."

1477. "Nossas Sinceras Condolências aos Familiares e Fãs do Gênio do Humor AGILDO **RIBEIRO**, a quem Deus outorgou a Dádiva de Viver, alegrando o MUNDO **INTEIRO**."

1478. "Procure não outorgar demasiadamente valor a **NADA**. Agindo assim, tornar-se-á uma pessoa sem Frustrações e menos **ESTRESSADA**. Kkkkk."

PUBLICADAS EM 21/5/2018

1479. "A Mulher Bruta, kkkkk, que a Dádiva de ser Feminina vem **ABDICAR**. Não deve **ESTRANHAR**, quando Gentilezas não virem a **AGRACIAR**. Kkkkk."

1480. "Mil Vezes a **DECEPÇÃO** de batalhar, inutilmente, contra os Sacripantas da **NAÇÃO**, que ser um Covarde dormindo em Berço Esplêndido, ou no sofá, engordando o **BUNDÃO**. Kkkkk."

1481. "O Atacante que não tem Sede de Gols **MARCAR**, com todas as "vênias", é um idiota que nunca irá **PROSPERAR**. Kkkkk."

1482. "Quando o Julgador muda de ideia constantemente, sem nenhuma **COERÊNCIA**, deve ir para o olho da rua, pois o Povo não é obrigado a pagar fortuna a Juiz que, de forma patente, possui **DEMÊNCIA**."

1483. "Se for para Votar em Corrupto e Bandido **CONDENADO**, no Dia da Eleição, é melhor Ficar em Casa, **SOSSEGADO**. Kkkkk."

PUBLICADAS EM 28/5/2018

1484. "Aqueles que vivem o Mal a **SEMEAR**. Pensam como Ramsés, Tudo Podem **PERPETRAR**. Cuidado, se o Fogo Ardente da Mão de Deus, sobre sua cabeça vier **PESAR**, nem o Sírio-Libanês e o Albert Einstein seu Corpo Podre e de seus Entes Queridos conseguirão **SALVAR**. Kkkkk."

1485. "É muito fácil do Bem **FALAR**. Difícil é **REALIZAR**. Taí as Promessas dos Políticos, que não desmentem o que estou a **FALAR**. Kkkkk."

1486. "Palavras ditas em momento de fúria são oriundas da Violenta **EMOÇÃO**. Contudo, as que Ferem são as Sistemáticas, Traiçoeiras, Levianas, ditas por quem deveria lhe Honrar e ter **GRATIDÃO**."

1487. "Quando o Povo se **INSTRUIR**, Músicas de Qualidade e Boas Mensagens começarão a **CURTIR**. Kkkkk."

1488. "Tem gente que possui uma Língua Excelente para **PALPITAR**, mas o resto do Corpo, uma preguiça louca de **AUXILIAR**. Kkkkk."

1489. "Todos temos um pouco de Herói e **VILÃO**. Contudo, o que norteará será a **PROPORÇÃO**. Kkkkk."

1490. "Vivemos nesse Mundo muito **POUCO**, para desperdiçarmos Tempo Embriagados e Drogados, como um **LOUCO**. Kkkkk."

PUBLICADAS EM 4/6/2018

1491. "Democracia é ter o Arbítrio de Votar ou **NÃO**. Como sou Cético, ninguém com meu Voto obterá **GALARDÃO**. Kkkkk."

1492. "Deus é o Único Poderoso e Dono do **MUNDO**. Seres Humanos, no fim, se não virarem cinzas, degustarão Capim pela Raiz em Buraco **FUNDO**. Entendeu meu Querido Avarento, Corrupto, Racista, Preconceituoso, Verme **IMUNDO**? Kkkkk."

1493. "Não Estude, pois senão seus Colegas, que não têm Tempo, irão se **ABORRECER**. Não me traga Ideias, para as minhas não **ESTREMECER**. Pasmem, não é Comédia! Mas essas Insanidades, acreditem, de um experiente 'pseudo' Professor como Conselho vim **OBTER**. Kkkkk."

1494. "Não importa a Idade Biológica que venhas **OSTENTAR**. O Importante é Ter Saúde para a Vida **GOZAR**. Kkkkk."
1495. "Palavras que atraem Maus Fluidos não venho **PRONUNCIAR**. Contudo, quem gosta, pode se **FARTAR**. Rena, Rena, Rena, cada qual com seu **PROBLEMA**. Kkkkk."
1496. "Quando o Comandante não consegue os Pupilos **MOTIVAR** ou suas Características quer **VILIPENDIAR**. O Resultado é Simples, Todos culminam por se **ESTRESSAR**, e Conquistas, nem **PENSAR**."
1497. "Quem não te respeita, se acha, não aprecia seu Modo de **SER**, outorgue o privilégio de contigo não **CONVIVER**. Kkkkk. Quiçá, no futuro, venham se **ARREPENDER**, ou talvez percebas que Livramento viestes **OBTER**. Kkkkk."

PUBLICADAS EM 16/6/2018

1498. "Aqueles que se Corrompem, utilizam Tráfico de Influência, sejam Funcionários Públicos, Peritos, Juízes, Advogados ou quem for, que Labutam nas Sombras para a Justiça não **IMPERAR**, indago: Será que colocam os cornos no travesseiro e, sem pesadelos com o Chifrudo espetando seus rabos, conseguem **DESCANSAR**? Kkkkk."
1499. "Jesus Cristo veio à Terra para nos Libertar dos Pecados, querido **IRMÃO**. Portanto, não Discrimine, procure Levar ao menos uma Vela onde haja **ESCURIDÃO**. Kkkkk."
1500. "Não participo de frescuras criadas pelo Comércio, tipo Dia dos **NAMORADOS**. Além dos preços avultar, tem-se desconforto em todos os **LADOS**. Isto porque é muita gente comendo fora, com chifres **EXPLICITADOS**. Kkkkk."
1501. "Nunca esqueça quem de Algum Modo vem lhe Estender a **MÃO**. É muito Saudável a Prática Incessante da **GRATIDÃO**."
1502. "Pare de **SONHAR**. Acorde, Levante, Saia do Ócio e comece **REALIZAR**."

1503. "Pouco importa aqueles que se Acham pretendam te **HUMILHAR**. Crucial é que Deus, Todo Poderoso, venha te **EXALTAR**."

PUBLICADAS EM 25/6/2018

1504. "Há meio século somos compelidos a assistir nos Mundiais praticamente o mesmo Narrador de **TELEVISÃO**, que, aliás, não apoiou nenhuma Mulher a obter tal **GALARDÃO**. Contudo, a Gloriosa Fox Sport culminou por agasalhar essa ideia, bandeira hasteada por Reyck Lovis, um desconhecido **MACHÃO**. Kkkkk. De sorte que, nesta Copa da Rússia, estamos sendo agraciados a assistir e ouvir as Vozes Gostosas das Brilhantes Isabelly Morais, Renata Silveira e Manuela Avena, ao invés dos berros do ILUSTRE **GALVÃO**. Kkkkk."

1505. "Quero Parabenizar os Autores das Novelas DEUS SALVE O REI e ORGULHO E **PAIXÃO**. Digo isto pois redigidas especialmente para Afrodescendentes não ter **PARTICIPAÇÃO**. É difícil o Extermínio do Racismo e Preconceito dessa **NAÇÃO**. Kkkkk. Essa gente adora **NEGRÃO**. Kkkkk."

1506. "Imaginem que o Brasil venha o Hexa **CONQUISTAR**. Veremos os Queridinhos do Tite recebendo selinhos do Dr. Michel Temer, kkkkk, por sua Popularidade **AUMENTAR**. Kkkkk. O Lula e seus Comparsas, kkkkk, digo, Companheiros, na Cadeia, celebrando e esperando o Vice da Dilma **CHEGAR**. Kkkkk. Diante desse Cenário Horripilante, tal qual as Mazelas que vêm nosso Povo **ASSOLAR**, somado ao Desperdício que Sacripantas na Copa anterior vieram **PERPETRAR**. Penso temos que ser gratos à Alemanha pelo 7 a 1 que fizeram a gente **CHUPAR**. Kkkkk."

1507. "Quero Parabenizar o Autor da Novela SEGUNDO SOL, pelo Desserviço que presta vindo a Putaria **PROPAGAR**. Dentre elas, pasmem, a Personagem Rosa, além de ganhar a vida vendendo o corpinho, com dois idiotas está a se **RELACIONAR**. Quantas Jovens encontrarão toda Sorte de Infortúnios pelo péssimo exemplo **IMITAR**?"

1508. "Assistindo à Lambança do Sampaoli, que até do Di María veio **ABDICAR**, escalando um Goleiro, por com sua Cabeça **COMBINAR**. Kkkkk. Penso que Excelentes Técnicos, não é apenas o Santos FC, que ao Mundo tem vindo **EXPOSICIONAR**. Kkkkk."

1509. "Incomoda toda **POPULAÇÃO** ver Ministros do Supremo Tribunal Federal julgando a quem devem **GRATIDÃO**, e até aqueles que chamavam de Companheiro e **PATRÃO**. Kkkkk. Incomoda mais ainda, é Inaceitável, que o Ministério Público permaneça inerte perante essa Vergonhosa **SITUAÇÃO**. Nesse cenário, indago: Quem acredita que os Brilhantes Gilmar Mendes, Ricardo Lewandowski e Dias Toffoli manterão o Inocente e Santo Lula na **PRISÃO**? Kkkkk. Acredito ser mais fácil condenarem o Dr. Sérgio Moro e o compelir deixar a **NAÇÃO**. Kkkkk."

1510. "O Ilustre Neymar com aquele cabelinho da Saudosa Dercy Gonçalves, kkkkk, levou muitos Jovens o **IMITAR**. Imaginem quantos induzirá aos Vícios com o Desserviço da Manguaça **PROPAGAR**. Sai dessa, Brother, tal comportamento Atrai muito **AZAR**."

1511. "O Ex-Presidente do Uruguai Pepe Mujica Governou seu País e não veio **ENRICAR**. Todavia, Ingênuo ou Desinformado, tem sido usado para Corrupto Condenado **APOIAR**. Contem a ele a Fortuna que esse Abençoado de Aposentadoria vem **DESFRUTAR**. Expliquem a forma que seus Parentes e Amigos conseguiram os Patrimônios **MULTIPLICAR**. Informem o Montante que seus Companheiros vieram dos Cofres Públicos **SAQUEAR**. Culminem por convencer que das Obras Públicas, de forma enrustida, saudável porcentagem não vinha **BELISCAR**. Kkkkk."

1512. "Será que o Maradona seca a Seleção da Argentina para o Messi nela não o **SUPLANTAR**? Kkkkk. Será que o Dunga e o Felipão torcem para o Tite os **ENSINAR** ou almejam que venha se **ESTREPAR**? Kkkkk."

1513. "Os Advogados Brasileiros, salvo aqueles que Laboram para os Poderosos, Endinheirados e Corruptos, literalmente Padecem no Paraíso. Não ostentam a Compreensão

Sequer dos Clientes, indignados, com uma Justiça apenas Célere para os Famosos e Grã-finos. Enfim, conquistam o ódio de quem processam e, por vezes, de alguns que Militam na própria Justiça, insensíveis com o seu **DEVER**. Em face tais fatos, lamentavelmente, muitos culminam por **PADECER**. Assim, a todos que se foram, mormente aos Doutores Nilson Mônico e Kleber Araújo, um brado retumbante, PRESENTE, espero que todos venham **DIZER**."

PUBLICADAS EM 2/7/2018

1514. "Considerando que existem, segundo a ONU, 193 Países, e apenas meia dúzia de Seleções consegue as Copas do Mundo **CONQUISTAR**. Considerando o direito que todos ostentam de **TRABALHAR**. Considerando que as Seleções podem Técnicos Estrangeiros **CONTRATAR**. Decreto por questão de Justiça, que Países sem Tradição no Futebol, com número de habitantes reduzidos, poderão contratar até Três Jogadores de outra Pátria, mesmo os que jogaram por sua Terra Natal, para seu Selecionado **REPRESENTAR**, independente de se **NATURALIZAR**. Portanto, Senhor Giovanni Infantino, Presidente da FIFA, curve-se e obedeça Reyck Lovis. Kkkkk."

1515. "Seja Honesto, Idôneo, Grato pela Vida, o **MUNDO**. Não trilhe Caminhos Tortuosos, percorridos por quem não é gente, mas sim Verme **IMUNDO**. Kkkkk."

1516. "Indubitavelmente, a FIFA presta Desserviço à População permitindo que a maléfica droga bebida alcoólica venham ao Futebol **ASSOCIAR**. O mesmo sucede com Locutores e Comentaristas que fazem Apologia à Violência, proferindo: 'passou o carro por cima'; 'atropelou'; 'o matador'; 'o ceifador'; 'mata-mata'; 'zona de degola'; etc. Portanto, Abençoados, usem o cérebro, juntem-se ao Machão Reyck Lovis, kkkkk, venham contra o Mal **PELEJAR**, deixando de Termos Insanos **PROPAGAR**. Kkkkk."

1517. "É preferível Mil Criminosos Livres que um Inocente, mormente Criança, morrer em Operação Policial."

1518. "Essa noite, um Pesadelo veio me **ASSOMBRAR**. Em razão do Hexa que o Brasil culminou por **CONQUISTAR**, um Bando de Corruptos se Reelegeram e estavam a **COMEMORAR**. Kkkkk. E Pasmem, alguns largaram Mulheres Jovens e Exuberantes com intuito do Tite **BELISCAR**. Kkkkk."

1519. "Lamentavelmente, a Internet é muito cara e, sendo assim, apenas os Abastados dela culminam por se **AGRACIAR**. Por tais motivos, Programas Relevantes da Net não conseguem Popularidade **ALÇAR**. Quando será que os Pobres, sem qualquer custo extra, na Televisão, da Internet poderão **DESFRUTAR**?"

PUBLICADAS EM 10/7/2018

1520. "Ao Congresso Nacional, que Lei Branda aos Assassinos do Trânsito recentemente veio **PROMULGAR**. Ao Político e Irresponsável, que Velocidade veio **AUMENTAR**. Aos Artistas e Desportistas, que vivem a droga denominada bebida alcoólica **PROPAGAR**. Pelas aproximadamente 50 Mil Pessoas que Morrem nas Estradas Sangrentas e as Milhares que ficam Mutiladas, anualmente, a Vossas Excelências, que são Cúmplices, temos que de forma candente **PARABENIZAR**. Kkkkk."

1521. "Aos pseudopoderosos que aduzem a Conquista da Lua, há décadas, obtiveram **GALARDÃO**. Estranho não tenham logrado êxito ainda em tirar o Time de Garotos Tailandeses da Caverna e **ESCURIDÃO**. Nossa Torcida, que Deus outorgue a essas Crianças o Livramento, a **SALVAÇÃO**."

1522. "O Hospitaleiro Povo Russo conquistou, de Todos, o **CORAÇÃO**. Contudo, lamentavelmente Vladimir Putin é Cúmplice e Padrinho do Genocida Presidente da Síria, Bashar al-Assad, que há anos promove Massacre na própria **NAÇÃO**. Enfim, enquanto na Rússia assistimos Festa, **CELEBRAÇÃO**, na Síria jorra Sangue **IRMÃO**. Portanto, nesse cenário é evidente que a Justiça Divina não permitiria que Discípulo do Chifrudo fosse **CAMPEÃO**. Kkkkk."

1523. "O Poderoso não envia Mensagens a quem se acovarda **PROLATAR**. Elas não consistem em Pragas que se vem **LANÇAR**. Ao contrário, são Avisos àqueles que necessitam Metamorfose no Comportamento **ENCETAR**. Assim procedendo, o Fogo Ardente da Mão de Deus culmina por em cima de suas Cabeças e Entes Queridos não **PESAR**."

1524. "Os queridinhos do Tite não deram no coro, kkkkk, e novamente sem Hexa tivemos que **CHUPAR**. Kkkkk. Pelo menos não veremos a Popularidade de Corruptos **AUMENTAR**. Kkkkk. E mais, um pouco de Alegria na cara de Dunga e Felipão, quiçá, doravante poderemos **NOTAR**. Kkkkk."

1525. "Uma Árvore demora certo tempo para com Frutos nos **AGRACIAR**. Todavia, depois que nascem, se misturarem com podres, em pequeno lapso temporal irão **ESTRAGAR**. Kkkkk. Por tais motivos, melhor só que com imprestáveis **TRAFEGAR**. Kkkkk."

PUBLICADAS EM 16/7/2018

1526. "A Verdadeira **REVOLUÇÃO** consiste na que culmina por Sanar a Mente Eivada dos pseudopoderosos da **NAÇÃO**. Como essa Missão é impossível, ao menos deve despertar a sofrida **POPULAÇÃO**, sem Violência e quaisquer Armas na **MÃO**."

1527. "Deus, me perdoe, mas Não Consigo Gostar de Quem não Gosta de **MIM**. Simples **ASSIM**. Kkkkk."

1528. "Digam-nos 'pseudo' **VIDENTES**, os Números que serão Sorteados na Mega-Sena, para Todos ficarmos **CONTENTES**. Kkkkk."

1529. "Ele quebrou o dedo e não pode o PSG na reta final do Campeonato Francês **AJUDAR**, muito menos a Champions League **CONQUISTAR**. Na Copa do Mundo Tecnológica, suas Encenações culminaram por o **RIDICULARIZAR**. Kkk. Como se tais infortúnios não bastassem, chega em casa e na novela Deus Salve o Rei é compelido a assistir os Reis da Cália virem a Catarina **BELISCAR**. Kkkkk. Portanto,

Ilustre **NEYMAR**, patente, Associar a Imagem e vender a Droga denominada Bebida Alcoólica atrai muito **AZAR**."

1530. "Lamentavelmente, via de regra, os Artistas adoram o Tempo Todo **APARECER**. É muito Egocentrismo e Vaidade, que fazem a Humildade **PERECER**. A exemplo, os Atores e Atrizes de Novelas, que a semana inteira nas encenações não deixamos de **VER**, e que, aos Finais de Semana, nos Programas de Auditório, tirando o Espaço dos Outros também vêm na Telinha o nosso saco **ENCHER**. Kkkkk."

1531. "Não é necessário inteligência para **CONSTATAR** que Políticos municiam os Tribunais, com seus Companheiros, para nas Decisões os **AGRACIAR**. É o Braço do Mal, de Organizações Criminosas, vindo o Poder Judiciário **MANIPULAR**. Portanto, é por Antiguidade e Merecimento que os Juízes devem Cargos **GALGAR**. Basta de mãos interesseiras e, quiçá, imundas virem a Justiça **EMPORCALHAR**. Kkkkk."

PUBLICADAS EM 23/7/2018

1532. "Adoro pessoas que vivem na Vida dos Outros **PALPITAR**. Kkkkk. Contudo, de nossa parte, só fazemos se Cascalho em nosso Bolso **CHUVISCAR**. Kkkkk."

1533. "Como ensina o velho ditado, Quem Vive de Passado é **MUSEU**. De modo que Lamentações Pretéritas consistem em assuntos que Sapiência sempre **ABORRECEU**. Kkkkk."

1534. "É lindo observar Templos Religiosos Luxuosos e, dentro deles, Pseudodiscípulos de Deus, ingerindo, degustando, tudo de bom e **MELHOR**. Enquanto, do lado de fora, ao **REDOR**, Famílias, Crianças, Pobres ao relento, vivendo na Miséria, experimentando tudo que existe de **PIOR**. Kkkkk."

1535. "Filhos que não honram seus **PAIS**. Indago: O que poderão outorgar aos **DEMAIS**? Kkkkk."

1536. "Na Vida, não são os Pais, Irmãos e Amigos que devem nosso Fardo **CARREGAR**. Nesse sentido, JESUS CRISTO, que outorgou sua Vida para a nossa **SALVAR**, não contou com nenhum desses, na hora que foi compelido à Cruz, para o Calvário **CARREGAR**. Entenderam ou preciso bestas **RABISCAR**? Kkkkk."

1537. "Risível ver quem nunca estendeu a Mão para **NINGUÉM** lamuriar acerca de Solidão e **DESDÉM**. Kkkkk."

1538. "Se você exerce a função sacrossanta de Salvar Vidas, seja zeloso, exija Hospital Digno com Infraestrutura, para cuidar da **POPULAÇÃO**. Não seja omisso, carniceiro, tampouco relapso, como o famoso Doutor **BUNDÃO**. Kkkkk."

PUBLICADAS EM 30/7/2018

1539. "Ao invés de, por falta de sentimentos, bens materiais, seus Pais e Familiares, de forma ridícula, vir **EXECRAR**. Seja Melhor, outorgue a eles tudo que não vieram lhe **AGRACIAR**. Entenderam ou preciso bestas **RABISCAR**? Kkkkk."

1540. "Apontar Defeitos dos Outros é uma **BELEZA**. Kkkkk. Admitir o próprio rabo sujo é uma **TRISTEZA**. Kkkkk."

1541. "Aqueles que, através do Tráfico de Influência, da Corrupção, vitórias vêm **CONQUISTAR**, saibam: o Boi Zebu, de Vocês e seus Entes Queridos, seu quinhão, mais cedo ou mais tarde, virá **BUSCAR**. Kkkkk."

1542. "É engraçado ver Ilustres Incompetentes, Condenados, rodeados de Comparsas, HERÓIS DA **CORRUPÇÃO**, kkkkk, fazendo Promessas, almejando o Voto da **POPULAÇÃO**. Por tais motivos, meu Protesto Silencioso, não saindo de Casa no Dia da **ELEIÇÃO**. Kkkkk."

1543. "É necessário sempre algum sacrifício para os Objetivos **ALCANÇAR**. A não ser que nascestes em Berço de Ouro ou que tenha as costas quentes, e para Político a Eleição venhas **BELISCAR**. Kkkkk."

1544. "Não é fácil Trabalhar o mês inteiro e um Salário Mínimo **GANHAR**. Trabalhar oito horas por dia e ter apenas 30 minutos para **DESCANSAR**. Não ter 30 dias ininterruptos para as Férias **GOZAR**, podendo o Patrão em três vezes a **FATIAR**. Ter que trabalhar 40 anos, ou seja, Morrer para depois se **APOSENTAR**. Kkkkk. E tem, 'data vênia', idiotas, kkkkk, dizendo que não é fácil ser o **NEYMAR**. Kkkkk."

PUBLICADAS EM 06.08.2018

1545. "A Obesidade gera outras Moléstias, logo é maléfica para a Saúde da **HUMANIDADE**. O excesso de gordura comprime, sufoca os órgãos do corpo e, em caso de intervenção cirúrgica, até o Médico se livrar da banha e encontrar o alvo demorara uma **ETERNIDADE**. Kkkkk. Portanto, minha Linda e **GOSTOSA**, faça exercícios, dieta, pois, simples assim, a gordura é **PERNICIOSA**. Kkkkk."

1546. "Ainda que venha Sentimentos **VILIPENDIAR**, seus Cornos **ESQUENTAR**, kkkkk, a Verdade em Primeiro **LUGAR**. Kkkkk."

1547. "Alunos mal-educados, ingratos, ansiosos, enfim, muitos sem **NOÇÃO**, o Professor tem que ter Jogo de Cintura para administrar a **SITUAÇÃO**. Contudo, não possuem, lamentavelmente, o devido **GALARDÃO**. Ao contrário, culminam por angariar Moléstias nos Nervos e **CORAÇÃO**. Por tais motivos, aos Professores, registro minhas penitências e Eterna **GRATIDÃO**."

1548. "Aqueles que ostentam a Coragem de seus Crimes **CONFESSAR** merecem credibilidade, temos que **RESPEITAR**. Contudo, aqueles cujas próprias palavras procuram **DESVIRTUAR**; a culpa em falecidos **IMPUTAR**; de Laranjas vêm **DESFRUTAR**; buscam a idoneidade de Paladinos da Justiça **MACULAR**; esses nos enojam, devemos **REPUDIAR**."

1549. "Incrível é Filho de Pobre desferir acusada nos Pais, kkkkk, por não ter Festa de **DEBUTANTE**. Kkkkk. Indubitavelmente, tal fato, só pode advir de gente egocêntrica, rancorosa e **IGNORANTE**. Kkkkk."

1550. "Não se estresse com gente sem **NOÇÃO**, muito menos espere dessa raça qualquer espécie de **GRATIDÃO**. Kkkkk."

1551. "Tem Político que para sempre no Coração do Povo ficará **MARCADO**. Para os puxa-sacos e comparsas, como um infeliz **INJUSTIÇADO**. Para os demais, como Chefe da Corrupção, sem-vergonha e **SAFADO**. Kkkkk."

PUBLICADAS EM 20/8/2018

1552. "Assisti os Debates na Band e na RedeTV, com Candidatos à Presidência da República, TODOS BRANCOS. Os Jornalistas que os entrevistaram, TODOS BRANCOS. E ainda tem Idiota dizendo que o RACISMO está na CABEÇA DO NEGRO. Kkkkk."
1553. "Cuidado, nunca vi tanto Hipócrita o nome de Deus em vão **UTILIZAR**. Inquestionavelmente, são Discípulos do Chifrudo que almejam no Futuro seu bumbum **ESPETAR**. Kkkkk."
1554. "Garotas, reverenciem seus Corpos, cuidem-se e procurem mantê-los com exercícios e de forma **NATURAL**. Colocar enchimentos, sem necessidade e recomendação médica, além de fazer propaganda enganosa, para saúde e bem-estar não é **LEGAL**. Kkkkk."
1555. "No Futebol, os Bandeirinhas devem para Árbitros de Vídeo **EVOLUIR**. Quando acabar a safadeza, e a Justiça com a Tecnologia, nesse Esporte, Amplamente **SURGIR**, a categoria da Bandeira tenderá **EXTINGUIR**. Sendo assim, muitos Gols, com marcações equivocadas de Impedimentos, poderemos **APLAUDIR**. Kkkkk."
1556. "O Genocídio nos Hospitais Públicos do Brasil mata muito mais que nas Guerras do **ORIENTE**. E vemos pedindo Votos o mesmo Bando de Político **INCOMPETENTE**. 'Data vênia', só mesmo sendo Asno, para Votar nessa **GENTE**. Kkkkk."
1557. "Quem é inteligente e ouve o **MACHÃO**, se dá bem, e até muda de **OPINIÃO**. Kkkkk."
1558. "Tem pessoas que você faz de Tudo para **BENEFICIAR**, ainda assim vivem nas Sombras, querendo te **ESTREPAR**. Esses que assim procedem, Ministram Aulas de Ingratidão, logo temos que **REVERENCIAR** e de forma candente nossos Parabéns **REGISTRAR**. Kkkkk."

PUBLICADAS EM 27/8/2018

1559. "Artistas endinheirados cansamos de na Mídia **VISUALIZAR**. Contudo, quem não tem fôlego de **QUITAR** o famigerado jabá, apenas obtém espaço, se chacotas vier **SUPORTAR**, ou insanidades de Jurados tiver estômago para **ESCUTAR**. Kkkkk. Enfim, ainda que tenha Talento, sem respaldo, na Grande Mídia é difícil **PENETRAR**. Kkkkk."

1560. "No Brasil, Artistas Famosos que idade vêm **GANHAR**, os Poderosos da Mídia, ainda vivos, culminam por os **ENTERRAR**, kkkkk. Renato Aragão, Jô Soares, Moacyr Franco, Agnaldo Timóteo, Agnaldo Rayol, Ângela Maria, Perla, Célio Roberto, Wanderley Cardoso, Odair José, Vanusa, Martinha, Wanderléa, Fernando Mendes, José Augusto, Elza Soares, Eliana de Lima, Ângelo Máximo, Joana, Gal Costa, Maria Bethânia, Simone, Eduardo Araújo, Jane e Herondy, Alcione, Zé Ramalho, Fagner, Alceu Valença, Luiz Ayrão, Peninha, Genival Lacerda, Guilherme Arantes, Kátia, Zélia Duncan, Marina Lima, Lobão, Paulinho da Viola, Djavan, Martinho da Vila, Pepeu Gomes, Baby do Brasil, Ovelha, Beth Carvalho, Márcio Greyck, Rosemary, Rosana etc., que raríssimas vezes visualizamos na **TELEVISÃO**, não desmentem o bradar do **MACHÃO**. Kkkkk."

1561. "Basta de **MARASMO**, é melhor ficar em casa, que sair para Votar em Incompetente, Escravocrata, Homofóbico, Corrupto e **ASNO**. Kkkkk."

1562. "Os Racistas da Mídia finalmente lograram êxito em o Goleiro Negro Jailson do Palmeiras com o rabo no banco **COLOCAR**. Kkkkk. Agora, resta apenas o Sidão do São Paulo ser colocado no mesmo **PATAMAR**. Mesmo matando o Barbosa de desgosto e sendo castigados com um branquinho que em duas Copas do Mundo veio nos **ENTERRAR**, kkkkk, não cansam de os Afrodescendentes, também nessa esfera, perseguir e **MENOSPREZAR**. Kkkkk. Os Excelentes e Injustiçados Aranha, Felipe e até Dida atestam o que venho **FALAR**. Kkkkk."

1563. "Os Treinadores de Futebol que evoluíram, obedeceram ao Machão, kkkkk, e passaram Todo Elenco **UTILIZAR**, estão logrando êxito de na Tabela **DESPONTAR**. Basta de anencefálos que escalam 11 queridinhos, queimam os demais, deixando-os no banco com o bumbum a **ENGORDAR**. Kkkkk."

1564. "Se você ousa os interesses dos Vermes **INCOMODAR**. Fica em paz, seu Trabalho não irá **VIRALIZAR**. Em suma, não conseguirá Prosperar e na Internet, de forma enrustida, suas Visualizações irão **SABOTAR**. Kkkkk."

PUBLICADAS EM 3/9/2018

1565. "De nada adianta propagar quem já possui **NOTORIEDADE**. Assim, tenha coragem e impulsione, auxilie aqueles que são úteis ao País e ostentam **CAPACIDADE**. Desse modo, deixarás de ser mais um banana, inútil à **HUMANIDADE**. Kkkkk."

1566. "Não adianta o Papa Francisco reconhecer serem repugnantes os Crimes perpetrados por Membros da Igreja contra Menores, que vêm **OCORRER**. Crucial encetar Medidas para não voltarem a **SUCEDER**. Discursos são para quem não ostenta **PODER**. Kkkkk."

1567. "Inaceitável gastar fortunas com Parlamento inútil (Vereadores, Deputados e Senadores), que deve ser Voluntário, quando nos Hospitais Públicos faltam insumos e até luvas, para os Médicos cirurgias cardíacas **FAZER**. Esse é o País que sonhamos para se **VIVER**? Kkkkk."

1568. "Os Principais Candidatos são Brancos "data vênia" Inoperantes, que Enriqueceram e Apodreceram no **PODER**. Kkkkk. Portanto, no Dia da Eleição, vou PROTESTAR FICANDO EM CASA, e espero que nenhum consiga se **ELEGER**. Kkkkk."

1569. "Quem tem **SABEDORIA**, não ingere bebida alcoólica, que consiste em droga, logo é uma tremenda **PORCARIA**. Kkkkk."

1570. "Se você consegue sorrir, se divertir, humilhando, zoando seu **IRMÃO**. Indago: esquecestes o que Jesus veio ensinar à **POPULAÇÃO**? Então Parabéns, Ilustre **CIDADÃO**. Kkkkk."

PUBLICADAS EM 10/9/2018

1571. "Com os Gigantes e Habilidosos, Lucas Veríssimo, Gustavo Henrique e Luis Felipe, que a Defesa do Santos FC vem **ABRILHANTAR**. Difícil ver o Chorão e outro Baixinho, como dupla de Zaga na Seleção Brasileira, de **TITULAR**. É uma benção Status de Queridinhos da Impressa, Técnico e Dono do Time poder-se **DESFRUTAR**. Kkkkk."

1572. "É necessário estabelecer Cotas em Todos os Programas da Grande Mídia, para esquecidos Astros e Estrelas o Talento possam aos Jovens **DEMONSTRAR**. No mesmo sentido, crucial Cotas para Novos Valores **AFLORAR**. Basta das safadezas do Egocentrismo e JABÁ. Kkkkk."

1573. "Largue de **INGENUIDADE**. Lamentavelmente, poucos sentirão Júbilo com sua **PROSPERIDADE**. Kkkkk."

1574. "Não adianta os Clubes, Jogadores Estrangeiros virem **CONTRATAR**. Isto porque, num País recheado de Xenófobos, não os deixam o Trabalho a contento **DEMONSTRAR**. Depois se queixam quando outros Países vêm seus rabos **CHUTAR**. Kkkkk."

1575. "Não estranho quando um Racista, Preconceituoso, Escravocrata, Doidivana, muitas bestas vem **ENCANTAR**. Kkkkk. A História não desmente meu **BRADAR**, basta lembrarmos de Adolf Hitler e seus Discípulos, que o Mundo com Sangue Inocente fizeram **INUNDAR**. Contudo, quem propaga o Mal, dele irá **DESFRUTAR**. Kkkkk."

1576. "Se é para dizer que não vou **CONSEGUIR**, sai fora, senão vou te mandar para onde não gostarás de **OUVIR**. Kkkkk."

1577. "Se Novatos da Seleção no trote culminam por se **ESTREPAR**, kkkkk, indago: Será que o Tite, porventura, veio **SENTAR**, no colo do **NEYMAR**? Kkkkk."

1578. "Tem Candidata a Deputada dizendo que Feminicídio será Crime Inafiançável. Alguém pode avisar a abençoada, kkkkk, que tal Delito já é inafiançável. Kkkkk. A mesma criatura está prometendo uma Pena de Três Anos. Kkkkk. Contudo, a Punição para a referida Transgressão é de 12 a 30 anos. Portanto, patente almeja as Penalidades **DIMINUIR**. Kkkkk. Logo, nos Presídios, muitos Votos irá **CONSEGUIR**. Kkkkk."

PUBLICADAS EM 17/9/2018

1579. "Admirável Discípulos do Chifrudo, que fazem Apologia ao Ódio e a Violência, de Religiosos ou Falsos Profetas, respaldo **OBTER**. Kkkkk. Indubitavelmente, Discursos Idiotas culminam por levar qualquer Pessoa Simplória à cabeça **PERDER**."

1580. "Engraçado, sujeito condenado por Corrupção, que usava laranjas para as PROPINAS **ESCONDER**. Agora, com o mesmo método, tem Político Laranja, para o POVO CHUPAR E **CONVENCER**. Kkkkk."

1581. "Qualquer Música que se tenha dinheiro para nas Grandes Mídias **DIVULGAR** Sucesso culmina por **ALÇAR**. Entretanto, ainda que sejam obras-primas, sem respaldo financeiro, somente com ajuda de Deus para do chão **LEVANTAR**. Kkkkk."

1582. "São inócuos os esforços para conquistar afeto daqueles que tem por objetivo te **ESTREPAR**. Melhor mandar essa raça, carinhosamente, ir se **LASCAR**. Kkkkk."

1583. "Um País que ostenta Astronômico Número de Homicídios, duas perguntas não podem **CALAR**. Será que os Comentaristas, Locutores Esportivos, TERMOS DE APOLOGIA À VIOLÊNCIA, como MATA-MATA, não ostentam Cultura para do vernáculo **ELIMINAR**? Ou com o Bem-Estar da Sociedade, essa Raça não se importa, e continuarão a **DESDENHAR**? Kkkkk."

1584. "Um País que possui mais de 200 milhões de Habitantes, e cuja grande gama ostenta Habilidade Futebolística, enfatizo. É inaceitável que Treinadores não consigam montar dois Times Homogêneos, para Copas **DISPUTAR**. Portanto, "data vênia" são Medíocres, mormente os de Seleção e Grandes Times, que não venham esse Sistema **ADOTAR**. Kkkkk."

PUBLICADAS EM 24/9/2018

1585. "Mentiu, Acelerou, Fugiu, deixou de **PREFEITAR**, sem Bulufas **REALIZAR**. Kkkkk. Agora, pensando que o Povo é Besta, almeja o Governo **BELISCAR**. Kkkkk. Qualquer semelhança com a realidade é mera coincidência, pois consiste em Ficção o que estou a **RELATAR**. Kkkkk."

1586. "Os Atacantes do Santos FC devem Finalizações **APRIMORAR**. Larguem de tatuar o bumbum, kkkkk, passar gel, tingir e alisar o cabelinho, kkkkk, e cuidem das Redes **BALANÇAR**. Lembrem, sem Gols não irão **PROSPERAR**. Logo, treinem, assistam Vídeos de Zico para se **INSPIRAR**, deixem de frescuras, e saiam do cangote do Gabigol, para Jogos **GANHAR**. Kkkkk."

1587. "Para não correr o Risco iminente de Votar em Corruptos, Discípulos do Chifrudo, que abundam na **NAÇÃO**. Kkkkk. Não Voto em Ninguém, fico em Casa na **ELEIÇÃO**. Kkkkk."

1588. "Quem tem Amor de Deus no **CORAÇÃO**, não se Omite, tampouco desdenha o Sofrimento de um **IRMÃO**. Entendeu, querido sem **NOÇÃO**? Kkkkk."

1589. "Sofrer por **ANTECEDÊNCIA** é o Cúmulo da Covardia e **INCOERÊNCIA**. Kkkkk."

1590. "Votar em Vereador, Deputado e Senador, para **QUÊ**? Para auxiliar Inoperantes a Mamar nas Tetas do Governo, com o dinheiro dos Impostos pagos por **VOCÊ**? Kkkkk."

PUBLICADAS EM 1/10/2018

1591. "A Candidata que matou uma pessoa em Legítima Defesa, Parabéns. Pela lastimável atitude de apelar, explorar o nefasto evento, para angariar Votos, Parabéns. Por não ostentar sensibilidade em relação aos Pais e entes queridos do falecido, Parabéns. A Justiça por não proibir tal aberração, Parabéns. Kkkkk."

1592. "Ao invés de Armamento a População **DISPONIBILIZAR**, deve-se Rendimentos Dignos aos Policiais **OUTORGAR**, bem como o Efetivo, a Tropa **AUMENTAR**. Ao invés de **AGRACIAR** a Polícia, com salvo-conduto para **MATAR**, de rigor, dar-lhes Infraestrutura de modo que nunca, jamais, Sangue Inocente venham **DERRAMAR**. Pena existir Anticristo, que assim não vem **PENSAR**. Kkkkk."

1593. "Cuidado, irmãos, não sejam Tolos, Carneiros, conduzidos por Falsos Profetas, travestidos de Líderes **RELIGIOSOS**. Quiçá tais Pinóquios, kkkkk, almejem direcionar seus Votos para, de forma enrustida, beliscar Valores **POMPOSOS**. Kkkkk."

1594. "Não esquente os cornos se não lhe outorgam o devido **VALOR**. Siga cumprindo os Desígnios de Deus, sem **RANCOR**, mas com muita Determinação e **AMOR**."

1595. "Não obstante o Brilhantismo dos Candidatos que vieram no Programa The Voice seu Talento **DEMONSTRAR**. "Data vênia", a única Voz sui generis foi da Estrela Priscila Tossan, que sucumbiu diante do saudável Racismo que no País vive a **IMPERAR**. Kkkkk."

1596. "O Verme condenado por **CORRUPÇÃO** nunca mais deveria Cargo Público ocupar na **NAÇÃO**. É risível **IMAGINAR** o Rato que ficou engaiolado por queijo, solto a iguaria irá **REJEITAR**. Kkkkk."

1597. "Para o Corno Manso, não adianta, fotos, declarações, vídeos virem **MOSTRAR**. Dirão que são montagens, intrigas, de quem almeja sua felicidade **ESTRAGAR**. Kkkkk. O mesmo fenômeno sucede com o Cabresto Eleitoral de Sacripantas que vivem nas Tetas do Governo a **MAMAR**. Kkkkk."

1598. "Quando o sujeito é uma **TOPEIRA**, kkkkk, o jeito é ficar Calado, e não fazer **ASNEIRA**. Kkkkk. Se for internado, durante a Eleição, para não perder Voto, não deixam sair, de nenhuma **MANEIRA**. Kkkkk. Se a carapuça em seus cornos encaixar, perdão, foi só uma **BRINCADEIRA**. Kkkkk."

1599. "Quem anda com Condenado por **CORRUPÇÃO**, no peito e **CORAÇÃO**, não merece Voto e Credibilidade, a não ser "data vênia" oriunda de gente sem **NOÇÃO**. Kkkkk."

1600. "Tem Palhaço Candidato a Deputado indagando se sabemos por que almeja **CONTINUAR**. É óbvio que sabemos, Abestado, kkkkk, posso **FALAR**? Porque está cheio de Sem-Vergonha, kkkkk, almejando ganhar Fortuna, inutilmente, vindo nas Tetas do Governo **MAMAR**. Kkkkk."

1601. "Tenhamos Vergonha na Cara, vamos **ACELERAR** e chutar o bumbum de quem jurou **PREFEITAR**, e veio Mentir, o Povo **ENGANAR**. Kkkkk."

1602. "Um segredo fresquinho, kkkkk, quero **COMPARTILHAR**. Quando amaciava o cabelo, jogando bola, não gostava do penteado **ESTRAGAR**. Kkkkk. Assim, Faltas somente nós poderíamos **COBRAR**, isto porque cabecear nem **PENSAR**. Kkkkk. A mesma frescura assistimos hoje entre Jogadores **REINAR**, inclusive com o adamado **NEYMAR**. Kkkkk. A ausência de Gols de cabeça, e aquele cabelinho da saudosa Dercy, não desmente meu **BRADAR**. Kkkkk."

PUBLICADAS EM 5/10/2018

1603. "Com tanta Miséria, se você concorda em gastar quase 200 MIL POR MÊS, para engordar, kkkkk, cada DEPUTADO E **SENADOR**, não Anule seu Voto, por **FAVOR**. Kkkkk."

1604. "Imaginem um Bando de Ratos brigando para, com a Maior Parte do Queijo, encher o **BARRIGÃO**. Kkkkk. Qualquer semelhança é mera coincidência com a **ELEIÇÃO**. Kkkkk."

1605. "**NÃO** àqueles que Fogem de Debates, quiçá por serem Doidivanas ou para esconder Intuitos Maléficos da **NAÇÃO**."

1606. "**NÃO** à Laranja do **CHEFÃO**, kkkkk, de uma das Organizações Criminosas da **NAÇÃO**."

1607. "NÃO a quem age como LOUCA **DESVAIRADA**, kkkkk, vomitando que a Companheira não merece ser **ESTUPRADA**."

1608. "NÃO a quem almeja o Trabalhador entre Emprego ou Direitos venha **OPTAR**, quer a ESCRAVIDÃO **REVITALIZAR**. NÃO a quem tem intenção do 13º SALÁRIO e ADICIONAL DE FÉRIAS vir **EXTERMINAR**. Por isso, os Empresários, inclusive Líderes Religiosos, estão radiantes para essa dupla venha a Eleição **BELISCAR**. Kkkkk."

1609. "NÃO a quem Insanidades vive a **VOMITAR**, desrespeitando os Sofridos Afrodescendentes, Quilombolas, aduzindo não servirem sequer para **PROCRIAR**."

1610. "NÃO a quem por anos veio no colinho do Paulo Maluf **SENTAR**, kkkkk, e ajudou o Michel Temer, com perniciosa Reforma Trabalhista, o Pobre **ESTREPAR**. A exemplo, o Trabalhador tem que pagar o Patrão se a causa, ainda que em parte, não **GANHAR**."

1611. "**NÃO** ao ANTICRISTO que persegue, não respeita Mulheres, Negros, Gays, Pobres, Nordestinos e Trabalhadores da **NAÇÃO**."

1612. "**NÃO** ao Fanatismo Religioso, Político, que Cega Inocentes ou Desinformados do **POVÃO**. Kkkkk."

1613. "**NÃO** aos Discípulos do Chifrudo, que reverenciam a Ditadura, Torturador, o Nazismo e almejam Armar a **POPULAÇÃO**."

1614. "NÃO aos Protetores e Integrantes de ORGANIZAÇÃO **CRIMINOSA** que beliscaram dos Cofres Públicos quantidade de Verbas **SUPERGOSTOSA**. Kkkkk."

1615. "NÃO aos que Mentem, Abandonam o Cargo, sem cumprir o que prometeram à **NAÇÃO**, enfim, vergonhosamente Acelerou como um **FUJÃO**. Kkkkk."

1616. "NÃO às Pesquisas Encomendadas, que almejam o Povo como Gado **CONDUZIR**. Sejam Rebeldes, enganem-nas, façam seus Queridinhos **SUCUMBIR**. Kkkkk."

1617. "NÃO há melhor forma de Protesto, para expressarmos nossa **INDIGNAÇÃO**, que ficarmos em Casa, no Dia da **ELEIÇÃO**. Contudo, a abundância de Abana Sacos, kkkkk, torna complicada minha **OPINIÃO**. Kkkkk."

PUBLICADAS EM 15/10/2018

1618. "Dois Artistas Imortais, Ângela Maria e Charles Aznavour, foram morar no CÉU. Obrigado pela Obra a nós agraciada, aqui na Terra, Vossas Excelências cumpriram Maravilhoso **PAPEL**. Indubitavelmente, foram bem acolhidos nos braços de DEUS **EMANUEL**."

1619. "Juro, nunca vi antes, nesse País, tantos Jumentos, kkkkk, fazendo Juramentos a tantas **JARARACAS**. Kkkkk. Caramba, tudo com Jota, kkkkk, qualquer semelhança com a Eleição é fruto da mente de **BABACAS**. Kkkkk."

1620. "NÃO a quem de modo INSANO E **INDECENTE** entende que Negro é Malandro e Índio **INDOLENTE**."

1621. "NÃO a quem inutilmente está há Três Décadas nas Tetas do Governo a **MAMAR**, e ainda levou três filhos para da Mamata **DESFRUTAR**. Kkkkk."

1622. "Não deixem que Falsos Profetas **INTERESSEIROS**, travestidos de Líderes Religiosos, venham os conduzir como abestados **CARNEIROS**. Kkkkk."

1623. "O General, Chefe do Capitão, quer acabar com o Adicional das Férias e o DÉCIMO TERCEIRO SALÁRIO. Seriam seus Eleitores ESCRAVOCRATAS **EMPRESÁRIOS** ou EMPREGADOS **OTÁRIOS**? Kkkkk."

1624. "Quem mentiu, enganou, veio seu bumbum **CHUTAR**, chegou a hora de o Troco **LEVAR**. Kkkkk."

PUBLICADAS EM 22/10/2018

1625. "Bastou o Santos FC se livrar de um Zagueiro **ESTABANADO** e encostar um Volante **APOSENTADO**, para bater o Record de Tempo sem ter o Sistema Defensivo **VAZADO**, pena os cabeçudos, kkkkk, de pronto, não tenham me obedecido e **ESCUTADO**. Kkkkk. Assim, terminaremos o ano sem nada beliscar, com o dedo na boca sendo **CHUPADO**. Kkkkk."

1626. "Casa de mãe e avó pobres é fábrica de **DESAJUSTADOS**. Décimo Terceiro Salário e Adicional de Férias, por ele devem ser dos Trabalhadores **RETIRADOS**. O Negro é Malandro e o Índio **INDOLENTE**, exarou de modo **INOCENTE**. Kkkkk. Essas são pérolas vo-mitadas por um General cujo subordinado almeja ser **PRESIDENTE**. Kkkkk."

1627. "Como lamentavelmente o Brasil está recheado de racistas, homofóbicos, preconceituosos, escravocratas, machistas, quem essas "qualidades" **DEMONSTRAR**, até o Cargo de Presidente facilmente culmina por **BELISCAR**. Kkkkk."

1628. "E CONHECEREIS A VERDADE, E A VERDADE VOS LIBERTARÁ." (João 8:32)

"Pessoa inútil, que durante 27 anos vive nas Tetas do Governo a **MAMAR**. Kkkkk. Leva os filhos para da mesma Mordomia **DESFRUTAR**. Kkkkk. Usa verbas do auxílio-moradia, para gente **DEGUSTAR**. Kkkkk. Contra os direitos das mulheres, negros, nordestinos, homossexuais, indígenas, vive a **VOMITAR**. Kkkkk. A verdade é que tem que ser muito ingênuo para num tipo desse **VOTAR**. Kkkkk."

1629. "Eu entendo quando apaixonados vem um Anticristo **DEFENDER**. Kkkkk. Como diria o Poeta, o amor tem razões que a própria razão culmina por **DESCONHECER**. Kkkkk. Adolf Hitler e seus discípulos não desmentem o que venho **DIZER**. Kkkkk."

1630. "Ideologias divergentes, acalorada **DISCUSSÃO** são inerentes à Liberdade de **EXPRESSÃO**. Contudo, haverá Retrocesso se algum Transloucado beliscar a **ELEIÇÃO**. Enfim, estaremos disponibilizando Chicote, para Escravocrata Torturar e Esfolar nosso **POPOSÃO**. Kkkkk."

1631. "Não acredite em enganadores, que dizem a Exclusão de Ilicitude, Legítima Defesa irão **IMPLANTAR**. A Lei, a todos Cidadãos, inclusive Policiais, tais benefícios vem

OUTORGAR. Basta ler os artigos 23 e 25 do Código Penal, que atestam nosso **BRADAR**."

1632. "O VOTO é SECRETO. Logo, não tenha Medo do **ESCRAVO-CRATA** e Safado que você chama de **PATRÃO**. Kkkkk. Na Hora H, Vote em Quem Quiser, faça-o engolir APIMENTADO **SUKUZÃO**. Kkkkk."

PUBLICADAS EM 27/10/2018

1633. "Com o Salário Mínimo Miserável, sendo agraciado com o direito de Adicional de Férias e Décimo Terceiro não lhe **PAGAR**, é óbvio que seu Patrão em Escravocrata irá **VOTAR**. Contudo, o Voto é Secreto, vote em quem não deseja seus Direitos **SURRUPIAR**."

1634. "NÃO a Pessoa **DESMIOLADA**, que se galgar o Poder, sendo Transloucado e Ditador, a Democracia estará **AMEAÇADA**."

1635. "Não acreditem em PESQUISA **ENCOMENDADA**. Quiçá almejem conduzir o Povo como se fosse **MANADA**. REBEL-DIA contra gente mal-**INTENCIONADA**. Kkkkk."

1636. "O sujeito que promete os AMAs **AMPLIAR**, depois que assume, mais de CEM culmina por **FECHAR**. Aduz que o TRANSPORTE PÚBLICO irá **MELHORAR**, mas diversas LINHAS DE ÔNIBUS acaba por **EXTERMINAR**. Jura que seu FOCO é **PREFEITAR** e, na primeira oportunidade, o TRASEIRO DO POVO vem **CHUTAR**. Indago, tal Pinóquio, kkkkk, não merece com o mesmo carinho seu bumbum a População venha o **AGRACIAR**? Kkkkk."

1637. "Quem almejava Comida Quase Podre, transformada em Ração, para nossas Crianças nas Escolas **AGRACIAR**, kkkkk, merece de nosso Voto **DESFRUTAR**? Kkkkk."

1638. "Quem confessou usar ilegalmente o Auxílio-Moradia para comer **GENTE**, kkkkk, esteve mamando nas Tetas do Governo, coçando, mostrando que é Insano e **INCOMPETENTE**, kkkkk, ser chamado de honesto, para mim, é heresia, coisa de **DOENTE**. Kkkkk."

1639. "Quem jurou que iria **PREFEITAR**, mentiu, abandonou o Posto, não conseguiu sequer o Fura-Fila ou Monotrilho, aqui da Zona Leste, iniciado há duas décadas, **TERMINAR**, não merece nosso Voto **BELISCAR**. Kkkkk."

1640. "Temos Candidato, racista, homofóbico, escravocrata, que Apologia a Armas vive a **BRADAR**. E mais, tem como Vice parceiro que aduziu ser o Africano malandro, quando o branco o escravizou, que o índio é indolente, quando o branco, seus direitos e território usurpou, e ainda tem gente que nessa raça quer **VOTAR**. Kkkkk."

1641. "Vale a pena perder A LIBERDADE DE **EXPRESSÃO**, Retroceder à Barbárie e **ESCRAVIDÃO** em troca de suposta **PROTEÇÃO**?"

1642. "Não queria que os Trabalhadores Domésticos viessem os mesmos direitos dos outros **DESFRUTAR**. Disse, o Trabalhador terá que entre o Emprego e os Direitos **OPTAR**. Almeja, para termos Chacinas como nos Estados Unidos, a População **ARMAR**. Quer os Parcos Direitos conquistados pelos Afrodescendentes, como as Cotas, **EXTERMINAR**. Realça, Quilombolas não servem sequer para **PROCRIAR**. Seu companheiro, de Malandro veio os Negros **CHAMAR**. Entende que sua Colega de Trabalho ninguém merece **ESTUPRAR**. De vagabunda, carinhosamente uma Profissional veio **ELOGIAR**. Confessou as verbas imorais do auxílio-moradia usou para gente **COMER**. Torturador abençoado pela Anistia vive a **ENALTECER**. Portanto, Parabéns a quem esse demente, digo doente, com amor, quer **DEFENDER**. Kkkkk."

PUBLICADAS EM 29/10/2018

1643. "Contra Fatos não há **ARGUMENTO**. Razão pela qual alguns agem com a delicadeza de **JUMENTO**. Kkkkk."

1644. "Não tente os idiotas **CONVENCER**. Não irás conseguir, culminarás por se **ABORRECER**. Kkkkk."

1645. "O Futebol é para Seres Humanos, não cavalos **JOGAR**. Não obstante complicado, o Governo não almejamos Animais Irracionais venham Cargo **OCUPAR**. Kkkkk. O engraçado é que, nos dois seguimentos, uma besta tende sempre a outra **APOIAR**. Kkkkk."

1646. "O que não tolero de jeito nenhum, **IRMÃO**, é ver uma Minoria no Bem-Bom, e o Povo vivendo das sobras dos Sacripantas da **NAÇÃO**. Tal fato viola a Isonomia de Direitos garantidos pela **CONSTITUIÇÃO**."

1647. "Quando a Igualdade de Direitos vier a **IMPERAR**, salvo exceções, apenas os loucos Delitos irão **PRATICAR**. Queiram ou não, a Miséria consiste num dos fatores preponderantes para a Criminalidade **AVULTAR**. Países como a Suíça não desmentem meu **BRADAR**."

1648. "Quem é que não sofre por alguém, é o ZÉ BÉTTIO. Quem é que não chora uma lágrima sentida, é o ZÉ BÉTTIO. Se você agir com dignidade, pode não consertar o Mundo, mas tenha certeza de uma coisa, na Terra haverá sempre um canalha a menos. GIL GOMES lhes diz: Boa Tarde. Essas são algumas peculiaridades desses Astros da Comunicação Brasileira, que partiram para a **ETERNIDADE**. Com certeza no Céu foram bem acolhidos em razão dos relevantes préstimos junto a **HUMANIDADE**."

1649. "Se fosse Governante de qualquer País ou **NAÇÃO**, sentiria vergonha de me tratar em Hospitais que parecem **MANSÃO**, e ver meus Súditos padecerem em Hospitais Podres, querido **IRMÃO**. Qualquer semelhança com a realidade é mera coincidência, pois a presente é pura **FICÇÃO**. Kkkkk."

PUBLICADAS EM 12/11/2018

1650. "É difícil acreditar numa Justiça que outorga aos Bandidos do Colarinho Branco o direito de Penas em suas Mansões **DESFRUTAR**. Fica a indagação: De fato a Justiça está posta apenas para o Preto, o Pobre e a Puta **ESTREPAR**? Kkkkk."

1651. "Mil vezes, aos afrescalhados, parecer antipático, mal-educado, falando **VERDADES**, que ser simpático, agradável, louvando as drogas, semeando **PROMISCUIDADES**, enfim, praticando **INSANIDADES**."

1652. "Não devemos abdicar a modus vivendi que seja **SALUTAR**. Entenderam ou preciso bestas **RABISCAR**? Kkkkk."

1653. "Os Artistas que desfrutam de sua Imagem, para a droga da bebida alcoólica **DIVULGAR**, deveriam, como qualquer Traficante, do Cárcere **DESFRUTAR**. Tal fato não sucede, porque não temos Leis, mas cuidado, pois esse Comportamento de Irresponsabilidade Social atrai muito **AZAR**."

1654. "Por vezes, os Desígnios de Deus não conseguimos a princípio **ENTENDER**, mas à sua Vontade devemos nos curvar e **OBEDECER**, pois sempre irá **PREVALECER**."

1655. "Quiçá o Racismo veio o Goleiro Palmeirense Jailson praticamente **AFASTAR**. Por tal motivo, São Benedito, que é reverenciado pelos Negros e coincidentemente nasceu na Itália, veio o Treinador do 7 a 1, Felipão, kkkkk, **CASTIGAR**. O Artilheiro do Boca, Benedetto, atesta meu **BRADAR**. Kkkkk."

1656. "Sinceramente, não sei o que é mais Maléfico à Sociedade, a Ingenuidade e Inexperiência dos Jovens ou a Ignorância e Prepotência dos Mais Velhos."

PUBLICADAS EM 26/11/2018

1657. "Alguns se recusam as Mensagens Divinas **ESCUTAR**. Daí, culminam por Castigos **SUPORTAR**. E Inocentes pelos Pecadores acabam por se **LASCAR**. Basta lembrarmos que Moisés alertava o Faraó para o Povo de Israel **LIBERTAR**, o cabeçudo, não obedecendo, levou até seu Filho Primogênito com a Morte **PAGAR**. Hoje, os mesmos fatos voltam a **ACONTECER** e muitos Inocentes já vimos **PADECER**. Entendeu sua besta ou preciso algo mais **DIZER**? Kkkkk."

1658. "Até quando assistiremos Avarentos, a droga denominada Bebida Alcoólica aos Esportes **ASSOCIAR**? Até quando toleraremos Gananciosos, na Mídia, impunemente tão maléfica droga **PROPAGAR**?"

1659. "Imaginem não tivéssemos a Fortuna que gastamos com Vereador, Deputado e Senador **PAGAR**. Imaginem se as Verbas despendidas inutilmente com essa raça fossem destinadas, por exemplo, para a Saúde Pública **MELHORAR**. Indubitavelmente, em pouco tempo, teríamos Albert Einstein e Sírio-Libanês em tudo quanto é **LUGAR**. Razão pela qual digo: PARLAMENTO VOLUNTÁRIO JÁ."

1660. "Maldito o Homem que no Outro **ACREDITAR**, vem o Livro Sagrado **ENSINAR**. Assim, até risível que Ovelhas aos anseios de Falsos Profetas venham se **CURVAR**. Kkkkk."

1661. "Os Nobres Integrantes do Supremo Tribunal Federal, que apenas 34 mil por mês culminam por **BELISCAR**, aprovaram Aumento e quiçá passarão a quase 40 mil mensais **DESFRUTAR**. Contudo, são Omissos acerca do Salário Mínimo Miserável de R$ 954,00 pago à Maioria da População, mesmo sendo Guardiões da Constituição Federal, que tal Descalabro vem **AFRONTAR**."

1662. "Os Treinadores de Futebol que evoluíram, obedeceram ao Machão, kkkkk, e passaram todo Elenco **UTILIZAR**, estão logrando êxito em Competições **BELISCAR**. Basta de Sábios, kkkkk, que escalam onze queridinhos, queimam os demais, deixando-os no banco com o bumbum a **ENGORDAR**. Kkkkk."

PUBLICADAS EM 3/12/2018

1663. "Aqueles que vêem inertes as Injustiças perpetradas contra Mulheres, Negros, Nordestinos, Homossexuais, Pobres, em suma, não padecem com a Dor do **IRMÃO**, indago: Merecem ser chamados de **CRISTÃO**? Kkkkk."

1664. "Com certas pessoas não adianta se **ESTRESSAR**. Isto porque não dá para exigir que Burro venha **VOAR**. Kkkkk."

1665. "Quando o Técnico de Futebol exige que Atacantes corram atrás de Laterais para **MARCAR**. A Torcida, deles, não pode

Gols **COBRAR**, pois perdem a Potência Necessária na Hora de **FINALIZAR**. Desnecessário ser Médico ou Bom Preparador Físico, mas, com o perdão do bichinho, qualquer Burro concordará com o que estou a **FALAR**. Kkkkk."

1666. "Sendo um Ilustre Desconhecido, Graças a Deus, muita coisa injusta, errada logramos êxito em **MUDAR**. Apesar de árduo é Gratificante o Trabalho de a Humanidade para o Bem **CONSCIENTIZAR**. Indubitavelmente, quando Todos Homens e Mulheres Famosos, Ricos, Influentes, Contra o Mal começarem a **LUTAR**, um Mundo Melhor teremos para **HABITAR**."

1667. "Sinceramente, me divirto muito mais vendo Seres Humanos **SORRIR**, que com idiotices feitas por anencéfalos com intuito de **DIVERTIR**. Kkkkk."

1668. "Vive em Estado de **PODRIDÃO** Todo Ser que se julga Supremo e de forma camuflada auxilia os Heróis da **CORRUPÇÃO**. Kkkkk."

PUBLICADAS EM 17/12/2018

1669. "Afaste-se dos **INVEJOSOS** e verás que seus Dias passarão a ser **MARAVILHOSOS**. Kkkkk."

1670. "Aqueles que vêm os Conselhos dos Pais **DESDENHAR**, a Voz da Experiência **DESRESPEITAR**, sempre culminam por se **LASCAR**. Kkkkk."

1671. "As Guerras existem unicamente em razão da Ganância e **PODER**. E tais malefícios são inerentes ao Ser Humano, pois se existe Animal pior, não sei **DIZER**. Kkkkk."

1672. "É horrível ser **PATRÃO**, disse o Presidente Eleito da **NAÇÃO**. Imagine ser Empregado, com a Miséria de Salário Mínimo, querido **IRMÃO**. Kkkkk."

1673. "O Bom Técnico sabe o Elenco inteiro de forma igualitária **UTILIZAR**. Estimula os Zagueiros e Laterais a função precípua de **MARCAR**. Esclarece aos Meios Campistas a necessidade de criar, lançar, e Gols **ANOTAR**. E Atacantes aguça para **DRIBLAR** e ter obsessão de na artilharia **DESPONTAR**."

1674. "Querem acabar com o Ministério do Trabalho, Justiça do Trabalho e as LEIS **TRABALHISTAS**. Só falta revogarem a Lei Áurea e confessar que, a exemplo dos Ascendentes, são VERMES **ESCRAVAGISTAS**. Kkkkk."

PUBLICADAS EM 31/12/2018

1675. "Que os Seres Humanos deixem de ser fantasiosas bijuterias e passem a ter a Alma e Coração 100% (cem por cento) **OURO**. Aqueles que assim não procedam, que vistam um pomposo capacete de **TOURO**. Kkkkk. Feliz ANO **NOVO**."
1676. "A vontade de Deus não se deve **AFRONTAR**. Nunca pense a Vida **EXTERMINAR**, para o Ente Querido que Deus levou **REENCONTRAR**. Enquanto o primeiro do Reino dos Céus está a **DESFRUTAR**, o último nas Profundezas do Inferno, o Chifrudo com o garfo kente o bumbum irá **ESPETAR**. Kkkkk."
1677. "Crucial na Vida, às vezes, se **RECOLHER**, mormente para Angariar Forças, Voltar e **VENCER**."
1678. "Deus, meu Pai, nos outorgue Paciência e Sabedoria, para gente egocêntrica, gananciosa, ingrata, racista, preconceituosa, enfim, idiota, virmos **SUPORTAR**. Kkkkk. Hipótese adversa, dá uma vontade louca do rabo dessa raça **CHUTAR**. Kkkkk."
1679. "Divirta-se com Sapiência, Ilustre **CIDADÃO**. Para os idiotas, inexiste Futuro nesse **MUNDÃO**. Kkkkk."
1680. "O afrodescendente tem que "data vênia" deixar de ser frouxo e pequenos Papéis **ABRAÇAR**. Se Árvore é melhor que de Protagonista **ATUAR**, deixemos os vegetais para os brancos racistas **DESFRUTAR**. Kkkkk."

FRASES DE REYCK LOVIS - 2019

PUBLICADAS EM 6/1/2019

1681. "Aqueles Donos de Restaurantes que utilizam Carne Podre no Picadinho, mas colocam bastante tempero, pimenta, para o Freguês **ENROLAR**, de forma candente, almejamos nossos Parabéns **REGISTRAR**. Kkkkk."

1682. "Aqueles que acreditam os Dirigentes Esportivos nas Negociações de Jogadores, de forma enrustida, não beliscam nenhum **TOSTÃO**, por gentileza, levantem a **MÃO**. Kkkkk."

1683. "Patente que alguns pensam ser Deuses na Terra a **REINAR**. Contudo, dos infortúnios oriundos de castigo, Vossas Excelências e seus Entes Queridos não conseguirão se **SAFAR**. Arrependam-se enquanto houver Tempo de **MUDAR**. Entenderam ou preciso às Bestas do Apocalipse **RABISCAR**? Kkkkk."

1684. "Quero Parabenizar os Autores da Série **SOB PRESSÃO**, bem como a Gloriosa Rede Globo por sua **VEICULAÇÃO**. A quem, como João Batista, se sente pregando no Deserto, é muito bom assistir uma Potência Midiática se alinhando aos nossos Discursos, lutando contra o Genocídio dos Governantes perpetrado nos Hospitais Públicos, em face à carente **POPULAÇÃO**."

1685. "Saudade faz parte de nosso **DIA A DIA**. Contudo, devemos lembrar a Existência dos Nossos Entes Queridos que se foram também com **ALEGRIA**."

1686. "Se você é Líder Religioso e utiliza a Casa de Deus para seus desejos sexuais **SACIAR**, enfim, adora promiscuir e Ovelhas **DEGUSTAR**, ou ainda, de forma enrustida, morder a fronha e o bumbum **ARREBITAR**, não existem dúvidas, se existe gente Sem-Vergonha como Vossa Santidade, na Terra não veio **HABITAR**. Kkkkk."

PUBLICADAS EM 13/1/2019

1687. "Aos idiotas de plantão, venho mui respeitosamente **ABORRECER**. Deixem nossas Crianças com Pureza, em Paz, Crescer e **VIVER**. Na Vida, tudo ostenta o Tempo **EXATO**. Há tempo de nascer e de ir para o **BURACO**. Kkkkk."

1688. "As Palavras têm **PODER**. Quem louva a Merda, dela irá Desfrutar ou **PERMANECER**."

1689. "Assistimos, no SPTV, que o número de Ações na Justiça por Erro Médico não para de **CRESCER**. É que os Médicos têm sido massacrados sem infraestrutura necessária para a População Carente, com dignidade, virem **ATENDER**. Assim, o Genocídio nos Hospitais Públicos, "data vênia", com a conivência do Poder Judiciário, não para de **SUCEDER**. O alento é que com a rapidez da Justiça, daqui um Século, Todos irão **RECEBER**. Kkkkk."

1690. "Assistindo a Novela Jesus, resta patente que os Líderes Religiosos sequer conseguiam a própria gripe **CURAR**, kkkkk, vendo Jesus, até defunto **RESSUCITAR**, com inveja e medo da mordomia **FINDAR**, kkkkk, armaram para que viessem o **TORTURAR E CRUCIFICAR**. Viajando ao presente, pouco veio **MUDAR**, a hipocrisia dos Falsos Profetas, a todo vapor, continua a **REINAR**. Kkkkk."

1691. "Ligo a **TELEVISÃO**, para me divertir, vejo **IRMÃO** traindo IRMÃO, mulher casada transando com outro na **PRISÃO**. Até quando, em nosso País, apenas os Malefícios **PROSPERARÃO**?"

1692. "Sinceramente observando o Trabalho de alguns Professores Estrangeiros que no Brasil vieram alguns Times **COMANDAR**. Cheguei à conclusão que Treinadores Ruins tem-se em todo **LUGAR**. Kkkkk."

PUBLICADAS EM 24/5/2019

1693. "Agora, na Justiça do Trabalho, o Empregado que perder a Causa tem que o Advogado do Patrão **PAGAR**. A Aposentadoria almejam **EXTERMINAR**. O que resta para a Lei Áurea virem **REVOGAR**? Kkkkk."

1694. "Não se curve às Dificuldades da **VIDA**. Tenha Coragem, Fé em Deus, pois sempre há uma **SAÍDA**."

1695. "O Sampaoli 'data vênia', ao invés de exigir que Goleiros venham com os pés **JOGAR**, deve treinar os Atacantes para Gols **MARCAR**. Com saltinho alto e frescuras, o Peixe culminará por Nada **BELISCAR**. Kkkkk."

1696. "Os Garotos-Propaganda dos fabricantes de Armas de Fogo, que da Morte vivem a **ENRICAR**, seriam Sócios Ocultos ou, de forma enrustida, irão pomposas Verbas **BELISCAR**? Kkkkk."

1697. "Por que os filhos dos ricos com as verbas oriundas dos Impostos são agraciados a Universidade Pública **CURSAR**? Quanto economizará o Estado, se tal safadeza vier **ACABAR**? Algum Sábio Economista consegue nos **EXPLICAR**? Kkkkk."

1698. "Qualquer imbecil sabe. Quanto maior a Velocidade, mais difícil o Veículo **DOMINAR** e, em caso de Colisão, os malefícios culminam por **AVULTAR**. Logo, o sangue que nas Estradas vieram **AUMENTAR**, não é culpa dos Apologistas do Slogan: **VAMOS ACELERAR**? Kkkkk."

1699. "Segurança Pública é todo mundo com sua arminha na cintura **DESFILAR**. Kkkkk. Aposentadoria, todos no cemitério poderão **DESFRUTAR**. Kkkkk. Saúde Pública, com o MENOS MÉDICOS e os Hospitais Públicos Podres, sem infraestrutura, é o Chazinho da Vovó que irá nos **SALVAR**. Kkkkk. Viva, Viva POLITICUPUTAIDA! Vamos **GRITAR**. Kkkkk."

PUBLICADAS EM 1/6/2019

1700. "Acabar com os Privilégios Previdenciários é uma coisa, aumentar o Tempo de Contribuição para 40 anos e estabelecer Benefícios Inferiores ao Mínimo Legal é outra. A primeira é justa, as demais representam o Fim da Aposentadoria e **IMORALIDADE** de quem ostenta o Coração Podre de **MALDADE**."

1701. "Aqueles que sempre desfrutaram dos Beneplácitos do **PODER**, não ostentam discernimento para entender quem está a **PADECER**. Afinal, é assim, fixados no próprio umbigo, que os egocêntricos conseguem **VIVER**. Kkkkk."

1702. "Controle o Nervosismo e a **ANSIOSIDADE**, esse dueto é Maléfico à **HUMANIDADE**."

1703. "É triste dizer, mas o Racismo continua jogando **PARTIDAÇO**. Kkkkk. Estão aí as Novelas, VERÃO 90 e **DONA DO PEDAÇO**, onde inexistem Protagonistas Afrodescendentes, e os que conseguiram Trabalho desfrutam de insignificante **ESPAÇO**. Portanto, registro, aos Queridos Escravocratas, nosso fraternal **ABRAÇO**. Kkkkk."

1704. "Quantos trilhões por ano o Brasil viria **ECONOMIZAR** se 'data vênia' os Inoperantes Parlamentares (Vereador, Deputado e Senador) e suas Corriolas, não tivéssemos que **PAGAR**. Algum Sábio Economista pode nos **EXPLICITAR**? Kkkkk. PARLAMENTO VOLUNTÁRIO JÁ!"

1705. "Será que os Queridinhos do TITE E **NEYMAR**, kkkkk, conseguem da Seleção de Rejeitados que escalei algum Jogo **GANHAR**? Wanderley, Tchê Tchê, Dedé, Gustavo Henrique, Jorge, Alisson, Diego Pituca, Éverton Ribeiro, Gustavo Scarpa, Oscar e Bruno Henrique. Fabio, Marcos Rocha, Lucas Veríssimo, Geromel, Dodô, Júnior Urso, Willian Arão, Dudu, Everaldo, Thiago Neves e Marinho."

PUBLICADAS EM 8/6/2019

1706. "Aos Sábios que vivem contra o Árbitro de Vídeo **VOCIFERAR**, vos digo: A tecnologia é irreversível e onde houver Injustiça, deve **ATUAR**. Não é melhor alguns minutos o Jogo **PARAR**, que a safadeza de um Selecionado, com a Mão do Cão, vir uma Copa **BELISCAR**? Kkkkk."

1707. "Com mais de 62 mil pessoas sendo assassinadas por ano no Brasil, indago uma coisa **CHATA**: Não fazem Apologia ao Crime e Prestam Desserviço à Sociedade os Astros dos Esportes e da Mídia que numa riqueza de vernáculo, proferem rotineiramente, a exemplo, o termo **MATA--MATA**? Kkkkk."

1708. "Deus é Bom, mas também é um Fogo Devorador, ensina o **LIVRO SAGRADO**. Os sinais são patentes nos Castigos padecidos por alguns que viveram semeando o Vício, a Promiscuidade, o **PECADO**. Arrependam-se, senão o Chifrudo, por sua Imoral Ascensão, virá buscar um choroso **PUNHADO**."

1709. "Quem não te Respeita, não te Ama, simples assim. Kkkkk."

1710. "Se o Brasil supostamente é uma Baleia Ferida, um Navio prestes a **NAUFRAGAR**, por qual razão temos que **CONTINUAR** um bando de Políticos Inúteis e seus Comissionados a **ENGORDAR**? Kkkkk. Algum Honesto Economista pode **JUSTIFICAR**? Kkkkk."

1711. "Treinadores de Futebol que abdicam a Experiência e Habilidade de Jogadores Decisivos, porque não se submetem à insanidade de atrás de Laterais **CORRER**, devem chutes no bumbum **PADECER**? Kkkkk."

PUBLICADAS EM 15/6/2019

1712. "A Lei é o Freio da **SOCIEDADE**. Com a frouxidão na Legislação do Trânsito, Aquisição de Armas, Relaxamento da Legítima Defesa, avultará o Sangue Inocente, que rolará entre a **HUMANIDADE**. Sem **MALDADE**, é Sábio ou Idiota quem procede essa **INSANIDADE**? Kkkkk."

1713. "Com Auxílio Tecnológico, Erros de Arbitragens viram caso de Polícia, pois apenas sucedem através da MÁ-FÉ e CORRUPÇÃO. Kkkkk."

1714. "Com a falta de Moradia, os Hospitais, Escolas, Transportes Públicos sucateados, a brilhante POLITICUPUTAIADA de São Paulo está **EMPENHADA** em ver a Manguaça nos Estádios de Futebol **LIBERADA**. Não sabem o que é Prioridade ou verbas enrustidas irão dar uma **BELISCADA**? Kkkkk."

1715. "É lamentável ver a CBF (Confederação Brasileira de Futebol), a maior Emissora Televisiva e a melhor Jogadora de

Futebol, vinculando a droga denominada bebida alcoólica ao Futebol, prestando imensurável Desserviço à **POPULAÇÃO**. É lamentável o Preconceito contra a Mulher, TÉCNICA e na **LOCUÇÃO**, e, pelo último fato, sermos compelidos a ouvir os BERROS DO ILUSTRE **GALVÃO**. Kkkkk."

1716. "Há quase duas décadas, quando Prefeita, a Ilustre Marta Suplicy descredenciou as Empresas de Ônibus de São Paulo e, acreditem, Dezenas de Trabalhadores até hoje não receberam nenhum **TOSTÃO**. Os Brilhantes Empresários continuam nadando em dinheiro, zombando da Justiça e desfrutando de sua **LENTIDÃO**. Até quando, inertes, embananados, toleraremos tais safadezas na **NAÇÃO**? Kkkkk."

1717. "O fato do Magistrado conversar com a **ACUSAÇÃO**, por si só, não consiste Prova de Inocência de nenhum Herói da **CORRUPÇÃO**. Kkkkk."

1718. "Quando vieres mergulhar em **PESADELO**. Acorde e sentirás Alivio e fim do **DESESPERO**."

1719. "Quem efetivamente é **BOM**, não silencia, tampouco fica inerte, diante de injustas padecidas pelo **IRMÃO**. Simples Assim. Kkkkk."

PUBLICADAS EM 21/6/2019

1720. "Ao ver a Opressão contra o Pobre e o **FRACO**, lembro que desde os primórdios dizem: a POLITICUPUTAIADA é farinha do mesmo **SACO**, kkkkk. Será o Brasil um Queijo Suíço degustado por engordurado bando de **RATO**? Kkkkk."

1721. "Desconfie de Juramento Amoroso **IMOTIVADO**, ou poderás ser **LUDIBRIADO**. O Verdadeiro Amor é no dia a dia que fica **COMPROVADO**."

1722. "Me incomoda Técnicos e Jogadores possuírem cadeira cativa na **SELEÇÃO**. Com a similaridade reinante, outros merecem o mesmo **GALARDÃO**."

1723. "Não seja idiota, não sofra, não chore por Quem te **IGNORA**. A Felicidade, a Quem merece, sempre **AFLORA**."

1724. "Nitidamente atacando Decisões Uniformes de Competentes Julgadores de nossos Tribunais, os Empresários do Congresso Nacional mudaram a Legislação Trabalhista, em próprio benefício e dos seus, estabelecendo, a exemplo, a imoral Prescrição Intercorrente e compelindo o Trabalhador a pagar Honorários do Advogado do **PATRÃO**. Até quando, como bananas, vamos tolerar essas injustiças, Nobre **CIDADÃO**? Kkkkk."

1725. "Quando o Time de Futebol gasta fábula contratando Jogador **BADALADO** e o Treinador, não respeitando suas características, deixa-o no banco **SENTADO**, indago: Para que o Patrimônio do Clube não seja **DETERIORADO**, deve tal Técnico com chute no bumbum ser **AGRACIADO**? Kkkkk."

PUBLICADAS EM 29/6/2019

1726. "Com Gareca, Trauco, Cueva e Guerrero, todos com um fundinho BRASILEIRO, o Peru no Gramado não logrou êxito em **PENETRAR**. Kkkkk. Ao contrário, murcho, cabisbaixo, contra o Brasil não conseguiu em nenhum instante **ACORDAR**. Kkkkk."

1727. "Com Gustavo Gómez, Balbuena, Derlis González e Catito Hernandes, todos com fundinho **BRASILEIRO**, kkkkk, o Paraguai foi para Casa mais Cedo, chorar embaixo do **CHUVEIRO**. Kkkkk. Esse Técnico Argentino é um Bom **COMPANHEIRO**. Kkkkk."

1728. "Dizer que Reforma da Previdência, como a maléfica Trabalhista, irá aumentar o Emprego é Papo **FURADO**. Na verdade, o intuito é não Faltar Verbas, para manter o bucho da POLITICUPUTAIADA bem **ESTUFADO**. Kkkkk."

1729. "É engraçado observar Julgadores, com Afilhados, Companheiros e Familiares, navegando na Saudável **CORRUPÇÃO**, kkkkk, vindo apontar o dedo a outrem, por **SUSPEIÇÃO**. É risível ver os Heróis da Corrupção, recheando nossos Tribunais, evidentemente sem nenhuma **INTENÇÃO**. Kkkkk. É hilário ver os Agraciados não se declararem Suspeitos e

Julgar os Padrinhos, como se não lhes devessem nenhuma **GRATIDÃO**. Kkkkk."

1730. "Mentira seja Pequena ou **GIGANTE** é Sempre **REPUGNANTE**."

1731. "Meu Querido Corno, viva em **PAZ**. O fato de já ter sido traído não significa que não seja **MAIS**. Kkkkk."

1732. "Na Marcha para JESUS, observamos Garotos-Propaganda da Indústria Armamentista que vive da **MORTE, ÓDIO E A DOR**. Falsos Profetas, arrependam-se enquanto o Fogo Ardente não pesar sobre suas cabeças e de seus Entes Queridos, pois JESUS é a Expressão da **PAZ E O AMOR**."

1733. "No Futebol, os Árbitros que atuam nos Vídeos devem ostentar o Poder dos Tribunais, no caso Tribunal Tecnológico, corrigindo todos Erros perpetrados pelo **APITADOR SINGULAR**. Ganhar Título, como o Botafogo em 1995, com Gol Impedido do Túlio, nunca mais o Mundo deve **VISUALIZAR**. Aliás, por Questão Legal e Moral, o Santos FC, do Giovanni, daquela Competição, também Campeão, tem-se que **DECLARAR**."

PUBLICADAS EM 6/7/2019

1734. "Aqueles que visam de forma ilícita dar acusada, kkkkk, nos outros, com intuito de Verbas **BELISCAR**, cuidado. Denunciação Caluniosa é Crime e, além de ser condenado criminalmente, na Esfera Cível, indenizando o infeliz, irás se **LASCAR**. Kkkkk. Melhor ter pudor, vergonha na cara e **TRABALHAR**. Kkkkk."

1735. "Contra Selecionados ou Times **INSIGNIFICANTES**, por favor, algum Sábio me explique a Necessidade e Coragem de Jogar com dois **VOLANTES**? Perdoem, estou no Rol dos **IGNORANTES**. Kkkkk."

1736. "Jogadores com a habilidade de Daniel Alves, Marcelo, Jorge seriam mais úteis pudessem apenas o Time ARMAR, os Atacantes servir e Gols **ANOTAR**. Pena que nenhum daquela Profissão, que Torcedores, vez ou outra, os agraciam chamando de Burros, não venham tal fato **ENXERGAR**. Kkkkk."

1737. "Mesmo que os Queridinhos do Tite calcem Saltinhos Altos e, ao invés de Correr, venham **REBOLAR**, ainda assim será facílimo desse 'data vênia' IMPOTENTE E MOLE PERU o Torneio **BELISCAR**. Kkkkk."

1738. "Não fale de Assunto que não tenha **ESTUDADO**. Não seja injusto com Juiz, Promotor e **ADVOGADO**. Apenas cumprem as Leis Tiriricanas, kkkkk, elaboradas pelos Sábios, que com o Voto temos **AGRACIADO**. Kkkkk."

1739. "Os Medíocres temem Ceder Espaço a quem possui **VALOR**. Isto porque sua Sapiência virá à tona, sem Freio e **AMOR**. Kkkkk."

1740. "Procure falar menos e ouvir **MAIS**, mormente quando se tratar de seus **PAIS**. Digo isto porque estão dentre os raros que não almejam, sem piedade, te passar para **TRÁS**. Kkkkk."

1741. "Quando a pessoa é Mau Caráter, só Deus para **MUDAR**. Incrível que esses pilantras se iludem pensando a Todos **ENGANAR**. Kkkkk. Perdoe, se a carapuça em seus cornos veio **ENCAIXAR**. Kkkkk."

PUBLICADAS EM 13/7/2019

1742. "A Reforma da Previdência irá o Fraco e Oprimido **PREJUDICAR**. O Pobre, ao invés de 35 anos, terá que pagar 40 para da Aposentadoria Integral **DESFRUTAR**. Almejam também passar de 15 para 20 anos de Contribuição para o Cidadão dos Préstimos do INSS **DESFRUTAR**. Em suma, tirar Privilégios é uma coisa e Martirizar o Pobre é outra. Enfim, não dá para viabilizar a primeira, sem a pilantragem da segunda **PERPETRAR**? Kkkkk."

1743. "Admiro os transloucados que, com Promiscuidades, Putarias, Semeando os Vícios, Insanidades, logram êxito em **PROSPERAR**. Só não esqueçam que, cedo ou tarde, o Chifrudo virá seu quinhão **BELISCAR**. Kkkkk."

1744. "Observando um Governante que apenas viaja e tenta estrepar o sofrido **POVÃO**, festejando o final da Copa América, indago: Estaria com vontade de tirar proveito da **SITUAÇÃO**? Calma, amigo Bolsonhota (junção fina de Bolsa com Idiota), kkkkk, é só uma **INDAGAÇÃO**? Kkkkk."

1745. "Os Ricos conseguem dos vícios das drogas se **LIBERTAR**, porque ostentam Verbas para em Locais Dignos, com Infraestrutura, da moléstia se **TRATAR**. Os Pobres, por sua vez, nas Cracolândias culminam por se **LASCAR**. Kkkkk. Por tais motivos, nossos Governantes temos que **PARABENIZAR**. Kkkkk."

1746. "Quando o Peru começou a crescer em cima dos queridinhos do Tite, kkkkk, um Pênalti Mandrake veio os **AGRACIAR**. Logo, dá para as palavras do Messi acerca de armação **CONTESTAR**? Kkkkk. É vergonhoso, mas a Tecnologia safadezas não pode **CURAR**. Kkkkk."

1747. "Se errou, vire a página, procure o equívoco não mais **COMETER**. Nunca é tarde para o Caminho Certo do Bem **PERCORRER**."

PUBLICADAS EM 20/7/2019

1748. "Dizer que os queridinhos do Tite, mormente o Goleiro e os Zagueiros, foram Perfeitos contra Selecionados de Ataques **INOPERANTES** não é conversa de Puxa-Sacos, Interesseiros ou **IGNORANTES**? Kkkkk."

1749. "O Brasil está uma verdadeira **FORMOSURA**. Vemos a POLITICUPUTAIADA com Líderes podres de **GORDURA**, kkkkk, loucos para Revitalizar a saudável e rentável **ESCRAVATURA**. Kkkkk."

1750. "O Castigo daqueles que vivem nas Sombras dos Outros é nunca do Calor do Sol desfrutar. Kkkkk."

1751. "Passar a Vida Inteira fazendo a mesma coisa, 'data vênia', deve ser um tremendo MARASMO. Kkkkk."

1752. "Quando em estranha **DECISÃO** o Magistrado protege HERÓIS DA **CORRUPÇÃO**, não estaria com Temor de vir à tona sua enrustida **PODRIDÃO**? Kkkkk. Perdoe, se a carapuça encaixar nos cornos de Vossa Excelência, querido **IRMÃO**. Kkkkk."

1753. "Quem te Ama de **VERDADE**, não aceita você como é, mormente se praticar **INSANIDADE**. Amor é querer bem, nos estimular a **PROSPERIDADE**. Pensamento adverso é pura **FALSIDADE**. Kkkkk."

PUBLICADAS EM 27/7/2019

1754. "A Cultura, o Estudo consistem na Maior **RIQUEZA**. Um bando de ricos idiotas, atestam o significado da Verdadeira **POBREZA**. Kkkkk."
1755. "Causa deveras tristeza aos **PAIS**, quando observam os filhos, carinhosamente se tratando como verdadeiros **ANIMAIS**. Kkkkk."
1756. "Os Jogadores de Futebol, mormente dos Grandes Times, têm a Vida que toda População almeja ser **AGRACIADA**. Comem, bebem, treinam, viajam, possuem a Conta Bancária **RECHEADA**. Kkkkk. Logo, não dá para entender, Atacantes que não sabem Chutar, Cabecear, Gols anotar, e Zagueiros como Vacas Loucas pretender findar a **JOGADA**. Kkkkk."
1757. "Por que temos que engordar um bando de Marajás e seus puxa-sacos, se falta Infraestrutura nos Hospitais Públicos para Vidas **SALVAR**? Tem algum Sábio que consiga **EXPLICAR**? Kkkkk."
1758. "Por vezes, temos que um Passo Atrás **ENCETAR**. Contudo, não perdendo o intuito de que sirva, para Frente nos **IMPULSIONAR**."
1759. "Quem acredita no Homem culmina **VIOLADO**, até porque contraria o LIVRO **SAGRADO**."

PUBLICADAS EM 3/8/2019

1760. "Ao contrário do que mencionam alguns Xenofóbicos, o Santos Futebol Clube possui Elenco para ser Campeão **BRASILEIRO**. Basta que não coloquem saltinhos altos e rebolem o bumbum, ao invés de jogar com Raça e **ESMERO**. Kkkkk."

1761. "Não espere de quem é Transloucado, **CRETINO**, nada além de vômito e **DESATINO**. Kkkkk."

1762. "O Glorioso Palmeiras atualmente é **SELEÇÃO**. Mesmo com o Ilustre Técnico que nos fez Chupar de 7 a 1 do Selecionado **ALEMÃO**, kkkkk, e o currículo demonstra no Gol não gostar de **NEGRÃO**, kkkkk, se não morder o Mundial agora, nunca mais, querido **PORCÃO**. Kkkkk."

1763. "O MISTER JORGE dois quadros fixos no Flamengo deve **INCREMENTAR**. NA LIBERTADORES: 1- Diego Alves, 2- Rafinha, 3- Pablo Marí, 4- Thuler, 6- Filipe Luís, 5- Cuellar, 8- Willian Arão, 10- Éverton Ribeiro, 7- Bruno Henrique, 9- Gabriel, 11- Arrascaeta. NO BRASILEIRO: 1- César, 2- Rodinei, 3- Rhodolfo, 4-Léo Duarte, 6- Renê, 5- Rodrigo Caio, 10- Vitinho, 8- Gerson, 7 Reinier, 9- Lincoln, 11- Berrío. Assim, terás um time de frescos, kkkkk, na quarta, e outro no domingo para **JOGAR**. Com Elenco Desmotivado, apenas com seus afrescalhados beijinhos, kkkkk, nada irás **BELISCAR**."

1764. "Quando Escravocratas estão no **PODER**, o Trabalhador morre e não consegue seus Direitos **RECEBER**, nos Hospitais Públicos, podres, sem médicos, Genocídio vem **SOFRER**, nas calçadas, debaixo de pontes, locais indignos, é compelido a **SOBREVIVER**. Desfrutem, pois, cedo ou tarde, o Chifrudo com o garfo kente fará seus bumbuns e de seus Entes Queridos **PERECER**. Kkkkk."

1765. "Quando fores para o buraco, kkkkk, beliscarão tudo que vieres **TER**, kkkkk, menos o Conhecimento oriundo dos Diplomas que venhas **OBTER**."

1766. "Quem não respeita seu modo de **SER**, indubitavelmente profere falsidade, se vier de Amor **DIZER**. Kkkkk."

1767. "Se estás com vontade de morder a fronha e o bumbum **ARREBITAR**, kkkkk, enfim, de algum modo **ACASALAR**, vá para o Hotel, pois, em Público, na Casa alheia, de bom alvitre as crianças, os outros sempre **RESPEITAR**. Kkkkk."

PUBLICADAS EM 10.08.2019

1768. "Não faz sentido o Verdão tanta gente **CONTRATAR**, se o Técnico que fez a gente vergonha de 7 a 1 da Alemanha **CHUPAR**, kkkkk, queima geral e apenas coloca em Campo seus queridinhos Weverton, Felipe Melo, Wiliam e Dudu, para **JOGAR**. Kkkkk."

1769. "O Sampaoli deve da traseira, no bom sentido, melhor **CUIDAR**. Kkkkk. Compelir os Atacantes a Pontaria e Chutes **APERFEIÇOAR**. Ao invés de tatuar o bumbum, kkkkk, aguçar os Meias a Passes, Lançamentos e em Gols se **APRIMORAR**. Assim, continuará Ministrando Aula, no sentido de como Futebol **JOGAR**. Kkkkk. Consagrando o Peixe Campeão, fará os xenofóbicos virem **CHUPAR**. Kkkkk."

1770. "Quando a pessoa está morrendo **AFOGADA**, tem que ser, com rigor, **NEUTRALIZADA**, para não sucumbir junto com quem veio resolver a **PARADA**. Entenderam, ou uma Besta, tenho que dar uma **DESENHADA**? Kkkkk."

1771. "Quiçá não fossem os Obstáculos que tivestes que ultrapassar para **SOBREVIVER**, não virias angariar Forças para na Vida **CRESCER**."

1772. "Se nunca Errou no **PASSADO**, atire a Primeira Pedra, Cabra **SAFADO**. Kkkkk."

1773. "Se Pai ou Mãe não viestes **CONHECER**, dê Valor àqueles cuja Vida culminou por **CONCEDER**. Se, porventura, os de sangue **APARECER**, esqueça a Mágoa e aproveite o Restante do Tempo que Deus lhe outorgue **VIVER**."

PUBLICADAS EM 20/8/2019

1775. "A Pessoa Falsa, Traiçoeira, Interesseira, cedo ou tarde, faz suas Qualidades **RESPLANDECER**. Kkkkk. Sem exalar Veneno não conseguem **VIVER**. Kkkkk."

1776. "A Punição daqueles que vierem o Companheiro **LESIONAR** é ficar Afastado por Tempo Igual, e quitar seu Salário até se **RECUPERAR**. Futebol é para Ser Humano, não Cavalo **JOGAR**. Kkkkk."

1777. "Diga-me PESSOA **ABESTADA**. Kkkkk. No termo: A ESCOLA FECHOU POR CAUSA DO LIXO, é porque o Lixo está próximo à Escola ou por causa do Lixo da **POLITICU-PUTAIADA**? Kkkkk."

(Tema veiculado na TV Globo no Programa Profissão Repórter em 14/8/2019)

1778. "Infelizmente o Povo se livra de VERMES DA **CORRUPÇÃO** e cai nas Garras de Safardanas, Iguais e Loucos para REVITALIZAR A **ESCRAVIDÃO**. Kkkkk. Desculpe, se a Carapuça em seus Cornos se amoldar, querido **IRMÃO**. Kkkkk."

1779. "Morrem em média 50 Mil Pessoas nas Estradas por ano no Brasil, fora as Milhares que ficam Mutiladas para Sempre e Centenas por Tempos, no Leito, **DOENTE**. Com a Frouxidão da Lei, diminuindo o número de Radares, indago: essa medida é fruto de Sábio ou **DEMENTE**? Kkkkk."

1780. "Observando o destino de Nenê e Diego Souza, somada a passagem no Peixe, patente que o Técnico Tricolor, com Jogadores de Maior Experiência e Estrangeiros, não aprecia **LABORAR**. Diante disso, quem será que o compeliu goela abaixo as últimas Contratações ter que **TOLERAR**? Kkkkk."

PUBLICADAS EM 24/8/2019

1781. "Infelizmente, no Brasil, mais de 50 Mil Pessoas por ano morrem **ASSASSINADAS**. Portanto, a Frouxidão na Lei, facilitando a Compra e Posse de Armas de Fogo, é coisa de Sócios Ocultos da perniciosa Indústria Armamentista, ou de Pessoas **TRANSLOUCADAS**? Kkkkk."

1782. "Mil vezes, quem possui Sede de Justiça, mas por vezes culmina por **EXACERBAR**, que os Heróis da Corrupção, que apenas almejam os Cofres Públicos **SAQUEAR**. Kkkkk."

1783. "Não existe coisa mais sem graça que um idiota fazendo gracinha. Kkkkk."

1784. "Os Presidentes dos Clubes de Futebol, prejudicados pela Arbitragem, hoje com o Auxílio Tecnológico, ou seja, SEM DESCULPAS PARA **ERRAR**, têm Obrigação de na Justiça seus Direitos **POSTULAR**. O Vídeo será a Prova da safadeza, que, porventura, venham **PERPETRAR**. Kkkkk."

1785. "Os Técnicos de Futebol que destroem o Patrimônio dos Clubes, não deixando Jogadores Habilidosos **ATUAR**, apenas porque, a exemplo de Zico, Maradona e Messi não sabem **MARCAR**, merecem que os Presidentes venham seus RABOS **CHUTAR**? Kkkkk."

1786. "Tem Expert, formador de opinião, vociferando contra o Árbitro de Vídeo no Futebol, como se outrora fosse **MELHOR**. Me apontem algum equívoco que o GOL DE MÃO DO MARADONA SEJA **PIOR**. Kkkkk."

1787. "Você que nas sombras tem feito os Fracos e Oprimidos Servos de Deus **SOFRER**, é a Céu Aberto e junto a seus Entes Queridos que, com o Fogo Ardente da Justiça Divina, irás **PERECER**. Melhor enquanto há Tempo se **ARREPENDER**."

PUBLICADAS EM 31/8/2019

1788. "Ilustres Integrantes da FIFA, é evidente que as Equipes de Árbitros de Vídeo ostentam melhores condições que a de Campo para fazer Justiça no Futebol **REINAR**. Assim, todos os Erros Cruciais o Tribunal Tecnológico deve **REPARAR**. E mais, não é necessário que até a Decisão o Jogo venha **PARAR**, exceto para o Gol ou não **VALIDAR**."

1789. "Imaginem se alguns Astros e Estrelas da Música tivessem que sob o crivo de Jurados Idiotas **PASSAR**. É possível que a Genialidade deles não iríamos **DESFRUTAR**."

1790. "Mil vezes um Sábio desconhecido, que um famoso imbecil, sem conhecimento. Kkkkk."

1791. "O desejo de todo Governante Escravocrata e sem **NOÇÃO** é Exterminar os Direitos Trabalhistas e Revitalizar a **ESCRAVIDÃO**. Assim, sobrará mais dinheiro, para os Empresários que forem Safados patrocinarem sua **ELEIÇÃO**. Kkkkk."

1792. "Pare de Riqueza e Felicidade na Internet **OSTENTAR**. Além da Bandidagem, está cheio de Zoio Gordo pra te **SECAR**. Kkkkk."

1793. "Por que almejam acabar com a Aposentadoria dos **POBRES**? Não seria pra não Faltar Dinheiro para pagar os Barrigudos, Embanhados do Poder, que adoram ser chamados de **NOBRES**. Kkkkk."

1794. "Sinceramente, o Amor à Pelota do Sampaoli está deixando a **DESEJAR**. Contrata o Cueva e Uribe, mas não os deixa **JOGAR**. O Lateral Jean Mota de Centroavante quer **INVENTAR**. Vanderlei e Luiz Felipe não deixa **ATUAR**, prefere seus queridinhos Éverson e o estabanado Felipe Aguilar **ARREBENTAR**. Põe o Time atacando, como loucos, mas não cuida da traseira, kkkkk, onde qualquer um consegue **PENETRAR**. Kkkkk. Assim, a exemplo, dos Campeonatos Paulista, Copa do Brasil e Sul Americana, novamente iremos **CHUPAR**. Kkkkk."

PUBLICADAS EM 7/9/2019

1795. "Calúnia, Injúria e **DIFAMAÇÃO**, além de constituir Crime, via de regra, são oriundas de quem ostenta a mente eivada de LIXO E **INGRATIDÃO**. Kkkkk."

1796. "Não adianta com sorrisos largos, falsas bondades, sua Maldade **CAMUFLAR**. O lixo exarado de sua boca seu bom Caráter irá **REVELAR**. Kkkkk."

1797. "O Árbitro de Vídeo não veio para **CONFUNDIR**, mas sim para Justiça no Futebol **INSTITUIR**. Mas isso é difícil para mentes ultrapassadas, retrógadas, encruadas **DISCERNIR**. Kkkkk. Certamente o Gênio Chacrinha onde estiver, sendo lembrado com essa idiotice, está morrendo de raiva e **RIR**. Kkkkk."

1798. "Parabéns aos brilhantes Ganso e Thiago Neves pela Coragem de burrices **DENUNCIAR**. Basta de mordaça nos verdadeiros Protagonistas do Futebol, os Jogadores, **COLOCAR**. Basta do Abuso de Autoridade no Mundo **REINAR**. Não tenham medo, protestem, mas não venham idiotices de Comandantes dementes ou incompetentes **ACATAR**. Kkkkk."

1799. "Quem já viu Aldair, Mozer, Juan, Márcio Santos e Roque Júnior **JOGAR**, dá raiva de ver os Baixinhos, do Miolo de Zaga, queridinhos do Tite, de cadeira cativa na Seleção **DESFRUTAR**. Kkkkk".

1800. "Quem tem coragem de elogiar os outros pelas costas, demonstrando BEM **QUERER**, kkkkk, indubitavelmente, exala o mesmo veneno a seu respeito, sem que venhas **SABER**. Kkkkk."

1801. "Se a Leila Pereira e o Alexandre Mattos fazem do Palmeiras verdadeira **SELEÇÃO**, e o Ex-Técnico só escalava seus queridinhos, e deixava os outros no banco engordando o **POPOSÃO**, dizer-se que a culpa dos fracassos seria dos primeiros consiste em imensurável **INGRATIDÃO**. Assim, concito os Proficientes Leila e Alexandre a adotarem o MAIOR DO LITORAL, tê-los no **PEIXÃO** será muito **LEGAL** e certamente no SANTOS beliscarão o sonhado **MUNDIAL**. Kkkkk."

1802. "Se Caim matou Abel, por inveja do **IRMÃO**. Devemos nos afetar com quem tem o Comportamento traiçoeiro de EVA I **ADÃO**? Kkkkk."

1803. "Se o Time pode inúmeros Jogadores **CONTRATAR**, por que não ter Treinadores Diferentes para Campeonatos simultâneos **DISPUTAR**? Fica a dica, para quem tem sapiência e coragem de **INOVAR**. Kkkkk. Aliás, nossa ideia abrirá mais espaço, quer para Treinadores como Jogadores no ostracismo seu valor **DEMONSTRAR**."

1804. "Sem **MALDADE**, mas 'data vênia' vivemos a Era da Glória da **IMBECILIDADE**. Kkkkk."

PUBLICADAS EM 21/9/2019

1805. "A **SOLIDÃO** consiste numa magnífica Fonte de **REFLEXÃO E CRIAÇÃO**. E mais, nos outorga Paz, Liberdade, da qual é loucura abrir **MÃO**. Kkkkk."

1806. "Me enoja pseudoícones **MIDIÁTICOS** puxando o saco daqueles que massacram o Povo, são imprestáveis e **LUNÁTICOS**. Kkkkk."

1807. "O Sampaoli deve cobrar, dar liberdade e ritmo para o Cueva e o Jorge, para além de Gols os Atacantes **MUNICIAR**. Coloque o Soteldo, Derlis González, Marinho e Venuto, para Chutes **TREINAR**, pois são habilidosos, mas não têm sede de Gols **MARCAR**. Quanto ao filho da Xuxa, kkkkk, que não cansa de Gols **DESPERDIÇAR**, e o Estabanado Aguilar, procure seu amor e protecionismo **MODERAR**, kkkkk, e se possível trate do Rodrigão **REPATRIAR**. Caso contrário, sem até a Classificação para a Libertadores iremos **CHUPAR**. Kkkkk."

1808. "Observando imbecis a Beleza Alheia **COMENTAR**, fica a impressão que consistem a Oitava Maravilha que veio no Mundo **HABITAR**. Kkkkk."

1809. "Por mais que façamos, sempre querem **MAIS**. Por tais motivos, entendo quem prefere os **ANIMAIS**. Kkkkk."

1810. "Procure a cada dia **CRESCER**, angariar Conhecimentos e **AMADURECER**. Teimosia, prepotência, ignorância, rancor e ingratidão culminam apenas por **APODRECER**. Kkkkk."

1811. "Quem não tem Honra, Disciplina e desconhece o significado de **HIERARQUIA**, não é um Ser Humano é uma tremenda **PORCARIA**. Kkkkk."

1812. "São falsas as Juras de **AMOR** de quem não te respeita e lhe causa **DISSABOR**. Kkkkk."

1813. "Se é para sair e virem te **ESTRESSAR**, fique em casa sossegado, aproveite para **DESCANSAR**. Kkkkk."
1814. "Todo empresário, escravocrata, **SAFADO**, kkkkk, explora o empregado, não gastando com ele por mês o que paga numa dose de whisky **IMPORTADO**."

PUBLICADAS EM 28/9/2019

1815. "Cantar é uma coisa, berrar é outra. Kkkkk."
1816. "Como um Sábio ensinou, as Palavras são Ofensivas, dependendo de quem as Profere. Kkkkk."
1817. "Meu querido Corrupto, que já sentiu a dor de Entes Queridos vindo por seus Malefícios **PAGAR**, mas que insiste a Todos **ENGANAR**, vos digo: Arrependa-se, confesse sua **PODRIDÃO**, entregue os Companheiros de **COMUNHÃO**, antes que o Chifrudo venha buscar de outro Inocente ou de ti, pessoalmente, seu amargo **QUINHÃO**."
1818. "Parabéns aos Pais que pecam por excesso de Zelo e **PREOCUPAÇÃO**. Parabéns aos omissos, que, sob argumentos de Amor, Carinho e Liberdade, não educam e criam Criminosos para a **NAÇÃO**. Kkkkk."
1819. "Quando se veem pilantras beliscando quase 40 mil por mês, sem nenhuma utilidade para a **NAÇÃO**, atacando os Direitos de quem recebe Verdadeira Miséria, que no fim do mês não sobra qualquer **TOSTÃO**, a quem tem Sede de Justiça outorga imensa **SATISFAÇÃO**. Kkkkk."
1820. "Saber o que é **HIERARQUIA** não se confunde com acatar Ordens de Idiota, que é falta de **SABEDORIA**. Kkkkk."
1821. "Tem Técnico de Futebol que fica na beira do Campo, como boneca **TRANSLOUCADA**, faz do Time verdadeira **SALADA**, protege queridinhos, mais que **NAMORADA**, contrata Jogadores para no banco ficar com a bunda **CALEJADA**, e apesar de beliscar pomposa **BOLADA**, entra Campeonato, sai Campeonato e não ganha **NADA**. Kkkkk."

1822. "Um país que por quase 400 anos desfrutou da **ESCRAVI-DÃO**, onde os Afrodescendentes, por quase 70 anos, apenas desfrutaram de Papéis Medíocres no TEATRO, CINEMA E **TELEVISÃO**, é um absurdo nunca ter beliscado o OSCAR DO RACISMO, nesse **MUNDÃO**. Kkkkk."

PUBLICADAS EM 5/10/2019

1823. "O Artista tem que ir aonde O POVO ESTÁ, não servir de chacota de Jurados Idiotas, que almejam aparecer e em nada na Vida vêm acrescentar. Kkkkk."

1824. "O Boi solto no Pasto não tem seu direito de ir e vir **VILIPEN-DIADO**, come à vontade e **SOSSEGADO**, kkkkk, fato que não sucede com aquele com o pescoço **AMARRADO**. Kkkkk."

1825. "O Neto tem que parar com essa bobagem do Veloso de cabelinho de boneca **CHAMAR**. Kkkkk. Digo isto porque, como se viu, com o sensível Cuca a Moda veio **PEGAR**. Kkkkk."

1826. "Parem de Treinadores de Futebol despidos de inteligência de Burro **CHAMAR**, pois até Jesus veio nas costas **CARREGAR**. Portanto, tratem do utilíssimo Animal **RES-PEITAR**. Kkkkk."

1827. "Quando o Juiz é descarado, injusto e nitidamente, AFRONTA O BOM SENSO DA **POPULAÇÃO** para beneficiar, quiçá, seus comparsas, os HERÓIS DA **CORRUPÇÃO**, não deixa em surto quem seja HONESTO **CIDADÃO**? Kkkkk. Qualquer semelhança com a realidade é fruto de sua **IMAGINAÇÃO**. Kkkkk."

1828. "Quem vive atacando os Direitos do Trabalhador e sentado no colo do ESCRAVOCRATA **PATRÃO**, por favor, venha nos convencer, que, de forma enrustida, não está mordendo nenhum **TOSTÃO**. Kkkkk."

1829. "Se já matam nas periferias, os Pretos e Pobres à **VON-TADE**, imaginem se a Lei facilitar essa **MALDADE**. O ideal é que ninguém possua arma letal na **HUMANIDADE**."

1830. "Tomara que o Tempo nos traga mais Tolerância, **GRATIDÃO**, e leve a Teimosia, Idiotice, para não ingerirmos apimentado **SUKUZÃO**. Kkkkk."

PUBLICADAS EM 12/10/2019

1831. "Filhos que não entendem a Simplicidade, Preocupação e Dedicação dos **PAIS**, seriam inteligentes ou **BESTIAIS**? Kkkkk. Se redimam, antes que seja tarde **DEMAIS**."
1832. "O fato dos Torcedores cantarem, em coro, a verdade: 'NÃO É MOLE **NÃO**, FULANO DE TAL, AFUNDOU A **SELEÇÃO**'. Kkkkk, não justifica que o mesmo, mostrando fineza e **EDUCAÇÃO**, mostre o dedo levantado do centro da **MÃO**. Kkkkk. Será que a CBF, o Tribunal Desportivo irão fazer Vistas Grossas ou lhe agraciar com exemplar **PUNIÇÃO**?"
1833. "O Técnico de Futebol não ostenta Direito de ficar Berrando, Proferindo Xingamentos contra o **JOGADOR**. Essa atitude é **ILEGAL**, pois, no mínimo, caracteriza Assédio **MORAL**. Logo, se és Incompetente, Ultrapassado e não tens Controle **EMOCIONAL**, saia de Cena, por **FAVOR**, digo isto com o coração repleto de **AMOR**. Kkkkk."
1834. "O Tempo passou, você não evoluiu, suas ideias não colidem, ao contrário, continuam as mesmas de um **ADOLESCENTE**? Então não restam dúvidas, és um **DEMENTE**. Kkkkk."
1835. "Para o glorioso idiota, kkkkk, FALTA DE RESPEITO não passa de **MI-MI-MI**, pois sua inteligência, a diferença entre um e outro, não consegue **DISCERNIR**. Kkkkk."
1836. "Procure angariar Forças, para os outros **AUXILIAR**. Na fraqueza, nessa Missão, ambos irão **NAUFRAGAR**. Kkkkk."
1837. "**TEIMOSIA**, embora rime, não guarda nenhuma relação com **SABEDORIA**. Kkkkk."
1838. "Tenha Vergonha na **CARA**, corte relação, mantenha distância, outorgue Paz às Pessoas Ingratas, que Não Respeitam e Te Julgam um **MALA**. Kkkkk."

PUBLICADAS EM 19/10/2019

1839. "Busque a Felicidade dentro de você, mormente por desfrutar da Dádiva de **VIVER**. Se depender dos outros ou vícios, certamente irás se decepcionar e **SOFRER**. Kkkkk."

1840. "É muito gostoso nomear Juízes para os Tribunais, para, se levarmos Acusada, kkkkk, virem nos **JULGAR**. Será que é por tais motivos que assistimos Ministros, quase tendo infarto, elaborando Leis, criando Teses, para Heróis da Corrupção **AGRACIAR**? Kkkkk. Afinal, é a Safadeza ou a Gratidão que deve ocupar o Primeiro **LUGAR**? Será que a Justiça ainda está posta, para os poderosos e abastados **BENEFICIAR** e os pretos, pobres e prostitutas **ESTREPAR**? Kkkkk."

1841. "Infelizmente, aqueles que deveriam o **REVERENCIAR** ou no mínimo **RESPEITAR**, também são os mais aptos as suas costas **APUNHALAR**. Judas Iscariotes não desmente meu **BRADAR**. Kkkkk."

1842. "Nunca antes nesse País, visualizamos um Condenado ao Regime Fechado, recusando benefício do SemiAberto, inerente a **PROGRESSÃO**. Seria por causa dos privilégios que desfrutam, também no Cárcere, nossos Heróis da **CORRUPÇÃO**? Kkkkk."

1843. "O Dorival, mal chegou no Flamengo, veio o goleiro Diego Alves **AFASTAR**. Se gasta uma fortuna com o Arrascaeta e o Abel o deixava com o Bumbum no banco a **ENGORDAR**. O Sampaoli, apesar de solicitar, nunca outorgou oportunidade digna, ritmo para o Cueva seu Futebol **DEMONSTRAR**. O Mister Jorge escolheu seus 11 queridinhos, e os usa até virem se **ARREBENTAR**, ou seja, não sabe o Elenco **UTILIZAR**. O Carille põe o velho artilheiro Love, atrás de Lateral para **MARCAR**, não permite que o Pedrinho e o Mateus Vital venham se **ENCAIXAR**, pede o Everaldo, Matheus Jesus e Ramiro, e não os deixa **JOGAR**. O Mano sequer contra Times pequenos, do casalzinho de Volantes consegue **ABDICAR**. Não outorga chance do Lucas Lima com o Scarpa virem se **ENTROSAR**. Depois reclamam que a Bola com qualidade no Ataque não vem **CHEGAR**. Sinceramente, está difícil essa raça **AGUENTAR**. Kkkkk."

1844. "Parabéns ao Roger Machado e Marcão, por finalmente virem **ACORDAR**, e a Bandeira contra o Racismo no Futebol **LEVANTAR**. Além de Treinadores, na Mídia, são raros os que estão a **TRABALHAR**. Nunca assisti um Negro vir um Jogo da Seleção **NARRAR**. Goleiros Negros em Times Grandes e Seleção nem **PENSAR**, fazem de tudo para o Tapete **PUXAR**, o Sidão, Jailson e Aranha não desmentem meu **BRADAR**. E por quê? Vieram o saudoso Barbosa pela perda da Copa de 50 **CRUCIFICAR**. O Castigo foi o branquinho, queridinho do FELIPÃO E **GALVÃO**, de 7 a 1, fazer a gente em CASA chupar, do Selecionado **ALEMÃO**. Kkkkk."

1845. "Semear os Vícios e a Promiscuidade, enfim ganhar dinheiro com malefícios que culminam por gerar desgraças na Sociedade, traz muito **AZAR**. Vejam o que sucedeu com muitos que cigarros e bebidas vieram **PROPAGAR** e outros que cânticos de apologia ao crime e putisticos viviam a **VEICULAR**. Kkkkk. Arrependam-se, enquanto o Chifrudo não venha seu doce quinhão **BUSCAR**. Kkkkk."

PUBLICADAS EM 26/10/2019

1846. "Com a Espetacular Obra Humanitária promovida pelo SBT, TELETON e AACD, indubitavelmente o REI DA TELEVISÃO, SILVIO SANTOS, será perdoado pelos pecados que **COMETER**. Logo, quando desse Mundo partir, é São Pedro nos Céus, e não o Chifrudo no Inferno com o garfo kente que irá o **RECEBER**. Kkkkk."

1847. "Eu não tenho estômago para puxar o saco de políticos safados, que massacram o Povo para obter privilégios e **GALARDÃO**. Contudo, não é assim que pensam alguns Artistas Anencéfalos com o bumbum **GRANDÃO**. Kkkkk."

1848. "Imaginem se todo dinheiro gasto, com o devido respeito, inutilmente com Vereadores, Deputados, Senadores e seus Puxa-Sacos fosse destinado para a Saúde Pública **MELHORAR**? Indubitavelmente, teríamos Albert Einstein e Sírio-Libanês EM TODO **LUGAR**, e com isso o GENOCÍDIO NOS HOSPITAIS PÚBLICOS conseguiríamos **EXTERMINAR**.

Criem Coragem e, junto com o MACHÃO REYCK LOVIS, kkkkk, PARLAMENTO VOLUNTÁRIO JÁ venham **GRITAR**."

1849. "Na Televisão Brasileira, não temos Programa que tenha como Público-Alvo a Velha Guarda, que curte Belas Vozes e **MENSAGENS**. Assim, concito os Mandachuvas Midiáticos a incrementar um Programa Semanal, denominado Sucessos Eternos, com Apresentação Alternada de Alcione e Moacir Franco; Vanusa e Agnaldo Timóteo; Wanderléa e Martinho da Vila; Elza Soares e Agnaldo Rayol, etc., onde Estrelas e Astros Sêniores possam o Trabalho demonstrar, sem padecer **SACANAGENS**."

1850. "O segredo da bacia do banheiro não **ENTUPIR** é quebrar o monstro de farinha e chocolate petrificado que de seu rabo vier **ADVIR**. Kkkkk."

1851. "Os Árbitros de Futebol doravante com Cartões devem agraciar os Treinadores Transloucados que virem com impropérios seus Jogadores **TRATAR**. Basta desse Assédio Moral, o RESPEITO EM PRIMEIRO **LUGAR**. Ninguém merece exercer suas funções tendo um Xarope, com Palavrões, Maus Tratos, no seu ouvido a **VOMITAR**. Kkkkk."

1852. "Se os Jogadores do Flamengo não colocarem Saltinhos Altos e o Mister Jorge aprender melhor o Elenco **DESFRUTAR**, preservando a Saúde dos que não pode **ABDICAR**, conseguirá o Brasileiro, Libertadores e o Mundial **BELISCAR**. Com isso, quiçá os Treinadores Ultrapassados se reciclem ou, saindo de cena, venham o Futebol **AGRACIAR**. Kkkkk."

1853. "Se percebes que algo culmina por o **DESVIRTUAR**, seja inteligente, trate desse malefício se **AFASTAR**."

PUBLICADAS EM 2/11/2019

1854. "É ridículo, por causa do pelo do sovaco, impedimentos **MARCAR**. Kkkkk. É risível Esporte praticado com os pés, Laterais com as mãos **ARREMESSAR**. Assim, de rigor, mudanças em tal Legislação se **ENCETAR**. Primeiro, para caracterizar Impedimento, o Jogador deve ter um corpo inteiro à frente do último adversário que na zaga venha **ESTAR**. Segundo, todas as Cobranças de Laterais deverão ser efetuadas com os pés, basta de Jogadores arrebitando o bumbum, quebrando a munheca para bolas **LANÇAR**. Kkkkk. De sorte que venha SR. GIANNI INFANTINO, PRESIDENTE DA FIFA, tais mudanças no Futebol **INCREMENTAR**. Vamos evoluir, inovar, não ouça os retardados, que da mesmice, raiz do ultrapassado, não conseguem se **LIBERTAR**. Kkkkk."

1855. "Ele fez o Santos uma fortuna com um zagueiro estabanado **GASTAR**, quando possuímos Lucas Veríssimo, Gustavo Henrique e Luiz Felipe, bem superiores aos baixinhos que, dentre os queridinhos de Tite, possuem cadeira cativa para **JOGAR**. Compeliu uma fábula com o Cueva **TORRAR**, e deteriorando o Patrimônio do Clube não o coloca para **ATUAR**, o mesmo sucedendo com Bryan Ruiz e Uribe, que só têm feito o bumbum **ENGORDAR**. Kkkkk. Disputou quatro Campeonatos e nada veio **BELISCAR**. As vantagens é que o Peixe, fora da Vila, deixou de **APANHAR** e alguns Estrangeiros, perseguidos por xenofóbicos, puderam o Trabalho **DEMONSTRAR**. Em suma, sinto que fizemos papel de **BOBO**, o Sampaoli até agora foi muita fumaça e pouco **FOGO**. Kkkkk."

1856. "Há que se falar em MÍDIA LIVRE, INDEPENDENTE, quando se trata de CONCESSÃO **GOVERNAMENTAL**? Será que não temem afrontar a Politicupaida e a benesse ir para Casa do **ESCAMBAL**? Kkkkk."

1857. "Há que se falar em Poder Judiciário Independente, quando Procurador Geral da República, Desembargadores, Ministros do Supremo são conduzidos aos Cargos pelas mãos, nem sempre limpas e sem interesse, da **POLITICUPUTAIADA**? Kkkkk. Não seria por Mérito e Antiguidade que qualquer Promoção deveria ser **OUTORGADA**? Calma, é só duas perguntinhas no ar, vamos comer uma **BANANADA**? Kkkkk."

1858. "Não venha me falar de Equívocos **PASSADOS**. O Tempo serve para sermos **APERFEIÇOADOS**, não nas mesmas idiotices permanecermos **ENCRUADOS**. Kkkkk."

1859. "O Quadro SHADOW **BRASIL** dá-se a impressão que foi inspirado no veiculado pela RÁDIO CUMBICA, denominado 'QUEM É O CANTOR MISTERIOSO?', apresentado pelo Saudoso GOMES DA SILVA, logo, pela inteligência quero Parabenizar o Brilhante **RAUL GIL**. Todavia, o número ilimitado de Participações dos Competidores gera falta de Oportunidades a outros. Assim, sugiro que, havendo Três Classificações, o Artista seja remetido às **FINAIS**. Com a devida 'vênia', além de aguentarmos os Jurados, sermos compelidos ver os mesmos Participantes fica chato **DEMAIS**. Kkkkk."

1860. "Observo muitos chorando por causa de Político que, é patente, consiste em CORRUPTO, **LADRÃO**, mas não vejo o mesmo fervor CONTRA OS QUE PERDEM A VIDA EM HOSPITAIS PÚBLICOS PODRES DA **NAÇÃO** e os Injustiçados, Presos por terem a Pele Diferente da insuspeita **BRANQUIDÃO**. Kkkkk."

1861. "Se não fizeste nada, mas veio **DESCANSAR**, parabéns, em você começaste a **PENSAR**. Kkkkk."

1862. "Se todo Artista Famoso outorgasse Espaço para UM **DESCONHECIDO**, quiçá teríamos um Povo Culturalmente menos **EMPOBRECIDO**."

1863. "Via de regra, o Pai outorga ao Filho melhores condições para que possa ser melhor ou não? Kkkkk."

PUBLICADAS EM 16/11/2019

1864. "A CBF deveria para o Tite, Taffarel e seus Queridinhos, tais como Thiago Silva, Marquinhos, Alex Sandro, Casemiro, Arthur, Firmino e outros, um Busto **EDIFICAR** e dessa raça nos **LIVRAR**. Kkkkk. Para o ano vindouro, apesar de não saber usar Elenco, é JORGE JESUS e RENATO GAÚCHO que ostentam Mérito para Seleção Brasileira **COMANDAR**. Estamos com o saco cheio desses Adoradores da Mesmice, de Volantes, Retranqueiros, que almejam o Futebol Arte **ENTERRAR**. Kkkkk."

1865. "Contra a Reforma Trabalhista feita pelos Empresários do Parlamento, com objetivo do TRABALHADOR **ESTREPAR**, a exemplo, se perder a Causa, o Advogado do Patrão terá que **PAGAR**, não vemos nenhuma Voz se **LEVANTAR**. Se é para ter uma Justiça para os INFLUENTES e PODEROSOS ESCRAVOCRATAS **BENEFICIAR**, indago: NÃO SERIA MELHOR **FECHAR** e o dinheiro gasto, como faz o Silvio Santos, dentre os POBRES NO ALTO **JOGAR**? Kkkkk."

1866. "Impossível **ADMIRAR** quem, em razão do Racismo, veio do bem-bom **DESFRUTAR**, mormente se não teve coragem de contra essa Injustiça, Safadeza **BRADAR**. O mais triste é ver Negros que obtiveram Ascensão, exatamente assim se **COMPORTAR**. Afinal, o Egocentrismo e a Covardia em PRIMEIRO **LUGAR**. Kkkkk."

1867. "Pouco importa se Deus fez a Terra Plana ou Redonda, para virmos **HABITAR**. O importante é acabar a Injustiça Social, Desigualdade e que os Idiotas que ostentam o Poder deixem de sobre os outros bombas **LANÇAR**."

1868. "Quem não sabe o Trabalho **EXECUTAR**, deve ser honesto e a empreita **REJEITAR**. Consiste tremenda safadeza receber por préstimos que não ostenta competência de **REALIZAR**. Infelizmente, gente sem-vergonha encontramos em todo **LUGAR**. Kkkkk."

1869. "Quem possui preguiça de ESTUDAR, **TRABALHAR**, enfim, melhor para o Futuro se **PREPARAR**, não reclame quando o Fumo Kente de quem o fez for compelido a **SUPORTAR**. Kkkkk."

1870. "Se o Flamengo do baixinho e estabanado Rodrigo Caio, kkkkk, não teve competência para o simplório Goiás **SUPERAR**, e do fraquíssimo Vasco, quatro Gols veio **CHUPAR**, kkkkk, indago: Com esses saltinhos Luís XV, será que contra o fortíssimo River Plate conseguiremos algo, a não ser uma boa Sova **LEVAR**? Kkkkk."

1871. "Todo Verme envolvido com **CORRUPÇÃO** nunca mais deveria ocupar Cargo Público na **NAÇÃO**. Afinal, existe algum Rato que deixa de gostar de queijo, querido **IRMÃO**? Kkkkk."

PUBLICADAS EM 4/12/2019

1872. "Conosco não tem essa frescura de Fica Sampaoli. Kkkkk, fica se **QUISER**. Kkkkk. Apesar da Ousadia e Energia que no Santos FC fez **FLORESCER**, êxito não logrou **OBTER**. Portanto, nada beliscando, saudades sentiria caso fosse uma FORMOSA **MULHER**. Kkkkk."

1873. "É Hilário ver Programas apenas com Brancos falando de Racismo. Kkkkk."

1874. "Empoderar é uma coisa, Empodrecer é outra. Kkkkk."

1875. "Mil vezes o que chamam de **SOLIDÃO**, que o convívio com Cains, Judas e Dalilas, que abundam dentre a **POPULAÇÃO**. Kkkkk."

1876. "Não adianta Asno **ENSINAR**, pois como Agradecimento é Coice que irás **LEVAR**. Kkkkk."

1877. "Não é porque desse Mundo ninguém nada irá **LEVAR**, que devemos viver como idiotas, sem ânimo de **PROSPERAR**. Kkkkk."

1878. "Não há Dinheiro que pague a Liberdade e a Consciência Tranquila."

1879. "O Palmeiras, quando trocou de Treinador, nada veio **INOVAR**. Se tivesse contratado o Renato Gaúcho, que sabe o Elenco **UTILIZAR**, e aprecia o Futebol Arte, com a Seleção que possui, certamente, alguma Alegria à Porcaiada iria **OUTORGAR**. Kkkkk."

1880. "Parabéns ao Sucesso que o Ilustre Carrasco, na novela A DONA DO PEDAÇO, veio **CONQUISTAR**, pena que dele os Negros, Afrodescendentes, com Papéis Medíocres, não vieram **PARTICIPAR**. Kkkkk. Pena também que as Mulheres imorais, promíscuas, a Cena vieram **ROUBAR**. Kkkkk, ao passo que, dentre os Homossexuais, o recato e a fidelidade veio **IMPERAR**. Kkkkk. Será que a sardinha para seu lado veio **PUXAR**? Kkkkk."

1881. "Pena que por Negligência, Incompetência, e principalmente pela Impunidade que reina aos Poderosos, eles não puderam ver o FLAMENGO **CAMPEÃO**. Tomara que as verbas auferidas ao menos sirvam para minimizar a Dor dos Familiares, QUITANDO AS VERBAS DEVIDAS DE **INDENIZAÇÃO**."

PUBLICADAS EM 14/12/2019

1882. "Cuide de quem ficará Contigo até o **FIM**, sim é Você mesmo, não olhe para **MIM**. Kkkkk."
1883. "É muito engraçado quem de Honestidade vivia a **FALAR**, vindo agraciar bezerras e seus próprios filhotes, para no pomposo pasto e vacas públicas, com mais gosto, comer e **MAMAR**. Kkkkk."
1884. "Exterminaram o Ministério do Trabalho, Direitos Trabalhistas, Aposentadoria e não fizemos **NADA**. Só resta virarmos a raba para com a Chibata dos Escravocratas ser **AGRACIADA**. Kkkkk."
1885. "Mil vezes se Apresentar para Pequenos Públicos e ser **RESPEITADO**, que para Imensos e ser **ESCULACHADO**. Kkkkk."
1886. "O boi que carrega machos para em casa **DESFILAR**, deve, de forma enrustida, morder a fronha e o bumbum **ARREBITAR**. Kkkkk. Se não for o caso, não reclame quando sua senhora, com um par de chifres, sua cabeça **ENFEITAR**. Kkkkk."
1887. "O convívio com zoio gordo, invejosos, mesmo com muita Reza, Oração, atrasa o lado da **GENTE**. Kkkkk. Bom manter distância de **SERPENTE**. Kkkkk."
1888. "O Juiz que não se preocupa em esclarecer a **VERDADE**, com todo respeito, seria um Sábio que merece **PIEDADE**? Kkkkk, ou mais um Corrupto que infesta a **SOCIEDADE**? Kkkkk."
1889. "Quando se vê os HERÓIS DA **CORRUPÇÃO**, kkkkk, perdendo companheira, filho, neto, **IRMÃO**, estaria sucedendo o que reza o LIVRO SAGRADO, Inocentes pagando pelos pecados de VERMES SEM **NOÇÃO**?"
1890. "Sejamos Bons, não Otários. Kkkkk."

1891. "Seria a Justiça um Palco de Falácias preparado para o Rico e Poderoso **PROSPERAR**, e o Pobre, Preto e Trabalhador **ESTREPAR**? Kkkkk."

PUBLICADAS EM 27/12/2019

1892. "Atacantes e Meias que seguem Ordens Mentecaptas correndo atrás de Laterais a **MARCAR**, ao invés de Gols ter Sede de **ANOTAR**. Passarão pela História Futebolística tendo que **CHUPAR**. Kkkkk."

1893. "Com um Salário Mínimo Miserável, Pessoas sobrevivendo embaixo de Pontes e **CALÇADÃO**, o Povo trafegando como sardinhas em lata em confortável **CONDUÇÃO**, Hospitais Públicos sem Médicos, Medicamentos, Funcionários, Infraestrutura, enfim, num País com tais regalias, qualquer Governante com Pudor não daria para si uma belo **ZERÃO**? Kkkkk."

1894. "Considerando a Injustiça que Alexandre Mattos no Palmeiras e Thiago Neves no Cruzeiro vieram **PADECER**. Considerando que Everaldo e Camilo da Chape ostentam Bola para **ASCENDER**. De rigor, que o Peixe os contrate para, no Ano Vindouro, a LIBERTADORES e o MUNDIAL **MORDER**. Aliás, faz 57 anos que esse deleite não sucede, e assim não dá **PÉ**, pois temos os mesmos direitos dos maldosamente chamados Viuvinhas de **PELÉ**. Kkkkk."

1895. "Devemos celebrar hoje e sempre o Nascimento de JESUS, pois é o ÚNICO CAMINHO, A VERDADE E A LUZ."

1896. "É muito sem graça ver Patetas, kkkkk, apelando, faltando com RESPEITO, inclusive com o **SAGRADO**, no afã de fazer Comédia e ser **ENGRAÇADO**. Kkkkk."

1897. "Entendo as Razões dos Frouxos, mas me identifico apenas com quem ostenta Coragem. Kkkkk."

1898. "O glamour dos imbecis continua a todo **VAPOR** e, como rotina, a quem possui Conteúdo não outorgam **VALOR**. Kkkkk."

1899. "O Tráfico de Influência e a **CORRUPÇÃO** são Práticas Nefastas, infelizmente em **EVOLUÇÃO**. Felizmente, não possuímos tal sordidez na Justiça de nossa **NAÇÃO**. Kkkkk."

1900. "Para ajudar só Deus e quase **NINGUÉM**. Para te Lascar e Sugar, fique tranquilo, milhares **VÊM**. Kkkkk."

1901. "Parabéns ao melhor Técnico do Mundo, Jürgen Klopp, que mesmo com vários Jogadores Contundidos, sabendo usar o Elenco, no Campeonato Mundial de Clubes, na Semifinal, apenas utilizou 4 do Time denominado **TITULAR**. Ao passo que o Mister, depois do Campeonato Brasileiro **BELISCAR**, continuou seus queridinhos a **ARREBENTAR**. Kkkkk. Na Final, quando não deveria, dois imprescindíveis resolveu **POUPAR**. Por tal sapiência e por perseguir o decisivo Reinier, temos que o **PARABENIZAR**. Kkkkk."

1902. "Quem recebe tudo de mão beijada e é idiota, culmina por não **VALORIZAR**. Fato que apenas sucede depois de perder e se **LASCAR**. Kkkkk."

1903. "Quero Parabenizar as Autoridades do **CATAR**, por possuírem Vergonha na Cara e não permitir que a droga denominada bebida alcoólica ao Futebol venham **VINCULAR**. Que sirva de exemplo e os Dirigentes da FIFA se revistam do mesmo pudor e façam todo Mundo esse proceder **ACATAR**."

FRASES DE REYCK LOVIS - 2020

PUBLICADAS EM 13/1/2020

1904. "No mesmo local, um bando de fanáticos, almejando ser **CAMPEÕES MUNDIAIS**, de outro, infelizes, sem Medicamentos, Médicos, sofrendo Genocídio nos **PÚBLICOS HOSPITAIS**. Seriamos mesmo **ANIMAIS RACIONAIS?** Kkkkk."

1905. "Para o Empresário Rico, Escravocrata e Corrupto é muito fácil, a exemplo, um filho Juiz **FORMAR**. Difícil é o filho do Pobre do mesmo modo **PROSPERAR**. Assim, indago: na Justiça, entre o Pobre e o Rico, quem tem mais chances de qualquer Processo **BELISCAR?** Kkkkk."

1906. "Perdoe, não leve a **MAL**, mas na boca de quem não presta Todo Mundo é **IGUAL**. Kkkkk."

1907. "Quem nasce Cobra, nunca irá **VOAR**. Kkkkk. O Céu não é para Pragas, condenadas a **RASTEJAR**. Kkkkk."

1908. "Seja bem-vindo, Jesualdo, cabra de Portugal, não do **NORTE**. Faça dois quadros, ambos de conteúdo. **FORTE:** 1. Vanderlei; 2. Pará; 3. Lucas Veríssimo; 4. Luis Felipe; 6. Felipe Jonatan; 5. Alison; 8. Diego Pituca; 7. Carlos Sánchez; 9. Marinho (Raniel); 10. Soteldo (Tailson); 11. Derlis González. **PAULISTA E COPAS:** 1. Éverson; 2. Madson; 3. Felipe Aguilar; 4. Luan Peres; 6. Jean Mota; 5. Jobson (Sandry); 8. Evandro; 10. Cueva; 7. Lucas Venuto; 9. Uribe; 11. Sasha (Arthur Gomes). Enfim, entrose esses dois grupos de treze, outorgue oportunidade aos Jovens e a todos virem mostrar o valor, e certamente terás muita **SORTE**."

1909. "Tenham um Ano Novo **ABENÇOADO**. Recheado de Virtudes, sem cometer nenhum **PECADO**. Kkkkk."

1910. "Todo Mentecapto, kkkkk, que possui Senso de Humor **IMUNDO**, ou seja, Desrespeita a Religião e Todo **MUNDO**, não deve lamuriar quando padecer sua **PORTA DE FUNGO**. Kkkkk."

PUBLICADAS EM 31/1/2020

1911. "A Vitória tem Maior **PRAZER**, quando um Número Maior de Inimigos temos que **VENCER**. Kkkkk."

1912. "Ainda bem que alguns Mandachuvas acordaram e resolveram exterminar o **FUTEBOL EXTENUANTE**, vindo colocar para Escanteio e Chutar o bumbum dos **TREINEIROS ADORADORES DE VOLANTE. Kkkkk.**"

1913. "Com tanta gente com problemas físicos, doenças maléficas, lutando para **SOBREVIVER**, é inaceitável ver, ouvir quem desfruta de Saúde almejando cedo **MORRER**. Arrependam-se, levantem as mãos aos Céus e comecem a Deus, todo dia, **AGRADECER**."

1914. "Entra Governante, sai Governante e a safadeza continua a **IMPERAR**. Enquanto inocentes morrem em áreas de risco na lama, onde Seres Humanos não deveriam **HABITAR**, Carniceiros, Escravocratas do Poder, na lama da Corrupção, Tráfico de Influência, gostosas rachadinhas, continuam a se **LAMBUZAR**. Kkkkk."

1915. "Indubitavelmente, é uma Honra do Martin Luther King Jr., Malcolm X e Nelson Mandela, de algum modo, virmos **LEMBRAR**. Ridículo é ser Rico, Famoso, mas Banana de qualquer Cor, e não ter coragem de contra o Racismo, o Preconceito, a Injustiça Social vir **LUTAR**. Kkkkk."

1916. "Não é possível a continuidade de um Sistema Judiciário em que os Processos não tenham prazo para **FINDAR**. Quando veremos essa Imoralidade **ACABAR**? Justiça tardia é Injustiça que devemos **CHAMAR**."

1917. "Não seria melhor drogas na Farmácia poder **COMPRAR**, ao invés de continuar essa guerra inútil contra o tráfico, que culmina por, todo santo dia, inocentes, inclusive crianças, vindo **MATAR**?"

PUBLICADAS EM 28/2/2020

1918. "A manguaça, por si só, já não é **LEGAL**. Ainda mais quando falsificada, ou seja, batizada com tranqueiras, para deteriorar e inchar seu bucho, **ANIMAL**. Kkkkk."

1919. "A Politicuputaiada que durante anos, décadas, Mama nas Tetas do Governo e não produz de útil **NADA**, seriam os Parasitas destruindo o Hospedeiro, o Povo, de forma **DESCARADA**? Kkkkk."

1920. "Considerando que Diego Pituca e Carlos Sánchez são Excelentes Segundos Volantes, O Santos FC não possui Meias de qualidade para fazer Gols e o Ataque **MUNICIAR**. Assim, para não passar vergonha, mormente na Libertadores, dentre Ganso, Scarpa, Oscar (Shanghai SIPG), Camilo (Mirassol), Valdívia (Avaí), Jean Carlos (Náutico), pelo menos dois deve **CONTRATAR**. E mais, necessário o Rafael Longuine e o Rodrigão **REINTEGRAR**. Caso contrário, esse ano, sem beliscar nada, novamente iremos **CHUPAR**. Kkkkk."

1921. "Considerando que Edinho, quando Goleiro, vieram o Campeonato Brasileiro de 95 do Peixe **GARFAR**. Kkkkk. Considerando que o mesmo, como Assistente de renomados Treinadores veio **LABUTAR**. Considerando que o Santos FC pelo menos de quatro Campeonatos irá **PARTICIPAR**. De bom alvitre, oficializar o filho do Pelé como Treinador para o Campeonato Brasileiro **DISPUTAR**. Não vejo por que os Times não possam ter Técnicos diferentes para em Torneios diversos **PELEJAR**. Passou da hora dessa idiotice **MUDAR**. Vamos, mentes encruadas, VAMOS NA VIDA **INOVAR**. Kkkkk."

1922. "Cuidado para a Prepotência, sua Vida não **NORTEAR**. Quiçá, quem vieres **EXECRAR**, seja no Futuro a única Mão que Deus envie a te **AUXILIAR**."

1923. "Garotas, cuidem-se. Não sigam o exemplo dessas que na Mídia prestam desserviço, semeando a **PROMISCUIDADE**. Elas não andam seminuas, sem um Bando de Seguranças, em nossa violenta **CIDADE**."

1924. "Gente Escravocrata, Racista e Preconceituosa, 'data máxima vênia' não merece nenhum **RESPEITO**. Perdão, se estoquei seu **PEITO**. Kkkkk."

1925. "Nas Novelas TOPÍSSIMA e AMOR SEM IGUAL, Afrodescendentes, como de rotina, só fizeram Papéis Medíocres, sem expressão, essa é a **REAL**. Assim indago ao Papa Evangélico, Edir Macedo: Tem Racismo e Preconceito em seu Conceituado e Festejado **CANAL**? Kkkkk."

1926. "O Dirigente Futebolístico que aceita participar de Campeonatos, sem o Auxílio da **TECNOLOGIA**, não deveria, ao padecer Injustiça, sentir o fumo ardente com **ALEGRIA**? Kkkkk."

1927. "Procure Óticas Divergentes, de forma pacienciosa, **APRECIAR**. Depois, com calma, venha a sua **EXPLICITAR**. Como meu saudoso Pai Vicentão me ensinou: 'quando um burro fala, o outro abaixa a orelha para **ESCUTAR**.' Kkkkk."

1928. "Procure tratar seus Familiares com o mesmo AMOR E **CARINHO** dedicado aos Amigos que vais tomar **SUKUZINHO**. Kkkkk."

1929. "Quem julga ninguém antes dos 65 anos pode se **APOSENTAR**, tivesse Vergonha na Cara, não deveria a própria **RENUNCIAR** e os Cofres Públicos **REEMBOLSAR**? Kkkkk."

1930. "Quem permite que os Excelentes Robson Bambu e Gustavo Henrique sejam adquiridos por outros Clubes e não recebe nenhum **TOSTÃO**, ostenta Competência para ser Presidente do **PEIXÃO**? Kkkkk."

PUBLICADAS EM 22/3/2020

1931. "Desde os Primórdios do Tempo, quando os Reis escravizavam o Povo, Deus como castigo enviava Pestes que acometiam esses egocêntricos, sem **NOÇÃO**. Observando o vírus que se espalha, agraciando também os que se julgam poderosos na **NAÇÃO**, indago: não seria o início do Fogo Ardente da Mão Divina pesando sobre a cabeça desses que não amam o próximo como **IRMÃO**?"

1932. "Ilustres Vereadores, Deputados e Senadores, sejam Patriotas, mudem a **LEGISLAÇÃO**, tornem o PARLAMENTO VOLUNTÁRIO JÁ! E as verbas que gastamos, com todo o respeito, inutilmente com Vossas Excelências, sejam disponibilizadas integralmente para sanar as Mazelas da Saúde Pública da **NAÇÃO**."

1933. "Jurados, via de regra, almejam **APARECER**, com isso, falam bobagem pra **VALER**. Kkkkk. E mais, essa raça tem a mente preconceituosa pra **CARAMBA**, não podem ver Afrodescendente que já esperam ouvir **SAMBA**. Kkkkk."

1934. "Na novela AMOR SEM IGUAL, o sujeito recusa a Mulher Pura e se rasteja à Promíscua de modo **SOBRENATURAL**. Enfim, fazem Apologia à Putaria, dando a entender que aquelas que vendem o corpinho se dão bem e as Virtuosas culminam **MAL**. Será que o Papa Edir Macedo está curtindo, achando **LEGAL**? Kkkkk."

1935. "Na novela O RICO E LÁZARO, os Afrodescendentes foram preteridos e com papéis medíocres, insignificantes vieram os **AGRACIAR**. A exemplo, o único Negro do Palácio é Eunuco, obviamente para não ter o privilégio de ninguém **BELISCAR**, kkkkk. Até quando o Racismo na Dramaturgia, como bananas, iremos **TOLERAR**? Kkkkk."

1936. "Se tivesse Poder, na Guerra contra o Vírus decretaria: 1. Suspensão de todos os boletos de pagamento aos pobres, até mesmo de água, luz, telefone e internet; 2. Concessão de Cesta Básica a todo Trabalhador, inclusive autônomo, que necessitar; 3. Recolhimento de todos os habitantes de rua, em hotéis, sendo os custos quitados pelo Governo; 4. Todos os Hospitais, particulares e públicos, serão obrigados a atender ricos e pobres, de forma igualitária, e os custos referentes aos pobres, suportados pelo Governo; 5. Supressão de todos os Pagamentos destinados a Vereadores, Senadores, Deputados, Ministros e Comissionados, sendo tais verbas aplicadas ao Combate do Coronavírus."

PUBLICADOS EM 17/4/2020

1937. "A Mídia continua as Mulheres e os Afrodescendentes **DISCRIMINAR**, não permitindo que venham Jogos de Futebol **NARRAR**. Por tal motivo, de forma candente, queremos os **PARABENIZAR**. Kkkkk."

1938. "Alguém pode nos **INFORMAR** quando o Ilustre Tite e seus Queridinhos irão se **APOSENTAR**? Kkkkk. Quando a Seleção será efetivamente Brasileira e não terá Cadeira Cativa, para ninguém o Rabo **ENGORDAR**? Kkkkk."

1939. "Meu amigo **JUMENTO**, a Saúde Pública em Primeiro Lugar, até porque ninguém procura Emprego após o **FALECIMENTO**. Kkkkk."

1940. "Na Vida, o que é Certo ou **ERRADO**? Sei lá. Kkkkk. Só sei que consiste em nossa obrigação Lutar para nos tornar um Ser Humano **APERFEIÇOADO**. Afinal, quem diz nunca ter **PECADO**, com certeza é um ENRUSTIDO **SAFADO**. Kkkkk."

1941. "Não há por que se Valorizar o **PROFESSOR**. Kkkkk. O Povo quanto mais Tolo, melhor para Sacripantas obterem Carinho e **AMOR**. Kkkkk."

1942. "Permitiu que os excelentes Caio Henrique, Bambu e Gustavo Henrique deixassem o Santos, sem os adquirentes quitar nenhum **TOSTÃO**. Contratou o Cueva, a pedido do Sampaoli, gastando um **DINHEIRÃO**. Consentiu que o perdedor Treinador queimasse tal Jogador, bem como Wanderley, e por conseguinte o Patrimônio do **PEIXÃO**. Vendeu o Bruno Henrique por valor aviltante e pagou montante vultoso a zagueiro, de forma totalmente sem **NOÇÃO**. Com todo respeito, se o Santos F.C. teve Presidente pior, não recordo, querido **IRMÃO**. Kkkkk. Nesse passo, sem Comando e Reforços, vamos sentir o gosto doce da Segunda **DIVISÃO**. Kkkkk."

1943. "QUADRO A: 1. Diego Alves; 2. Rafinha; 3. Gustavo Henrique; 4. Léo Pereira; 6. Filipe Luís; 5. Arão; 8. Gerson; 10. Éverton Ribeiro; 7. Arrascaeta; 9. Gabriel; 11. Bruno Henrique. QUADRO B: 1. César; 2. Rodrigo Caio; 3. Thuler; 4. Piris da Motta; 6. Renê; 5. Thiago Maia; 8. Diego; 10.

Vitinho; 7. Michael; 9. Pedro (Lincoln); 11. Berrío (Pedro Rocha). Se o Mister aprender o Elenco **UTILIZAR**, quiçá chegue ao Mundial e não venha novamente vergonha **PASSAR**. Kkkkk. Com isso, Rodrigo Caio, que levou chapéu, drible seco, ralou o bumbum e a bola do Gol não conseguiu **INTERCEPTAR**, se cure dos pesadelos com o Firmino e, de forma estabanada, **ACORDAR**. Kkkkk."

1944. "Quando a Justiça apenas serve aos anseios dos Abastados, Escravocratas, que NÃO AMAM O PRÓXIMO Feito **IRMÃO**, como JESUS ensinou, têm alguma utilidade para a **NAÇÃO**? Não seria melhor a Fábula gasta com os que se curvam a Pseudopoderosos fosse destinada aos Pobres desse nosso Injusto **MUNDÃO**? Kkkkk."

1945. "Quando Soteldo e Marinho vierem a Finalização **APRIMORAR** e ter Sede de Gols **ANOTAR**, com a habilidade que ostentam, de forma imensurável irão **PROSPERAR**. Apenas ciscando como Galinhas, voo de Águias nunca irão **ALÇAR**. Kkkkk."

1946. "Salvo raras exceções, os Afrodescendentes Brasileiros, que ficaram ricos, famosos, nunca abriram a boca para lutar contra o Racismo que assola a **NAÇÃO**. Quiçá porque o Talento que foram agraciados também abundou o egocentrismo, a covardia e **FROUXIDÃO**. Kkkkk."

1947. "Segundo o Site da Revista Exame, em 20/3/2020, o Presidente dos EUA pagará aos cidadãos, durante a Pandemia, aos contribuintes solteiros US$ 1.200 (R$ 6.128,16), e o dobro para os casados. Além disso, para cada filho haverá o auxílio de US$ 500 (R$ 2.553,40). Deveriam ter o mesmo **PROCEDER** todos os Governantes que vivem as botas do Trump a **LAMBER**, kkkkk."

1948. "Todo cara pálida que idiota defender, **APOIAR**, é certo, com o passar do tempo, suas idiotices também não irá **SUPORTAR**. Kkkkk."

PUBLICADAS EM 16/5/2020

1949. "Amor difere de Prisão, Opressão, **MALDADE**. Amor significa **LIBERDADE**, respeito à essência e o desejo a outrem de **FELICIDADE**."

1950. "Aos que atacam indevidamente Advogados que atuam em defesa, de quem, porventura, comete crime, vos digo: Qualquer pessoa, pode ser acusada de prática delitiva, ainda que inocente, e precisará de um Causídico para fazer valer seus Direitos. Enfim, o Advogado não defende o crime, faz cumprir a Lei e, por conseguinte, a **JUSTIÇA**. Vou parar por aqui, pois de idiotas tenho **PREGUIÇA**. Kkkkk."

1951. "Até quando, inertes, veremos o Poder Executivo e Legislativo nomeando seus Companheiros, Parças, no Poder Judiciário, evidentemente sem nenhum intuito de os **BENEFICIAR**? Kkkkk. Estaria o Poder Judiciário de joelhos para os poderosos dos outros **MONTAR**? Kkkkk. Essa é a Independência dos Poderes que a Lei Maior vem **PRECONIZAR**? Kkkkk."

1952. "Com Gustavo Henrique, Thiago Maia, Bruno Henrique, Gabigol e Diego, oriundos do **PEIXÃO**, nós, Santistas, também podemos comemorar os Títulos do **MENGÃO**. Quiçá, quando tivermos Presidente, deixaremos de chupar e voltaremos ser **CAMPEÃO**. Kkkkk."

1953. "É muito engraçado ver o Ser Humano sendo compelido a Jegue nas costas **CARREGAR**. Calma, não é de Política que estou a **FALAR**. Não vá a carapuça em seus cornos **AMOLDAR**. Kkkkk."

1954. "Ela desfruta de credibilidade unânime, inclusive da saudosa e inigualável ANNA, sempre trouxe os irmãos no **CORAÇÃO**. Foi o Anjo da Guarda, na vida do saudoso Artista **VICENTÃO**. Cuidou com zelo e denodo de oito filhos, sendo pelo menos um **MACHÃO**. Kkkkk. Disponibiliza carinho a todos familiares, até os sem **NOÇÃO**. Kkkkk. É exemplo a ser seguido pelo Mundo Inteiro, querido **IRMÃO**. Óbvio, falo da **RAINHA MARIA ESTHER**, que amamos e rogamos a Deus, Nossa Senhora, Jesus Cristo e Espírito Santo, lhe outorguem muita SAÚDE E **BENÇÃO**."

1955. "Éverton Ribeiro e Arrascaeta, do Mengo, e Lucas Lima e Gustavo Scarpa, do Palmeiras, têm Futebol **SIMILAR**. Contudo, enquanto o primeiro casalzinho, kkkkk, com Técnico Importado tem entrosamento, ritmo, conseguem **JOGAR**, o outro, com Tupiniquim, estão sendo queimados, desvalorizados, criando calo no bumbum de tanto no banco **SENTAR**. Kkkkk. Depois, os Treineiros Brasileiros têm chiliques, ficam nervosinhas, quando dizem, precisam se **RECICLAR**. Kkkkk."

1956. "Indubitavelmente, o Ar-Condicionado consiste num Pernicioso Propagador não apenas de vírus, mas toda sorte de **MOLÉSTIAS**. Assim, de rigor, Decreto Legal proibindo de imediato seu uso em todos os Locais Públicos, sem delongas e **CONTROVÉRSIAS**."

1957. "Jovens, parem de idiotas seguir e **CURTIR**. Kkkkk. É óbvio que não falo acerca do que de nós **ADVIR**. Kkkkk. Contudo, vos digo, JESUS é o único que merece tal **GALARDÃO**, não um bando sem Conteúdo e **NOÇÃO**. Kkkkk."

1958. "Nada a celebrar por uma Afrodescendente, pela primeira vez, ganhar o prêmio de um dos Programas Símbolos do Racismo da **NAÇÃO**. Quiçá a escolheram pelo fato de já pertencer à Elite Branca, logo doeu menos a perda do PSEUDO **MILHÃO**. Kkkkk. Contudo, chamou a **ATENÇÃO** a terrível **PERSEGUIÇÃO** da Brancaiada da Casa contra o obeso e Pobre **NEGRÃO**. Kkkkk. Assim, seria de rigor ter auferido o mesmo valor por ter sido Vítima de Assédio Moral, Psicológico, oriundo de Racismo e Preconceito de um Bando Branco, Bundão, digo, sem **NOÇÃO**. Kkkkk."

1959. "Não adianta um time de extrema **PROFICIÊNCIA**, se o técnico é incompetente ou dotado de **DEMÊNCIA**. Kkkkk. Perdão, se a carapuça encaixar nos cornos de Vossa **EXCELÊNCIA**. Kkkkk."

1960. "Não basta apenas **ENSINAR**, crucial Bons Exemplos **OUTORGAR**."

1961. "Se o Fanatismo Religioso já é um pé no **SACO**, imaginem por ANTICRISTOS DA POLITICUPUTAIADA, kkkkk, desculpem a forma como **LATO**. Kkkkk."

1962. "Será que teremos Empresários Milionários, Banqueiros, se aproveitando da Pandemia para o sofrido Trabalhador não **PAGAR**? Será que a JUSTIÇA DO TRABALHO será conivente, tolerante, com os Escravocratas que vierem desse modo safardana se **COMPORTAR**? Kkkkk."

1963. "Vladimir, Jailson e Danilo Fernandes são Goleiros Negros com a mesma qualidade daqueles que em seus Times chamam de **TITULAR**. Contudo, mesmo que seus times disputem vários Campeonatos, dificilmente conseguirão **JOGAR**, isto porque o sacrossanto Racismo a todo vapor continua a **IMPERAR**. Kkkkk."

PUBLICADAS EM 13/6/2020

1964. "Com o Transporte Público Confortável, que nossos Competentes Governantes ao Povo vem **DISPONIBILIZAR**, ficará difícil, alguém com o vírus não vir se **AGRACIAR**. Kkkkk. Só Deus para nos **LIVRAR**."

1965. "Crucial o Curso de Medicina **POPULARIZAR**. Inaceitável que apenas brancos e ricos tenham esse privilégio, até porque caríssimo e vem o dia de forma integral **OCUPAR**. A solução é quem ostenta condições passe **PAGAR** e os demais o Governo venha **CUSTEAR**. Todavia, os últimos, após formados, tais valores venham **QUITAR**, ainda que parte da Jornada, para o Estado, culminem por **LABORAR**."

1966. "Enquanto não houver Justiça nas Convocações da Seleção Brasileira, para mesma não irei **TORCER**. Não sou obrigado a ver Brucutus jogar e Treinadores Anencéfalos preterir os Gênios que fazem a Arte do Futebol **RESPLENDECER**."

1967. "Exercer o Poder Executivo não guarda qualquer relação em intervir nas Forças Armadas, Poder Judiciário, Poder Legislativo, Policia Federal, muito menos ministrar medicamentos, ainda mais quando de eficácia não comprovada e maléficos efeitos **COLATERAIS**. Quem assim procede, seria um Anticristo ou estaria descrito entre os animais **IRRACIONAIS**? Kkkkk."

1968. "O Santos Futebol Clube, 'data vênia', com esse Presidente **INOPERANTE** e Treinador **DECEPCIONANTE**, nada vencerá, apenas Chupará **DORAVANTE**. Kkkkk."

1969. "O Tráfico de Influência e a Corrupção são Práticas Nefastas, infelizmente em **EVOLUÇÃO**. Felizmente, não possuímos tal sordidez na Justiça de nossa **NAÇÃO**. Kkkkk."

1970. "Ofensas poder-se-á até **RELEVAR**, mas ficarão marcadas e nem o Tempo conseguirá **APAGAR**. De sorte que pense antes de estrumes pela boca **EJACULAR**. Kkkkk."

1971. "Os Policiais têm se conscientizar da Relevância que possuem perante a Sociedade, a **NAÇÃO**. A Violência, o Racismo e o Preconceito não podem revestir a Alma, o **CORAÇÃO** de quem exerce tal sacrossanta **MISSÃO**. E mais, não devem esquecer a máxima, melhor mil bandidos foragidos, que um Inocente Morto ou na **PRISÃO**."

1972. "Para ajudar só Deus e quase **NINGUÉM**. Para te Lascar e Sugar, fique tranquilo, milhares **VÊM**. Kkkkk."

1973. "Pela primeira vez na História da Televisão Brasileira, assistimos, no dia 5/6/2020, o Programa Jornalístico Globo Repórter, com praticamente os únicos Afrodescendentes que tiveram alguma oportunidade na Rede Globo, falando de **RACISMO**. Que seja um marco e os Afrodescendentes famosos percam o medo e o **EGOCENTRISMO**. Kkkkk."

1974. "Quem observa Jogadores de Seleção, tais como Thiago Neves, Diego Souza, Camilo, Valdívia e Sassá, dando sopa no Mercado e não consegue nenhum deles **CONTRATAR**. E o que é pior, assiste inerte colocarem o Lateral Esquerdo Jean Mota para o Time **ARMAR** e o Ponteiro Sassá, para de Centroavante **ATUAR**, indago: merece no Comando do Peixe **CONTINUAR**?"

1975. "Quem recebe tudo de Mão Beijada e é idiota, culmina por não **VALORIZAR**. Fato que apenas sucede depois de perder e se **LASCAR**. Kkkkk."

1976. "Se JESUS vieram **CRUCIFICAR**, normal muitos da gente não **GOSTAR**. Kkkkk. Contudo, inadmissível é não **RESPEITAR**."

1977. "Senti, no Dia da Consciência Negra, que deveria Homenagear um Negro, Afrodescendente, que foi Presidente da OAB, Integrante do Supremo, Protagonista de Novelas, Âncora de Jornais, Narrador de Jogos do Brasil, na Copa do Mundo, Apresentador de TV na Grande Mídia, mas não encontrei **NINGUÉM**. Contudo, Jovens Assassinados injustamente é o que mais **TEM**. E ainda, vemos alguns dizendo que é vitimismo, **MI-MI-MI**. Como já falei, não adianta explicar a idiota o que é Racismo, Desigualdade, que não conseguirá **DISCERNIR**... Kkkkk."

PUBLICADAS EM 9/8/2020

1978. "A Justiça do Trabalho sem funcionar interessa aos Escravocratas e mais **NINGUÉM**. Afinal, UM PAÍS QUE ENGORDOU A ELITE BRANCA, DURANTE QUASE 400 ANOS COM MÃO DE OBRA ESCRAVA, em verdade está recheada de Empresários Safados, que não gostam de pagar **NINGUÉM**. Kkkkk."

1979. "De nada adianta discurso **MARAVILHOSO**, se tens o proceder **PERNICIOSO**. Kkkkk. O ideal é que o discurso com o comportamento seja **HARMONIOSO**."

1980. "Ele com nossa genitora criou a prole com os Mandamentos de Jesus, frequentando a IGREJA CONGREGAÇÃO CRISTÃ DO BRASIL. Aos 14 anos, ensinou o Caminho do Trabalho, levando para laborar na IND. E COM. DE CALÇADOS ROVIGO. Ainda quando estudava Direito, orgulhoso, já me chamava de **DOUTOR**. Artista, Pé de Valsa, Boêmio e **CANTOR**, criou filhos, animais, dentre eles, vacas, bodes, galinhas e até veados, sempre com **AMOR**. Kkkkk. E mais, nos agraciou com a melhor Mãe, MARIA ESTHER, a quem REVERENCIAMOS com **LOUVOR**. Nossa ETERNA GRATIDÃO a meu PAI, VICENTÃO, hoje nos CÉUS com NOSSO **SENHOR**."

1981. "Ilustre Presidente da FIFA, GIANNI INFANTINO, o VAR deve ser usado como TRIBUNAL TECNOLÓGICO, para corrigir os Erros do Juiz de Campo, sem discussão e ponto

FINAL. Não adianta disponibilizar a TECNOLOGIA para gente mal-intencionada, **IRRACIONAL**. Kkkkk."

1982. "Infelizmente, muitos não outorgam ouvidos aos pais, a quem almeja seu **BEM**. Depois, quando caem nas garras da POLÍCIA, adentram na Vara do Juiz Criminal, kkkkk, choram como **NENÉM**. Kkkkk."

1983. "Num País onde a Promiscuidade ostenta **GLAMOUR**, mudam o NOME DA CORRUPÇÃO para CAIXA 2, com intuito óbvio dos PILANTRAS que a praticam serem tratados pela Justiça com carinho e **AMOR**. Kkkkk."

1984. "Obrigado, Deus, nosso Pai, por outorgar a Todos, Saúde e **PROTEÇÃO**. Aqui na Terra, não tem pai nem mãe, todo Mundo é **IRMÃO**. Kkkkk."

1985. "Parabéns a Leila Pereira, indubitavelmente a melhor Conselheira, Patrocinadora de Futebol da **CAPITAL**. Venha ampliar seus horizontes, sendo o que hoje não temos, kkkkk, Presidente do Peixão no **LITORAL**. Por obséquio, traga com sua VITORIOSA CREFISA, os Meias habilidosos, Lucas Lima e Gustavo Scarpa, para que voltem a ser valorizados, e no futuro, traga para seus cofres, pomposo **QUINHÃO**. E sendo assim, tornem o Santos FC, a exemplo do Palmeiras, novamente **CAMPEÃO**. A propósito só não me traga o Professor e seu queridinho, aquele que enterrou a **SELEÇÃO**. Kkkkk."

1986. "Quando Discípulos do Chifrudo passam a **GOVERNAR**, o Povo sofre, pois essa raça, além de maldosa, carrega no lombo volume grosso, kkkkk, de **AZAR**."

1987. "Quem LUTA CONTRA A DEMOCRACIA, é Retrógrado, Comunista, Fascista, Nazista, Intervencionista, almeja qualquer forma de Ditadura, enfim, NÃO PREZA A LIBERDADE, definitivamente não é **PATRIOTA**, mas sim um perfeito **IDIOTA**. Kkkkk."

1988. "Se, por exemplo, os Geniais Sócrates, Ademir da Guia, Tostão, Aílton Lira, Pita, Geovanni, Djalminha, Marcelinho, Neto, jogassem na atualidade com essa gama de Treinador, Adorador de **VOLANTE**, que prestam Desserviço ao Futebol Arte, esquentariam o rabo no banco de forma **CONSTANTE**. Kkkkk."

1989. Sonho com uma Justiça Trabalhista, Civil e Criminal Célere e Proficiente em nossa **NAÇÃO**. Aliás, como estranhamente sucede quando os envolvidos consistem nos Endinheirados Heróis da **CORRUPÇÃO**. Kkkkk."

1990. "Tivéssemos Governantes Competentes que viessem Hospitais iguais ao SÍRIO-LIBANÊS e ALBERT EINSTEIN disponibilizar para toda **NAÇÃO**, aí sim, o VÍRUS não passaria de uma GRIPEZINHA, e não estaríamos presenciando o GENOCÍDIO, a CARNIFICINA dos PRETOS e POBRES nesse INJUSTO **MUNDÃO**."

PUBLICADAS EM 28/9/2020

1991. "A Lei Justa devemos Respeitar e **OBEDECER** e a Injusta, com veemência **COMBATER**, até que venha sucumbir, **FALECER**."

1992. "Almejaria ver os QUERIDINHOS do Tite enfrentando a seguinte **SELEÇÃO**. Kkkkk. 1. Cássio; 2. Fagner; 3. Lucas Veríssimo; 4. Gustavo Henrique; 6. Jorge; 5. Willian Arão; 8. Gerson; 10. Lucas Lima (Ganso); 7. Marinho; 9. Gabigol; 11. Bruno Henrique. Quadro Dois: 1. Vanderlei (Hugo); 2. Marcos Rocha; 3. Gil; 4. Léo Pereira; 6. Guilherme Arana; 5. Alison; 8. Patrick de Paula; 10. Oscar; 7. Gustavo Scarpa; 9. Thiago Galhardo (Pedro); 11. Keno (Pepê). Sob o Comando Técnico de Reyck Lovis, o **MACHÃO**. Kkkkk."

1993. "Às pessoas Ingratas, Traiçoeiras, Levianas, Racistas, Preconceituosas, enfim, literalmente sem **NOÇÃO**, inquestionavelmente o desprezo é a melhor **SOLUÇÃO**. Contudo, dependendo da **SITUAÇÃO**, um belo Processo cai como luvas, querido **IRMÃO**. Kkkkk."

1994. "De rigor que imediatamente essa HISTERIA DE VENDA DE ÁLCOOL EM GEL venha se **FINDAR**. Imaginem num Prédio, TODOS COM INÚMEROS FRASCOS DO REFERIDO PRODUTO, uma simples faísca, o INFORTÚNIO QUE PODERÁ **CAUSAR**?"

1995. "Engraçado ver Falsianes, que vivem falando de Deus e **AMOR**, levianamente destilando Ódio, Veneno a todo **VAPOR**. Kkkkk."

1996. "Estrumes ejaculados pela boca de vermes oriundos do **ALÉM não devem afetar NINGUÉM**. Kkkkk."

1997. "Infelizmente, aqueles mais Próximos e que deveríamos **ACREDITAR**, são os mais aptos as nossas costas **APUNHALAR**. Kkkkk."

1998. "Observando a "data vênia" MEDÍOCRE **CONVOCAÇÃO** dos QUERIDINHOS DO TITE, penso que: convoca Goleiros que não ameaçam a Titularidade de seu Amor, kkkkk, e segue o mesmo raciocínio em toda **POSIÇÃO**. Zagueiros, como se fosse a Branca de Neve, ostenta deleite por **ANÃO**. Kkkkk. O Jogador que vive Grande Momento, nem sonhe com tal **GALARDÃO**, pois o Professor prefere ou fez pacto com aqueles que já AFUNDARAM A **SELEÇÃO**. Kkkkk."

1999. "Os Afrodescendentes não têm Nada para Celebrar com os Setenta Anos de **TELEVISÃO**. Isto porque a Telinha é a Prova Cabal do RACISMO, PRECONCEITO E **DISCRIMINAÇÃO** perpetrada contra nossa Raça, pelos Imundos ESCRAVOCRATAS DA **NAÇÃO**. Kkkkk."

2000. "Quando sua Vida pelo Vício começa se **NORTEAR**, indubitavelmente, passou da hora do mesmo se **LIBERTAR**."

2001. "Quem aduz que outrem é Ser Humano de Merda, sem dúvidas, está sentindo sua própria fedentina. Kkkkk. Quem aduz ser outrem perturbado, precisando de **TERAPIA**, com certeza está pensando em seu Neurótico e Infeliz **DIA A DIA**. Kkkkk."

2002. "Quem afirma que o Vírus e o Desemprego veio enfrentar com **RESPONSABILIDADE** e culminou por exterminar mais de 140 Mil Pretos e Pobres nos Hospitais Públicos e deixou 14 Milhões de Desempregados, indago: é mentiroso ou possui alguma **INSANIDADE**? Kkkkk."

2003. "Quem afirma que Seiscentos e Trezentos Reais correspondem a Mil Dólares, indago: é mentiroso ou aritmética nunca veio estudar? Kkkkk."

2004. "Quem se julga Atleta, mesmo com **BARRIGÃO**, kkkkk, tem medo de passar em frente do SUS para não pegar **INFECÇÃO**, kkkkk, e qualquer coceirinha no ânus, kkkkk, corre para o Albert Einstein e Sírio-Libanês, para tomar **INJEÇÃO**, tem coragem ou é **BUNDÃO**? Kkkkk."

2005. "Uma verdade temos que **REGISTRAR**, aqueles titulados de VERMELHINHOS, COMUNISTAS, kkkkk, NUNCA VIERAM OS DIREITOS TRABALHISTAS E A APOSENTADORIA **ATACAR**. Contudo, os chamados GOLPISTAS e FACISTAS, kkkkk, SUAS PRIMEIRAS AÇÕES FORAM TAIS SACROSSANTOS DIREITOS **VIOLAR**."

PUBLICADAS EM 28/10/2020

2006. "Assistia Jogo do Brasil, sem APOLOGIA DE DROGA, a PROPAGANDA DE BEBIDA ALCOÓLICA **INDECENTE**, quando, de jeito Afeminado, kkkkk, ouço o Locutor, de forma ilegal, divulgando e praticamente mandando beijinhos para o **PRESIDENTE**. Kkkkk."

2007. "Atitudes Equivocadas de algumas pessoas não devem servir de condão para todos **CRUCIFICAR**. Até porque Acusações Levianas, Interesseiras, tem Legislação para GENTE MENTIROSA, SAFADA, **PENALIZAR**. Kkkkk."

2008. "Do Investimento em Estudo, nunca irás se **ARREPENDER**, pior é morrer com a cabeça encurvada de tanto Capim **COMER**. Kkkkk."

2009. "EMPRESÁRIOS que possuem IMÓVEIS, FROTAS DE CARROS, ÔNIBUS e **AVIÃO**, se utilizam de LARANJAS e RECURSOS MIRABOLANTES não respeitam Imutável **CONDENAÇÃO**, indago: Fazem da JUSTIÇA DO TRABALHO PALCO DA **ESCRAVIDÃO** ou DEBOCHAM DA LEI, do MAGISTRADO e da **POPULAÇÃO**? Kkkkk."

2010. "Indago ao Economista, Queridinho dos Poderosos da **NAÇÃO**: Quanto economizaria o Brasil, se com Vereador, Senador e a Deputaiada, não tivéssemos que gastar nenhum **TOSTÃO**? Com tais verbas, não daria para estabelecer o Renda Mínima para a Carente **POPULAÇÃO**? PARLAMENTO VOLUNTÁRIO JÁ, assim, o Teto nenhum Governante irá Furar com o pesado **CABEÇÃO**. Kkkkk."

2011. "Indubitavelmente, temos os Melhores Jogadores e podemos em abundância **EXPORTAR**. Por Castigo, salvo honrosas exceções, temos os Piores Treinadores, kkkkk, Adoradores de Volante para **COMPENSAR**. Kkkkk. Logo, só resta importar Técnicos, para o Futebol Arte novamente virmos **APRECIAR**, haja vista Jorge Jesus, que não desmente meu **BRADAR**."

2012. "Ninguém pode ser Execrado, impedido de Trabalhar, por Condenação que não TRANSITOU EM **JULGADO**, a não ser Político pego em Flagrante com DINHEIRO DA SAÚDE NO RABO **ENCAIXADO**. Kkkkk."

2013. "O Juiz que foi Colega de Trabalho do Advogado; deve **GRATIDÃO**; possui Vínculos com as Partes ou Acusados; e não se considera SUSPEITO, está DEBOCHANDO DA JUSTIÇA ou DUVIDANDO DA INTELIGÊNCIA da **POPULAÇÃO**? Kkkkk."

2014. "O PRETO(A) que a vida inteira não teve coragem de COMBATER O RACISMO, persegue a raça, e mais, sendo queridinho dos imundos Escravocratas, entende o POLITICAMENTE CORRETO, que significa RESPEITO, um Comportamento Chato, sinceramente ME DÁ **PENA**. Meu conselho, finja que almeja ir ao banheiro e SAIA DE **CENA**. Kkkkk."

2015. "Os Técnicos do Futebol Profissional deveriam na Várzea aprender a **TRABALHAR**. Kkkkk. Aos Domingos sem ganhar nada, os Jogadores de Dois Quadros conseguem **ATUAR**. Com isso, todo Elenco ganha estímulo e entrosamento sem **TREINAR**. Ao contrário no Profissional, apenas os Queridinhos do Professor conseguem **JOGAR**. Kkkkk. Será que, de forma enrustida, os que têm Cadeira Cativa com jabá vêm os **AGRACIAR**? Kkkkk."

2016. "Quem aceita Cargo que não tem Competência, tampouco foi **PREPARADO**, é IRRESPONSÁVEL ou **DESCARADO**? Kkkkk."

2017. "Quem apenas por Interesse vem te **PROCURAR**, consiste em Favor se de ti não mais **LEMBRAR**. Kkkkk."

2018. "Quem faz Campanha sentadinho no colo do Garoto Cloroquina Tupiniquim, kkkkk, fala que defende o **CONSUMIDOR**, mas vota favoravelmente à REFORMA TRABALHISTA que PREJUDICOU E INTIMIDA O **TRABALHADOR**, aduz que vai aumentar o Auxílio Emergencial, que no ano vindouro não existirá, seja RUSSO OU BRASILEIRO, indago: MANO, é sincero ou **ENGANADOR**? Kkkkk."

2019. "Quem veio ao Mundo com Preguiça de Trabalhar, Estudar e apenas em Barracos, Putarias, Vícios vive a **NAVEGAR**, no mínimo, deveria criar pudor e se **RECICLAR**. Kkkkk."

2020. "Se continuarmos na Mesmice, no Marasmo, não houver Metamorfose, Indignação, com a INGLÓRIA de ABERTURA e UTILIZAÇÃO de tantas COVAS, com FORÇA, FOCO E **FÉ**, permaneceremos em SAMPA, MARCHANDO DE **RÉ**. Kkkkk."

2021. "Se o POVO TIVER VERGONHA NA CARA, a POLITICUPUTAIADA que está NO PODER NA PANDEMIA e contribuiu para o GENOCÍDIO DOS PRETOS E POBRES, na Eleição terão o BUMBUM **CHUTADO**. Deus queira, o Garoto Cloroquina dos EUA, Donald Trump, seja o primeiro e aqui um bando de NOBRE **DESCARADO**. Kkkkk."

2022. "Todos que apoiaram a realização da Copa do Mundo no Brasil, e a Construção de Campos de Futebol ao invés de HOSPITAIS, carregam nas **MÃOS** o Sangue de Milhares de **IRMÃOS**. Isto porque não é o vírus que mata, mas sim a falta Atendimento Digno e Infraestrutura nos HOSPITAIS PÚBLICOS SOFRÍVEIS DA **NAÇÃO**."

PUBLICADAS EM 9/11/2020

2023. "A Mulher que ao Homem em tudo almeja se **IGUALAR**, indubitavelmente, com o Tempo no mesmo descrédito irá **NAUFRAGAR**. Kkkkk."

2024. "A utilização do Vídeo nos Jogos de Futebol tornar-se-á Inútil, quando quem o manipula for Corrupto ou, porventura, literalmente Ladrão. Kkkkk."

2025. "A vacina que vier extinguir o Mal que assola a **POPULAÇÃO**, é um Direito Inalienável de todo **CIDADÃO**. E mais, o Transloucado que agir com Preconceito contra sua origem, deve ser encaminhado para o Hospício ou **PRISÃO**. Kkkkk."

2026. "A verdade, ainda que dita de forma grosseira, sob o domínio de forte emoção, ainda assim continua sendo verdade."

2027. "Alguns Jornalistas devem **PARAR** com a leviandade de ler e interpretar Trechos Processuais, e com isso acusada nos outros **DESFECHAR**. Isto porque só com Conjunto Probatório Robusto os Integrantes do Poder Judiciário podem alguém **CONDENAR**, hipótese adversa o 'in dubio pro reo' deve **IMPERAR**."

2028. "Após dez anos lutando contra o Racismo, latindo no Deserto, kkkkk, hoje ouvimos o Grito **ECOAR**. Contudo, pouco viemos **AVANÇAR**. Nesse sentido, os Governantes, Ministros, inclusive do Supremo, Apresentadores, Protagonistas de Novelas e até Duplas Sertanejas, sem Afrodescendentes, atestam nosso **BRADAR**."

2029. "Dinheiro para terminar o Fura-Fila iniciado há um século e que ligará a Cidade Tiradentes ao Centro, os Governantes que mandam em São Paulo há décadas não têm, mas para gastar com Propagandas Eleitorais cansativas em todas as Emissoras de TV está sobrando. Na mesmice, com os Campeões de Covas, kkkkk, com Força, Foco e **FÉ**, os Pretos e Pobres continuaram dançando de **RÉ**. Kkkkk."

2030. "Me causa espécie ver a Comunidade Jurídica aceitar inerte a Manipulação, Ingerência dos Poderes Executivo e Legislativo no Poder Judiciário. Tem-se que mudar a Legislação, para que, no mínimo, a Lista Tríplice seja Obrigatória. Basta da Imoralidade de Governantes ficarem municiando os Tribunais com seus queridinhos. Kkkkk. O Poder Judiciário não pode e não deve ser Subserviente, mas sim 100% Independente."

2031. "Movimentos Masculinos encabeçados por Gays e Femininos recheados de **SAPATÃO**, kkkkk, por vezes, devem ser vistos com reservas, pois podem ter o intuito de aumentar seu já vultoso **QUINHÃO**. Kkkkk."

2032. "Não acredito nos Políticos, muito menos nas Urnas Eletrônicas, estranhamente amada por eles. Kkkkk."

2033. "Nos Governos de Dória, Covas e Bolsonaro, inexistem Ministros e Secretários Afrodescendentes. Assim, concito nossa Raça a não votar nessas Figuras, tampouco em quem deles seja **PUXA-SACO**, kkkkk, a não ser que seja Sem-Vergonha ou **CAPITÃO DO MATO**. Kkkkk."

2034. "O Governante que, em nome de 'pseuda' Liberdade de EXPRESSÃO, acoberta idiotas, que não respeitam a **RELIGIÃO**, indubitavelmente, a exemplo dos Terroristas e junto com os Humoristas sem **NOÇÃO**, carrega Sangue Inocente na **MÃO**."

2035. "O Povo dos Estados Unidos que recebeu de Auxílio Emergencial, valor infinitamente superior a Miséria concedida em nosso País, não se vendeu ao **ANTICRISTO DO PODER**. Não perdoaram suas atitudes insanas, que levaram quase 250 Mil Irmãos vir **PERECER**. Assim, nossas Congratulações a todos que chutaram o bumbum do Garoto Cloroquina, fazendo-o da CASA BRANCA se **ESCAFEDER**. Kkkkk."

2036. "O que nossos Campeões de Covas fizeram pela **ZONA LESTE**? Não fizeram CEUs. Não fizeram Hospitais. Não terminaram o Fura-Fila. Não fizeram Moradias. Enfim, não fizeram Nada com Coisa Nenhuma, logo não conte com nosso Voto, Cabra da **PESTE**. Kkkkk."

2037. "Os Jogadores de Futebol, ao invés de ficarem fazendo tatuagens no bumbum, em todo **LUGAR**, deveriam Fundamentos TREINAR, tais como Bola no Gol **CHUTAR**. Kkkkk."

2038. "Pra mim, salvo raras exceções, a Politicuputaiada é tudo farinha do mesmo saco, kkkkk. Como os Americanos, também não acredito em Urnas Eletrônicas. Portanto, toda Eleição, faço Protesto Silencioso em Casa, Não Voto em Ninguém. Contudo, os Afrodescendentes que pensarem o contrário, pelo menos que não votem em Branco. Kkkkk.

Com relação aos Brancos, que não elejam os Puxa-Sacos do Garoto Cloroquina Tupiniquim, tampouco os Campeões de Covas. Kkkkk."

2039. "Quem confessa que, no seu Governo, Prédio e Viaduto caíram, Favela pegou fogo, matando Pretos e Pobres, sem dúvidas, atesta a própria Negligência e Incompetência. Nesse Marasmo de Almofadinhas, continuaremos com Força, Foco e **FÉ**, dançando de **RÉ**. Kkkkk."

2040. "Quem mama nas Tetas do Governo há séculos e praticamente para os Pretos e Pobres nada fez de **VALOR**. Se intitula Defensor do **CONSUMIDOR**, mas persegue, humilha e prejudica o **TRABALHADOR**. E mais, faz a Campanha no colinho de Doente, kkkkk, indago: Seja RUSSO ou FRANCÊS, merece nosso voto, MANO? Kkkkk."

2041. "Sem o Advogado inexiste Justiça, só a Arbitrariedade, o **TERROR**. Portanto, respeitem seu **LABOR**, ainda que não tenha sua meiguice e **AMOR**. Kkkkk."

2042. "Tem um Bando de Sanguessugas que não deixam de mamar nas Tetas do Governo nem com bala de **CANHÃO**. Kkkkk. Portanto, Não Reelejam Ninguém, até o fim dessa Imoralidade, Safadeza na **NAÇÃO**. Kkkkk."

PUBLICADAS EM 23/11/2020

2043. "A verdade **NUA** e **CRUA** é que enquanto a Periferia está na Escuridão, tem Governante dormindo na **PREFEITURA**, e fazendo Fonte Luminosa de R$ 100 Milhões, para Iluminar os Pretos e Pobres que moram na **RUA**. Kkkkk."

2044. "Aqueles que com o dedinho fazem Apologia para ARMAR A **POPULAÇÃO**, será que das Indústrias Armamentistas, de forma enrustida, não beliscam nenhum **TOSTÃO**? Kkkkk."

2045. "É com profundo pesar que recebemos a notícia do passamento do GRANDE SER HUMANO E RADIALISTA MARIANO MENDES. Seu Maior LEGADO É A LUTA PELOS FRACOS E **OPRIMIDOS**, logo, NOS CÉUS, SEU CORPO E ALMA POR DEUS SERÃO BEM **ACOLHIDOS**."

2046. "É ignorância privar o Goleiro de com as mãos **JOGAR**. Perde-se a oportunidade de **CONTRA-ATACAR** e a Lentidão passa **IMPERAR**. No Futebol como na Vida, a mesmice é chata, não leva a nenhum **LUGAR**. Kkkkk. Inteligência é ter estratégias diversas, é saber **VARIAR**. Kkkkk."

2047. "Em São Paulo temos duas Opções para Votar: o CASALZINHO DE BRANQUINHOS ALMOFADINHAS, kkkkk e o COVER DO LULA E A **VOVÓ**, kkkkk. Portanto, analise, além do Candidato Principal, a procedência do Vice, e Vote sem **DÓ**. Kkkkk."

2048. "Infelizmente, existem Treinadores de Futebol que só ostentam capacidade de Times Fracos **TREINAR**. Kkkkk. Quando se deparam com Seleção, o Orgulho e a Arrogância culminam por fazê-los **NAUFRAGAR**. Kkkkk."

2049. "Na Pandemia, infelizmente, a Politicuputaiada o Vírus não conseguiu para o Inferno **CARREGAR**, kkkkk, pois correm para o Albert Einstein e Sírio-Libanês para se **TRATAR**. Logo, patente, que é a Péssima Infraestrutura dos Hospitais Públicos que vem **MATAR**. Aqui em SÃO PAULO, MAIS DE 40 MIL IRMÃOS PARA COVAS VIEMOS **PERDER**. Diante dessa Imoralidade, MERECE NOSSO VOTO ALGUM SACRIPANTA QUE ESTÁ NO **PODER**? Kkkkk."

2050. "Não adianta para Idiotas o Racismo **EXPLICAR**, pois, diante da Falha e Falta de Cérebro, não conseguirão **DECIFRAR**. Kkkkk."

2051. "Não consiste em Hipocrisia quem diz que enxerga Todos com a mesma Cor, mas só possui Ministros Brancos? Kkkkk."

2052. "O Ilustre Rogério Ceni agora treina **SELEÇÃO**. Com humildade que faltou no **AZULÃO**, sem perseguir os boleiros obterá **CONSAGRAÇÃO**. Para disputa de 4 Campeonatos, faça DOIS QUADROS FIXOS DE TITULARES: 1. Diego Alves; 2. Isla; 3. Gustavo Henrique; 4. Léo Pereira; 6. Filipe Luís; 5. Willian Arão; 8. Gerson; 7. Arrascaeta; 10. Éverton Ribeiro; 9. Gabriel; 11. Bruno Henrique. Quadro Dois: 1. Hugo; 2. João Lucas; 3. Thuler; 4. Natan; 6. Renê; 5. Rodrigo Caio; 8. Thiago Maia; 10. Diego (Pedro Rocha); 7. Michael; 9. Pedro

(Lincoln); 11. Vitinho. Assim, no mínimo, na Libertadores, Brasileiro e Mundial será **CAMPEÃO** e tomará o lugar do Tite na outra **SELEÇÃO**. Kkkkk."

2053. "O Partido do Ilustre Covas manda em São Paulo há três décadas, sendo certo que seus integrantes nunca outorgaram espaço em seu Secretariado aos **AFRODESCENDENTES**. Portanto, concito nossos IRMÃOS DE COR, NÃO VOTEM NESSES RACISTAS, a não ser os SEM-VERGONHAS, **INDECENTES**. Kkkkk."

2054. "O Partido que em Três Décadas o Fura-Fila, Monotrilho que ligará a Cidade Tiradentes ao Centro de São Paulo, não conseguiu **TERMINAR**, tem Competência para no Poder **CONTINUAR**, ou devemos ter pudor e o bumbum de seus Membros **CHUTAR**? Kkkkk."

2055. "Os Governantes que mandam há um século em São Paulo mantêm inúmeras ESTÁTUAS DE IMUNDOS ESCRAVOCRATAS EM ESPAÇOS **PÚBLICOS**. Assim, para Votar nessa raça, sendo Afrodescendentes, só sendo CAPITÃES DO MATO, SEM-VERGONHAS, **ESTÚPIDOS**. Kkkkk."

2056. "Os Ilustres Integrantes do PSDB votaram a favor da Reforma Trabalhista que prejudica o **TRABALHADOR** e da Previdência que extermina com a Aposentadoria do POBRE **SOFREDOR**. Os Ilustres Integrantes do PSOL votaram contra essas Reformas Maléficas ao **TRABALHADOR**. Então, me diga quem merece Governar em São Paulo pelo **AMOR**? Kkkkk."

2057. "Quando CRIMINOSOS OCUPAM O **PODER**, a tendência é que PRETOS E POBRES, a cada dia, culminem por mais e mais **SOFRER**."

2058. "Quem acredita em SORTE E **AZAR**, nome funesto como Covas não consegue **PRONUNCIAR**, kkkkk, mas Boulos, a não ser que seja diabético, dá pra **FALAR**. Kkkkk."

2059. "Quem até o Leite das Crianças Carentes tem coragem de **TIRAR**, kkkkk, merece de seu Voto **DESFRUTAR**?"

2060. "Quem passa quatro anos de forma inglória DORMINDO DENTRO DA **PREFEITURA**, kkkkk, ao invés de tentar se Reeleger, não deveria renunciar, demonstrando um MÍNIMO DE **COMPOSTURA**? Kkkkk."

2061. "Sinceramente não tenho paciência com Zagueiros e Goleiros que ficam com frescuras perto da retaguarda, pensando saber **JOGAR**. Kkkkk. Dribles, Tabelinhas é no Campo Adversário com o fito de Gols **MARCAR**. Se o Técnico de forma contrária os **ORIENTAR**, mandem o bico **CALAR**, e o rabo no banco **SENTAR**. Kkkkk."

2062. "Temos de um lado o filhote do DÓRIA com o ALCKMIN, kkkkk, e de outro, o filhote do LULA com a ERUNDINA, kkkkk. Para não se **AFOGAR**, em qual das duas canoas irás **PULAR**? Kkkkk."

2063. "Uma verdade deve ser **DITA**. Quem dá Acusada no Povo, arguindo ser **MARICA**, kkkkk, com certeza adora Cassetete, Pistola e no Pelotão, de forma enrustida, já entregou muita **MARMITA**. Kkkkk."

PUBLICADAS EM 14/12/2020

2064. "Devemos celebrar, hoje e sempre, o Nascimento de Jesus, pois é o ÚNICO CAMINHO, A VERDADE E A LUZ."

2065. "É muito sem graça, ver Patetas, kkkkk, apelando, faltando com **RESPEITO**, inclusive com o **SAGRADO**, no afã de fazer Comédia e ser **ENGRAÇADO**. Kkkkk."

2066. "Quero Parabenizar as Autoridades do **CATAR**, por possuírem Vergonha na Cara e não permitir que a droga denominada bebida alcoólica ao Futebol venham **VINCULAR**. Que sirva de exemplo e os Dirigentes da FIFA se revistam do mesmo pudor e façam todo Mundo esse proceder **ACATAR**."

2067. "Os Policiais têm se conscientizar da Relevância que possuem perante a Sociedade, a **NAÇÃO**. A violência, o Racismo e o Preconceito não podem revestir a Alma, o **CORAÇÃO** de quem exerce tal sacrossanta **MISSÃO**. E mais, não devem esquecer a máxima, melhor mil bandidos foragidos que um inocente Morto ou na **PRISÃO**."

2068. "Não seria melhor drogas na Farmácia poder **COMPRAR**, ao invés de continuar essa guerra inútil contra o tráfico, que culmina por, todo santo dia, inocentes, inclusive crianças, vindo **MATAR**?"

2069. "Indubitavelmente, é uma Honra do Martin Luther King Jr., Malcolm X e Nelson Mandela, de algum modo, virmos **LEMBRAR**. Ridículo é ser Rico, Famoso, mas Banana de qualquer Cor, e não ter coragem de contra o Racismo, o Preconceito, a Injustiça social vir **LUTAR**. Kkkkk."

2070. "Gente Escravocrata, Racista e Preconceituosa, 'data máxima vênia' não merece nenhum **RESPEITO**. Perdão, se estoquei seu **PEITO**. Kkkkk."

2071. "Garotas, cuidem-se. Não sigam o exemplo dessas que na Mídia prestam desserviço, semeando a **PROMISCUIDADE**. Elas não andam seminuas, sem um Bando de Seguranças em nossa violenta **CIDADE**."

2072. "Ilustres Vereadores, Deputados e Senadores, sejam Patriotas, mudem a **LEGISLAÇÃO**, tornem o PARLAMENTO VOLUNTÁRIO JÁ! E AS VERBAS QUE gastamos, com todo o respeito, inutilmente com Vossas Excelências sejam disponibilizadas integralmente para sanar as Mazelas da Saúde Pública da **NAÇÃO**."

2073. "Na Vida, o que é Certo ou **ERRADO**? Sei lá. Kkkkk. Só sei que consiste em nossa obrigação Lutar para nos tornar um Ser Humano **APERFEIÇOADO**. Afinal, quem diz nunca ter **PECADO**, com certeza é um ENRUSTIDO **SAFADO**. Kkkkk."

2074. "Salvo raras exceções, os Afrodescendentes Brasileiros que ficaram ricos, famosos, nunca abriram a boca para lutar contra o Racismo que assola a **NAÇÃO**. Quiçá porque o Talento que foram agraciados também abundou o egocentrismo, a covardia e **FROUXIDÃO**. Kkkkk."

2075. "Alguém pode nos **INFORMAR** quando o Ilustre Tite e seus Queridinhos irão se **APOSENTAR**? Kkkkk. Quando a Seleção será efetivamente Brasileira e não terá Cadeira Cativa para ninguém o Rabo **ENGORDAR**? Kkkkk."

2076. "Até quando, inertes, veremos o Poder Executivo e Legislativo nomeando seus Companheiros, Parças, no Poder Judiciário, evidentemente sem nenhum intuito de os **BENEFICIAR**? Kkkkk. Estaria o Poder Judiciário de joelhos para os poderosos dos outros **MONTAR**? Kkkkk. Essa é a independência dos Poderes que a Lei Maior vem **PRECONIZAR**? Kkkkk."

2077. "Indubitavelmente, o Ar-Condicionado consiste num Pernicioso Propagador não apenas de vírus, mas toda sorte de **MOLÉSTIAS**. Assim, de rigor, Decreto Legal proibindo de imediato seu uso em todos os Locais Públicos, sem delongas e **CONTROVÉRSIAS**."

2078. "Amor difere de prisão, opressão, **MALDADE**, Amor significa **LIBERDADE**, respeito à essência e o desejo a outrem de **FELICIDADE**."

2079. "O Tráfico de Influência e a corrupção são Práticas Nefastas, infelizmente em **EVOLUÇÃO**. Felizmente, não possuímos tal sordidez na Justiça de nossa **NAÇÃO**. Kkkkk."

2080. "Crucial o curso de Medicina **POPULARIZAR**. Inaceitável, que apenas brancos e ricos tenham esse privilégio, até porque caríssimo e vem o dia de forma integral **OCUPAR**. A solução é quem ostenta condições, passe **PAGAR E OS** demais o Governo venha **CUSTEAR**. Todavia, os últimos, após formados, tais valores venham **QUITAR**, ainda que parte da Jornada, para o estado, culminem por **LABORAR**."

2081. "A Justiça do Trabalho sem funcionar interessa aos Escravocratas e mais **NINGUÉM**. Afinal, UM PAÍS QUE ENGORDOU A ELITE BRANCA, DURANTE QUASE 400 ANOS, COM MÃO DE OBRA ESCRAVA, em verdade está recheada de Empresários Safados, que não gostam de pagar **NINGUÉM**. Kkkkk."

2082. "Ilustre Presidente da FIFA, GIANNI INFANTINO, o VAR deve ser usado como TRIBUNAL TECNOLÓGICO, para corrigir os Erros do Juiz de Campo, sem discussão e ponto **FINAL**. Não adianta disponibilizar a TECNOLOGIA para gente mal-intencionada, **IRRACIONAL**. Kkkkk."

2083. "Tivéssemos Governantes Competentes que viessem Hospitais iguais ao SÍRIO-LIBNÊS e ALBERT EINSTEIN disponibilizar para toda **NAÇÃO**, aí sim, o VÍRUS não passaria de uma GRIPEZINHA, e não estaríamos presenciando o GENOCÍDIO, a CARNIFICINA dos PRETOS e POBRES nesse INJUSTO **MUNDÃO**."

2084. "Quem LUTA CONTRA A DEMOCRACIA, é Retrógado, Comunista, Fascista, Nazista, Intervencionista, almeja qualquer forma de Ditadura, enfim, NÃO PREZA A LIBERDADE, definitivamente não é **PATRIOTA**, mas sim um perfeito **IDIOTA**. Kkkkk."

FRASES DE REYCK LOVIS - 2021

PUBLICADAS EM 9/1/2021

2085. "Ainda no PRAZO **LEGAL**, tenham um FELIZ ANO NOVO, com muita SAÚDE, SERENIDADE, **SENSACIONAL**."

2086. "A Pandemia nos leva à **REFLEXÃO**. Por que os Povos mais atingidos são aqueles cujos Governantes vivem derramando Sangue **IRMÃO** e os Campeões de Promiscuidades, de nosso **MUNDÃO**? Seriam Inocentes pagando por um Bando Sem **NOÇÃO**?"

2087. "Aqueles que são ingratos, vêm suas Orientações **MENOSCABAR**, atacam sua honradez, não sabem o **RESPEITAR**, torcem para que venhas se **LASCAR**, kkkkk, indubitavelmente, não são Dignos de a sua Mesa **SENTAR**"

2088. "Basta de Sonho ou apenas **REPRESENTATIVIDADE**, a Luta dos Afrodescendentes deve ser para, em todos os aspectos, ter o SACROSSANTO DIREITO À **IGUALDADE**."

2089. "Com relação ao Pênalti Indiscutível que Marinho padeceu no Jogo contra o Boca Juniors, o Departamento Jurídico do Santos Futebol Clube deve usar o Vídeo e pleitear a Anulação, a partir da eiva que veio o Embate **MACULAR**. E mais, Peticionar a Autoridade Policial, para Eventual Delito por parte dos Árbitros **APURAR**. Basta de com frouxidão vermos Injustiças, Safadezas **IMPERAR**."

2090. "Com tantas safadezas, tais como a Promiscuidade, o Racismo, a **CORRUPÇÃO**, é Injustiça dizer que as Músicas Atuais não refletem o verdadeiro ESTADO DA **NAÇÃO**. Kkkkk."

2091. "Definitivamente, não é atribuição de nenhum Governante a Imprensa **MANIPULAR**. Aqueles que possuem Cérebro, usam as Notícias para as Mazelas **EXTERMINAR**. Por sua vez, os Incompetentes ficam com MI-MI-MI, kkkkk, o tempo todo vindo em cima da Mídia a **VOMITAR**. Kkkkk"

2092. "Em Terra Sem Lei, que Todo Mundo **MANDA**, dificilmente para frente se **ANDA**. Kkkkk."

2093. "Enquanto houver a Pandemia, de rigor, a manutenção da Miséria outorgada a título de AUXÍLIO **EMERGENCIAL**. Se não for por parte do Executivo e Legislativo, que seja por Determinação do SUPREMO TRIBUNAL **FEDERAL**."

2094. "Indubitavelmente, o Ar-Condicionado dos Metrôs, Ônibus e Lotações é o Maior Propagador de Toda a Sorte de Vírus, que causam tanta **MORTANDADE**. Qual a dificuldade de sanar essa **INSALUBRIDADE**? A Competência de nossos Governantes é uma tremenda **BARBARIDADE**. Kkkkk. "

2095. "O Fernando Diniz, deve se **RECICLAR**, ao invés de ficar exigindo que o Goleiro e Zagueiros fiquem com frescuras, deve treinar o Time para Bolas no Gol adversário **CHUTAR**. É inaceitável que nos Jogos contra o Grêmio, o Vanderlei não viesse em nenhum instante o bumbum **SUJAR**. Kkkkk. Quiçá a culpa dos tropeços seja de Vossa Senhoria, e não do Árbitro, que, sem o Cronômetro, vem alguns minutos de forma culposa **SURRUPIAR**. Kkkkk."

2096. "O Ministério Público, 'data vênia', tem o Dever Legal e Moral de Ajuizar Ação para garantir o Direito Líquido e Certo dos Idosos nos moldes de outrora, a Livre **LOCOMOÇÃO**. Quiçá, a Politicuputaiada fez tal Bondade para demonstrar aos Empresários de Transportes o Carinho e **GRATIDÃO**. Kkkkk."

2097. "O Treinador de qualquer Esporte que fica na beira do Campo querendo o jogo **APITAR**, e, de forma Transloucada, vem os Pupilos **DESRESPEITAR**, deve ser Expulso e Multado pelo Clube, pois, além do Ato ser Criminoso, a Instituição e o próprio podem, por Assédio Moral, virem **CONDENAR**. Se o Sujeito não possui Autocontrole, não deve ninguém **COMANDAR**, mas sim fazer Terapia, antes de virem seu bumbum **CHUTAR**. Kkkkk."

2098. "Os Atores e Atrizes que durante os Setenta Anos de Televisão nunca abriram a boca para contra o Racismo **LUTAR**, ao contrário vieram se **BENEFICIAR**, não devem reclamar agora que envelheceram a Emissora vir seus bumbuns **CHUTAR**. Kkkkk. Quiçá seja um saudável castigo virem pelo menos um pouco do Preconceito e Discriminação **DESFRUTAR**. Kkkkk."

2099. "O que impressiona não é o Idiota vomitando e fazendo **INSANIDADES**, mas sim um Bando de Imbecis apoiando suas **BARBARIDADES**. Kkkkk."

2100. "Para Governantes Genocidas, Corruptos, não há interesse da Pandemia **TERMINAR**. Isto porque podem à vontade Verbas Públicas **TORRAR**, além dos Pretos, Pobres e Aposentados, com maior rapidez, **FINALIZAR**. Kkkkk."

2101. "Os Estados Unidos que não obrigam o Povo a **VOTAR**, e mais, as Urnas Eletrônicas não vêm **PRESTIGIAR**, deveriam também os Votos da Maioria **RESPEITAR**. É um Ato Criminoso e Risível o Sujeito **APANHAR** duas vezes no Voto **POPULAR** e ter a cara de pau do Osso não querer **LARGAR**. Kkkkk."

2102. "Quem proíbe outrem de ideias **PROPAGAR**, sob os Argumentos de Polêmicas ou o Pleito Eleitoral **INFLUENCIAR**, não estaria a Festejada Censura a **PERPETRAR**? Kkkkk."

2103. "Respeite os Duzentos Mil e seus Entes Queridos, que faleceram em nossa **NAÇÃO**. Nada de Bebedeira, Promiscuidade, Rolezinho, **PANCADÃO**. Fique em Casa, mantenha o Distanciamento Social, acredite em Deus, faça **ORAÇÃO**."

2104. "Tenha Sabedoria e se afaste de Locais e Pessoas Inadequadas, que não te façam **BEM**. E mais, Amigos de Inimigos não merecem a Credibilidade de **NINGUÉM**. Kkkkk."

2105. "Se o Rogério Ceni com a Seleção do Flamengo não conseguir sequer o Campeonato Brasileiro **BELISCAR**, com todo respeito, deve de mãos dadas com seu parceirinho Inglês, de onde veio, **VOLTAR**. Kkkkk. Quiçá, tenha nascido para Faltas no São Paulo **COBRAR** e o Glorioso Fortaleza **TREINAR**. No Mengão até do Domènec com saudades viemos **FICAR**. Kkkkk."

2106. "Se os Gloriosos Santos e Palmeiras jogarem com a raça peculiar dos Argentinos, pênaltis aprenderem **COBRAR**, enfim, de Saltinhos Luís XV não vierem no Campo **ADENTRAR**, a Final da Libertadores irão **DISPUTAR**. Hipótese adversa, morrerão na Praia, culminarão por **CHUPAR**. Kkkkk."

2107. "Se você almeja de seus Pais, Avós, se **LIVRAR**, saia para Gandaia, volte para Casa com o Vírus e, como Judas, venha os ABRAÇAR E **BEIJAR**. Kkkkk."

2108. "Você tem o Livre-Arbítrio de Falar e Fazer o que **QUISER**, mas tomara que tenhas Rabo para aguentar o que **ADVIER**. Kkkkk."

PUBLICADAS EM 24/1/2021

2109. "Além do Peixe, sou torcedor do Flamengo desde que o Genial Zico começou a **REINAR**. Parabenizo a Direção por o melhor Elenco da América **CONTRATAR**. Dentre eles, Gustavo Henrique, Léo Pereira, Vitinho, Michel, que a Torcida, de forma equivocada, persegue e vem **DESVALORIZAR**. Se mostraram Talento onde estiveram é certo que o Treinador não sabe os **UTILIZAR**. O Willian Arão, antes e depois de Jesus, não desmente meu **BRADAR**."

2110. "Até para saborosos alimentos **DEGUSTAR**, terás que se **ESFORÇAR**, mormente se doente vires **FICAR**. Portanto, Trabalhe, Estude, que Deus se anima em te **AJUDAR**. Kkkkk."

2111. "Conviver com pessoas que se julgam o saco da Sabedoria, mas as Ideias em relação a você são totalmente DISSONANTES é um exercício gostoso, mas super **ESTRESSANTE**. Kkkkk. Prefiro ficar em Paz, com minha burrice e bem **DISTANTE**. Kkkkk."

2112. "Do ponto de vista financeiro, seria crucial que o Santos viesse a Libertadores Beliscar, para um futuro mais calmo, **HARMONIOSO**. Contudo, é patente que o Elenco do Palmeiras, ao menos, no mesmo aspecto, é mais **VALIOSO**.

Todavia, Futebol é Onze contra Onze, então que vença aquele que jogue o Futebol mais Eficiente e **VISTOSO**. Enfim, que não entre em Campo ou Vídeo, nenhum Árbitro Mal-Intencionado, Safado, **PERNICIOSO**. Kkkkk."

2113. "É hipócrita o personagem que diz preferir o **PASSADO**. Será que aceitaria se cuidar com Médico **ULTRAPASSADO** ou teria seus dentes por Odontologista Raiz **ARRANCADO**? Kkkkk."

2114. "Em plena Pandemia, é de rigor o Congresso Nacional aprove uma Renda Mínima para que, em nosso Rico País, não passe Fome nenhum **CIDADÃO**. E mais, que transforme o Parlamento em Voluntário, destinando tais Verbas para o Fim das Mazelas da **NAÇÃO**."

2115. "Indubitavelmente, o Palmeiras é Franco Favorito para a Taça Libertadores **CONQUISTAR**. Contudo, o Santos, que não possui o Elenco Badalado, Estrelar, como alguém falou, tem quatro por cento de chances do referido Torneio **BELISCAR**. Para tal, deve compensar na Raça e Frieza para chances não **DESPERDIÇAR**, tampouco se **APAVORAR** e deixar a PERNINHA **BAMBEAR**. Kkkkk. Assim, quiçá, como DAVI contra GOLIAS, tem possibilidade de 'É TETRA' o GALVÃO, agarradinho com o PELÉ, ouvirmos novamente **BERRAR**. Kkkkk."

2116. "Na disputa da Taça da Libertadores entre Santos e Palmeiras, constataremos se os Técnicos Portugueses, de fato, vieram para Futebol aos Brasileiros **ENSINAR**. Em 2020, Jorge Jesus, em pouco tempo, queiram ou não, de todos os Professores Nacionais tirou onda, veio **HUMILHAR**. Kkkkk. A história está prestes a **REPRISAR**. Abel chegou, sentou na janelinha, e já provocou a inveja dos que o antecederam, e não tiveram Proficiência para o Rico Elenco **COMANDAR**. Tomara que não faça o Glorioso Cuca padecer na Praia, tendo que **CHUPAR**. Kkkkk."

2117. "No mínimo é falta de Ética o Cantor prolatar que Colegas cantam **DESAFINADO**. Quiçá muitos pensam que Vossa Senhoria há cinco décadas não canta, mas sim as mesmas Músicas tem **BERRADO**. Kkkkk."

2118. "O Santos FC, com o devido respeito, não ganhou nada, portanto, não tem nada para **CELEBRAR**. Caso o Técnico e Jogadores coloquem Saltinhos Altos, na Praia Naufragados, iremos **CHUPAR**. Kkkkk."

2119. "O Técnico que é prepotente, não outorga Espaço Igualitário, Sequência a Todos do Elenco, mormente quando o mesmo tem STATUS DE **SELEÇÃO**, merece ser boicotado pelo Time, até que a Diretoria se toque e chute seu **POPOSÃO**. Kkkkk. Se não tem Competência, Humildade, que se especialize em treinar a QUINTA **DIVISÃO** ou tirar Times ruins da ZONA DA **CONFUSÃO**. Kkkkk."

2120. "O Treinador Português do Palmeiras, a exemplo dos Tupiniquins, não deixa Guarda-Redes Negros **ATUAR**. Jailson, que tem a mesma Qualidade Técnica do Weverton, não desmente nosso **BRADAR**. Enquanto o Primeiro, sem oportunidade, fica o tempo inteiro com o bumbum no banco, a **ENGORDAR**, kkkkk, o Segundo, todos os Jogos as bolas para o Português deve **SEGURAR**. Kkkkk."

2121. "Quando a Politicuputaiada irá criar pudor e deixar dos Afrodescendentes **AFRONTAR**? Quando implodirão das Praças Públicas, as Estátuas dos Genocidas Escravocratas ou virão em Museus as **COLOCAR**? Parabéns aos Sem-Vergonhas de nossa Raça, que têm estômago de nesses Negrocidas **VOTAR**. Kkkkk."

2122. "Quando reconheceres seus Erros e **PODRIDÃO**, kkkkk, começarás a melhorar e encontrar para tudo a devida **SOLUÇÃO**."

2123. "Se ao invés de torrarem Verbas Públicas construindo Estádios para fazer a Copa do Mundo, tivessem construído Hospitais Universitários em todo País, como bradamos, não estaríamos presenciando esse Genocídio de Pretos, Pobres e Idosos. Portanto, todos os que Contribuíram e Apoiaram tal Insanidade têm as Mãos Sujas de **SANGUE**. Se achas que não, então CHUPA, **LAMBE**. Kkkkk."

2124. "Se o Futebol outrora tivesse a Infraestrutura atual, e a proteção do Árbitro de Vídeo, sem sombras de dúvidas, os Astros do passado, como Pelé, Zico e Maradona, ainda mais viriam **BRILHAR**. Portanto, é uma tremenda idiotice aos atuais os **COMPARAR**. Kkkkk."

2125. "Se pudesse ao passado **VOLTAR** para algo **CONCERTAR**, definitivamente os Pais dos Escravocratas, Genocidas, não permitiria com Mulher viessem **TRANSAR**. Aos mesmos, apenas seria lícito que mordessem a fronha e o bumbum pudessem **ARREBITAR**. Kkkkk."

2126. "Será que o Aumento da Promiscuidade, mormente nas Redes Sociais, a Intolerância, Agressividade, Falta de Respeito, bem como os Movimentos e Celebridades que pregam tais práticas, estão contribuindo para o crescimento do lastimável número de Femicídio?"

PUBLICADAS EM 8/2/2021

2127. "Mil vezes ter filosofias de bêbado, **SONHADOR**, kkkkk, que ser Alienado, Lambe-Botas de Nazistas, Corruptos, Escravocratas, enfim, Genocidas, que Mamam nas Tetas do Governo há décadas, sem nenhuma utilidade e **PUDOR**. Kkkkk."

2128. "Acerca da Final da Libertadores, pelo Conjunto da Obra, o Palmeiras mereceu **TRIUNFAR**. Contudo, o Cuca esqueceu, não sendo Gandula, desnecessário a bola para o Juiz **SEGURAR**, kkkkk. O Gigante John deve aprender, dentro da Área, Levantando a Mão, consegue tudo **PEGAR**. E mais, ter maior Rapidez, Explosão e a Frescura do Golpe de Vista, kkkkk, como fez, jamais **UTILIZAR**. Nesse passo, os Racistas, kkkkk, para Seleção terão que o **CONVOCAR**."

2129. "Aprenda a tratar a todos com Respeito, Carinho e **EDUCAÇÃO**, mesmo que não comunguem com sua Sábia **OPINIÃO**. Kkkkk."

2130. "Com o Pior Presidente que o Santos FC já teve na História, cujo bumbum do **PODER** chutaram, kkkkk, o Peixe foi muito além do que poderia **OBTER**. De sorte que PARABÉNS AO CUCA E TODO ELENCO PELO BRIO E **COMBATIVIDADE**. Levantem os Chifres, kkkkk, para que estejamos na próxima LIBERTADORES e tenhamos, no mínimo, a mesma **NOTORIEDADE**."

2131. "De nada adianta ir para Igreja **REZAR**, se deixas a Casa ao Deus dará e não tens Sabedoria para os Filhos **EDUCAR E ORIENTAR**."

2132. "É profundamente chato pessoas almejarem te **CONVENCER** de situações que desagradam e vêm o **ABORRECER**. Sinceramente da vontade de mandá-las deitar ao **ANOITECER**. Kkkkk."

2133. "É um absurdo almejar que Gabigol, Pedro, Bruno Henrique voltem para Lateral **MARCAR**, e dizer que juntos não podem **ATUAR**. Inaceitável, colocar um Meia-Esquerda Talentoso como Scarpa na Lateral para **JOGAR**. Não deixarem Meias Geniais como Lucas Lima, Luan, Ganso ter ritmo para o talento **DEMONSTRAR**. Incrível Gratuitamente de Casares, Otelo, Thiago Neves virem **ABDICAR**. Sinceramente esses Treineiros Adoradores de Brucutus e Vacas Loucas estão almejando com o FUTEBOL ARTE **ACABAR**. Temos Direito, além dos Títulos, um bom Espetáculo **APRECIAR**."

2134. "Já que nossos Competentes Governantes não o fazem, cabe ao Ministério Público, Fiscal da Lei, considerando que as Aglomerações no Transporte Público, sem dúvidas, são o Maior Fator de Transmissão de toda sorte de Vírus, determinar que todas as Empresas disponibilizem apenas Veículos com Janelas e Ventilação **NATURAL**. E mais, proibir o tráfego de passageiros em pé, sem dignidade, como **ANIMAL**. Intimem esses Escravocratas para Ajuste de Comportamento ou Ajuízem Ação que julgarem **LEGAL**, diga-se, tanto na esfera Cível como **CRIMINAL**."

2135. "Não temas, nem se aflijas das Mensagens de Deus que em benefício dos Fracos e Oprimidos a Céu Aberto vens **DIZER**. Tampouco se ofendas, com vômitos de Idiotas para te **ESMORECER**, pois não têm cérebro para SÁBIOS **ENTENDER**. Kkkkk."

2136. "Nossas Congratulações à MELHOR CONSELHEIRA do Futebol das Américas, LEILA PINHEIRO, também Presidenta da MAIOR PATROCINADORA, CREFISA, pela CON-

QUISTA DA TAÇA DA LIBERTADORES. Não outorgasse o Ilustre Abel ouvidos aos Retranqueiros ao seu redor; não escalasse, no grito, quem já afundou a **SELEÇÃO**, kkkkk; não deixasse os Geniais Assistentes e Organizadores de Meio-Campo Lucas Lima e Gustavo Scarpa no banco engordando o **POPOSÃO**, kkkkk, quiçá o Palmeiras no Mundial fosse **CAMPEÃO**."

2137. "O BBB, que intitulei de Bial, Boninho e a **BRANCAIADA**, kkkkk, nunca teve tanta **NEGRAIADA**. Kkkkk. Quiçá Racistas estejam almejando na Alma dar uma **REGENERADA**, com medo de no Inferno ter a Rabeta pelo Boi Zebu **MACULADA**. Kkkkk."

2138. "O Santos FC é Grande e assim deve **PENSAR**, logo o Elenco necessita **REFORÇAR**. Precisa de Meias que Organizem o Time e sejam Especialistas em Assistências **OUTORGAR**, para tal, indico Ganso e Lucas Lima **REPATRIAR**, até porque, depois do Peixe, nunca mais vieram **BRILHAR**. De rigor ainda, dois Meias que gostem de Gols **ANOTAR**, que, como opções, Claudinho, Vina, Valdivia (Inter), Camilo e Thiago Neves podemos **DESTACAR**. Só com a Molecada, novamente esse Ano, sem Beliscar nada, iremos **CHUPAR**. Kkkkk."

2139. "O Santos FC, em razão do péssimo Ex-Presidente, não pode o Elenco **REFORÇAR**, salários veio **ATRASAR**, logo foi pela Proficiência da Comissão Técnica e Jogadores que o Vice da Libertadores culminou por **BELISCAR**. A nosso ver, foi melhor assim, para no Mundial vergonha não viéssemos **PASSAR**. Até porque ainda não esqueci que do Barcelona, de Quatro, tivemos que **CHUPAR**. Kkkkk."

2140. "Quem possui Seleção como o Palmeiras para **COMANDAR**, deve fazer dois Quadros Homogêneos e ambos nos Campeonatos **UTILIZAR**. Aqui no Brasil, apenas Renato Gaúcho essa sapiência veio **DEMONSTRAR**. Portanto, Heróis são os Brasileiros que trabalham mais de oito horas por dia, para a Esmola de Um Salário Mínimo **GANHAR**. Lamúrias de quem aufere Fortunas, para Dez Vezes por Mês **JOGAR**, é MI-MI-MI de quem burrices vive a **PERPETRAR**. Kkkkk."

2141. "Se Deus outorga Sabedoria para o Homem dos males **TRATAR**, é Fanatismo, Ignorância **PENSAR** que sem os Benefícios Divinos da Ciência, Medicina, Tecnologia irás se **CURAR**. Faça o certo, que Deus, que é a Vida e Cura, irá te **AJUDAR**."

2142. "Se entende que padecer agressão, desrespeito é Natural, que no fim sempre vence o **AMOR**. Perdão, mas tenha vergonha na cara, um pouco mais de **PUDOR**, o Mundo é Grande, por **FAVOR**. Kkkkk."

2143. "Tenha Inteligência suficiente para discernir que Tudo nesse Mundo irá **ACABAR**. Que a Credibilidade, uma vez perdida, será difícil **RECONQUISTAR**. Portanto, outorgue valor a quem almeja seu Bem, e vive por trás, o tempo todo, tentando para frente te **EMPURRAR**. Kkkkk."

2144. "The Voice + é, Graças a Deus, mais uma Vitória de nossos Discursos Denunciando a Falta de Oportunidades dos Negros, Pobres e Idosos que na Grande Mídia vive **IMPERAR**. Tais injustiças ainda persistem, pois tem inúmeros Artistas Desconhecidos e outros que já foram Famosos, com boas Mensagens Musicais a **DIVULGAR**, e não existe nenhum Programa para com Respeito o Trabalho possam **DEMONSTRAR**. Afinal, é o Público e Deus que nossa Obra devem **JULGAR**, não quem almeja se aparecer vindo os outros **AVACALHAR**. Kkkkk."

PUBLICADAS EM 27/2/2021

2145. "Ao invés da POLITICÚPUTAIADA acabar com a **IMUNIDADE**, estão almejando ampliar essa safadeza que muito orgulha a **SOCIEDADE**. Kkkkk. Viva, Viva a **IMPUNIDADE**. Kkkkk."

2146. "Apesar de jogar um Futebol Medíocre para a **SELEÇÃO** que ostenta, Parabéns ao Flamengo por no Campeonato Brasileiro ser **CAMPEÃO**. Se fosse o Presidente, agradeceria o Ilustre Ceni pelos serviços prestados e contrataria o Renato para dirigir o **MENGÃO**. Isto porque estou cansado de contra o Tricolor sofrer **HUMILHAÇÃO**, tendo que torcer até pro **CORINGÃO**. Kkkkk."

2147. "Com Burro, kkkkk, não adianta **DISCUTIR**. Quem o faz, culmina por se **CONFUNDIR**. Kkkkk."

2148. "Coragem sem **SAPIÊNCIA** gera a Festejada Mental **DEMÊNCIA**. Kkkkk."

2149. "Lutar contra o Racismo, Preconceito, Desigualdade, enfim, a INJUSTIÇA **SOCIAL**, não justifica a IGNORÂNCIA, AGIR COMO **ANIMAL**. Kkkkk."

2150. "Não adianta, querido **IRMÃO**, disponibilizar a Tecnologia para Seres Humanos Incompetentes ou Mal-Intencionados e Adeptos à Saudável **CORRUPÇÃO**. Kkkkk."

2151. "Nossas Congratulações a toda EQUIPE DE JORNALISMO DA REDE **GLOBO**, que não se curva diante os 'Poderosos', Denunciando o Genocídio dos Pretos e Pobres, em face ao Espetacular Atendimento Hospitalar outorgado ao nosso SOFRIDO **POVO**. Kkkkk. LIXO são Aqueles que Literalmente se Vendem, recebem Benesses, para se Calar, Amenizar, fazer Vistas Grossas, Omitir Informações, almejando FAZER A GENTE DE **BOBO**. Kkkkk."

2152. "O Covarde ataca o Inocente, que julga mais **FRACO**. Atitude essa digna do querido **RATO**. Kkkkk."

2153. "O Homem tem a Força Física, a Mulher a **MENTAL**, exceto as que almejam ser Machão e agem de modo **IRRACIONAL**. Kkkkk."

2154. "O Mundo necessita de muito mais Médicos, Enfermeiros, Medicamentos, Hospitais Públicos Dignos, Fábricas de **VACINA**, não Armas para Aumentar a **CARNIFICINA**. Alguém pode avisar as Bestas, digo Sábios, lá de **CIMA**. Kkkkk."

2155. "O Santos FC não tem mais Pelé, tampouco **NEYMAR**. Não possui Aílton Lira, Ganso ou Lucas Lima, para Soteldo e Marinho **MUNICIAR**. De sorte que, se o Presidente não mostrar a que veio e o Elenco não **REFORÇAR**, com ou sem Holan, mais um Ano sem ganhar nada iremos **CHUPAR**."

2156. "Observando o imensurável número de Líderes Religiosos, Sentando no Colo de seus Pupilos, Beliscando as Fiéis, Defendendo Fascistas, usando a Fé Pública para **ENRI-**

CAR, e até mandando **MATAR**. Indago: será que a era dos Falsos Profetas estamos a **DESFRUTAR**? Kkkkk."

2157. "Os queixumes da Exuberante Renata Fan e Ilustre Abel contra a Arbitragem, assistem parcial **RAZÃO**. Se o Pênalti marcado para o Flamengo contra o Grêmio foi anotado, por que o do Internacional contra o Corinthians, **NÃO**? A expulsão do Rodinei foi justa, e o fato do Árbitro ter errado outras vezes, permanecer no equívoco não tem **JUSTIFICAÇÃO**. Apesar de Melancólico, o melhor Elenco foi **CAMPEÃO**, ficando no Cheirinho os Brucutus do **ABELÃO**. Kkkkk."

2158. "Os Reality Shows são a prova cabal que lamentavelmente estão jogando no Lixo a **FEMINILIDADE**. Por conseguinte, avultando o casalzinho, PROMISCUIDADE E **BRUTALIDADE**. Kkkkk."

2159. "Quem age como MARIONETE, PAU-**MANDADO**, temos que ter pena, não passa de **COITADO**. Kkkkk."

2160. "Ser Influenciador da Arrogância, Prepotência, Agressividade, Desamor, enfim, do **MAL**, indubitavelmente não consiste num papel **LEGAL**. Kkkkk."

2161. "Você que é Funcionário Público de Alto Escalão e, com o Dinheiro Público, VIVE COM EXCESSO DE **REGALIA** e não se sente Afetado de ver tanta Gente Morrendo nos HOSPITAIS PÚBLICOS, SEM INFRAESTRUTURA e até OXIGÊNIO NO DIA A DIA. Meus Parabéns, VOCÊ É FILHO DO BOI ZEBU, NÃO TEM **EMPATIA**. Kkkkk."

PUBLICADAS EM 19/3/2021

2162. "Outorgue valor aos seus **PAIS**, não espere o amanhã, na beira do buraco, será tarde **DEMAIS**. Kkkkk."

2163. "Adoro, kkkkk, os Técnicos do Futebol Brasileiro, que acabaram com os Ponteiros Habilidosos que tínhamos, como Edu, Renato Gaúcho, Nilton Batata, João Paulo, Zé Sérgio etc., e agora os Meias Clássicos também querem **EXTERMINAR**. Com essa raça, hoje, a exemplo, os geniais

Sócrates, Giovanni, Neto, Pita, Djalminha, Alex engordariam o Bumbum no Banco sem poder **JOGAR**. Kkkkk."

2164. "**ADVOGAR** é compelir quem não o faz, a Lei e o Direito **RESPEITAR** e, por conseguinte, a Justiça **IMPERAR**. Não é vedado Viver na Plenitude e **AMAR**. Perdoem-me os sábios que ao contrário venham **PENSAR**. Kkkkk."

2165. "Afaste-se do **MAL**, assim terá uma vida suave e **LEGAL**. Kkkkk."

2166. "As Guerras demonstram que o Homem lamentavelmente é Ridículo, Agressivo, Estúpido, por **NATUREZA**. A mulher ao contrário, salvo tristes exceções, é Inteligente, Dócil e representa a real expressão da **BELEZA**. Kkkkk."

2167. "Consiste num deleite observar as Garotas bem à vontade, praticamente Desnudas, nas Praias, Ruas, em suma, em Público a **DESFILAR**. Contudo, nas Igrejas, Tribunais, esses trajes melhor **EVITAR**, pois culminam por a Comunhão, Concentração do Padre, Pastor, Juiz, Promotor, Advogado e Irmandade **EXCOMUNGAR**. Kkkkk."

2168. "Felizmente contamos com uma POLITICÚPUTAIADA Patriota, que abriu Mão de seus Pomposos Salários e toda **MORDOMIA** em Benefício da População Carente, que padece na **PANDEMIA**. Kkkkk. Seria ótimo, não fosse **IRONIA**. Kkkkk."

2169. "Indubitavelmente, não é sendo Brava, Grossa, Promíscua que a Mulher irá se impor e a Igualdade **ALÇAR**. Ao contrário, é a Candura e a Inteligência que culminam por todos **CONQUISTAR**. Entenderam ou preciso **DESENHAR**? Kkkkk."

2170. "Minha NOSSA SENHORA DE **APARECIDA**, muitos Governantes pensam que não, mas suas atitudes caracterizam perfeitamente o Tipo Penal de um **GENOCIDA**. Kkkkk."

2171. "Não gaste seu vernáculo, tampouco venha se **ESTRESSAR**, com aqueles que, sabes, irão **DESDENHAR**. Kkkkk."

2172. "Não importa que tenhas o aspecto **OBTUSO**, kkkkk, estudando, angariando conhecimentos, lograrás êxito em deixar até o 'sábio' **CONFUSO**. Kkkkk."

2173. "Não são apenas aquelas que ostentam a sorte de possuir os Glúteos Abundantes que podem obter glamour e **PROSPERAR**. As mulheres que se preparam, exercem funções, como Advogadas, Juízas, Delegadas, Promotoras, Arquitetas, Engenheiras, Médicas, Professoras, Do Lar etc., são Perfeitos Paradigmas para vocês virem se **ESPELHAR**. Kkkkk."

2174. "O homem que ostenta honradez, jamais culmina por o Filho sem Pensão Alimentícia **ABANDONAR**. Contudo, a mulher que possui a mesma qualidade, sabe que tal prestação não tem condão para **APOSENTAR**, muito menos indevidamente **ENRICAR**. Kkkkk."

2175. "Quem vive com os cornos voltados ao **PASSADO**, vive tropeçando e no tempo fica **PARADO**. Kkkkk."

2176. "Se ao invés de terem construído Estádios de Futebol, fizessem Hospitais Universitários em todo Brasil, estaríamos visualizando esse Genocídio de Preto e **POBRE**? Acerca do tema, o que pode nos dizer, querido inocente e **NOBRE**? Kkkkk."

2177. "Se você é Governante Transloucado, Incompetente, Genocida, Renuncie, **POR FAVOR**. Kkkkk. Deixe ocupar o Cargo quem possui Capacidade e pelo Povo, não o dinheiro, de fato, tenha **AMOR**. Kkkkk"

2178. "Se você não respeita aqueles que convive todo **DIA**, certamente com os demais não terás **HARMONIA**. Busque em JESUS, não no álcool e outras drogas, sua Felicidade, Paz e **ALEGRIA**."

2179. "Seria bom se pudéssemos o Joe Biden e a Kamala Harris para o Brasil **IMPORTAR**. Kkkkk. Fosse assim, em pouco tempo, todo Povo iria de Vacina **DESFRUTAR**. E mais, com os cheques que os Americanos irão receber, a Miséria aqui viria **EXTERMINAR**. Kkkkk."

2180. "Temos que largar de ser Maricas, parar com essa frescura e mi-mi-mi de ficar pedindo **VACINA**. Kkkkk. Como receita o Capetão, kkkkk, contra o vírus, importante é o tratamento preventivo, inserindo no bumbum supositório de **CLOROQUINA**. Kkkkk."

2181. "THE VOICE +, uma pergunta não pode **CALAR**. Será que a Marmelada irá **IMPERAR**? Kkkkk. Creio que os Famosos Enterrados pela Mídia ou seus Parentes deveriam ter Espaço para o Trabalho **DEMONSTRAR**, sem a Premiação com os demais **DISPUTAR**. Kkkkk."

2182. "Tosca é a pessoa que não possui autocontrole, tem fraca **MENTALIDADE** e não consegue ouvir a Opinião Alheia, sem, de modo chulo, prolatar **INSANIDADE**. Kkkkk."

2183. "Você que é contra a Ciência, vos digo: vai tomar Vacina no bumbum, seu Tantã. Kkkkk."

PUBLICADAS EM 16/4/2021

2184. "A propaganda da droga denominada Bebida Alcoólica não deveria ser proibida na Mídia, assim como o Cigarro e as **DEMAIS**? Não sabem que o Alcoolismo emerge desgraças **SURREAIS**? Seriam os Senadores e Deputados **FEDERAIS** sócios ocultos de tais Empresas ou as mesmas financiam, de forma enrustida, suas Campanhas **ELEITORAIS**? Kkkkk."

2185. "Aprecio combater as Injustiças, com leveza sem me estressar, razão pela qual, nas Mensagens, sempre tem o Infernal, kkkkk."

2186. "Coisa estranha é quem almeja ser o que não é, e nunca será. Kkkkk."

2187. "Como ensina o velho ditado, você colhe o que **PLANTAR**. Portanto, continue agindo com ódio, esperando alguém te **AMAR**. Kkkkk."

2188. "Considerando que o BBB, em Duas Décadas de Programa, se tornou um dos Símbolos do Racismo na **TELEVISÃO**. Considerando que um Negro nunca beliscou a **PREMIAÇÃO**. Considerando o Temperamento Inteligente, Pacífico e Conciliador, nossa torcida é para o PROFESSOR **JOÃO**."

2189. "De Deputado que nunca aprovou nada, ou seja, **INOPERANTE**, foi agraciado a ser **GOVERNANTE**. Seguindo a sina absolutamente inútil, insensata e **IRRELEVANTE**, em pouco tempo, onde passa é aclamado, elogiado, como Genocida e **IGNORANTE**. Kkkkk."

2190. "Demitir Médicos do Ministério da Saúde, em plena **PANDEMIA**. Nomear para o Cargo Policial, culminando na Maior Mortandade Mundial por **DIA**. Gastar com CLOROQUINA ao invés de adquirir **VACINA**. Desrespeitar um dos Maiores Fabricantes do Imunizante seriam fatores que aumentaram a **CARNIFICINA**? Com a palavra, os sábios lá de **CIMA**. Kkkkk."

2191. "É infeliz a criação e propagação da frase: 'Fogo no **PARQUINHO**'. Se tal fato suceder, ceifará a vida de Jovens e Crianças, logo rogo Sensatez ao casal Tiago e **BONINHO**. Kkkkk."

2192. "É muito engraçado ver um Programa de Fofocas, cuja bancada só senta **BRANQUINHO**, querendo debater o Racismo sofrido por **PRETINHO**. Kkkkk. Bom Senso ao menos um **POUQUINHO**. Kkkkk."

2193. "É muito gostoso **PELEJAR**, quando sabemos que o Juiz é nosso e a Vitória iremos **BELISCAR**. Kkkkk. Honestidade é uma bobagem que vieram **INVENTAR**. Kkkkk."

2194. "É no desespero do Povo que fica mais suave verbas **BELISCAR**. Assim, é um Pecado as Portas dos Templos na Pandemia **FECHAR**, pois frustra o intuito sacrossanto de muitos Falsos Profetas virem o bolso **ENGORDAR**. Kkkkk."

2195. "Enquanto houver Insignes Egocêntricos com o cérebro por ESTRUMES **EXPANDIDOS** não seremos um País de **DESENVOLVIDOS**. Kkkkk."

2196. "Fiuk, sendo filho de Fábio Jr. e Gloria Pires, kkkkk, irmão da Cléo Exuberante, nasceu com o bumbum virado para a Lua, não precisa de **NADA**. A Camila, Vitória, Thais, Pocah, Juliette são modelos em todos os aspectos Abundantes, e agora com a Exposição Global estão com a carreira bem **ENCAMINHADA**. Assim, lembrando que o Negro sempre teve a PARTICIPAÇÃO NO BBB **EXECRADA**, torcemos, por Justiça, que o PROFESSOR JOÃO belisque a **BOLADA**."

2197. "Indubitavelmente a melhor das Virtudes é a Ingratidão. Kkkkk."

2198. "Infelizmente o Ceni não tem sabido o Elenco do Flamengo **UTILIZAR**. Desmontou a melhor Dupla de Volantes, Arão e Gerson, que no Brasil vinha **ATUAR**. Com Zagueiros excelentes, Gustavo Henrique, Léo Pereira, prefere fraca Defesa **IMPROVISAR**. Os brilhantes Vitinho e Michael só coloca no final dos Jogos, com intuito de **QUEIMAR**. Em verdade, o que conquistou foi Graças ao Cássio, Diego Alves e alguns pernetas que não sabem Pênaltis **COBRAR**. Kkkkk. Nesse passo, só o retorno de Jorge Jesus pra nos **SALVAR**. Kkkkk."

2199. "Nada como ser Queridinho do Congresso Nacional, por muito menos, já vimos IMPEACHMENT de **GOVERNANTE**. A Carnificina, Genocídio de Preto, Pobre e Idoso, dá-se a impressão que é absolutamente **IRRELEVANTE**. Kkkkk."

2200. "Não obstante sempre outorgar preferência a Mulher, apesar do Rostinho e Corpinho bem Delineados, e ser a Queridinha da Mídia, INCONVENIETE **NÃO**, Kkkkk. Nossa Torcida é para o ILUSTRE **JOÃO**. Passou da hora de um Negro ser agraciado com a **PREMIAÇÃO**."

2201. "Não sou filósofo, tampouco almejo ditar regras ou ser Sócrates e **PLATÃO**, apenas falo de temas que nos incomodam nesse injusto **MUNDÃO**, sempre com Irreverência, o que na ótica dos Sábios é meio sem **NOÇÃO**. Kkkkk."

2202. "No BBB, a quem aprecia gente Escandalosa e Descontrolada, o G do Horror, deve levar a **BOLADA**. Pra nós, considerando que já foi agraciado com Luxuoso Automóvel e ofendeu a Pocah, a chamando de BASCULHO, NÃO MERECE MAIS **NADA**. Kkkkk."

2203. "O Abel do Palmeiras não deve os vícios dos brasileiros **ANGARIAR**. O queridinho do Dunga melhor não **ESCUTAR**. Escalar o Time certo e não querer o jogo **APITAR**. Agradecer o Brucutu que Afundou a Seleção e o **APOSENTAR**. Kkkkk. Caso contrário, a exemplo do INFANTOJUVENIL DO PEIXE no Final do Ano, sem ganhar nada, terá que **CHUPAR**. Kkkkk."

2204. "O Transporte Público é o maior propagador de toda sorte de Vírus, quer pela Superlotação, quer por não possuir

VENTILAÇÃO **NATURAL**. Então por que só comer e beber em restaurante é **ILEGAL**? Será que a arguição de Máfias do Transporte Público não é Fantasia, mas sim uma ABERRAÇÃO **REAL**? Kkkkk."

2205. "Para ter estômago de puxar o saco e defender DÉBEIS **MENTAIS**, só recebendo benesses ou sendo **IGUAIS**. Kkkkk."

2206. "Princesa Gabi, seja bem-vinda, que seu Caminho seja repleto de LUZ e todos seus passos sejam conduzidos por JESUS. **AMÉM**. Deus a abençoe, com muita Saúde, Sucesso, Sempre, bem como Emerson, Cássia e Enzo, um Trio nota **CEM**. Kkkkk."

2207. "Que ódio estou do **TIRIRICA**. Kkkkk. Ele enganou o Povo com o Slogan: PIOR DO QUE TÁ NÃO **FICA**. Kkkkk."

2208. "Quem não se Cuida e **AMA**, definitivamente não possui por ninguém esse sentimento **BACANA**. Kkkkk."

2209. "Quem não tem freio na língua, não sabe o que é Respeito, viola de você e os seus, a HONRA e a MORAL, não tem perdão nem a PAU. Kkkkk."

2210. "Se já era um Deleite o Fanatismo **RELIGIOSO**, hoje podemos nos vangloriar de também desfrutar dessa Demência por Político, Corrupto, Nazista, Genocida, enfim, em relação a **CRIMINOSO**. Kkkkk."

2211. "Trinta milhões de Brasileiros morrendo de **FOME** e o Povo gastando uma Fábula, com uma POLITICÚPUTAIADA que vemos nos Noticiários, imensa parcela, com o devido respeito, não vale o que **COME**. Kkkkk."

PUBLICADAS EM 1/5/2021

2212. "Com a Qualidade Técnica de Daniel Alves e sua idade é tolice o colocar na Lateral, correndo atrás de moleque a **MARCAR**. É no Meio-Campo e como Falso Ponta que devem sua Habilidade **DESFRUTAR**, outorgando Assistências e Gols vindo **ANOTAR**. Que nos perdoem os sábios que ao contrário venham **PENSAR**. Kkkkk."

2213. "Em 100 dias de Governo Joe Biden e Kamela Harris lograram êxito em toda População **VACINAR**. Não estão poupando esforços no sentido de aos Fracos e Oprimidos outorgar bem-**ESTAR**, inclusive conclamando os mais Ricos na Missão **AUXILIAR**. Fosse aqui no Brasil, os hipócritas os chamariam de Comunistas e incitariam as Forças Armadas para seus bumbuns do Poder viessem **CHUTAR**. Kkkkk."

2214. "Lamentavelmente, o atual Presidente do Santos FC não mostrou a que veio, não solucionou o caso Soteldo, nem o fraco Elenco do Peixe culminou por **REFORÇAR**. O Holan deve parar com Saladas e Dois Quadros **FIXAR**. O primeiro para Libertadores e o segundo o Paulista vir **PELEJAR**. Assim, viríamos **ESCALAR**: 1. João Paulo; 2. Madson; 3. Alex; 4. Luan Peres; 6. Felipe Jonathan; 5. Alison; 8. Balieiro; 10. Soteldo; 7. Marinho; 9. Kaio Jorge; 11. Copete. Quadro Paulistão: 1. John; 2. Pará; 3. Kaiky; 4. Luis Felipe; 6. Palha; 5. Guilherme Nunes; 8. Jean Mota; 10. Pirani; 7. Ângelo; 9. Marcos Leonardo; 11. Lucas Braga. Enfim, os mais Experientes para Libertadores e as Revelações com alguns cascudos para o Paulistão, dando ritmo e as Equipes vindo **ENTROSAR**. Assim, quiçá, vergonha não continuaremos **PASSAR**, já que é certo, sem beliscar nada, iremos **CHUPAR**. Kkkkk."

2215. "Nos EUA em menos de um Ano, na Justiça o Caso George Floyd foi **SOLUCIONADO**. A Família receberá o equivalente a R$ 150 Milhões e o Racista Criminoso foi **CONDENADO**. Fosse no Brasil, com o saudável, Infinito número de Recursos, daqui Cem Anos, veríamos o **RESULTADO**. Kkkkk."

2216. "O Ilustre Rueda deve nesse momento o Marcelo Fernandes **EFETIVAR**. As verbas que irá **ECONOMIZAR** com o pagamento de Holan e Soteldo, Jogadores Habilidosos e Experientes, para o Meio-Campo e Ataque poderá **CONTRATAR**. Bom seria, com Geuvânio (Chape), Valdívia (Avaí), Thiago Neves, Camilo, Ganso viesse o Elenco **AGRACIAR**. Tais jogadores, outorgando respaldo aos Meninos, a coisa começa a **MUDAR**, apenas com INFANTOJUVENIL, continuaremos **CHUPAR**. Kkkkk."

2217. "Parece que o Ilustre Abel do Palmeiras perdeu o medo do brucutu que afundou a **SELEÇÃO**, já que na Liberta o colocou no banco para esquentar o **POPOSÃO**. Kkkkk. Com Patric de Paula e Danilo, infelizmente fica mais forte o Meio-Campo do **VERDÃO**. Tomara não tenha ideia de colocar o LUCAS LIMA e o SCARPA para outorgarem Assistências a Rony, Veiga e Luiz Adriano, os Atacantes mais perigosos do **PORCÃO**. Kkkkk."

2218. "Se o **TEIMOSÃO** Ceni continuar a Defesa improvisar, irá afundar o **MENGÃO**. Quem assistiu Mozer e Juan jogar, sente arrepios ao constatar dois Volantes baixinhos no miolo de zaga da **ESCALAÇÃO**. Nesse passo, enquanto o Meio-Campo e Ataque será o ponto de **ADMIRAÇÃO**, a Defesa, para os Adversários não frágeis, tornar-se-á o Parque de **DIVERSÃO**. Kkkkk."

2219. "Todos os puxa-sacos e discípulos do Capetão deveriam ser proibidos de tomar **VACINA**. Certo seria fossem agraciados a queimar o bumbum com um GROSSO E CAVALAR SUPOSITÓRIO DE **KLOROKINA**. Kkkkk."

PUBLICADAS EM 10/5/2021

2220. "A vida de fato é um **MOMENTO**, razão pela qual de pessoas Perniciosas, Estressantes é saudável manter o **DISTANCIAMENTO**. Kkkkk."

2221. "Aqueles a quem Deus graciosamente deu Sabedoria para criar Vacinas contra o Vírus que tem causado tanta Mortandade, não deveriam ter a mentalidade pela Ganância **DOENTE**. De rigor, disponibilizem a todos a Fórmula do Imunizante, antes da Inevitável Quebra de **PATENTE**. Bom senso e Humanidade, cambada de **DEMENTE**. Kkkkk."

2222. "Aqueles que não respeitam os seus, não merecem seu respeito **OBTER**. Entenderam o que vim **DIZER**? Kkkkk."

2223. "Diz o velho ditado, quem usa cuida, logo quem imotivadamente desconfia de sua **HONESTIDADE**, certamente não merece **CREDIBILIDADE**. Kkkkk."

2224. "Dizia Cícero as palavras são ofensivas dependendo de quem as profere, **COMPANHEIRO**. Quando oriundas de quem é mais sujo que pau de **GALINHEIRO**, valem o mesmo que o número dois que deixamos no **BANHEIRO**. Kkkkk."

2225. "Dói tal fato falar, porém, muitas vezes, o pior inimigo convive contigo ou tem seu **SANGUE**. Se a carapuça em seus cornos se amoldar, sorria não se **ZANGUE**. Kkkkk."

2226. "É muito engraçado observar pessoas Vítimas do Preconceito agindo com a mesma Virtude. Kkkkk."

2227. "Ela é um exemplo de Honestidade e **RETIDÃO**. Por onde passa deixa as Portas Abertas, pois Emana Amor do **CORAÇÃO**. Os Poderosos a respeitam, os Menos Favorecidos por ela têm **GRATIDÃO**. Pelos doentes, Ora, tem Afeto e **COMPAIXÃO**. É filha da Saudosa, Guerreira ANNA e Amor do também saudoso **VICENTÃO**. Parabéns, Rainha Maria Esther, pois consiste nos Maiores Paradigmas de Mãe desse **MUNDÃO**."

2228. "Engraçado a TV Aberta ser Concessão Pública, e para o Preto, Pobre e Idoso, estar sempre Fechada. Kkkkk."

2229. "Fazer tabelinhas, abusar da habilidade e ousadia em Arte Futebolística só no Ataque, na Zaga ninguém tem direito de ficar com **FRESCURAS**. Se alguém assim almejar, não acatem, denunciem, chutem a parte de trás dessas Sábias **FIGURAS**. Kkkkk."

2230. "Gente Invejosa, Ingrata, Imoral, Ignorante, Irmana Insignificância. Kkkkk."

2231. "Não adianta explicar ao Escravocrata e Racista, enfim o idiota, a diferença entre a Falta de Respeito e MI-MI-MI, pois lhe falta Cérebro para DISCENIR. Kkkkk."

2232. "Não adianta o Burro orientar, tentar **CONVENCER**. É o Coice e a Sabedoria dele que irão **PREVALECER**. Kkkkk."

2233. "Não adianta presentear com ÓCULOS DE GRAU aquele que é cem por cento DEFICIENTE VISUAL."

2234. "Não espere dos outros o que nem você tem condições de outorgar. Kkkkk."

2235. "Não se contente apenas com o que **RESTA**, tampouco sirva de Palco para Maluco fazer **FESTA**. Kkkkk."

2236. "Não sou dono do Mundo, mas filho Dele, kkkkk, ao contrário de muitos vomitados pelo Boi **ZEBU**, vez que, onde passam, fazem o Povo tomar apimentado suco de **CAJU**. Kkkkk."

2237. "Os Técnicos de Futebol dos Milionários Times Grandes não têm direito de contra as Tabelas dos Campeonatos **BRADAR**. Formem Quadros Homogêneos Fixos, coloquem todo Elenco para **ATUAR**. Basta de frescuras, queixume é para quem labora o mês inteiro para um salário mínimo **GANHAR**. Kkkkk."

2238. "Quando Dementes mandam e outros **OBEDECEM**, são os Fracos e Oprimidos que **PADECEM**. Kkkkk."

2239. "Quem por causa de um simples kkkkk, culmina por se **ESTRESSAR**, indubitavelmente, tem um Humor Fantástico a **DISPONIBILIZAR**."

2240. "Reina Imoralidade e Covardia o Juiz que deve ao Padrinho Eterna **GRATIDÃO**, tendo que Julgá-lo ou aos seus, não declara a própria **SUSPEIÇÃO**? Kkkkk."

PUBLICADAS EM 4/7/2021

2241. "A Comunidade Médica deve divulgar à População que a bebida deve ser ingerida na Temperatura **NATURAL**. Muito quente ou gelada ocorre choque térmico, gerando inclusive Pneumonia, usar o Bom Senso é sempre **LEGAL**. Kkkkk."

2242. "Assistindo vídeos de Ailton Lira, Pita, Zico, lançando Nilton Batata, Juary, João Paulo, Zé Sérgio, Renato Gaúcho, fico feliz com os Brilhantes Treinadores que vieram com os Ponteiros Habilidosos **ACABAR** e o mesmo contra os Meias Clássicos Geniais almejam **ENCETAR**. Nossa Defesa para o Futebol Arte novamente **AFLORAR** é continuar essa raça **IMPORTAR**. Kkkkk."

2243. "Cuidar de assuntos indigestos em Tom Suave, **JOCOSO** é triste, mas **GOSTOSO**. Kkkkk."

2244. "É um deleite observar grande parte da Juventude reverenciando Transloucados, que adoram Drogas e **DINHEIRO**, e esquecendo a Saúde e o CRIADOR DO MUNDO INTEIRO. Kkkkk."

2245. "É hilário, com tanta gente sem condições de colocar Alimentos na Mesa para Prole **DEGUSTAR**, sermos compelidos a engordar o Bucho da POLITICÚPUTAIADA com Iguarias, inclusive Leitinho Condensado, correndo risco dos coitados virem DIABETES **PEGAR**. Kkkkk."

2246. "É muito engraçado ver Julgadores que sempre perseguiram a Operação Kata Rato, enfim, morriam de Ciúmes de um Magistrado, que virou Herói Nacional, agora o Julgando por Suspeição e não se Julgarem Suspeitos. Kkkkk."

2247. "Gente falsa, quando está na pior, é amável **FIGURA**, mas, quando melhora um pouco, se transforma em insuportável **CRIATURA**. Pior é atacar e tentar desmoralizar quem lhe estendeu a mão, na maior **CARADURA**. Praticar a Ingratidão é uma saudável **GOSTOSURA**. Kkkkk."

2248. "Não adianta **FALAR** ao 'Sábio' que não almeja te **ESCUTAR**. Kkkkk."

2249. "Não fique como cobra rastejando a quem desfaz de seu **SENTIMENTO**. O Mundo é grande e a Felicidade reside em outro lugar, querido **JUMENTO**. Kkkkk."

2250. "Não sou Direita, Esquerda, tampouco **CENTRÃO**. Sou contra as Injustiças padecidas pelos Fracos e Oprimidos nesse **MUNDÃO**."

2251. "Não tente entender a lógica de quem não **CONHECE**, isso evita muito **ESTRESSE**. Kkkkk."

2252. "Nenhum Ser Humano é **PERFEITO**, mas o erro de outrem não justifica seu **DEFEITO**. Kkkkk."

2253. "O fato do Homem apenas Mulher **APRECIAR** não o torna homofóbico, entenderam ou preciso **DESENHAR**? Kkkkk."

2254. "Pra mim não interessa se a Mulher é Bonita, Gostosa, Famosa ou **ABASTADA**. O que importa é que seja Feminina, Dócil, Inteligente e **HONRADA**. Kkkkk."

2255. "Quem age como Animal Irracional ou **RETARDADO**, o Final é como Lázaro, com Glamour, Abatido ou **ENJAULADO**. Kkkkk."

2256. "Quem vive puxando o saco de idiota, com o tempo culmina por se **ENVERGONHAR**, e de cabeça inclinada ao solo, é compelido a se **RETRATAR**, kkkkk."

2257. "Se é Bom o TRABALHO **INTERMITENTE**, por que não Agraciar os Vereadores, Deputados e Senadores com a mesma Benesse que CRIARAM PARA **GENTE**? Kkkkk."

2258. "Tem algum Sábio que possa nos **EXPLICAR** a Lógica do Estado ser compelido a OUTORGAR UNIVERSIDADE GRATUITA aos Filhos dos Ricos e Poderosos, que podem tais custos **BANCAR**? Com tais verbas, quantos HOSPITAIS UNIVERSITÁRIOS, por ano, daria para **EDIFICAR**?"

2259. "Todo País que possui Governante **RETARDADO**, o avultamento de toda espécie de Descalabro é o Saudável **RESULTADO**. Kkkkk."

PUBLICADAS EM 19/8/2021

2260. "A língua do ímpio sozinha se **ANIQUILA**. Assim, importante Seguir em Paz e perante Deus com a Consciência **TRANQUILA**."

2261. "Até quando teremos que custear Cidadãos que só fazem Leis para os **BENEFICIAR**? O ideal não seria que as verbas que gastamos 'data vênia' inutilmente com essa Raça fossem disponibilizadas para as Mazelas do Brasil **EXTERMINAR**? PARLAMENTO VOLUNTÁRIO JÁ!"

2262. "Concito-vos, Afrodescendentes, ao passar em frente aos Monumentos dos Benditos Escravocratas em Praças Públicas, que venham se **PROSTRAR** e os **REVERENCIAR**, evidentemente por terem contra nossos Ancestrais o Festejado Genocídio **PERPETRAR**. Kkkkk."

2263. "Difícil lembrar do Bem que se FAZ. Saudável, fácil é realçar os deslizes, apimentando com algo a MAIS. Kkkkk."

2264. "É muito fácil localizar um **FROUXO**. Sempre está sentadinho no colo e puxando o saco dos outros, até ficar **ROXO**. Kkkkk."

2265. "É saudável o Tráfico de Influência e a Corrupção que, no seio da Sociedade, inclusive na Justiça, por vezes, vemos **IMPERAR**. A safadeza e a desonestidade são atributos que em todos os aspectos devemos **VALORIZAR**. Kkkkk."

2266. "Enquanto Seres Humanos dormem ao relento com saudáveis **RATINHOS**, outros querem restaurar Estátuas de Escravocratas, Genocidas ou ir para o Espaço para o bumbum flutuar em potentes **FOGUETINHOS**. Kkkkk."

2267. "Inaceitável que o Árbitro de Vídeo em todos os aspectos não venham **UTILIZAR**. Com todo o respeito, os Bandeirinhas devem ser extintos e os que evoluírem o Vídeo também **OCUPAR**. Até quando suportaremos os retrógados e idiotas, em Primeiro **LUGAR**? Kkkkk."

2268. "Não espere ajuda de ninguém **OBTER**. Na hora que mais precisar, tenhas Fé, Deus ao seu modo irá **INTERCEDER**."

2269. "Não esquente os cornos com coisa **DEFINIDA**. Segue, vá curtir o que lhe ofertar a **VIDA**. Kkkkk."

2270. "Não merece nenhuma espécie de **GRATIDÃO** a pessoa que te auxilia a obter notoriedade na **NAÇÃO** e depois te assedia, humilha moralmente perante toda **POPULAÇÃO**."

2271. "Não ouças quem sabes inexiste interesse de **OUVIR**. São os cães que gostam de um contra o outro **LATIR**. Kkkkk."

2272. "Ninguém é obrigado a **TOLERAR** a fossa aberta da boca de quem vem **SURTAR**. Se tens problemas mentais, vá se **TRATAR**. Respeite a Saúde da sua Mãe, Pai, enfim, de quem ao seu lado por infelicidade venha **ESTAR**. Kkkkk."

2273. "O Direito à Legítima Defesa continua em PLENO **VIGOR**. Ninguém é obrigado a ver seu Direito, inclusive Moral, violado de forma inerte, quer seja por Menor, Mulher ou Retardado, enfim, por quem almeje lhe impor a Desonra, Humilhação, o **TERROR**."

2274. "Pessoas invejosas, ingratas, insensatas, ignorantes, insanas, indubitavelmente são insuportáveis. Kkkkk."

2275. "Pior que o animal furioso, louco, que vem **ATACAR**, é o insano que o estimula, adestra, para o Mal **PERPETRAR**. Kkkkk."
2276. "Procure ouvir, decifrar se tens ou não **RAZÃO**. Bater boca, fazer escândalo é para demente, mal-educado, sem **NOÇÃO**. Kkkkk."
2277. "Quando o Governante exerce seu Mister sentadinho no colo do Escravocrata travestido de **EMPRESÁRIO**, só Deus para socorrer o bumbum do coitado do **OPERÁRIO**. Kkkkk."
2278. "Quanto mais falas de Corruptos, Genocidas, Gente sem **NOÇÃO**, que ostentas Carinho e **ESTIMAÇÃO**, mais raiva me dá desses Anticristos no tocante ao Poder de **PERSUAÇÃO**. Kkkkk."
2279. "Se a pessoa por ti não ostenta **CONSIDERAÇÃO**, disponibilize a ela o mesmo **GALARDÃO**. Kkkkk."
2280. "Se afaste, despreze pessoas que não têm Respeito, vivem de fuxicos, são literalmente **MALOQUEIRAS**. Enfim, não desça ao mesmo nível de **TRANQUEIRAS**. Kkkkk."
2281. "Se todos cuidassem apenas da própria **VIDA**, o Mundo seria sem graça, pois ninguém sentiria aquela dor gostosa, dentro da **FERIDA**. Kkkkk."
2282. "Tem gente que pensa, por ser seu **PARENTE**, tem o direito de lhe DESRESPEITAR, como faz um **DEMENTE**. Kkkkk."
2283. "Tosco é todo aquele que, por não ter **ARGUMENTO**, usa termo chulo, desrespeitoso, em seu **PRONUNCIAMENTO**."
2284. "Treinador de Futebol sem controle emocional, que não respeita as características dos Jogadores, almeja ser a Estrelinha do Time, enfim, queima o Patrimônio do Clube que consiste no Elenco, só no profissional de Presidente com traseiro **GRANDÃO**. Kkkkk. Na várzea, não se cria, imediatamente chutamos seu **POPOSÃO**. Kkkkk."
2285. "Treinadores de Futebol que não têm Estratégias Diferentes: não sabem todo Elenco motivar, **UTILIZAR**: de Jogadores como Scarpa, Lucas Lima, Juan, Mateus Vital, Cantillo, Jean Pierre, Ganso, Vitinho, Everaldo, Ferreirinha, Michael, Marinho, Luciano e outros vêm **ABDICAR**,

sinceramente militam contra o Futebol Arte, daí porque perfeitamente plausível, quando vem com chute, seus traseiros **AGRACIAR**. Kkkkk."

PUBLICADAS EM 6/9/2021

2286. "Coitado do filho(a) que coloca obstáculo para o pai ou a mãe seja feliz, realize algum **SONHO**. O final é o Boi Zebú com o garfo kente espetando o rabo sujo, de modo **MEDONHO**. Kkkkk."

2287. "Com Ganso, Luan, Scarpa, Casares, Matheus Vital, Cantillo, Nathan, Hyoran, e até o emprestado Lucas Lima sendo perseguidos, ficando o tempo todo no banco com o bumbum **ESQUENTAR**, será que o Santos não consegue nenhum deles **CONTRATAR**? Quando será que o RUIM EDA irá mostrar a que veio e Jogadores com a Grandeza do Peixe começará o Elenco **REFORÇAR**?"

2288. "Em Defesa da Pátria e do Povo prestam Relevante Serviço Social as FORÇAS **ARMADAS**. Ao contrário que sonham alguns, não outorgam guarida a pessoas **RETARDADAS**, às quais Hospícios sejam melhores **MORADAS**. Kkkkk."

2289. "Felizmente, muitos políticos engordam o bumbum a vida inteira sem ter tido qualquer utilidade para a **NAÇÃO**, daí porque entendo uma tremenda frescura esses que são contra a saudável **REELEIÇÃO**. Kkkkk."

2290. "Nobres e Sábios Componentes do **TALIBÃ**, respeitem os Direitos das Mães, Esposas, enfim, sua **IRMÃ**. Agraciem no Partido apenas os que tiverem a mente **SÃ**. Que o Bom Senso e a Paz Reine no Afeganistão, não esperem o **AMANHÃ**."

2291. "Mil vezes ser um LOBO **SOLITÁRIO**, que conviver com pessoas que almejam te fazer de **OTÁRIO**. Kkkkk."

2292. "Não seja tolo de dar ouvidos aos seus **PAIS**, apesar dos únicos a possuir amor incondicional, em verdade, você é o sábio, eles não passam de seres **BESTIAIS**. Kkkkk."

2293. "O Glorioso Santos FC não é Time de SEGUNDA **DIVISÃO**, logo precisamos de Dirigentes que ostentem essa **VISÃO**, como têm feito os Proficientes do Palmeiras, Atlético Mineiro e **MENGÃO**. O RUIM EDA até agora não mostrou a que veio, não para de chororô, é uma feliz **DECEPÇÃO**. Kkkkk."

2294. "Quem viu Ailton Lira, Pita, Giovani, Ganso, Lucas Lima no meio de campo do Peixão **JOGAR**, olha para o atual, recheado de volantes e apedeutas, imensurável alegria culmina por **DESFRUTAR**. Nesse ritmo, pela primeira vez rebaixados para Segunda Divisão iremos **CHUPAR**. Kkkkk."

2295. "SETE DE SETEMBRO é o Dia da INDEPENDÊNCIA DO BRASIL, não de Corrupto, Genocida, Escravocrata, enfim, qualquer Insano que a PÁTRIA PARIU. Kkkkk."

2296. "Tem coisas que o Sábio imediatamente se **RENDE** e o idiota jamais **ENTENDE**. Kkkkk."

2297. "Tem gente que fala dos outros como se fosse um exemplo de BELEZA e **PUREZA**, mas, quando conhecemos, por dentro e por fora é uma **TRISTEZA**. Kkkkk."

2298. "Todo bom governante é escravocrata e quando outorga espaço para negro **LABUTAR**, é como Capitão do Mato para própria raça **CASSAR**, a história vem essa benesse **ATESTAR**. Kkkkk."

PUBLICADAS EM 31/12/2021

2299. "Que 2022 **REPRESENTE** um Marco da Cura das Moléstias do Corpo, Alma e **MENTE**. Que todos sigam os Ensinamentos de JESUS, ao menos **PARCIALMENTE**. Kkkkk."

2300. "A verdade pode machucar, **DOER**, mas é a única que todos, queiram ou não, irão **ENTENDER**. Kkkkk."

2301. "As Drogas são incapazes de nos afastar dos PROBLEMAS DO **DIA A DIA**, mas servem para mostrar os FRACOS e a FESTEJADA **COVARDIA**. Kkkkk."

2302. "Enquanto os filhos dos ricos desfrutam de Internet POTENTE, **PODEROSA**, os filhos dos pobres por vezes sequer possuem para degustar uma QUENTINHA **GOSTOSA**. Kkkkk."

2303. "Evite estresse **CONSTANTE**, não discuta com **IGNORANTE**. Kkkkk."

2304. "Faça frases idiotas e será **ACLAMADO**, os iguais irão adorar tê-lo do **LADO**. Kkkkk."

2305. "Façam Pesquisa **POPULAR** acerca do Mísero Salário Mínimo que o Trabalhador vem **GANHAR**, e a fortuna que a POLITICUPUTAIADA vive a **BELISCAR**. Kkkkk."

2306. "Graças a Deus, somos um País sem miséria, tanto é que, em plena Pandemia, os Pomposos Salários da POLITICUPUTAIADA tivemos o prazer de **AUMENTAR** e, por ninguém **PRECISAR**, uma merreca de Auxílio Emergencial viemos **DESFRUTAR**. Kkkkk."

2307. "Não confunda o Ser BOM, **EXTRAORDINÁRIO**, com aquele que é IMBECIL E **OTÁRIO**. Kkkkk."

2308. "Não fosse idiota, kkkkk, me calasse diante das injustiças padecidas pelos Fracos e Oprimidos, desfrutaria de Programas Televisivos Famosos, quiçá, até sentadinho no colo de **BONINHO** e não estaria no Deserto, latindo **SOZINHO**. Kkkkk."

2309. "No festejado BBB, a participação dos Afrodescendentes, antes de nossos Discursos, sempre foi insignificante, inclusive um sendo **CAMPEÃO**, mas de idas ao **PAREDÃO**. Kkkkk. De sorte, consiste num PROGRAMA SÍMBOLO DO RACISMO NA **TELEVISÃO**, a prova é que até hoje nunca ganhou um **NEGRÃO**. Kkkkk."

2310. "O **INVEJOSO** por viver secando a vida dos outros, como castigo, jamais será **VITORIOSO**. Kkkkk."

2311. "Os artistas que usam a imagem para vender Bebida Alcoólica, a mais perniciosa das Drogas, deveriam ser condenados aos finais de semana trabalhar nos Hospitais, vendo os Jovens Acidentados, Mortos e Mutilados em Acidentes por embriaguez, manter as Clínicas de Desintoxicação e dos Alcoólicos Anônimos. Quiçá criassem **PUDOR** e para a Sociedade não praticassem tal **DESFAVOR**."

2312. "Os Pais possuem o Dever Legal e Moral dos Filhos Educar e **CORRIGIR**, não aos seus Vícios e Insanidades, como bananas ou idiotas, **ADERIR**. Kkkkk."
2313. "Para quem ainda não foi capim pela raiz **DEGUSTAR**, há Tempo da Vida **MUDAR**, ser Melhor, **RECOMEÇAR**. Kkkkk."
2314. "Que Deus receba a Alma de Desmond Tutu em Excelente **LUGAR**. Infelizmente, não possuímos quase nenhum afrodescendente famoso, com seu Destemor, por isso o Racismo, a Escravidão e o Apartheid de forma moderna continuam a **REINAR**. Kkkkk."
2315. "Quem fere facilmente **ESQUECE**, mas a marca profunda no ferido, dificilmente **DESAPARECE**. Kkkkk."
2316. "Se a Vacina Vidas dos Adultos tem vindo **SALVAR**, por que Crianças dela não podem **DESFRUTAR**? Tem alguém que não seja imbecil para **EXPLICAR**? Kkkkk."
2317. "Se você é burro, preguiçoso ou não teve oportunidade de **ESTUDAR**, ao menos não seja invejoso e pegue o Dicionário para aprender com aquele que não é igual a ti e algo vem **PROLATAR**. Não dói nada, irás **MELHORAR**. Kkkkk."
2318. "Tudo é passível de ser **CRITICADO**, mas com Educação, não como **DESMIOLADO**. Kkkkk."
2319. "Você tem o Livre-Arbítrio de fazer o que quiser, mas arcará com a **CONSEQUÊNCIA**. Não entendeu? Então, vá cuidar de sua **DEMÊNCIA**. Kkkkk."

FRASES DE REYCK LOVIS - 2022

PUBLICADAS EM 7/3/2022

2320. "Estrelas e Astros injustiçados e sepultados vivos pela gananciosa Mídia Brasileira, salvo honrosas exceções:

Adriana, Eliana de Lima, Martinha, Sula Miranda, Simone, Sandra de Sá, Ana Carolina, Kátia, Patrícia Marx, Simony, Lilian, Rosana, Rosemary, Joelma – Pombinha Branca, Deborah Blando, Angela Ro Ro, Tetê Espindola, Zélia Ducan, Nalva Aguiar, Elizabeth, Edith Veiga, Perla, Dalto, Biafra, Ritchie, Gilliard, Dudu França, Silvio Brito, Beto Barbosa, Peninha, Jorge Aragão, Mauricio Manieri, Carlos Dafé, Hyldon, Agnaldo Rayol, Luiz Ayrão, Benito de Paula, Moacyr Franco, Cláudio Fontana, Gilson de Souza, Wanderley Cardoso, Márcio Greyck, Odair José, Buchecha, Luiz Américo, Claudio Roberto, Fernando Mendes, José Augusto, Célio Roberto, Silvio César, Ed Carlos, Nilton César."

2321. "Como no BBB (Bial, Boninho, Brancaiada), kkkkk, um negro nunca beliscou a bolada, parece que escolheram dois **FAMOSINHOS** para tal, pois já que é para dar a Premiação para um Afro, melhor que seja a um dos seus **QUERIDINHOS**. Kkkkk."

2322. "Almejo fazer Turismo Humanitário e, quiçá, Sexual, com Deusas Pobres e da Guerra **APROVEITAREI**. Kkkkk. Intuito vomitado por Parlamentar brilhante, caríssimo, de que País eu não **SEI**. Kkkkk. Desculpa, MAMÃE, **DEFEQUEI**. Kkkkk."

2323. "Infelizmente os Astros e Estrelas de outrora a Mídia faz questão de ainda vivos **SEPULTAR**. Enfim, os Mais Experientes não possuem oportunidade, quando deveríamos os **REVERENCIAR**. Nesse sentido, me apontem algum Programa que, ao menos mensalmente, possam o Labor **DEMONSTRAR**. Aparições Esporádicas nesse ou naquele programa não irão **AJUDAR**. Assim, as Emissoras Televisivas devem **INCREMENTAR** Programas estilo Rei Majestade, semanalmente, para tal Injustiça **SANAR**. Curvem-se e obedeçam REYCK LOVIS. Kkkkk."

2324. "Não fossem pseudo Torcedores Afrescalhados e o Ruim Eda, kkkkk, teríamos repatriado Ganso e Lucas Lima, que municiando, a exemplo, Marcos Leonardo, Marcos Guilherme e Ricardo Goulart, poderíamos até o Chelsea **ENCARAR**. Com esse MEIO-CAMPO MEDÍOCRE, com ou sem Bustos, lutar contra os rebaixamentos é o que resta pro PEIXÃO **CHUPAR**. Kkkkk."

2325. "O Artista que possui cascalho para o Jabá quitar, consegue lançar seu Trabalho em Grande Estilo em qualquer Emissora de **TELEVISÃO**. Todavia, aos pretos, pobres, resta a chacota, o assédio, a saudável **HUMILHAÇÃO**. Kkkkk. Em tudo é assim, ao Rico, mel, laranja e **MAMÃO**, ao Pobre, apimentado **SUKUZÃO**. Kkkkk."

2326. "O Governante que bota Fé na OTAN, como um Otário toma Decisões sentadinho no colo deles, afronta Genocida, culminando por destruir um País de Primeiro Mundo e a **POPULAÇÃO**, é um Comediante ou uma Comédia, querido **IRMÃO**? Kkkkk."

2327. "O Governante que sem nenhum Poderio Bélico vive afrontando Potências Nucleares, colocando em risco toda **POPULAÇÃO**, não seria Insano, Irresponsável, Imprudente, merecendo ser agraciado com chute no **POPOZÃO**? Kkkkk."

2328. "Por que os Filhotes do Satanás que decretam Guerras não provam que são Heróis para a **POPULAÇÃO**, indo Pelejar a Frente do **PELOTÃO**? Mandar os outros se matar e ficar escondido embaixo da saia da Mãe é fácil, querido **IRMÃO**. Kkkkk."

2329. "Quando será que as Forças Armadas de todos os Países irão se **CONSCIENTIZAR**, que não devem Ordens Ilegais, Imorais, proferidas por Insanos, Genocidas, **ACATAR**, mas sim para o Cárcere ou Manicômio os **ENCAMINHAR**? Kkkkk."

2330. "Se a Mídia sepulta vivos os Ícones do **PASSADO**, imagine os que já estão do outro **LADO**? Se fosse um País de Primeiro Mundo, Antonio Marcos, Paulo Sérgio, Altemar Dutra, Cassiano, Demetrius, a exemplo, ainda seriam **REVERENCIADOS**. Aqui os Jovens não sabem sequer que existiram, logo é excesso almejarmos que sejam **LEMBRADOS**. Kkkkk."

2331. "Se Atacantes, a exemplo, Ângelo, Lucas Braga, Rony, não forem rebeldes, não acatando ordens de Laterais **MARCAR**, aprenderem **FINALIZAR** e ter fome de Gols **ANOTAR**, apenas Voos de Galinhas e não Águias irão **ENCETAR**. Kkkkk."

2332. "1. Weverton; 2. Marcos Rocha; 3. Luan; 4. Gómez; 6. Jorge; 5. Danilo; 8. Zé Rafael; 10. Scarpa; 11. Lucas Lima; 7. Dudu; 9. Raphael Veiga. Com essa Seleção, no esquema 4-4-2, sem dúvidas, daria para o Mundial **BELISCAR**. Quem queima os Meias, Habilidosos, Criativos, faz os Atacantes correr atrás de Laterais para **MARCAR**, conspira contra o Futebol Arte, não merece a Glória Máxima **DESFRUTAR** e culmina por **CHUPAR**. Kkkkk."

PUBLICADAS EM 20/3/2022

2333. "A Primeira Dama Ucraniana deve **INTIMAR** o marido para **RENUNCIAR** e as armas **BAIXAR**, sob pena, depois, de as mulheres pobres e viúvas, com o MAMÃE DEFEQUEI, a vida ter que **DESFRUTAR**. Kkkkk. Basta de destruição e tanto SANGUE INOCENTE **ROLAR**."

2334. "O mesmo sangue de Inocentes que nas mãos o Carniceiro Russo a vida inteira terá que **SUPORTAR**, o Imprudente, Incompetente e despido de Bom Senso Governante Ucraniano para todo o sempre em seu âmago terá que **CARREGAR**. Espero que se apaixonem e vão para os quintos dos infernos a Lua de Mel com o Chifrudo **DESFRUTAR**. Kkkkk."

2335. "Enquanto as Forças Armadas Ucranianas se matam para os Ataques do Carniceiro Russo **SUPORTAR**, seu Presidente desfila nas Redes Sociais, fazendo Discursos para aplausos de idiotas vir **DESFRUTAR**. Assim é gostoso **GUERREAR**. Kkkkk."

2336. "Com o precário Elenco que o Ruim Eda, kkkkk, ao Bustus veio **AGRACIAR**, nós esses dois quadros viríamos **ESCALAR**: 1. JOÃO PAULO; 2. MADSON; 3. KAIKY; 4. BAUERMANN; 6. LUCAS PIRES; 5. MAICON; 8. SANDRY; 7. AURO (SÁNCHEZ); 11. FELIPE JONATAN; 10. RICARDO GOULART; 9. MARCOS LEONARDO (MARCOS GUILHERME). Quadro homogêneo: 1. JOHN; 2. BALIEIRO; 3. LUIZ FELIPE; 3. VELÁZQUEZ; 6. LUCAS BRAGA; 5. CAMACHO; 8. ZANOCELO (JOBSON); 10. PIRANI; 7. ÂNGELO; 9. RWAN (SECO); 11. LUCAS BARBOSA. Desse modo, quiçá os rebaixamentos não iremos **CHUPAR**. Kkkkk."

2337. "Aqueles que desconhecem a história, não respeitam os mais **EXPERIENTES**, indubitavelmente são idiotas, **DEMENTES**. Kkkkk."

2338. "Não adianta ter MESSI, DI MARÍA, MBAPPÉ e **NEYMAR** para ao Mundo o Futebol Arte **DEMONSTRAR**, quando se tem DONNARUMMA com frescuras e o queridinho do Tite, MARQUINHOS, pensando que joga, para a paçoca **ENTREGAR**. Kkkkk. Tivessem o JOÃO PAULO e o BAUERMANN, certamente os GALÁCTICOS DO PSG não viriam **CHUPAR**. Kkkkk."

2339. "O Líder Religioso que vomita ser a Guerra Justa, em verdade, é um Discípulo do Boi **ZEBU**, que deve ser expurgado, excomungado, enviado para o quinto dos infernos para ter o bumbum com garfo kente espetado e ingerir gostoso e apimentado suco de **CAJU**. Kkkkk."

PUBLICADAS EM 11/4/2022

2340. "A Ucrânia em ruínas, imersa com o Sangue Inocente da **POPULAÇÃO**, nos faz refletir acerca da tolice que é a **ELEIÇÃO** de uma Pessoa Transloucada, Imprudente, Sem Bom Senso e **NOÇÃO**."

2341. "Como sempre enfatizo, esses Comediantes Idiotas que pensam que Nada Tem Limite, devem a Cena **DEIXAR**. O que é mais dolorido, um tapa ou uma língua venenosa, sarro, perante milhões e milhões de pessoas, da moléstia de outrem vir a **TIRAR**?"

2342. "Competição Midiática, Votos pela Internet, entre um Ator Branquinho, Riquinho, Famosinho, **GLOBAL**, contra, a exemplo, uma Professora, Negra, Pobre, a mim parece uma Covardia **SOBRENATURAL**. Desculpem esqueci que a injustiça, a safadeza em tudo é muito **LEGAL**. Kkkkk."

2343. "Considerando as incoerências dos Árbitros de Vídeo no Futebol Brasileiro, relativo às bolas nas mãos dentro da área, cada um fazendo o que quer, segundo sua conveniência, venho **DECRETAR**. Havendo toque na mão dentro da área com ou sem intenção, o Pênalti se deve **MARCAR**. Os Jogadores que treinem para com as mãos para trás, segurando o bumbum, dentro da área passem a **ATUAR**. E mais, segurou, puxou dentro da área, com muito ou pouco carinho, a penalidade se deve **ANOTAR**. Basta da Injustiça e a Safadeza **IMPERAR**. Kkkkk."

2344. "Nenhuma Violência vem outra **JUSTIFICAR**. Contudo, é fato que Will Smith ao desferir um tapa na cara de Chris Rock, sob o domínio de violenta emoção, após Injusta Provocação a Ação veio **PRATICAR**. Afinal, a Lei não obriga que violências, de forma inerte, tenhamos que **SUPORTAR**."

2345. "O Ilustre Paulo Sousa deve parar dessa verdadeira salada de frutas no Flamengo **ENCETAR**. O time necessita de entrosamento para **DECOLAR**. E mais, para ter estímulo, todos devem pelo menos uma vez por semana **ATUAR**, até porque existem diversos Campeonatos a **DISPUTAR**. Seguem os quadros que sugiro **ESCALAR**. Quadro da Libertadores: 1. Hugo Souza; 2. Rodinei; 3. Gustavo Henrique; 4. Fabricio Bruno; 6. Renê; 5. David Luiz (João Gomes); 8. Willian Arão (Diego); 7. Everton Ribeiro; 10. De Arrascaeta; 9. Gabi; 11. Bruno Henrique. Quadro do Brasileiro: 1. Diego Alves; 2. Isla (Matheus); 3. Pablo (Cleiton); 4. Léo Pereira; 6. Ramon; 5. Filipe Luís (Rodrigo Caio); 8. Thiago Maia; 10. Vitinho; 7. Andreas (Lázaro); 9. Pedro; 11. Marinho (Matheus França). Não procedendo assim, sem beliscar nada, com essa Seleção, seu bumbum irão **CHUTAR**. Kkkkk."

2346. "O Ilustre Rogério Ceni, quiçá almejando ser a única Estrela a BRILHAR, na Final do Paulistão, deixou Jogadores Consagrados no banco com o bumbum a **ESQUENTAR**, colocando os Jovens para **QUEIMAR**. Esqueceu que a Juventude com a Experiência deve-se **MESCLAR**, culminando com essa insensatez, de quatro para o Abel, tendo que **CHUPAR**. Kkkkk."

2347. "Os Ilustres David Luiz, Filipe Luís, Rodrigo Caio têm qualidades técnicas, mas não ostentam condições físicas de atuar como Zagueiros, logo devem ser promovidos para atuar como Líberos ou **VOLANTES**, caso contrário, até contra aposentados os perigos de Gols no Mengão continuarão sendo **CONSTANTES**."

2348. "Quando assistimos a maior Emissora Televisiva vendendo bebida alcoólica, a mais perniciosa das drogas, pois consiste a Porta de Entrada das demais, em horário de pico de audiência, prestando imensurável Desserviço à População, penso não seria melhor liberar as demais? Ou se proibir tal safadeza, como sucede com o cigarro?"

2349. "Quem com um bando de ratos todo o queijo do Governo veio **DEGUSTAR**, não é falta de pudor querer novamente a Eleição **BELISCAR**? Kkkkk."

2350. "Tivesse, em razão da falta de Hospitais Dignos, Sem Médicos, Medicamentos, Infraestrutura, exterminado 700 mil pessoas durante a Pandemia. Tivesse Agravado a situação querendo empurrar, no Povo, kurokina ao invés de Vacina. Viesse com Leis Escravagistas a Aposentadoria os Direitos do Trabalhador **PRECARIZAR**. Com esse NEFASTO LEGADO, não seria plausível **RENUNCIAR**? Ir para casa **VOMITAR**? Kkkkk."

PUBLICADAS EM 17/4/2022

2351. "O afortunado que entra em reality com fama da testa de sua Rica e EXUBERANTE MULHER durante a gravidez ter vindo diversas vezes **ENFEITAR**, kkkkk, indago à mulherada, merece a bolada **LEVAR**? Ou sem nada, tem mais é que **CHUPAR**? Kkkkk."

2352. "Sendo a População Brasileira composta de 52% (cinquenta e dois por cento) MULHERES e tal espécie for **UNIDA**, kkkkk, a PROFESSORA JESSI será Campeã de forma **MERECIDA**, sentindo os Integrantes do Clube do Bolinha, na reta final, uma espetada no bumbum kente e **ARDIDA**. Kkkkk."

2353. "Creio que o maior sonho do Ilustre Leão Lobo é fazer dieta e com o corpitcho da Estrela Joelma **FICAR**, e mais, bonito como a Musa, **CANTAR** e o bumbum **REBOLAR**. Kkkkk."

2354. "É rico e famoso contra pobre e **DESCONHECIDO**. É homens repelindo as mulheres, se beijando, abraçando e até se depilando, como se fossem mulher e **MARIDO**. Diversas provas prejudicando as Mulheres e, por conseguinte, tendo o Clube do Bolinha **FAVORECIDO**. Por essas e outras, esse BBB com a eliminação de quase todas as DIVAS, só restando uma, se tornou o mais **FEDIDO**. Kkkkk."

2355. "O brilhante que entra no reality com o privilégio de saber o que está sucedendo, com a missão de fazer Justiça e fica sentadinho no colo dos integrantes do Clube do **BOLINHA**, com o devido respeito, no bumbum deve levar uma carinhosa **BICUDINHA**. Kkkkk."

2356. "O felizardo que foi agraciado de no Esporte se **CONSAGRAR**, arrumou Mulher Rica, Exuberante e encoxado em ônibus lotado não precisou mais **TRAFEGAR** e, ainda assim, entra para o Clube do Bolinha para, no BBB, apenas com os machos **FICAR**, é pessoa não grata, não merece nada **BELISCAR**. Kkkkk."

2357. "O pobre mal tem dinheiro para **COMER**, logo Internet de Qualidade impossível **TER**. A TV Aberta é a Única Possibilidade de suas Estrelas e Astros **VER**. Assim, podem tais Ícones do passado para Mídia Aberta nada **VALER**, mas para muitos deles é a Única Chance de Vender Shows e **SOBREVIVER**. Além do que, a TV Aberta é Concessão **GOVERNAMENTAL**, ou seja, pertence ao Povo, portanto o Direito a TODOS deve ser **IGUAL**."

2358. "As(os) professoras(es) ostentam uma Missão à Sociedade **CRUCIAL**, pois formam Médicos, Juízes, Advogados, Promotores, Engenheiros, enfim, todas as Profissões do Mundo **REAL**. Mas, infelizmente, desfrutam de uma falta de Reconhecimento **SURREAL**. Assim, nossa torcida no BBB é para a PROFESSORA JESSI, que com honradez o Clube dos Cuecas tem enfrentado de forma **SOBRENATURAL**. Kkkkk."

2359. "O Profícuo Raulzinho metamorfose no Quadro do Cantor Misterioso deve **ENCETAR**. Depois que o Candidato ganha três vezes, só nas Finais deve **VOLTAR**. É entediante com tanta gente boa almejando o Talento **DEMONSTRAR**, mais dos mesmos, toda semana, termos que **AGUENTAR**. Kkkkk."

2360. "O abençoado que é filho de CAMPEÃO, nasce com o mesmo DOM e, ao invés de treinar para no Esporte ainda mais **PROSPERAR**, se sujeita em Reality de as Mulheres em Competições Desiguais com o Clube do Bolinha **MASSACRAR**, ainda que Afrodescendente, não merece nada **GANHAR**, tem mais é que **CHUPAR**. Kkkkk."

2361. "O sujeito que entra no BBB, com fama de mulher em abundância **APRECIAR** e surpreende as repelindo, enquanto com os amigos só falta morder a fronha e o bumbum **ARREBITAR**, sinceramente não merece nenhum tostão **GANHAR**. Kkkkk."

2362. "O ilustre que entra no BBB, e fica como Planta apenas com intuito das gatas **DEGUSTAR**, embora tenha bom gosto, já foi premiado, agora tem mais é que **CHUPAR**. Kkkkk."

2363. "O abençoado que logo cedo tem o privilégio de pelas Artes fazer Sucesso **MUNDIAL**, que já levou uma dupla de Veículo **SENSACIONAL**, mesmo sendo Afro, mas pertencendo ao Clube do Bolinha, o que já beliscou está mais que **LEGAL**. Kkkkk."

2364. "Para assistir o Clube dos Cuecas com chamegos, se ABRAÇAR, **BEIJAR**, uns nas costas dos outros **TREPAR** e até um o bumbum do outro **DEPILAR**, só o Tadeu e o Boninho e a Turma de Invertidos para esse BBB **AGUENTAR**. Kkkkk."

2365. "Se a Mulher não ficar como cobra, uma querendo ver a outra **ENGOLIDA**, a Professora Afro Jessi será a Campeã, pois não sendo promíscua, firme, educada, tornou-se a nossa **PREFERIDA**."

PUBLICADAS EM 11/5/2022

2366. "Deus indubitavelmente a agraciou com fardo pesadíssimo para na vida **TRILHAR**. Contudo, nunca blasfemou e tem cumprido sua Missão com Galhardia, Honradez, nada a impedindo de **BRILHAR**. A Rainha MARIA ESTHER é um exemplo perfeito, para toda mulher que almeje decência venha se **ESPELHAR**."

2367. "Na Justiça do Trabalho o Excesso de Recursos, a Burocracia, a **LENTIDÃO**, favorecem o infeliz empregado ou o escravocrata **PATRÃO**? Kkkkk."

2368. "Não fosse o Supremo Tribunal Federal frear o Capetão **KLUROKINA**, teria a População tomado **VACINA**? Kkkkk. Com o maravilhoso Sistema Público de Saúde, não seria bem maior a **CARNIFICINA**?"

2369. "O Mister Jorge Jesus fez um trabalho bom no Flamengo, mas não soube usar todo o Elenco de Seleção que **POSSUÍA**, se assim fosse, no Mundial de Clubes, para o Liverpool não **CHUPARIA**. Kkkkk."

2370. "O Presidente da Ucrânia deve se **CONSCIENTIZAR** que a guerra está perdida, levantar do colo dos Integrantes da OTAN, kkkkk, e **RENUNCIAR**, ou o cargo para um Opositor Aliado do Insano Putin **PASSAR**. Assim, a carnificina irá **CESSAR** e o País que está em ruínas começará a se **LEVANTAR**. E mais, que a Ucrânia se torne um Território Neutro e em conflitos não venha **PARTICIPAR**. Na guerra, ninguém culmina por **TRIUNFAR**, logo é a Paz que deve **IMPERAR**. Bom senso, Nobre Comediante, pare de seu Povo **MATAR**."

2371. "O Presidente de Clube de Futebol, ao observar erros de Arbitragens que geram prejuízos, deve acionar o Departamento Jurídico, para processar toda **COMISSÃO**, pleiteando o Ressarcimento dos Danos Materiais e Morais padecidos pela **INSTITUIÇÃO**. E mais, pleitear Abertura de Inquérito Policial para apuração de eventual delito de **CORRUPÇÃO**. O que não deve é mandar preposto ir à Imprensa latir como transloucado, sem **NOÇÃO**. Kkkkk."

2372. "Os safados, escravocratas, que vomitam: isso e aquilo é coisa de **PRETO**, devem ter sido cornos ou desfrutado de forma enrustida da coisa de algum **PRETO**. Kkkkk."

2373. "Os idiotas racistas infiltrados nas Torcidas devem ser banidos dos Estádios, bem como seu Time ser agraciado com a perda de TRÊS PONTOS e TRÊS MANDOS DE **PARTIDA**. Quero ver o fato se repetir com essa furada no bumbum **DOLORIDA**. Kkkkk."

2374. "Quem tem medo e foge dos Debates oriundos da **ELEIÇÃO** merece seu Voto? É Maricas ou **MACHÃO**? Kkkkk."

2375. "Se as Urnas Eletrônicas de fato são seguras, ótimo, contudo qual o óbice para se evoluir, **MELHORAR**, se imprimindo o Voto, para conferência de quem nelas, como os Americanos, não vem **ACREDITAR**? Kkkkk."

2376. "Se todos são Iguais perante a **LEI**, indago: a Imunidade Parlamentar é uma Imoralidade, Safadeza, ou sou uma besta, que nada **SEI**? Kkkkk."

2377. "Todo Velhaco, Vagabundo, Escravagista, é favorável ao Politicamente Incorreto, ao Retrocesso, a **ESTAGNAÇÃO**, até porque engordaram o bumbum, por QUATROCENTOS ANOS, à custa da saudável **ESCRAVIDÃO**. Kkkkk."

2378. "Você que é influenciadora e vive vomitando que é promíscua e pega todo **MUNDO**, esquece que sua atitude fomenta violência contra as mulheres, avulta gravidez indesejada, moléstias sexuais, inclusive HIV, enfim, não percebes que seu proceder é pernicioso, **IMUNDO**? Kkkkk."

PUBLICADAS EM 15/6/2022

2379. "Prestigie quem efetivamente lhe outorga o devido **VALOR**, tenha Vergonha na Cara, por **FAVOR**. Kkkkk."

2380. "A convocação da Seleção Brasileira há muito virou mero engodo, pois nunca os Melhores culminam por **CHAMAR**. Hoje os que possuem Cadeira Cativa, os Xodózinhos do Tite, são: 1. Alisson; 2. Daniel Alves; 3. Thiago Silva; 4. Marquinhos; 6. Alex Sandro; 5. Casemiro; 8. Fred; 7. Paquetá; 9. Gabriel Jesus; 11. Raphinha; e 10. **NEYMAR**. Enfim, é com essa Defesa Frágil e de Anões Aposentados que a Cinderela irá a Copa **JOGAR**, ainda que de Sete ou de Quatro, novamente, tenhamos que **CHUPAR**. Kkkkk."

2381. "Apesar de Santista, Registro nossa torcida para que a melhor Presidente do Futebol Brasileiro, Leila Pereira, venha o Mundial **BELISCAR**. Ela tem Competência para Clube Grande **ADMINISTRAR**, não fica de chororô, dando acusada nos Outros, dizendo que não consegue as contas **PAGAR**, não vindo devidamente o Elenco **REFORÇAR**. Kkkkk."

2382. "Arma na cintura nenhuma Família vem **PROTEGER**, tampouco irá ajudar a Pátria **DEFENDER**. Tais Obrigações são do Estado e das FORÇAS **ARMADAS**. Aqueles que vomitam o contrário devem morder das Indústrias Bélicas, da Morte, de forma enrustida, vultosas **BOLADAS**. Kkkkk."

2383. "Assistindo a Novela Pantanal, tem-se a impressão que não existem Afrodescendentes naquele **LOCAL**, pois no Elenco, a exemplo das últimas sete décadas, nossa Raça padeceu Preconceito **SOBRENATURAL**. De sorte que classificarmos seus Responsáveis como Racistas é perfeitamente **LEGAL**. Kkkkk."

2384. "Como muito bem ensina o Sábio Pensador **ARNY**, o bom cachorro não rejeita **CARNE**. Kkkkk."

2385. "Em verdade vos digo, para conviver com certos Parentes e pseudo **AMIGOS**, mil vezes com **INIMIGOS**. Kkkkk."

2386. "Enquanto o Filho do Rico se alimenta bem, estuda em Escolas Particulares de Primeiro Mundo, tem Aulas de Reforço, Pratica Esportes, Viaja para Disneylândia para **RELAXAR**, o Filho do Pobre para Comer Arroz e Ovo, por vezes, desde a Infância nas Esquinas da Vida é compelido a **TRABALHAR**. É essa a Igualdade de Direitos que a Carta Magna vem **PRECONIZAR**? Kkkkk."

2387. "Entra Ano sai Ano e o Povo continua em ÁREAS DE RISCO, morrendo na **LAMA**. Enquanto isso, no País das Maravilhas, a POLITICUPUTAIADA, inclusive com o FUNDÃO ELEITORAL, continua nadando na **GRANA**. Kkkkk."

2388. "Joe Biden, mostre a que veio, proíba a venda de armas de forma **INDISCRIMINADA**, bem como a posse e tráfego de maneira **INJUSTIFICADA**. Vai esperar quantas CRIANÇAS, HOMENS E MULHERES ainda serem MASSACRADOS? Por mais perfeita que seja a Legislação de 1791, com a evolução deve ser **APERFEIÇOADA**."

2389. "Métodos do bom Funcionário Público que pratica o Tráfico de Influência e a **CORRUPÇÃO**: outorga entendimento diferenciado a **LEGISLAÇÃO**; pressiona as testemunhas para caírem em **CONTRADIÇÃO**; persegue uma das partes para que perca a **RAZÃO**; senta em cima do Processo, escondendo-o com o **POPOSÃO**. Kkkkk. Na próxima, mais ensinamentos, dessa saudável **ATUAÇÃO**. Kkkkk."

2390. "Marcelo, o mais habilidoso Lateral-Esquerdo que na Seleção nas últimas décadas veio **JOGAR**, deve mudar de posição e na Meia-Esquerda passar a **ATUAR**, enfim, só armando o Time, outorgando Assistências e vindo Gols **ANOTAR**. Aliás, no Peixão viria perfeitamente se **AMOLDAR**."

2391. "O Rei Davi, para não ver o Povo massacrado e Jerusalém destruída, a **ABANDONOU**, pena que o Presidente da Ucrânia, infelizmente, não tenha essa Sabedoria, parece não se importar que também por sua Imprudência, seu País em desgraça **DESMORONOU**."

2392. "Os Nobres Raul Gil e Raulzinho, a Clarinha Teixeira (filha da Leci Brandão), Renatinha (filha da Rita Lee), Heloísa Gibertoni (irmã da Sandy), Marcela Assunção (filha da Adele) e Samuel Tayrone (filho do Robson Monteiro), kkkkk, deveriam ao Programa **INCORPORAR**. São Brilhantes, desnecessário toda semana na Berlinda virem **FICAR**, doravante, é o Tempo que a todos irá ou não **APERFEIÇOAR**."

2393. "Qual a maior Estrela Afrodescendente da Canção Brasileira, além da Rainha Maria Esther? Iza, Alcione, Ludmilla, Leci Brandão, Sandra de Sá, Vanessa da Mata, Preta Gil,

Mart'nália, Luciana Mello, Vanessa Jackson, Margareth Menezes, Paula Lima, Pepê e Neném. Deixe seu palpite, sugestão, para com uma **COROA** Negra podermos **AGRACIAR**. Kkkkk."

2394. "Qual a maior expoente da Canção Afro-Brasileira que foi no Mundo das Almas **HABITAR**? Elza Soares, Ângela Maria, Chiquinha Gonzaga, Elizeth Cardoso, Dona Ivone Lara, Clementina de Jesus. Deixe sua sugestão para todos lembrarmos e **REVERENCIAR**."

2395. "Qual é o maior Astro Afrodescendente da Canção Brasileira? Milton Nascimento, Djavan, Luiz Carlos, Alexandre Pires, Paulinho da Viola, Martinho da Vila, Jorge Aragão, Jorge Ben Jor, Gilberto Gil, Péricles, Thiaguinho, Toni Garrido, Neguinho da Beija-Flor, Hebert Vianna, Carlinhos Brown, Seu Jorge, ... Deixe sua sugestão, para com uma Coroa Negra com algumas Pontas Douradas podermos CONDECORAR. Kkkkk."

2396. "Qual o maior expoente Afrodescendente da Canção Brasileira, que está no Mundo dos Espíritos a **HABITAR**? Ataulfo Alves, Tim Maia, Jair Rodrigues, Wilson Simonal, Jamelão, Emílio Santiago, Cartola, Luiz Melodia, Cassiano, Almir Guineto, Wando, Agnaldo Timóteo. Deixe sua sugestão, palpite, como Homenagem Póstuma a todos **REVERENCIAR**."

2397. "A ÍNDIO MACIEL, GERSON MARCONDES e VOVÔ AMARAL, nossa ETERNA **GRATIDÃO**. Eles que abriram as portas das Festejadas RÁDIO CUMBICA e TV AMARAL, para através do Programa 60 MINUTOS KENTES COM REYCK LOVIS, celebrando uma Década, pudéssemos, de algum modo, contribuir um pouco para melhorar o Bem-Estar dos Fracos e Oprimidos da **NAÇÃO**. Aos Nobres Amigos, o Afeto do **MACHÃO**. Kkkkk."

2398. "Se, porventura, as curvas das garotas não pudermos mais **APRECIAR**, sob pena de assédio virem nos **CONDENAR**, melhor os óculos escuros da cara não mais virmos **TIRAR**. Kkkkk."

2399. "Será que os XODÓZINHOS de Tite conseguiriam desses dois quadros de rejeitados alguma Partida GANHAR? 1. Cássio; 2.

Marcos Rocha; 3. Lucas Veríssimo; 4. Luan Peres; 6. Jorge; 5. Danilo; 8. Zé Rafael; 10. Gustavo Scarpa; 7. Hulk; 9. Gabi; 11. Bruno Henrique. Segundo quadro: 1. João Paulo (Ivan); 2. Fagner; 3. Nino; 4. Bauermann (Gustavo Henrique); 6. Lucas Pires; 5. Willian Arão; 8. Allan; 10. Éverton Ribeiro; 7. Andreas Pereira (Dudu); 9. Pedro; 11. Raphael Veiga."

2400. "Almejo apreciar os Programas Jornalísticos, Televisivos, mormente os que exploram a Criminalidade, nas portas dos Hospitais Públicos, agindo com a mesma Energia, **VIGOR**. Quiçá, assim, se findaria o Genocídio dos Pobres e, a exemplo do Albert Einstein e Sírio-Libanês, reinaria a Proficiência e o **AMOR**."

PUBLICADAS EM 17/7/2022

2401. "A cacetada **SENTIDA**, quem lhe deixa **FERIDA**, de alguma forma, lhe ensina a crescer na **VIDA**. Kkkkk."

2402. "A Criminalidade, o Álcool, outras Drogas e a **PROSTITUIÇÃO** não consistem em Bons Conselheiros e definitivamente não são a única, tampouco a melhor e saudável **DIREÇÃO**. Kkkkk."

2403. "A Governadora de Nova York, Kathy Hochul, ministrou aula sobre como se deve comandar a NAÇÃO. Enquanto Joe Baden promulga Lei inócua, com temor e **FROUXIDÃO**, a mesma proibiu que as pessoas transitem armadas em todos os Locais Públicos, para evitar que Massacres sejam perpetrados por transloucados, **SEM NOÇÃO**. Lei Raiz, do tempo do Faroeste e **ESCRAVIDÃO**, hoje nem para limpar o bumbum, querido **IRMÃO**. Kkkkk."

2404. "A Liberdade de **IR E VIR** não se aplica a Doentes pelo Vício das Drogas, que não possuem Condições Físicas e Psicológicas de sobre a própria vida **DISCERNIR**. A solução é a Internação Compulsória, assim como sucede com os Filhos dos Grã-finos, até que a Cura venham **CONSEGUIR**."

2405. "A luta contra o Mal é árdua e **CONSTANTE**, senão melhorando, volta tudo a mesma porcaria de **ANTES**. Kkkkk."

2406. "Adoro ser **MALUCO**. Pior é ser corno manso, impotente, idiota ou **EUNUCO**. Kkkkk."

2407. "Assistindo o Profissão Repórter de 12/7/2022, que demonstrou a penúria de parte da População, pois 63 milhões de Brasileiros passam fome, fosse Governante teria vergonha e **RENUNCIARIA**. Perdão à Politicuputaida competente que entende ser essa atitude **COVARDIA**, não o que fazem no **DIA A DIA**. Kkkkk."

2408. "Até o mais Burro Eleitor sabe que o benefício que a Politicuputaida às pressas veio ao Povo agora **OUTORGAR**, tem o intuito de VOTO **COMPRAR**. O negócio é receber e agradecer, vindo o bumbum de todos do Poder com carinho **CHUTAR**. Kkkkk."

2409. "Coragem, **COVARDIA** não guardam nenhuma relação com Irresponsabilidade, Imprudência, Falta de Bom Senso, Insanidade, que está levando à Mortandade, à Destruição da Ucrânia hoje em **DIA**."

2410. "Cuidado com quem vens **AUXILIAR**, pode almejar para mesma Lama te **PUXAR**. Kkkkk."

2411. "É risível observar gente que sempre padeceu do Preconceito e da **DISCRIMINAÇÃO**, agindo do mesmo modo deletério contra um **IRMÃO**. Kkkkk."

2412. "Esse negócio de Pegar Geral, **FICAÇÃO**, propagado por pessoas Levianas, Promíscuas da **NAÇÃO**, nada mais é que uma forma gratuita de **PROSTITUIÇÃO**. Kkkkk."

2413. "Esses Governantes que sabem o que é prioridade e almejam distribuir para o Povo a Cesta **FUZIL**, 'data vênia', vão para PONTE QUE **PARTIU**. Kkkkk. Aqui não é o País dos Massacres que usa Lei de 1791, aqui é **BRASIL**."

2414. "Existem diversas formas de uma pessoa **MORRER**, uma delas, e a mais cruel, é quando Egocêntricos tiram os motivos que a faziam Feliz e Inspiravam a **VIVER**."

2415. "Liberte-se de tudo que lhe traga mais sofrimento do que Boa **SENSAÇÃO**, quem vive de migalhas, restos, oriundos do Lixo, é o coitado vira-lata, chamado de **CÃO**. Kkkkk."

2416. "Na era de Alta Tecnologia que vivemos, crucial Legislação determinando que Todo Procedimento Clínico-Hospitalar seja Filmado e **GRAVADO**. Assim, ficará bem mais difícil vermos novamente notícias como do médico ESTUPRADOR, **SAFADO**."

2417. "Nossas Congratulações ao Nobre **FAUSTÃO** pelo relevante Trabalho Social que assistimos em seu Festejado Programa na Rede Bandeirantes de **TELEVISÃO**. Tem concedido espaço a Profissionais da Área da Saúde para elucidar a **POPULAÇÃO**; visibilidade a Novos Talentos, sem o assédio de Jurados sem **NOÇÃO**; e a Estrelas e Astros Enterrados Vivos pela Mídia vem agraciando com a literal **RESSUREIÇÃO**. Kkkkk."

2418. "Nunca vi se formar um Grande Time só com Jogador **EMPRESTADO**. Essa é a nova modalidade do Ruim Eda, que está louco para ver o Peixão pela primeira vez **REBAIXADO**. Kkkkk."

2419. "Para viver sentado no colo e puxando o saco de genocida, corrupto, hipócrita, seja ele católico, macumbeiro ou **CRENTE**, só mesmo sendo **DEMENTE**. Kkkkk."

2420. "Quando vejo a Torcida do Flamengo, com frescuras, vindo do Elenco de Galácticos **RECLAMAR**, penso fossem Santistas, com o amontoado de Novatos, um bando Jogadores Alugados, sem Meias, Habilidosos, viriam **ENFARTAR**. Kkkkk."

2421. "Quando vejo pessoas por Lula e Bolsonaro matando e querendo **MORRER**, penso que boiolagem, tremendo mau gosto e idiotice, por que não vão se **FERVER**? Kkkkk."

2422. "Quem expõe, propaga, ataca a Honra e a Dignidade de outrem, perpetra analogicamente verdadeiro ESTUPRO **MORAL**. De sorte que qualquer Condenação na esfera Administrativa, Cível, Criminal será Educativa e PERFEITAMENTE **LEGAL**. Kkkkk."

2423. "Quem nasce branco e **ABASTADO**, não sofre preconceito, mas sim vem ao Mundo com o bumbum para a Lua **ARREBITADO**, é rabudo, **PRIVILEGIADO**. Kkkkk."

2424. "Obtivemos a infortuna notícia, do fraterno primo Odair, que a Tia Cida na Eternidade foi **HABITAR**. Que Deus o Acalento aos Seus venha **OUTORGAR**, Agasalhe sua Alma em seus Braços e, junto com os saudosos Francisca, Vicentão e Toninha, seja mais uma Estrela nos Céus a **BRILHAR**. Amém."

PUBLICADAS EM 25/9/2022

2425. "A possibilidade é iminente, não **REMOTA**, do abençoado que te estrepou voltar a bater na sua **PORTA**. Kkkkk."

2426. "Com 60 milhões de brasileiros passando fome no celeiro do Mundo, sinceramente NÃO **DURMO**. Assim, torço para que o Povo chute o bumbum de todos que estão no poder, já no PRIMEIRO **TURNO**. Kkkkk."

2427. "A verdade é que no Governo do PT CEUs, Bilhete Único, Passe do Idoso, Nova Frota de Lotações se veio **INCREMENTAR**. Enfim, aqui na Zona Leste, o único Partido que, depois da Eleição, mais ou menos da gente veio **LEMBRAR**. Kkkkk. Além do que, os Integrantes do PT e Psol foram os únicos que contra a Reforma Escravagista e Previdenciária vieram **VOTAR**. Portanto, prefiro quem fez algo para o **POBRE**, não os filhotes do Capetão, que governaram puxando o saco do **NOBRE**. Kkkkk."

2428. "Antes de outorgar ouvidos a irresponsáveis que prestam Desserviço à Sociedade, tentando nossa Juventude na manguaça **VICIAR**, observem que em razão do álcool uns, como bola, inchados vem **FICAR**, kkkkk, e outros sempre são abraçados pelo **AZAR**."

2429. "Aqueles que sentadinhos no colo de Militares criam coragem para o Poder Judiciário indevidamente **ATACAR**, é de maricas ou machão que devemos **CHAMAR**? Kkkkk."

2430. "Com o modesto Elenco do Santos, assim viríamos um quadro **ESCALAR**: 1. João Paulo; 2. Madson; 3. Maicon; 4. Bauermann; 6. Felipe Jonatan; 5. Rodrigo Fernandes; 7. Balieiro; 8. Luan; 10. Soteldo; 9. Marcos Leonardo; 11.

Ângelo. O esquema é 4-4-2. A Zaga postada só **MARCANDO**. Os dois Volantes respaldo a Zaga **OUTORGANDO**. Os habilidosos Luan e Soteldo orquestrando o Meio-Campo, fazendo Gols e Assistências **DISPONIBILIZANDO**. Os dois Atacantes mordendo os Zagueiros e Gols **ANOTANDO**. Com esse Time entrosado, quiçá, no Final do Brasileiro, não terminemos **CHUPANDO**. Kkkkk."

2431. "Deus fez o Mundo para Todos de forma Igualitária **DESFRUTAR**, mas os filhotes do Capetão, expulsos do Paraíso, cercaram, dividiram e vivem os Fracos e Oprimidos a **ESCRAVIZAR**. Kkkkk."

2432. "Diz o ditado ajoelhou tem que **REZAR**, mas tem a versão que muitos o fazem, vergonhosamente até Líderes Religiosos, para o saco do Capetão com carinho **PUXAR**. Kkkkk."

2433. "É duro por Salário Mísero **TRABALHAR**, mas é triste quem não tem essa disposição e prefere nos Vícios e na Putaria, com ânimo, **NAUFRAGAR**. Kkkkk."

2434. "É ridículo ver Líder Religioso sentar no colinho de incompetente e transloucado para o Defender e **DISCURSAR**. Dá-se a impressão que pomposo dízimo, de forma enrustida, está vindo **BELISCAR**. Kkkkk."

2435. "É um fato que **ABORRECE**, mas nada há que se fazer depois que a Fruta **APODRECE**. Kkkkk."

2436. "Em País Justo e **IGUALITÁRIO**, a Criminalidade é inferior, pensar de forma diversa é coisa de idiota, **OTÁRIO**. Kkkkk."

2437. "Humildade **ALÉM** é pensar que sabe tudo, não precisa ouvir **NINGUÉM**. Kkkk."

2438. "Na Vida para não se perder na **ESTRADA**, temos que Pensar, Refletir e não fazer Escolha **EQUIVOCADA**."

2439. "Na vida temos que ultrapassar Chuvas e até **TEMPORAL**, pensar de forma adversa é coisa de **ANORMAL**. Kkkkk."

2440. "Na Vida, a Morte é a única **CERTEZA**, no mais é tudo descoberta, com ou sem Emoção e **BELEZA**. Kkkkk."

2441. "Não pense em **DESISTIR**, sem o labor árduo para os objetivos **ATINGIR**, os Fracos nada vezes nada irão **CONSEGUIR**. Kkkkk."

2442. "O Astronauta, junto com a POLITICÚPUTAIADA deveria em uma Nave Espacial **ADENTRAR**, ir para a Lua sem tempo de **VOLTAR**, vindo o Povo dessa raça **LIBERTAR**. Kkkkk."

2443. "O Flamengo, apesar de ostentar melhor Elenco, não é certo que algo irá **GANHAR**. No Campo é Onze contra Onze a **PELEJAR**. Ademais, possui como pontos fracos David Luiz e Filipe Luís, que possuem Boa Técnica, mas não vigor físico para Atacantes Rápidos e Habilidosos **ACOMPANHAR**, logo deveriam como Volantes ou Líberos **ATUAR**. Portanto, se o Mengão entrar em Campo com Saltinhos Altos, permitir que os Defensores mencionados saiam para **ATACAR**, sem beliscar nada o Fumo Kente irão **CHUPAR**. Kkkkk."

2444. "O Ilustre Abel Ferreira, apesar dos Títulos Conquistados, equívocos vem **PERPETRAR**. Um deles é o Futebol de Lucas Lima e Patrick de Paula não **PRESTIGIAR**. Outro é não ter montado uma Equipe Alternativa para todo Elenco **MOTIVAR**, quedando-se na ideia errônea de sempre com espinha dorsal **JOGAR**. E mais, pede Jogadores, mas não os outorga ritmo, vindo os **QUEIMAR**. Por derradeiro, tem que colocar o Endrick rotineiramente para **JOGAR**, e parar com a frescura de que na Disney deve **PASSEAR**. Kkkkk."

2445. "O Tempo é implacável, não perdoa quem passa a vida na perdição. Kkkkk."

2446. "Quais Entes Queridos dos 700 Mil Brasileiros que perderam a vida com o vírus, sentindo falta de **AR**, irá votar em Candidato que fez Micagens nesse sentido e deixou até Respirador em Hospital Público **FALTAR**?"

2447. "Qualquer velhaco, barrigudo, fanfarrão, brocha, que adora leitinho condensado, que troca coroa por novinha, põe prótese peniana, toma viagra com dinheiro público de imbroxável pode se **GABAR**, difícil é não apreciar uma rachadinha e ter competência para **GOVERNAR**. Kkkkk."

2448. "Quando se constata que Falsos Profetas praticaram Inquisição, Escravidão, Sequestro de Pessoas, Estupros, Lascivas **SEXUAIS**, fica difícil acreditar que somos animais **RACIONAIS**. Kkkkk."

2449. "Quando um Presidente decreta Guerra, deve dar o exemplo e junto com seus Entes Queridos no pelotão de frente ir **PELEJAR**, não ficar como covarde com o bumbum sentado, sem nenhum ARRANHÃO **LEVAR**. Kkkkk."

2450. "Que tipo de Cristão, Evangélico defende a Morte, propagando a distribuição de Armas, ao invés da Bíblia Sagrada?"

2451. "Quem entende ser o Povo alienado e apenas se diverte com **BOBAGEM**, 'data vênia' é idiota, falo sem **SACANAGEM**. Kkkkk."

2452. "Quem entende que fumar Cigarro, Narguilé, Maconha é muito bom, chique, causa **OSTENTAÇÃO**, quero ver quando Ficar Sem Ar, em razão de ter apodrecido seu **PULMÃO**. Kkkkk."

2453. "Quem se beneficiou da **VACINA**, terá inteligência para Votar em sábio que é contra e receita **KUROQUINA**? Kkkkk."

2454. "Sentimentos por vezes em palavras ficam difíceis de ser **EXPRIMIDOS**, mas, na prática, ficam fáceis de ser **VIVIDOS**. Kkkkk."

2455. "Um País onde milhares de pessoas sobrevivem em favelas, debaixo de pontes e calçadões é porque possui Governante na esfera da Habitação, **INCAPACITADO** e CEM POR CENTO **BROXADO**. Kkkkk."

PUBLICADAS EM 7/10/2022

2456. "A Polícia do Rio de Janeiro mata e morre mais que juntas a da Bahia, Ceará, Maranhão, Pernambuco, Piauí e São Paulo. O detalhe que tal Estado é Governado por aliado do Presidente da **NAÇÃO**. Seu queridinho que é do Rio, mas quer Governar São Paulo, já confessou que almeja retirar as Câmeras dos Policiais em **AÇÃO**. Será que almejam a CARNIFICINA dos Pretos, Pobres, enfim, Vulneráveis do Rio de Janeiro para o Estado de São Paulo **IMPORTAR**? Só Deus, para dessa raça nos **LIVRAR**."

(Relatório da Rede de Observatórios da Segurança Pública, divulgado em 6/10/2022)

2457. "O Partido do GOVERNADOR DE MINAS GERAIS é favorável à Reforma Escravagista, Previdenciária e contra as COTAS **RACIAIS**. Logo, os Pretos, Pobres e Vulneráveis que vierem Votar em quem ele quer, demonstrarão INTELIGÊNCIA **DEMAIS**. Kkkkk."

2458. "Considerando que o GENOCIDA HITLER, até hoje, possui insanos que por ele têm **AMOR**, não me estranha que Discípulos Tupiniquins tenham corja de interesseiros puxando seus sacos, com muito carinho e imensurável **PUDOR**. Kkkkk."

2459. "Constitui uma imoralidade ver Candidatos à Reeleição, por meses, recebendo sem **TRABALHAR**. Usando toda Estrutura do Estado para se **PROPAGAR**. Distribuindo benefícios às vésperas da Eleição, óbvio com intuito de VOTOS **COMPRAR**. Quando, meu Deus, essas maravilhosas safadezas irão **ACABAR**? Kkkkk."

2460. "É muito engraçado ver Candidato outro de Presidiário **CHAMAR**, quando o Presidente de seu Partido e, por conseguinte, seu CHEFE, condenado por Corrupção, do Cárcere também veio **DESFRUTAR**. Kkkkk."

2461. "É ridículo quem não tem competência para **GOVERNAR**, só abre a boca para asneiras **VO-MI-TAR**, mas almeja aos Outros seu Fracasso **OUTORGAR**. Acorde pra cuspir, se conscientize que suas derrotas é à própria Sabedoria que deves **CREDITAR**. Kkkkk."

2462. "Em 4 anos como Presidente e 30 como Parlamentar, em que o Atual Chefe do Poder Executivo o Poder Judiciário veio **AJUDAR**, a não ser de forma indevida, desrespeitosa, o tempo inteiro os valorosos MINISTROS DO SUPREMO TRIBUNAL vir **ATACAR**? Kkkkk."

2463. "Em que o Brilhante Presidente o SISTEMA DE SAÚDE EM SÃO PAULO VEIO **AUXILIAR**, quando em PLENA PANDEMIA não veio NENHUM HOSPITAL PÚBLICO **EDIFICAR** e o ÚNICO que temos, o HOSPITAL SÃO PAULO, sequer ENVIOU devidamente VERBAS para **FUNCIONAR**? Kkkkk."

2464. "Em que o Ilustre Presidente o sofrido Trabalhador com a REFORMA PREVIDENCIÁRIA veio **AJUDAR**, a não ser

MAIS TEMPO SER OBRIGADO A **TRABALHAR,** para uma MERRECA DE APOSENTADORIA **BELISCAR**? Kkkkk."

2465. "Em que o Presidente os AFRODESCENDENTES veio **AUXILIAR**? Respondo: Vindo o SISTEMA DE COTAS **ATACAR**; os QUILOMBOLAS como bois e suínos **TRATAR**; além de colocar um Capetão do Mato para a Escravidão **LOUVAR** e a própria raça **ACHINCALHAR**. Aliás, quantos AFRODESCENDENTES PARA MINISTROS veio **NOMEAR**? Kkkkk."

2466. "Em que o Presidente o Sistema de Segurança veio **AUXILIAR**, a não ser de forma indevida, esquisita, MAIS DE UM MILHÃO DE ARMAS EM CIRCULAÇÃO **COLOCAR**? Sem tal armamento quantas Vidas iríamos **SALVAR**? Será que o Nobre Governante do País, de seu ídolo Donald Trump, os Massacres quer **IMPORTAR**? Kkkkk."

2467. "Em que o Presidente, aos Jovens Pretos, Pobres e Vulneráveis, veio **AJUDAR**, a não ser deixar, com sua competência, mais de 1/3 dos com idade de 18 a 24 anos SEM ESTUDAR E **TRABALHAR**, Livres para o CRIME **ALICIAR**? Kkkkk."

2468. "Em que o Sábio Presidente o SISTEMA DE SAÚDE PÚBLICA VEIO **AUXILIAR**, se nem a Miséria que ganham os nossos VALOROSOS MÉDICOS, sequer na Pandemia com QUALQUER TOSTÃO, se dignou a **AUMENTAR**? Kkkkk."

2469. "Incrível o Povo de São Paulo agraciar com Voto, quem na Pandemia, lutou contra nossa **VACINA**, almejando que desfrutássemos cavalar dose de supositório de **KUROKINA**. Kkkkk."

2470. "Inócuo os Governantes colocarem Aplicativos nos Coletivos para denúncias de IMPORTUNAÇÃO **SEXUAL**. Devem criar pudor e outorgar ao Povo Transporte Público Decente para que Todos Trafeguem Sentados, com Dignidade, não como sardinhas em lata, um em cima do outro, como **ANIMAL**. Kkkkk."

2471. "Lastimavelmente, tem muito EVANGÉLICO, **CRISTÃO** que precisa Rezar, fazer **ORAÇÃO**, e a Deus, enquanto não for castigado, pedir **PERDÃO**, para ver se consegue levantar o bumbum, sem se machucar, do colo do **CAPETÃO**. Kkkkk."

2472. "Meu Deus, Jesus Cristo, Espírito Santo, NOSSA SENHORA DE **APARECIDA**, livrai nosso Povo dos Malfeitores, Falsos Profetas e outros Criminosos, com instinto **GENOCIDA**. Amém."

2473. "Milhares e milhares de pessoas vivendo nas ruas, debaixo de pontes, em favelas sem qualquer infraestrutura e dignidade, Cracolândias a todo **VAPOR**, e Governantes vo-mi--tan-do, dizendo que o País está Crescendo, é um Paraíso, só **AMOR**. Oras bolas, Competentes, criem vergonha, voltem pra casa, por **FAVOR**. Kkkkk."

2474. "No Brasil 36% dos JOVENS DE 18 A 24 ANOS NEM ESTUDAM NEM TRABALHAM, sendo vice-Campeão no Mundo, perdendo só para África do Sul. Enfim, se 1/3 de nossos Jovens Pretos e Pobres estão sem Atividade **PRATICAR**, é porque temos um Presidente supercompetente, e não DEVEMOS SEU BUMBUM DO PODER, de forma alguma, **CHUTAR**. Kkkkk."

(SP1 E JORNAL NACIONAL DE 4/10/22)

2475. "O Brasil é um País FANTÁSTICO, **MARAVILHOSO**, o câncer é a gama imensurável de pseudopoderosos, corruptos, egocêntricos, escravagistas, genocidas, inserida no Sistema Inoperante **PERNICIOSO**, mas que para eles é muito **GOSTOSO**. Kkkkk."

2476. "O fechamento do MINISTÉRIO DO TRABALHO, respalda a REFORMA ESCRAVAGISTA, que, dentre outros prejuízos, agora o PROCESSO TRABALHISTA pode em DOIS ANOS **CADUCAR**, PERDEU TEM QUE O ADVOGADO DO PATRÃO PAGAR, AS HORAS EXTRAS DO INTERVALO às demais NÃO VEM **INCORPORAR**, etc., SÃO PRESENTES QUE O ILUSTRE PRESIDENTE AO TRABALHADOR veio OUTORGAR. Assim, o sofrido Empregado que nele **VOTAR**, podemos de SEM-VERGONHA **CHAMAR**? Kkkkk."

2477. "O Governante que em plena Pandemia demite do Ministério da Saúde um Médico e coloca um **GENERAL**, possui

SANIDADE **MENTAL**? Kkkkk. Qual sua Contribuição na Mortandade de quase 700 Mil Irmãos, em face sua Competência **SOBRENATURAL**? Kkkkk."

2478. "O Partido que, há três décadas, São Paulo veio **GOVERNAR**, só fez o Preto e o Pobre **ESTREPAR**. A exemplo, 30 Mil Irmãos que vivem nas ruas, Vale Transporte do Idoso que vieram **RETIRAR**, e a RAÇÃO que para nossas CRIANÇAS almejavam **OUTORGAR**. Logo, o Queridinho do DR. KUROKINA, agora abraçado pelo Homem do Glória, deveria deixar São Paulo para quem de fato a conhece **COMANDAR**."

2479. "O que o Ilustre Presidente durante a Pandemia fez por São Paulo, a não ser com o Glória se **DIGLADIAR**, a Vacina do Instituto Butantan **ATACAR** e a KUROKINA no Povo tentar **ENFIAR**? Kkkkk."

2480. "O Sábio Presidente R$ 330 MILHÕES das Universidades Públicas veio **BLOQUEAR**. O interessante é que para o FUNDÃO ELEITORAL para torrar na CAMPANHA R$ 4,9 BI veio **LIBERAR**. Está certíssimo, pois um Povo sem estudo, analfabeto, é muito mais fácil como Gado **DOMINAR**. Kkkkk."

2481. "Qualquer **CIDADÃO** pode se dirigir à CBF, fazer um Curso e se tornar um TÉCNICO **CAMPEÃO**. Difícil é um Sábio Velho aprender ter Controle Emocional, Cordialidade, Respeito e **EDUCAÇÃO**. Kkkkk."

2482. "Quem governa sem Sabedoria, tem comportamento **TRANSLOUCADO**, é bom JÁ IR SE **ACOSTUMANDO** a sentir chutes no bumbum e ficar **DESEMPREGADO**. Kkkkk."

2483. "Quem não acredita na Urna Eletrônica deveria ser coerente e não comparecer para **VOTAR**, muito menos a Eleição dos Companheiros **CELEBRAR**. Dá-se a impressão que as Urnas só prestam quando aos seus anseios, quiçá escusos, vem **AGRADAR**. Kkkkk."

2484. "Se o Atendimento no SUS é tão Bom como hipócritas vivem a **FALAR**, porque os GRÃ-FINOS, inclusive o Presidente, correm para o SÍRIO-LIBANÊS e ALBERT EINSTEIN, para a podridão **TRATAR**? Kkkkk."

2485. "Ridículo, Analfabeto Funcional, Idiota é o Imbecil que entra na Casa, Rede Social dos outros, para falar asneiras e acha tal atitude **NORMAL**. Quando é Processado e adentra na Vara de um Juiz, chora e não acha **LEGAL**. Kkkkk."

2486. "Todo Empresário, Fazendeiro, Rico que for Escravocrata, Racista, Egocêntrico, ainda que enrustido, tende Apoiar quem é **IGUAL**. Portanto, não sejam idiotas, manipulados como Gados em Cabresto **ELEITORAL**. O Voto é Secreto, chutem o bumbum de quem for CARNICEIRO, que farão Justiça e será **LEGAL**. Kkkkk."

PUBLICADAS EM 17/10/2022

2487. "Amigo Mineiro, Brasileiro, da Capital e **INTERIOR**, PTfóbico, devo-lhes dizer sem **RANCOR**. Tal Partido é o único, aqui na Zona Leste SP, que construiu os CEUs para os filhos dos Pobres com Teatro e Piscina; criou o Bilhete Único; trocou a Frota de Lotação; criou a Rede Hora Certa; e o Bolsa Família etc. São atitudes como essas e não aos Corruptos, que tem em todo lugar, que outorgo **VALOR**. Kkkkk."

2488. "As mulheres que andam desnudas, de forma promíscua, independente do **LUGAR**. Bradam em público as gostosas safadezas que fazem no **PARTICULAR**. Kkkkk. Contribuem para a Liberdade e **IGUALDADE** ou prestam Desserviço à Honra e Moral Feminina perante a **SOCIEDADE**?"

2489. "Desconfie quando seu Líder Religioso puxa o saco de algum Candidato e tenta goela abaixo o **EMPURRAR**, quiçá gordo dízimo enrustido está vindo **BELISCAR**. Kkkkk."

2490. "Forasteiro que não conhece São Paulo, pretende a SABESP **PRIVATIZAR**, as câmeras dos uniformes dos policiais **RETIRAR**, a posse de Armas distribuir, **BANALIZAR**, pra longe devemos **LEVAR**. Quem almeja nos **ENGANAR**, deve um chute no bumbum **LEVAR**. Kkkkk."

2491. "Liberte-se de tudo que lhe causa mais desgosto que **PRAZER**, vire a página, existe um Mundo imenso a se **CONHECER**. Kkkkk."

2492. "Não se trata de qual Partido irá ou não **VENCER**. O importante é chutar o bumbum carinhosamente de quem almeja sentar no colo dos Generais e acabar com a Liberdade Democrática do Povo seus Governantes **ESCOLHER**. Kkkkk."

2493. "O Governante que chora com medo de morrer, mas que pelos 700 mil que padeceram com a Covid-19 fez chacotas e sequer vimos uma lágrima **DERRAMAR**, que valor pode nos **ENSINAR**? Kkkkk."

2494. "O Governante que prega a PTFOBIA está espalhando o Ódio e prestando DESSERVIÇO À SOCIEDADE. Quem tem AMNÉSIA não é o POVO MINEIRO E NENHUM **BRASILEIRO**. Vamos lembrar que o PRESIDENTE não construiu nenhum Hospital no Brasil **INTEIRO**. Contra a VACINA que não tomou, fez o maior **SALSEIRO**. Zombou da FALTA DE AR que MATOU 700 MIL IRMÃOS, e insensato, disse não ser **COVEIRO**. Enfim, na Pandemia só fez o que deixamos no **BANHEIRO**. Assim, em verdade a AMNÉSIA é desse Governante **MINEIRO**. Kkkkk."

2495. "O Pobre que vota em quem governa a favor do **RICO** com certeza tem na cabeça o que deixamos no **PENICO**. Kkkkk."

2496. "O problema de quem trabalha na rua é o tempo, pois há dia de Sol, mas também faz Frio, Chove, cai **TEMPORAL**. Por tais fatos, ter uma Sede é muito mais seguro e **LEGAL**. Kkkkk."

2497. "O sujeito que não mora em São Paulo, nunca fez nada pela **GENTE**, merece nosso VOTO apenas por ser queridinho do **PRESIDENTE**? Pensar desse modo é **INTELIGENTE**? Kkkkk."

2498. "Os covardes que retiram seus entes queridos idosos do lar, para não se **ABORRECER**. Ceifam os motivos que os inspiravam a **VIVER**. Cuidado, a Justiça não tolera tais Crimes e na Vara de um Magistrado cominarás por **SOFRER**. Kkkkk."

2499. "Para o Fanático Religioso que é manipulado como **DEMENTE**, não importa se o sujeito conhece o Estado, muito menos se é ou não **COMPETENTE**, o que interessa é que seja Católico, Evangélico ou **CRENTE**. Kkkkk."

2500. "Parabéns ao Povo de São Paulo por aqueles que estavam no Poder, grande parte no Primeiro Turno, chutar o **POPOSÃO**. Agora não sejamos burros, para votar em quem eles querem, pois o que merecem e devem é se lascar na **ELEIÇÃO**. Kkkkk."

2501. "Quem almeja Armas, não Livros, nas mãos até de crianças colocar, usou dinheiro público de auxílio-moradia para comer **GENTE**, tem comportamento TRANSLOUCADO, **INCOERENTE**, quais os valores que pode ensinar para quem é **DECENTE**? Kkkkk."

2502. "Quem foge dos Debates seria um Aventureiro, Covarde, ou Medroso, que não tem nada para **MOSTRAR**, e no colo dos Fazendeiros, Ricos e do Capetão almeja a Eleição **BELISCAR**. Kkkkk."

2503. "Quem se diz Militar, fala em **DISCIPLINA**, no mínimo, deveria não atacar a **VACINA**, muito menos receitar para o Povo supositório de **KUROKINA**. Kkkkk."

2504. "Se tem Programa que me enoja, acho **CHATO**, é aquele cujo Apresentador recebe benesses enrustidas para fazer Entrevista no colinho de seu **CANDIDATO**. Kkkkk."

2505. "Se tem uma coisa que me irrita e não **AGUENTO** é ver o Burro falando do **JUMENTO**. Kkkkk."

2506. "Temos dois casalzinhos disputando a **ELEIÇÃO**, Um Ex-Metalúrgico e um Médico, o outro, um General e um **CAPITÃO**. Portanto, será mais INTELIGENTE PARA O POVO PAULISTA votar no PRIMEIRO, que ganhou o Primeiro Turno e, a nosso ver, por incompetência do segundo, beliscará a **ELEIÇÃO**. Kkkkk."

2507. "Todo Presidiário também tem **PARENTE**. Desse modo, óbvio NÃO VOTAM em quem não RESPEITA E MALTRATA nossa **GENTE**, tem instinto GENOCIDA e age como um verdadeiro **DEMENTE**. Kkkkk."

2508. "Um Governante que da Pandemia Covid-19 debochou de nossa **VACINA**, dizendo ser oriunda da **CHINA**, zombou e contribuiu para a CARNIFICINA DE 700 MIL IRMÃOS, enterrados sem velório, em covas sem dignidade na **NAÇÃO**, merece **COROAÇÃO** ou um belo chute no **POPOSÃO**? Kkkkk."

2509. "Você, preto, pobre, enfim, vulnerável, não seja também burro, idiota, para votar em Candidatos que empresários, fazendeiros, famosos, falsos profetas, ricos, que forem escravocratas, vierem **INDICAR**. O Voto é Secreto, chute o bumbum dessa raça, mande-os se **LASCAR**. Kkkkk."

PUBLICADAS EM 25/10/2022

2510. "A única MULHER eleita Presidenta fora uma MINEIRA. Usurpada do Poder, quiçá por preconceito, aqueles que vieram após atacaram os DIREITOS TRABALHISTAS E PREVIDENCIÁRIOS DO POVO **BRASILEIRO**. O estranho que o último é queridinho do GOVERNADOR **MINEIRO**. Kkkkk."

2511. "Aqueles que inseriram, de forma louvável, um milhão de armas a mais em **CIRCULAÇÃO**, além de pôr em perigo toda **POPULAÇÃO**, também colocam em risco a Vida de todo Policial em **AÇÃO**. Parabéns ao Presidente da **NAÇÃO**. Kkkkk."

2512. "Chegou, chegou, o Povo não é **OTÁRIO**. Chegou, chegou... Chega de INCOMPETENTE, TRANSLOUCADO, **SALAFRÁRIO**. Chegou, chegou o Povo não é **OTÁRIO**.(É pra cantar bem alto. Kkkkk.)"

2513. "Com a frágil Defesa que o Dorival insiste em **ESCALAR**, colocando o David Luiz, Filipe Luís, pra **MARCAR**, quando é de Líberos que devem **ATUAR**, será difícil o MENGÃO a Libertadores **BELISCAR**. E mais, o Vidal é de Meia não Volante que pode **ATUAR** e o Fabrício Bruno deve **JOGAR**. Se acontecer de pelo FURAÇÃO **PASSAR**, no Mundial, tal qual o Felipão e o Davi Luiz, corremos o risco de Sete termos que **CHUPAR**. Kkkkk."

2514. "Como prevê o Livro Sagrado, é mais fácil um Camelo na fenda de uma agulha **PASSAR**, que um rico no Reino dos Céus **ADENTRAR**. O Louvor de Ricos, Famosos, Falsos Profetas, Egocêntricos, Escravagistas ao CAPETÃO, vem as Escrituras **EXPLICAR**. Kkkkk."

2515. "Do fundo de meu **CORAÇÃO**, é engraçado ver um bando de **Ex-POBRETÃO** esquecer a origem, e sem empatia com os Fracos e Oprimidos, rezar e sentar no colo do **CAPETÃO**. Kkkkk. Cuidado com o garfo kente, antes que esperas poderá furar seu **POPOSÃO**. Kkkkk."

2516. "É a sua INCOMPETÊNCIA QUE MAIS **MATA**. Quiçá, seja a vontade enrustida de um certo Sertanejo cantar para seu queridinho, BEM NA **LATA**. Kkkkk."

2517. "Lastimável com quase 700 MIL MORTOS NA PANDEMIA, por INCOMPETÊNCIA GOVERNAMENTAL, ver milhões almejando a NEGLIGÊNCIA, o NEGACIONISMO, a INSENSATEZ, **CONDECORAR**. Só nos resta esses EGOCÊNTRICOS, SEM EMPATIA, de forma candente **PARABENIZAR**. Kkkkk."

2518. "NÃO dá Manutenção, constrói Pontes Podres, NÃO conhece São Paulo, VAI privatizar a SABESP, VAI acabar com Câmeras nos Uniformes da Polícia, Armamentista como Discípulos do Capetão, quiçá VAI distribuir Cesta **FUZIL**. Oras bolas, VAI pra ponte que **PARTIU**. Kkkkk."

2519. "Não respeita o Poder Judiciário, almeja seja **SUBSERVIENTE**. 400 Mil Vidas poderiam ser salvas na Pandemia, tivéssemos Governo **COMPETENTE**. Vomita tanta asneira, que envergonha o Verdadeiro CATÓLICO e **CRENTE**. Para Votar nessa espécie, só sendo IGUAL ou **DEMENTE**. Kkkkk."

2520. "No Programa Eleitoral do Presidente e seu Filhote Carioca a Governo de Sampa, a Protagonista é uma Brilhante BRANQUINHA. No Programa Eleitoral do Ex-Presidente e o Ex-Ministro/Prefeito a Governo, as Protagonistas são duas Brilhantes PRETINHAS. Portanto, concito os **AFRODESCENDENTES** a não Votar nos primeiros, de traços Racistas bem **EVIDENTES**. Kkkkk."

2521. "O vermelho do sangue derramado por quase 700 Irmãos Mortos na Pandemia merece **PREMIAÇÃO**? Parabéns a quem ao invés de rezar e orar para Deus o faz para o **CAPETÃO**. Kkkkk."

2522. "Por que os Empresários, Fazendeiros, Falsos Profetas, Famosos Milionários, alguns que sequer residem no País, fazem Pacto com Discípulos e o **CAPETÃO**? Será que têm

Amor pelo Coisa Ruim e não beliscaram nenhum **TOSTÃO**? Kkkkk."

2523. "Quer vender a SABESP, exterminar as Câmeras dos Uniformes dos Policiais, enfim, importar o modelo de Segurança Desastroso do **RIO**. Pelo Amor de Deus, temos que enviar o Filhote do Presidente pra PONTE QUE **PARTIU**. Kkkkk."

2524. "Trinta anos mamando nas tetas do Governo, como **PARLAMENTAR**, nada conseguiu **APROVAR**. Quatro anos sentado no colinho do Ministro da Economia só fez o Preto, Pobre com OVO e SALSICHA se **ESTREPAR**. Na véspera da Eleição com benefícios até dezembro almeja o Povo **COMPRAR**. Vamos receber e seu bumbum e de seus filhotes carinhosamente **CHUTAR**. Kkkkk."

2525. "Um famoso Apresentador cansou do Presidente **ORIENTAR**, manda o Ministro da Economia embora, só governa para rico, vai te **DERRUBAR**. Nesse sentido, SÓ NO NOSSO, cansou de **GRITAR**. Não ouviu, agora é hora de no dele e seu filhote do Rio a gente **COLOCAR**. Kkkkk."

PUBLICADAS EM 28/10/2022

2526. GRANDE SUCESSO SERTANEJO.

"É O CAPETÃO SEU **BOBO**, E NA SALSICHA E OVO FOI ESTREPANDO O POVO. É O CAPETÃO SEU **BOBO**. Kkkkk."

2527. GRANDE SUCESSO SERTANEJO.

"É A SUA INCOMPETÊNCIA QUE MAIS **MATA** E SABESP VÃO VENDER NA NOSSA **LATA**. Kkkkk."

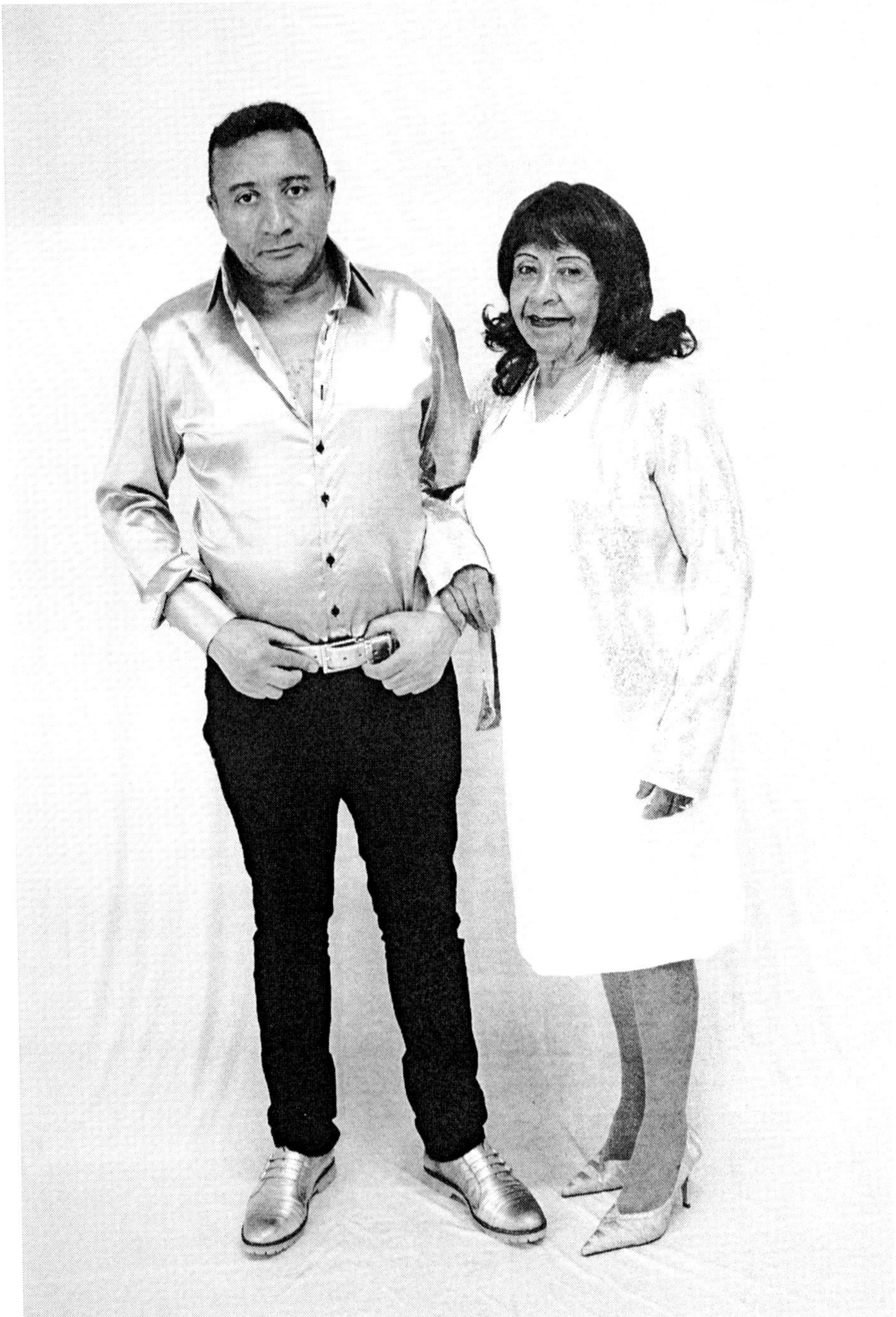

FRASES DE REYCK LOVIS - 2023

PUBLICADAS EM 5/1/2023

2528. "LUTO ETERNO POR MINHA GENITORA, RAINHA MARIA ESTHER"

2529. "Nossa Eterna Gratidão aos Proficientes Médicos, Dra. Amanda Motti e Dr. Pedro Veronezi, que em procedimento hábil, tendo a mão conduzida por Deus, lograram êxito em salvar a vida da Rainha **MARIA ESTHER**. Nunca esquecerei a Atitude Eficiente, Humana, de Amor de Vossas Excelências enquanto nessa vida **ESTIVER**, que suas posturas sirvam de paradigma a todos que venham exercer esse sacrossanto **MISTER**."

2530. "Nossa ETERNA **GRATIDÃO** a toda Profícua Equipe de Enfermagem da Santa Casa, que por dias cuidaram da RAINHA MARIA ESTHER, com Eficiência, Humanidade, Amor, além de acalentarem nossa angústia e **AFLIÇÃO**. Dentre os quais, Emanuela, Kelly, Diego Oliveira, Alessandra Santos, Fernanda, Mariana, Luiz Fernando, Maycon Jackson, Poliana Souza, Joice, Ana, Any, Giselda, Mary, e outras(os) que, por não termos anotado o nome, pedimos **PERDÃO**."

2531. "Obrigado, Mãe, pelas Palavras de Carinho, Admiração e Incentivo que a nós sempre veio **DISPONIBILIZAR**. A inveja, o desamor, jamais nossa História irá **MACULAR**."

2532. "Obrigado, Mãe, por nos ensinar a ter Paciência, Carinho e Educação, com todo **IRMÃO**, e perdoe se não assimilamos a contento e causamos alguma **DECEPÇÃO**, isto sucede, pois estamos longe de alçar sua **PERFEIÇÃO**."

2533. "Obrigado, Mãe, pelo período que entre nós veio **HABITAR**, a Senhora é o Maior Exemplo que um filho poderia **DESFRUTAR**. Honestidade, Honra, Pudor, Urbanidade, Afeto,

Firmeza, Paciência, Fé, Perseverança, Astúcia, Resiliência, Dotes Humanitários a todos sempre veio **MINISTRAR**. Certamente, és mais um Anjo de Luz, que, ao lado de Deus, Jesus, Nossa Senhora, Espírito Santo, nos Céus irá nossos caminhos **ILUMINAR**."

2534. "Obrigado, Mãe, pelo privilégio de conviver com a Senhora por décadas, por todos os Ensinamentos e exemplo de Ser Humano Inigualável, que para sempre viverá em meu Coração."

2535. "Obrigado, Mãe, por me Ensinar o Temor e Amor ao Pai Criador e em todos os instantes de vida, ainda nas maiores agruras, não deixou de louvá-lo e ressaltar: 'Deus é Lindo'."

2536. "Obrigado, Mãe, por nos ensinar a ter Compaixão e Lutar em favor dos **MENOS FAVORECIDOS**, que não possuem Alimentos, Teto para Morar e vivem **OPRIMIDOS**."

2537. "Obrigado, Mãe, por nos **ENSINAR** a deixar as portas abertas aonde virmos **PASSAR**, pois é muito bom sermos recebidos de braços abertos quando precisarmos **VOLTAR**. É com educação, não coice, que os outros devemos **TRATAR**."

2538. "Obrigado, Mãe, por ter nos transmitido os Ensinamentos de Jesus, bem como respeitar toda **RELIGIÃO**, pois Deus não habita em placas, mas em nosso **CORAÇÃO**."

2539. "Obrigado, Mãe, por nos ensinar a Gratidão, o Amor pela Vida e ainda, nos momentos de maior **SOFRIMENTO**, quando muitos torceram e conspiraram para seu **PERECIMENTO**, lutou pela Vida até o último **MOMENTO**."

2540. "Obrigado, Mãe, por ter desfrutado de sua companhia na Rádio, Teatro e **WEB TELEVISÃO**. Suas Sábias Palavras, sua Maravilhosa Voz, Carisma, sempre foram nossa maior **INSPIRAÇÃO** e continuarão para todo o sempre em nosso **CORAÇÃO**."

2541. "Obrigado, Mãe, por ter nos ensinado a todos **ABENÇOAR**, até os que nitidamente amaldiçoados vieram no mundo **HABITAR**."

2542. "Obrigado, Mãe, por nos ensinar ser Justo e **VERDADEIRO**, pois Gente Falsa, Fingida, enoja o mundo **INTEIRO**."

2543. "Obrigado, meu Deus, por ter nos outorgado forças para sobreviver aos dias mais tormentosos, angustiantes de minha vida, tentando preservar a de minha Mãe, sendo atacado de forma covarde, camuflada, por demônios que almejavam o contrário. Apesar de não ter logrado êxito e sentir-me **FRACASSADO**, tenho que me curvar à vontade de Deus e quem procedeu de modo criminoso há de pagar por seu **PECADO**."

2544. "Perdão, Mãe, por não ter tido Forças, Condições Físicas e Psicológicas de ver seu Corpo dentro de um **CAIXÃO** e obrigado por ter sido o Primogênito e o último que vistes neste **MUNDÃO**, seu rostinho choroso querendo nos acalantar, nesse derradeiro momento, jamais irá sair de minha mente e **CORAÇÃO**."

2545. "Perdão, Mãe, por não ter sido um filho perfeito e não ter propiciado à Senhora as condições que merecia **DESFRUTAR**, e por não ter tomado em tempo providências que a auxiliassem a vida que ostentava algum deleite **RETOMAR**."

2546. "Mãe, sem sua presença, muito da vida não faz mais **SENTIDO**, mas com seus Ensinamentos e a Força Divina, jamais serei um reles **PERDIDO**."

PUBLICADAS EM 9/2/2023

2547. "Nossa Eterna **GRATIDÃO** a todas(os) as(os) Amigas(os) que, em razão do lastimável infortúnio da perda da nossa saudosa Genitora, RAINHA MARIA ESTHER, nos direcionaram palavras de Afeto, Força e Fé, que acalantaram nosso **CORAÇÃO**. Que Deus derrame sobre vocês sua **BENÇÃO**."

2548. "Finalmente o SANTOS FC pode escalar e colocar DOIS QUADROS para **ATUAR**: 1. João Paulo; 2. João Lucas; 3. Joaquim Henrique; 4. Bauermann; 6. Felipe Jonatan; 5. Alison (Maicon); 8. Rodrigo Fernandes; 10. Lucas Lima; 7. Mendonza; 9. Marcos Leonardo; 11. Soteldo. QUADRO CONCORRENTE: 1. Vladimir; 2. Nathan; 3. Alex (Luiz Felipe); 4. Messias; 6. Lucas Pires; 5. Sandry (Balieiro); 8. Dodi;

10. Daniel Ruiz; 7. Carabajal; 9. Raniel; 11. Lucas Barbosa (Ângelo). Tem-se que parar da molecada **QUEIMAR**, e Atacantes só jogam os que sabem GOLS **ANOTAR**. E mais, é necessário dar sequência e ritmo para os Times **ENTROSAR**, não vou mais **ENSINAR**. Kkkkk."

2549. "Os Dirigentes do Flamengo devem com o Dorival Jr. se **RETRATAR** e Justa Causa no Vitor Pereira **APLICAR**. O primeiro devem **REPATRIAR** e o segundo **DISPENSAR**, mormente por não saber o Elenco de Seleção **UTILIZAR**, vindo o Patrimônio do Clube a **DESVALORIZAR**. Inadmissível, Jogadores a nível de Seleção sejam queimados, engordando o bumbum no banco, sem poder **TRABALHAR**. O Treinador deve todo Elenco **MOTIVAR**, fazer dois quadros e colocar todos para **JOGAR**. Nós escalaríamos assim: 1. Santos; 2. Varela; 3. Fabricio Bruno; 4. Léo Pereira; 6. Filipe Luís; 5. David Luiz; 8. Thiago Maia; 10. Arrascaeta; 7. Everton Ribeiro; 9. Pedro; 11. Gabigol. QUADRO CONCORRENTE: 1. Hugo (Matheus Cunha); 2. Matheuzinho; 3. Pablo; 4. Rodrigo Caio; 6. Airton Lucas; 5. Erick Pulgar; 8. Vidal; 10. Gerson; 7. Marinho; 9. Bruno Henrique, (Matheus França); 11. Cebolinha. VAMOS APRENDER A TRABALHAR MINHA GENTE. Kkkkk."

PUBLICADAS EM 30/4/2023

2550. "Quase 50 mil pessoas morrendo em média por ano por causa da bebida alcoólica, fora os milhares que ficam mutilados nas Estradas mortíferas do País, e Artistas podres de ricos, ganhando dinheiro fazendo propaganda de tal droga, para viciar a Juventude da **SOCIEDADE**. Por tal Desserviço à **HUMANIDADE,** aos brilhantes Luan Santana e Simone Mendes, e outros que assim procedem, nossos candentes parabéns, sem **MALDADE**. Kkkkk."

2551. "A perda do carinho e interesse do que estás a **REALIZAR** é um forte indício que passou da hora de Metamorfose na Vida **ENCETAR**. Kkkkk."

2552. "A verdade dita com arrogância, **PREPOTÊNCIA**, culmina por revelar uma certa **DEMÊNCIA**. Kkkkk."
2553. "Aprecio o Humor Crítico, **INTELIGENTE**, não o escroto, **INDECENTE**, mas cada um tem seu gosto, minha **GENTE**. Kkkkk."
2554. "Aqueles que almejam a Morte de Outrem por Herança, Pura **AMBIÇÃO**, mais cedo que pensam irão aos Quintos dos Infernos desfrutar no bumbum do Garfo Kente do **CAPETÃO**. Deus é Bom, mas também um Fogo Devorador, querido **IRMÃO**."
2555. "Com a Ignorância é impossível **ARGUMENTAR**, mais saudável a Justiça **ACIONAR**. Kkkkk."
2556. "**CUIDADO**, por vezes o hipócrita que acusa é pior que o **ACUSADO**. Kkkkk."
2557. "**GERIATROFOBIA** é a doença criminosa que possuem aqueles que perseguem os mais Experientes em todo sentido, no **DIA A DIA**."
2558. "Mãe, sinônimo de Amor **VERDADEIRO**, quem não outorga Valor, vale menos daquilo que deixamos no **BANHEIRO**. Kkkkk."
2559. "Mulher deve ostentar Direitos Iguais aos cavalos dos homens, no Mundo inteiro, inclusive no **VATICANO**. Na Igreja enquanto não puderem também ser Papa, tudo não passará de mero engodo, **ENGANO**. Kkkkk."
2560. "Não espere a sorte passar para outorgar **VALOR**, tenhas um mínimo de Sabedoria para detectá-la pelo **AMOR**. Kkkkk."
2561. "Não perca tempo querendo com palavras sofisticadas, primorosas, o ignorante venha o **ENTENDER**. Tal sábio dirá que és analfabeto e não sabe **ESCREVER**. Kkkkk."
2562. "Nas drogas, putaria, exploração de crianças, criminalidade, o dinheiro auferido ostenta alguma **DIGNIDADE**? Calma, é apenas uma perguntinha sem **MALDADE**. Kkkkk."
2563. "Quase tudo em **EXCESSO** é estúpido e **PERVERSO**. Kkkkk."
2564. "Todo sangue que fizeres **CORRER**, será o mesmo que Tu e seus Entes Queridos virão **PADECER**. Da Justiça Divina, ninguém consegue se **ESCAFEDER**. Kkkkk."

2565. "Via de regra, mais fácil o reconhecimento de quem não o **CONHECE**, que daquele que ao seu lado **APODRECE**. Kkkkk."

2566. "Vigia, pois ninguém está a salvo do **PECADO**, isto porque o certo e o **ERRADO** caminham **LADO A LADO**. Kkkkk."

PUBLICADAS EM 20/5/2023

2567. "Infelizmente, o Maionese não gosta, discrimina Atacantes que não vêm da Base, mas sabem Gols **ANOTAR**. A exemplo, Raniel, que nunca teve sequência e ritmo, vindo o **QUEIMAR**. A vítima do momento é o Bruno Mezenga, que vez ou outra entra para cinco minutos **JOGAR**. Kkkkk. Patente que os Queridinhos do Maionese são Ângelo, Lucas Braga e Lucas Barbosa, que, a cada 100 Jogos, conseguem um golzinho **MARCAR**. Kkkkk."

2568. "Para jogar contra os Times Endinheirados, o Santos FC deve adotar o Esquema 4-4-2, sendo que a Defesa deve ficar postada, tendo à frente dois Volantes de **MARCAÇÃO**. Primordial, dois Meias de **CRIAÇÃO**, municiando dois Atacantes, e esses quatro necessariamente devem ter boa **FINALIZAÇÃO** e, na frente do Gol, tenham sede, frieza, não sujem o **POPOSÃO**. Kkkkk."

PUBLICADAS EM 3/6/2023

2569. "Enquanto as Minas e os Manos que contribuíram para morte de Kevin Espada, e quem lhes outorgou respaldo, não Indenizarem os Entes Queridos do Jovem, que, aliás, era Arrimo da Casa, para Minimizar o Mal que fizeram, serão Perseguidos pelo AZAR e na **LIBERTADORES** verão seu Time de Coração nada **BELISCAR**. Kkkkk."

2570. "Enquanto o Haaland em 31 Jogos apenas 35 Gols veio **MARCAR**, Queridinhos do Maionese no Peixe, kkkkk, precisam de 100 Jogos para de 4 se **VANGLORIAR**, é tanto amor que não dá pra **ACREDITAR**. Kkkkk."

2573. "Quando o Presidente contrata o Jogador e o Treinador não o coloca para **ATUAR**, certamente o último de Besta o primeiro está vindo **CHAMAR**. Kkkkk."

PUBLICADAS EM 14/6/2023

2571. "1. Cássio, 2. Fagner, 3. Gil, 4. Murilo, 6. Bidu, 5. Roni, 8. Fausto Vera, 10. Renato Augusto, 7. Giuliano, 9. Yuri Alberto, 11. Róger Guedes. Quadro Concorrente: 1. Carlos Miguel, 2. Rafael Ramos, 3. Balbuena, 4. Bruno Méndez, 6. Fabio Augusto, 5. Maycon, 8. Cantillo, 10. LUAN, 7. Barletta, 9. Romero, 11. Adson (Mosquito). Sem falar nos Jogadores da Base, fora o Flamengo, não vejo Elencos Superiores. Esses dois quadros bem entrosados, atuando uma vez por semana, será difícil **BATER**, logo argumento de falta de Elenco para esse Expert não vem **CONVENCER**. Kkkkk."

2572. "A pessoa quando se habitua a **MENTIR**, crê tanto em suas estórias, que a palavra 'verdade' passa a não **EXISTIR**. Kkkkk."

2573. "A verdade **NUA E CRUA** é que, se os Governantes tivessem pudor, nenhum Ser Humano viveria na **RUA**."

2574. "Com Duzentos e Vinte Milhões de Brasileiros adeptos ao Futebol, somos o Maior Celeiro de Jogadores desse **MUNDÃO**. Assim, não se justifica apenas alguns serem agraciados em Convocações para servir à **SELEÇÃO**. Aqueles que até disputaram a Copa e não ostentam nenhuma genialidade, não há por que continuarem com tal **GALARDÃO**. Em suma, temos que os agradecer pelos relevantes serviços prestados e chutarmos o **POPOSÃO**. Kkkkk."

2575. "Creio que a Seleção Brasileira não deveria contratar nenhum Técnico Fixo tampouco **FIGURÃO**. O ideal no momento é formar Três Quadros com base em Times Brasileiros, a exemplo, Palmeiras, Flamengo e Fluminense, obviamente agraciando seus Comandantes na **CONVOCAÇÃO**. E mais, a função de Professor será apenas treinar o Time, sendo que os escolhidos dar-se-á pela **POPULAÇÃO**.

Basta de Cadeirinha Cativa a Queridinhos, em Patrimônio da **NAÇÃO**. Kkkkk."

2576. "Creio que a Seleção Brasileira deve deixar de ser Refém de Técnicos que fazem Panelinha, convocando apenas seus Queridinhos, em detrimento de quem efetivamente merecia envergar a **CAMISETA**. A exemplo, vimos a convocação de Goleiro Aposentado, Mão de Alface, Liquidificador, e não a do melhor das últimas décadas, CÁSSIO, desculpe a **CORNETA**. Kkkkk."

2577. "Cuidado, por vezes o que entendes ser o Amor da **VIDA**, pode representar a podridão de uma mortal **FERIDA**. Kkkkk."

2578. "Infelizmente, via de regra, o Ser Humano nunca é o que **APARENTA**. Para refletir, pega um tronco e **SENTA**. Kkkkk."

2579. "**INTENSIDADE não guarda qualquer relação com INSANIDADE**. Kkkkk."

2580. "**NEYMAR,** com a Qualidade Técnica e Dom que ostenta de Gols **ANOTAR**, é dentro da Área e Imediações que deve **ATUAR**. Assim, a Gama de Faltas que padece, sem dúvidas irá **CESSAR**, e o deleite do Departamento Médico culminará por se **LIVRAR**. Kkkkk."

2581. "O Ideal é nada **POTENCIALIZAR**, mas sim, até nas maiores agruras, tudo **SUAVIZAR**. Kkkkk."

2582. "O que nos deixa profundamente **CHATEADO** é ver Artistas que admirávamos prestando Desserviço à Sociedade, propagando a Maléfica Droga denominada Bebida Alcoólica, para morder algum **TROCADO**. Não sabem que tal fato traz um Azar **DANADO**? Kkkkk."

2583. "O Ser Normal vive com honestidade na **LABUTA**. Quem prefere o charlatanismo, golpes, insanidades, não passa de **BIRUTA**. Kkkkk."

2584. "O Técnico de Futebol que escala Jogador Aposentado para **MARCAR**, que não venha com lamúrias, quando o fumo kente o **AGRACIAR**. Kkkkk."

2585. "Pessoas inescrupulosas que para na Herança beliscar Quinhão mais gordo e **COMPRIDO**, não hesitam em atacar a Honra e Moral e almejam Ceifar a Vida de Ente **QUERIDO**, é um Conto Atual, não tem nada de **ANTIGO**. Kkkkk."

2586. "Procure viver com bom humor, maior **LEVEZA**, mas se pensar diferente, curta sua **TRISTEZA**. Kkkkk."

2587. "Quando Governantes vierem Guerras **DECRETAR**, devem ser compelidos a num ringue **ADENTRAR** e **PELEJAR**, até que o Mundo deles venha se **LIVRAR**. Kkkkk."

2588. "Quem nasce com o sexo **MASCULINO** e almeja disputar Esportes no **FEMININO**, não pretende uma safadeza, covardia, **MENINO**? Kkkkk."

2589. "Se com o passar do tempo a escuridão começar a tomar conta de seu **DIA A DIA**, procure um Oftalmologista, quiçá, retirando as Cataratas, voltarás a ter **ALEGRIA**. Kkkkk."

2590. "Se os Geniais Assistentes Ganso, Lucas Lima, Éverton Ribeiro, Scarpa fossem mais egocêntricos e tivessem fome de Gols **ANOTAR**, quiçá fama aproximada da Realeza Pelé, Maradona, Zico e Messi viriam **ALÇAR**. Kkkkk."

2591. "Sucesso custe o que **CUSTAR** é uma imbecilidade que vive a **IMPERAR**. Kkkkk."

FRASES DE ANIVERSÁRIO

2592. 2017: "Nesta Data **ESPECIAL**, nossos Sinceros Votos que tenhas um ano Biju, Formidável, **SENSACIONAL**. Que Deus lhe agracie por toda a Vida com Bênçãos sem **IGUAL**. Feliz Aniversário! Saúde, Sucesso, Sempre."

2593. 2018: "Que Deus, nosso Pai, lhe outorgue uma Vida Recheada de **FELICIDADE**, bem como Te Proteja de toda **MALDADE**. Parabéns, Saúde, Sucesso, Sempre."

2594. 2019: "**PACIÊNCIA, COMPAIXÃO E GRATIDÃO** é o Tripé que outorga em todos os aspectos o merecido **GALARDÃO**. São nossos Votos que tua Alma se revista dessas Dádivas, em nome de **JESUS, NOSSO DEUS E IRMÃO**. Parabéns, Saúde, Sucesso, Sempre, consiste em nossa Singela **FELICITAÇÃO**."

2595. 2020: "Que tenhas um Ano **ILUMINADO**, com as Bênçãos de Deus e Jesus Cristo ao seu **LADO**. Feliz Aniversário! Saúde, Sucesso, Sempre."

2596. 2021: "Que tenhas um Ano Abençoado pela **PERFEIÇÃO**, seguindo o Ensinamento de Jesus, Amando o Próximo

Como a Si Mesmo, para que em Tudo obtenhas **GALARDÃO**. Parabéns, Saúde, Sucesso, Sempre."

2597. 2022: "Que Deus o proteja com seu **MANTO PODEROSO**, para que tenhas, nessa nova Etapa da Vida, um **CAMINHAR GLORIOSO**. Parabéns, Saúde, Sucesso, Sempre."

2598. 2023: "Que Deus, Jesus, Nossa Senhora, Espírito Santo e todos os Santos, Iluminem sua **NOVA JORNADA**, para que seja em Paz, Vitoriosa, **ABENÇOADA**. Feliz Aniversário, Saúde, Sucesso, Sempre."

FRASES DE REYCK LOVIS - INÉDITAS

2599. "Em todos os sentidos, em qualquer momento, quando sentires necessidade de conhecer a Verdade e obter **LUZ**, o caminho certo, a única direção é **JESUS**."

2600. "Depois que se perde a pessoa que mais veio o **AMAR**, difícil sentir qualquer temor acerca do futuro, que a vida venha **DISPONIBILIZAR**."

2601. "O sábio capta as coisas no **AR**, o tolo nem com capim vindo **DEGUSTAR**. Kkkkk."

2602. "Mil vezes, a pacífica **SOLIDÃO,** que o convívio com venenosa serpente almejando picar o seu **POPOSÃO**. Kkkkk."

2603. "Quem contribui de qualquer modo para Abreviar ou Ceifar a Vida de pessoa notoriamente **ABENÇOADA, SANTIFICADA**, é certo que terá uma trajetória obscura e **AMALDIÇOADA**. Kkkkk."

2604. "Quem deve, tem que pagar, **NENÉM**, aqui na Terra e nos Quintos dos Infernos **TAMBÉM**. Kkkkk."

2605. "Quem não tem Amor pelos próprios **PAIS**, não o terá em relação aos outros **ANIMAIS**. Kkkkk."

2606. "O cidadão que navega na **PROMISCUIDADE, PUTARIA, CRIMINALIDADE,** e de tais dotes, se orgulha, sente **VAIDADE**, merece respeito da **HUMANIDADE**? Kkkkk."

2607. "Quem não outorga valor às benesses que **TEM**, não deve se lamuriar, quando de tudo ficar **SEM**. Kkkkk."

2608. "O covarde que trama e fala mal de ti pelas **COSTAS**, com o perdão do termo chulo, do que diverge de um monte de **BOSTAS**? Kkkkk."

2609. "Passível de pena quem para se dar bem necessita com mentiras a perna nos outros **PASSAR**. Vigia, pois não ficarão pedras sobre pedras, e quem assim procede deve preparar o bumbum para o Chifrudo com a Garfo Kente **ESPETAR**. Kkkkk."

2610. "Se não tens cultura acerca do tema que almejas **BRADAR**, recolha-se a sua ignorância e aprenda a sabedoria que o silêncio vem nos **OUTORGAR**. Kkkkk."

2611. "O pernicioso do **CULPADO**, via de regra, busca dar acusada, transferir a culpa para os outros e se fazer de **COITADO**. Kkkkk."

2612. "Por fora cada qual tem sua **BELEZA**. Contudo, existem certas coisas que, por dentro e por fora, consistem numa verdadeira **TRISTEZA**. Kkkkk."

2613. "Quem topa tudo por bens e **DINHEIRO**. Em verdade, vos digo, não vale o que deixamos no **BANHEIRO**. Kkkkk."

2614. "Quem tem força de vontade sempre vai para **FRENTE**. Quem não tem, nem chutando o rabo, minha **GENTE**. Kkkkk."

2615. "Quem está **PECANDO**, os Experientes que vivem do Afeto e Carinho de mais Jovens **DESFRUTANDO** ou os Invejosos, Zóiudos, que vivem deles **FALANDO**? Kkkkk."

2616. "Quando tiveres certeza que a todos estás **ENGANANDO** e algum mau cheiro estás **INALANDO**, olhe para trás e verás que seu bumbum está **KEIMANDO**. Kkkkk."

2617. "Na vida encontramos de tudo na **CAMINHADA**. Acerca da prostituição temos aquelas que alugam o corpinho a gente que está podre, mas tem grande **BOLADA** e outras que servem iguais, mas mendigos por um prato de sopa na beira da **ESTRADA**. Kkkkk."

2618. "Seja fraco ou **FORTE**, mais cedo ou mais tarde, serás abraçado pela mal-amada e misteriosa **MORTE**. Então, boa **SORTE**. Kkkkk."

2619. "Quem ostenta o cérebro mais privilegiado: o **BOÇAL** ou o **ANIMAL IRRACIONAL**? Kkkkk."

2620. "Quem faz questão de manter contato ou qualquer relacionamento com **SERPENTE**, só pode ser **DEMENTE**. Kkkkk."

2621. "Quem as suas atividades não presta nenhuma **ATENÇÃO**, indubitavelmente, não nutre por ti qualquer **CONSIDERAÇÃO**. Kkkkk."

2622. "Eu sou o **HOMEM MACACO**, tenho nojo, não suporto Escravocrata, Racista, enfim, para essa raça perniciosa não tenho **SACO**. Kkkkk."

2623. "Infelizmente existem Seres Estranhos, covardes, que se esmeram para a vida de Idosos **ABREVIAR**, com fito de seus Bens **APROPRIAR** e, assim, curtir a vida sem precisar o agonizante hábito de **TRABALHAR**. Kkkkk."

2624. "Na verdadeira História de Amor desse Mundo **GLORIOSO**, o Protagonista não manteve colóquio **AMOROSO**."

2625. "Não é para **SORRIR**, mas tem gente que não sabe dialogar, apenas **LATIR**. Kkkkk."

2626. "O Governante quando Guerra vem **DECRETAR**, deve mostrar que não é Marica e no Pelotão de frente as bombas **ENFRENTAR**. Kkkkk."

2627. "A Honra e a **DIGNIDADE**, temos visto, passaram a ser um Luxo, nessa podre **HUMANIDADE**. Kkkkk."

2628. "Quem protege pessoa imprestável é exatamente **IGUAL**. Para não ficar sem rima, um abraço do **ANIMAL**. Kkkkk."

2629. "Fácil para o Rico, Famoso se defender de Injusta **PROVOCAÇÃO**. Difícil é fazê-lo em benefício dos Fracos e Oprimidos da **NAÇÃO**. Kkkkk."

2630. "Quem acusa outrem sabendo-o **INOCENTE**, não passa de um Criminoso **INDECENTE**, seja Católico, Macumbeiro ou **CRENTE**. Kkkkk."

2631. "Tem gente bondosa que adora que a mulher ande bem à vontade, preferencialmente com saia bem **CURTA** e outras maldosas, ciumentas, que só permitem trafeguem com **BURCA**. Kkkkk."

2632. "A Justiça **SONOLENTA** é injusta, a População não **AGUENTA**. Kkkkk."

2633. "A mulher **INTELIGENTE** deve buscar a igualdade ao homem no que for justo e **COERENTE**, nunca, jamais, a podridão que reveste esse ser **DEMENTE**. Kkkkk."

2634. "Quem vive louvando as drogas, insanidades, **PUTARIA**, indago: vale alguma **PORCARIA**? Kkkkk."

2635. "O dito animal **RACIONAL**, nunca, jamais, como nosso cachorrinho, será **LEAL**. Kkkkk."

2636. "Seu KI, esclarecendo Kantidade de **IGNORÂNCIA**, demonstrará se tens ou não alguma **RELEVÂNCIA**. Kkkkk."

2637. "Suave acerca de bondade **BRADAR**. Difícil é **PRATICAR**. Se tiver como paradigma **JESUS CRISTO**, qualquer quantidade irá **AJUDAR**. Kkkkk."

2638. "Pouco importa há quanto tempo os problemas sociais vivem a **REINAR**, se prometeste na Eleição e não tens competência para **SOLUCIONAR**, ao menos tenha pudor e nos agracie vindo **RENUNCIAR**. Kkkkk."

2639. "Não espere que os outros venham lhe **ENTREGAR** o que sequer ostentas capacidade de **DISPONIBILIZAR**. Kkkkk."

2640. "Se conselho almeja **ESCUTAR**, esqueça quem de ti nunca veio **LEMBRAR**. Kkkkk."

2641. "Respeito os doentes que, com fuminho, os pulmões vivem a **DEFUMAR**. Contudo, sinceramente não curto, da saúde não devemos **ABDICAR**. Kkkkk."

2642. "Não ostento o intuito de ensinar **NINGUÉM**. Cada um que aja de acordo com sua consciência e aguente a consequência, **AMÉM**. Kkkkk."

2643. "Quem trabalha com **PORCARIA**, indubitavelmente é igual a tal **IGUARIA**. Kkkkk."

2644. "Quem não tem **COMPETÊNCIA**, deve desfrutar da porta aberta, sair de fininho, sem bater **CONTINÊNCIA**. Kkkkk."

2645. "Não é peculiar **SABEDORIA**, a quem ostenta a alma com patente **ANOMALIA**. Kkkkk."

2646. "Quando não acreditar em mais **NADA**, não reclame, levante os cornos e siga a **ESTRADA**. Kkkkk."

2647. "Tatuagem em face à inserção de tinta no organismo e a submissão de picaduras de agulha, não nos **CONVÉM**. Contudo, se aprecias, por mim, tudo **BEM**. Kkkkk."

2648. "Infelizmente, o Mundo está repleto de discípulos do **CHIFRUDO**. Quem, porventura, vier discordar é porque, tal qual Pinóquio, é **NARIGUDO**. Kkkkk."

2649. "Cautela é essencial **TER**. Todavia, o medo do inevitável, que é **MORRER**, lhe poda o deleite de **VIVER**. Kkkkk."

2650. "Apreciar o mesmo sexo é um direito, tudo **BEM**. Entretanto, atacar, agir com preconceito com aqueles que pensam de modo diverso é ilícito, não **CONVÉM**. Kkkkk."

2651. "Quem desdenha de seus ensinamentos, entendendo ser um **ZÉ MANÉ**, desencana, deixe levar a vida do jeito que bem **QUISER**. Kkkkk."

2652. "A vida é simples, o ser humano que é **COMPLICADO**, basta olhar para seu próprio umbigo e para quem vive do seu **LADO**. Kkkkk."

2653. "O ser humano é forjado pelo ambiente, o que pensa, sente, enfim, pelo meio que vem **SOBREVIVER**. Todavia, o que conta mesmo é a quantidade que ostenta ou não de **CARÁTER**. Kkkkk."

2654. "Não importa o Governante que venhas o saco **PUXAR**, crucial que tenha pudor e labute para o sofrimento dos Fracos e Oprimidos culmine por **EXTERMINAR**. Kkkkk."

2655. "É no momento de **CRISE** que a pessoa que presta, demostra seu caráter e não pratica qualquer **DESLIZE**. Kkkkk."

2656. "Gosto é um negócio **ESQUISITO**, razão pela qual sobre o tema não **APITO**. Kkkkk."

2657. "A pessoa tímida não muda de uma hora para outra na **VIDA**, apenas era sem-vergonha **ENRUSTIDA**? Kkkkk."

2658. "Perdoe minha **IGNORÂNCIA**, mas a sua nos causa tristeza e denota sua **IRRELEVÂNCIA**. Kkkkk."

2659. "Houvesse prisão perpétua pelo **PENSAMENTO**, haveria alguém livre do cárcere por qualquer **MOMENTO?** Kkkkk."

2660. "Reze para seus parentes e amigos virem na Loteria **GANHAR**, pois assim se livrará de virem o seu cascalho **BELISCAR**. Kkkkk."

2661. "Quem pensa que pode tudo, pois não dá **NADA**, sempre leva invertida durante a **ESTRADA**. Kkkkk."

2662. "Quem pensa que todos agem com **BOA-FÉ**, culmina sentindo no bumbum gostoso **PONTAPÉ**. Kkkkk."
2663. "Quem trabalha na rua em dia de Sol e calor deve **APROVEITAR**, pois no frio e na chuva irá se **LASCAR**. Kkkkk."
2664. "Sem apologia ao aborto **BRADAR**, se as mães de Hitler e Mussolini e muitos perniciosos, criminosos, genocidas viessem tal ato **PRATICAR**, o Mundo seria mais suave para **HABITAR**. Kkkkk."
2665. "A regra do viver bem nesse **MUNDÃO** é simples, os **MANOS RESPEITAM AS MINAS** e as **MINAS RESPEITAM OS MANOS**, sacou **NAÇÃO**? Kkkkk."
2666. "Perigoso não é dos préstimos de profissional do sexo **DESFRUTAR**, mas sim manter vínculo com quem assim de modo enrustido vem se **COMPORTAR**. Kkkkk."
2667. "Quem sente muito calor e vive as partes pudendas a **EXPOSICIONAR**, que não reclame daqueles que com o zóião vêm **APRECIAR**. Kkkkk."
2668. "A pessoa agressiva, **DESCONTROLADA**, não deve se lamuriar quando levar **PATADA**. Kkkkk."
2669. "O que Leigos chamam de vingança, os Operadores do Direito sacramentam como **JUSTIÇA**. Se não entendeu perdão, mas de Asno tenho **PREGUIÇA**. Kkkkk."
2670. Não me questione se sou Macho, Fêmea ou **GAY**, o que posso dizer, adoro mulher e detesto homem, é apenas o que **SEY**. Kkkkk."
2671. "Não tenho público-alvo tampouco **SEGMENTO**, apenas não aprecio quem degusta capim tal qual **JUMENTO**. KKKK.
2672. "O tolo que acredita cegamente em qualquer declaração de **AMOR**, como deleite desfrutará do sofrimento e da **DOR**. Kkkkk."
2673. "O treinamento ajuda a **MELHORAR**, mas dificilmente quem nasceu com o dom irá **ALÇAR**, desde que o último, nas idiotices não venha a dádiva **LANÇAR**. Kkkkk."
2674. Gostoso, ideias construtivas, com respeito, firmeza e humor **DIZER**, trazendo conhecimento e alegria a toda Família, inclusive ao Boi que acaba de **LER**. Kkkkk."

2675. "Infelizmente, o cérebro de muitos é recheado daquilo cujo bumbum culmina por **DISPENSAR**, perdão, se vim te **MAGOAR**. Kkkkk."

2676. "Será que o Mundo está repleto de **PODRIDÃO** ou de mente eivada, que não acompanhou a **EVOLUÇÃO**? Kkkkk."

2677. "Não vilipendie seu **SENTIMENTO**, para agradar quem não possui escrúpulos e ilibado **COMPORTAMENTO**."

2678. "Quem não aprecia a leitura, estudo, angariar de **CONHECIMENTO**, no futuro de alfafa, capim, não obterá **LIVRAMENTO**. Kkkkk."

2679. "Coisas que em nada irão **SOMAR**, ensina a sapiência ser melhor **SILENCIAR**. Kkkkk."

2680. "Quando sentires KK, digo, os **KORNOS KENTES**, procure viajar para relaxar, **MINHA GENTE**. Kkkkk."

2681. "Não perca tempo querendo **EXIGIR** serenidade, seriedade em Maluco, pois nunca irás **CONSEGUIR**. Kkkkk."

2682. "O festejado **INVEJOSO** passa pela vida almejando o que nunca vem conseguir, porque vem ao Mundo praguejado a rastejar como **SER PERNICIOSO**. Kkkkk."

2683. "Respeite o modo que as pessoas apreciam de **VIVER**. Não fosse desse modo, o Criador não nos outorgaria opções para **ESCOLHER**. Kkkkk."

2684. "De que adianta todo ouro do Mundo virmos **CONQUISTAR**, se nosso maior tesouro, a Saúde, culminarmos por **VILIPENDIAR**. Kkkkk."

2685. "Agracie aqueles que perpetram **INGRATIDÃO**, com desprezo, sem padecer quaisquer dor no **CORAÇÃO**. Kkkkk."

2686. "Não temas por não agradar, deixando do correto **FAZER**, pois cedo ou tarde, a semente germinará e virá **FLORESCER**. Kkkkk."

2687. "Quem vicia na **VAGABUNDAGEM**, falar em Trabalho consiste verdadeira **SACANAGEM**. Kkkkk."

2688. "Tamanho, cor, cheiro, tempo, a mim não **COMPETE**, razão pela qual, como dizia meu Pai, qualquer Paixão me **DIVERTE**. Kkkkk."

2689. "Não adianta querer impor o medo, ser **CARRANCUDO**, vivendo ao lado de gente leviana, cedo ou tarde, como o bode, serás um grande **CHIFRUDO**. Kkkkk."

2690. "Temos que outorgar ao corpo exatamente o que **SOLICITA**, não obstante o Mel a boca **ADOCICA**, com sede, melhor tomar água da **BICA**. Kkkkk."

2691. "Na vida e no **AMOR**, por mais duro esteja o sorvete, fora da geladeira, sempre derrete com ou sem **CALOR**. Kkkkk."

2692. "Tem gente simpática que só fala com a cara sisuda e outras malucas, como nós, que no final gostam de **SORRIR,** de sorte que procure sempre é o conteúdo ou não **CURTIR**. Kkkkk."

2693. "O ideal é aprender com expert **ENSINANDO**, quem o faz **ERRANDO**, culmina por muita gente **ESTREPANDO**. Kkkkk."

2694. "Quem age de forma abrupta, sem **RESPONSABILIDADE**, certamente possui alguma espécie de **INSANIDADE**. Kkkkk."

2695. "Quando a Legislação isenta o Menor em relação ao Maior de Idade, a **IGUALITÁRIA RESPONSABILIDADE**, indubitavelmente o estimula no sentido de perpetrar qualquer **BARBARIDADE**. Kkkkk."

2696. "Se o homem até hoje não tem livre acesso as profundezas do **MAR**, que não tente nos convencer que há cinquenta anos, com precária Tecnologia, logrou a Lua **VISITAR**. Kkkkk."

2697. "Discursos inflamados a quem ostenta o Dom da Oratória Suave **PROLATAR**, difícil é fazer o Sábio **ACREDITAR**. Kkkkk."

2698. "**História** é uma coisa, **Estória** consiste noutra. Kkkkk."

2699. "Quem fala abobrinhas de rigor experimentar apimentado **PEPINO**, seja homem, mulher, menina ou **MENINO**. Kkkkk."

2700. "Quem desiste do ente querido por ter defeitos ou estar gravemente **ADOENTADO**, não passa de um demente **DESALMADO** e, cedo ou tarde, pagará amargamente por tal hediondo **PECADO**."

2701. "A História de Jesus atesta que o Amor Límpido, Verdadeiro e **PROFUNDO** não encontra guarida, respaldo nesse **MUNDO**."

2702. "Não precisa **CANTAR**, sabendo **BERRAR**, se **ESTREBUCHAR**, levantar 100 ou 1000 Jurados, não consiste em nenhum **TORMENTO**, ainda mais, não sabendo Inglês, como Papagaio tiver algum **TALENTO**. Kkkkk."

2703. "Atenção, sua Casa é **SAGRADA**, portanto seja prudente, cuidado com pseudoamigos, mantenha a porta **TRANCADA**. Kkkkk."

2704. "Se não agrega em **NADA**, sai fora, pois é barca **FURADA**. Kkkkk."

2705. "Cuidado, quando alguém **INDICAR**, se não der certo, podem acusada em ti **DESFECHAR**. Kkkkk."

2706. "Se não é para obter respaldo, afeto, **CARINHO**, mil vezes a caminhada **SOZINHO**. Kkkkk."

2707. "Pouco importa se o cabra é feio, careca, velho ou **BARRIGUDO**, com cascalho no bolso, sempre dirão que é **SORTUDO**, fato que não o exime de ser também **CORNUDO**. Kkkkk."

2708. "Procure sua Alma **LAVAR**, vindo a Deus e o Poder Judiciário com Fé **BUSCAR**. Se o Segundo, porventura, **FALHAR**, do Primeiro ninguém consegue se **LIVRAR**. Kkkkk."

2709. "Embora pareça contraditório, quem leva estilo de vida que **REPUDIO**, não julgo, todavia do caminho **DESVIO**. Kkkkk."

2710. "Não morre quem vive em todos os aspectos de forma **ABUNDANTE**, morto é quem passa pela vida de modo **INSIGNIFICANTE**. Kkkkk."

2711. "Quando os ricos, famosos e os políticos deixarem de ser egocêntricos e passarem a ser **ALTRUÍSTAS**, as mazelas sumirão de nossas **VISTAS**. Kkkkk."

2712. "Quando criarmos para os ilibados, racistas, xenófobos, homofóbicos, enfim, preconceituosos, alguma **PREMIAÇÃO**, poder-se-á constatar a abundância dessa raça sacrossanta nesse eivado **MUNDÃO**. Kkkkk."

2713. "A **IRONIA** é uma forma gostosa de brincar com a realidade e sair da **MONOTONIA**. Kkkkk."
2717. "Faça tudo como o **AMOR MATERNO**, com perfeição para ser **ETERNO**. Kkkkk."
2718. "Para certas coisas possuímos talento **EXAGERADO**, para outras sofremos um **BOCADO**. Kkkkk."
2719. "Mil vezes desfrutar dos préstimos de transparente **GAROTA DE PROGRAMA**, que conviver com enrustida **MULHER LEVIANA**. Kkkkk."
2720. "Não chore por **PORCARIA**, se a felicidade existir e merecer, quiçá, a encontre um **DIA**. Kkkkk."
2721. "Não se aborreça com quem de ti venha **DESDENHAR**. Siga, cumpra sua missão, o importante é Deus o **VALORIZAR**."
2722. "Quando todo Policial for bem **PREPARADO E REMUNERADO** o arbítrio passará ser coisa do **PASSADO**."
2723. "Quem não respeita e ataca o labor sacrossanto ou o próprio **ADVOGADO**, com certeza é criminoso, idiota, **SAFADO**. Kkkkk."
2724. "O menor de idade que ostenta capacidade de delito **PERPETRAR**, deve a mesma quantidade de pena do adulto **DESFRUTAR**, até porque, não se justifica com a igualdade de direitos não se vir o **AGRACIAR**. Kkkkk."
2725. "A ausência de gratidão, falta de caráter e pudor, **LAMENTO** e vos digo, são coisas do Ser Humano, não do inocente **JUMENTO**. Kkkkk."
2726. "É muito fácil **COBRAR**, difícil mesmo é o mau-caráter **PAGAR**. Kkkkk."
2727. "Se o viciado em bebida alcoólica e cigarro em qualquer boteco pode as referidas drogas **COMPRAR**, por que as outras o comércio não se **REGULARIZAR**? A situação como esta, não parece com pano de prato, cachoeira almejar **ENXUGAR**.? Kkkkk."
2728. "Não tema em fazer o **BEM**, a recompensa Divina sempre **VEM**."

2729. "Jamais cale a **VERDADE**, pois é crucial ao bem-estar da **SOCIEDADE**. Kkkkk."
2730. "Que valia ostenta a **ANSIEDADE**, indago ao ansioso, sem qualquer **MALDADE**? Kkkkk."
2731. "Se as Forças Armadas do Mundo Inteiro não acatarem ordens insanas e não virem **GUERREAR**, apenas os genocidas que as determinam, de forma saudável a humanidade, irão se **MATAR**. Kkkkk."
2732. "Não se justifica fábulas monetárias em busca de outros Planetas se **TORRAR**. De bom alvitre seria tais verbas serem revertidas para aqui na Terra a fome e a miséria virmos **EXTERMINAR**. Kkkkk."
2733. "Se é **AMOR** não pode trazer sofrimento e **DOR**. Kkkkk."
2734. "Se o objetivo é viver em **ABUNDÂNCIA**, fabricação de armas guarda imensurável **DISTÂNCIA**. Kkkkk."
2735. "O sonho de todo bom Pai é ver o Filho na vida em tudo **CRESCER**, mas para tal, o cabeçudo também há de **QUERER**. Kkkkk."
2736. "Filhos que indevidamente contra os Pais ousarem de qualquer modo se **LEVANTAR**, o destino é como cobra peçonhenta o resto da vida se **RASTEJAR**. Kkkkk."
2737. "A distância é a melhor **CONDIÇÃO**, depois que se esvai o mal-afamado **TESÃO**. Kkkkk."
2738. "É com inteligência, sabedoria, que se adquire **RESPEITO**, não com ignorância, mostrando a bunda e o **PEITO**. Kkkkk."
2739. "Deus fez o Mundo perfeito pra gente **HABITAR**, logo é a mentalidade eivada do homem que se deve **CURAR**. Kkkkk."
2740. "De nada adianta apenas **SONHAR**, quiçá, a sabedoria é o que se tem de forma saudável **DESFRUTAR**. Kkkkk."
2741. "Sim tudo é **POSSÍVEL**, mas para valer a pena o caminhar, não pode ser demasiadamente extenuante, mas sim **INCRÍVEL**. Kkkkk."
2742. "Quem não respeita e valoriza seu **PASSADO**, não merece ter futuro a seu **LADO**. Kkkkk."

2743. "Esqueça a **IGNORÂNCIA** e despreze a **INSIGNIFICÂNCIA**. Kkkkk."

2744. "Nem sempre o inexplicável, não se dá para **EXPLICAR**. Contudo nesse caso apenas os tolos irão **CONCORDAR**. Kkkkk."

2745. "Não faça o que para ti é **REPUGNANTE**, não ceda assédio de gente **IGNORANTE**. Kkkkk."

2746. "Não passe pela vida como um **PERSONAGEM**, solte a franga, seja feliz, mostre sua alma e **IMAGEM**. Kkkkk."

2747. "Não lamurie, não fique **TRISTE**. Seja grato por ter saúde, porque **EXISTE**. Kkkkk."

2748. "Quem o considera figura **LOUCA**, tenha pudor, despreze, não abra a **BOCA**. Kkkkk."

2749. "Seja como a borracha, não se importe com **TIJOLADA**, pois voltará na cara daquele o qual foi **LANÇADA**. Kkkkk."

2750. "Na dúvida siga o **CORAÇÃO** ou fique parado feito um **BOBÃO**. Kkkkk."

2751. "Se aceita passivamente ser renegado a **SEGUNDO PLANO**, indubitavelmente é porque merece, **FROUXO MANO**. Kkkkk."

2752. "Jovens de todas idades, não é plausível idiotas **IDOLATRAR**. Jesus Cristo é o único que merece tal galardão e devemos com fervor **REVERENCIAR**."

2753. "Não é o Advogado, mas sim, a falta de **PROVAS OU RAZÃO**, que redundam na perda de uma **AÇÃO**. Portanto, não seja asno de atacar o Advogado, pois na falta dele, suportará todos os Operadores de Direito com sede de Justiça, pleiteando sua **MÁXIMA CONDENAÇÃO**. Kkkkk."

2754. "Saudável de ideia **MUDAR**, tolice é na idiotice **ENCRUAR**. Kkkkk."

2755. "Não espere do invejoso e de quem não possui **RELEVÂNCIA** que a ti denote qualquer **IMPORTÂNCIA**. Kkkkk."

2756. "Quem tem crédito com Deus, se comete insanidade demora mais para **PAGAR**. Todavia, se insiste no pecado, culmina por **CHUPAR**, pior quando inocentes por eles, vem se **ESTREPAR**. Kkkkk."

2757. "Como Jesus veio nos **ENSINAR**, setenta vezes sete devemos o irmão **PERDOAR**. Entretanto, isso não significa que o Gramulhão com o garfo kente o bumbum da criatura deixará **ESCAPAR**. Kkkkk."

2758. "Ótica divergente ao sábio enriquece de forma **PATENTE**, ao tolo nasce vontade louca de exterminar com a **GENTE**. Kkkkk."

2759. "Veja o que fala e faz, pois, é impossível **RECUPERAR**, o que na integralidade veio **QUEIMAR**. Kkkkk."

2760. "O individualismo além de trazer maior **LIBERDADE**, demonstrará se tem ou não **CAPACIDADE**. Kkkkk."

2761. "Procure o mínimo possível na vida alheia **INTERCEDER**, isto porque todos tem o livre arbítrio de como almejam ou não **VIVER**. Kkkkk."

2762. "Respeite o corno que faz questão de seu infortúnio ao mundo **GRITAR**. Quiçá, seja o modo de um pouco o peso dos chifres a testa **ALIVIAR**. Kkkkk."

2763. "O silêncio por vezes é resposta **ELOQUENTE**, só não entende quem é **DEMENTE**. Kkkkk."

2764. "Sequer a pobre Mula tem deleite de peso nas costas **CARREGAR**, razão pela qual, quando se estressa vem **EMPACAR**. Kkkkk."

2765. "Cuidado ao estender a **MÃO** para também não caíres com o bumbum prostrado ao **CHÃO**. Kkkkk."

2766. "Nossa Senhora de Aparecida, agraciando promessa da saudosa Rainha Maria Esther, com Deus, Jesus, Espírito Santo, nos trouxe ao Mundo para **VIVER**. Se tiveres Fé, o milagre contigo, também pode **SUCEDER**. Amém."

ESCLARECIMENTO

Quando, por exemplo, mencionamos "kornos kentes", não significa desconhecimento da língua portuguesa, mas, apenas e tão somente, o desfrute de licença **POÉTICA** de uma mente eivada, contudo aguçada e **ECLÉTICA**. Kkkkk.

ETERNA RAINHA MARIA ESTHER

LUTO ETERNO POR MINHA GENITORA, RAINHA MARIA ESTHER

"Mãe, sem sua presença, muito da vida não faz mais SENTIDO, mas com seus Ensinamentos e a Força Divina, jamais serei um reles PERDIDO."

Reyck Lovis.

Youtube: REYCK LOVIS OFICIAL
SITE: reycklovisoficial.com

"Nossa Eterna Gratidão aos Proficientes Médicos, Dra. Amanda Motti e Dr. Pedro Veronezi, que em procedimento hábil, tendo a mão conduzida por Deus, lograram êxito em salvar a vida da Rainha MARIA ESTHER. Nunca esquecerei a Atitude Eficiente, Humana, de Amor, de Vossas Excelências enquanto nessa vida ESTIVER, que suas posturas sirvam de paradigma a todos, que venham exercer esse sacrossanto MISTER."

Reyck Lovis.
Youtube: REYCK LOVIS OFICIAL
SITE: reycklovisoficial.com

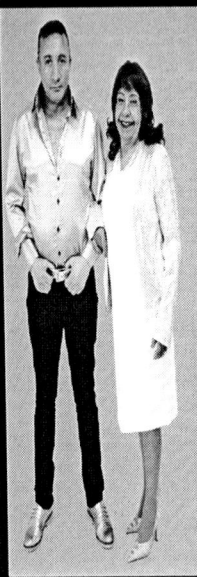

"Nossa ETERNA GRATIDÃO a toda Profícua Equipe de Enfermagem da Santa Casa, que por dias cuidaram da RAINHA MARIA ESTHER, com Eficiência, Humanidade, Amor, além de acalentarem nossa angústia e AFLIÇÃO. Dentre os quais, Emanuela, Kelly, Diego Oliveira, Alessandra Santos, Fernanda, Mariana, Luiz Fernando, Maycon Jackson, Poliana Souza, Joice, Ana, Any, Giselda, Mary, e outras(os) que, por não termos anotado o nome, pedimos PERDÃO."

Reyck Lovis.
Youtube: REYCK LOVIS OFICIAL
SITE: reycklovisoficial.com

"Obrigado Mãe, pelas Palavras de Carinho, Admiração e Incentivo, que a nós, sempre veio DISPONIBILIZAR. A inveja, o desamor, jamais nossa História irá MACULAR."

Reyck Lovis.

Youtube: REYCK LOVIS OFICIAL
SITE: reycklovisoficial.com

"Obrigado Mãe, por nos ensinar a ter Paciência, Carinho e Educação, com todo IRMÃO e perdoe, se não assimilamos a contento e causamos alguma DECEPÇÃO, isto sucede, pois estamos longe de alçar sua PERFEIÇÃO."

Reyck Lovis.

Youtube: REYCK LOVIS OFICIAL
SITE: reycklovisoficial.com

"Obrigado Mãe, pelo período que entre nós veio HABITAR, a Senhora é o Maior Exemplo que um filho poderia DESFRUTAR. Honestidade, Honra, Pudor, Urbanidade, Afeto, Firmeza, Paciência, Fé, Perseverança, Astúcia, Resiliência, Dotes Humanitários, a todos sempre veio MINISTRAR. Certamente, és mais um Anjo de Luz, que ao lado de Deus, Jesus, Nossa Senhora, Espírito Santo, nos Céus irá nossos caminhos ILUMINAR."

Reyck Lovis.
Youtube: REYCK LOVIS OFICIAL
SITE: reycklovisoficial.com

"Obrigado Mãe, pelo privilégio de conviver com a Senhora por décadas, por todos os Ensinamentos e exemplo de Ser Humano Inigualável, que para sempre viverá em meu Coração."

Reyck Lovis.
Youtube: REYCK LOVIS OFICIAL
SITE: reycklovisoficial.com

"Obrigado Mãe, por me Ensinar o Temor e Amor ao Pai Criador e em todos instantes de vida, ainda nas maiores agruras, não deixou de louvá-lo e ressaltar: 'Deus é Lindo'."
Reyck Lovis.

Youtube: REYCK LOVIS OFICIAL
SITE: reycklovisoficial.com

"Obrigado Mãe, por nos ensinar a ter Compaixão e Lutar em favor dos MENOS FAVORECIDOS, que não possuem Alimentos, Teto para Morar e vivem OPRIMIDOS."
Reyck Lovis.

Youtube: REYCK LOVIS OFICIAL
SITE: reycklovisoficial.com

"Obrigado Mãe, por nos ENSINAR, a deixar as portas abertas aonde virmos PASSAR, pois é muito bom, sermos recebidos de braços abertos quando precisarmos VOLTAR. É com educação, não coice, que os outros devemos TRATAR."
Reyck Lovis.
Youtube: REYCK LOVIS OFICIAL
SITE: reycklovisoficial.com

"Obrigado Mãe, por ter nos transmitido os Ensinamentos de Jesus, bem como, respeitar toda RELIGIÃO, pois Deus não habita em placas, mas em nosso CORAÇÃO."
Reyck Lovis.
Youtube: REYCK LOVIS OFICIAL
SITE: reycklovisoficial.com

"Obrigado Mãe, por nos ensinar a Gratidão, o Amor pela Vida e ainda nos momentos de maior SOFRIMENTO, quando muitos torceram e conspiraram para seu PERECIMENTO, lutou pela Vida até o último MOMENTO."
Reyck Lovis.
Youtube: REYCK LOVIS OFICIAL
SITE: reycklovisoficial.com

"Obrigado Mãe, por ter desfrutado de sua companhia na Rádio, Teatro e WEB TELEVISÃO. Suas Sábias Palavras, sua Maravilhosa Voz, Carisma, sempre foram nossa maior INSPIRAÇÃO e continuarão para todo o sempre em nosso CORAÇÃO."
Reyck Lovis.
Youtube: REYCK LOVIS OFICIAL
SITE: reycklovisoficial.com

"Obrigado Mãe, por ter nos ensinado a todos ABENÇOAR, até os que nitidamente amaldiçoados, vieram no mundo HABITAR."
Reyck Lovis.

Youtube: REYCK LOVIS OFICIAL
SITE: reycklovisoficial.com

"Obrigado Mãe, por nos ensinar ser Justo e VERDADEIRO, pois Gente Falsa, Fingida, enoja o mundo INTEIRO."
Reyck Lovis.

Youtube: REYCK LOVIS OFICIAL
SITE: reycklovisoficial.com

"Obrigado meu Deus, por ter nos outorgado forças para sobreviver aos dias mais tormentosos, angustiantes de minha vida, tentando preservar a de minha Mãe, sendo atacado de forma covarde, camuflada, por demônios que almejavam o contrário. Apesar de não ter logrado êxito e sentir-me FRACASSADO, tenho que me curvar a vontade de Deus e quem procedeu de modo criminoso, há de pagar por seu PECADO."

Reyck Lovis.

Youtube: REYCK LOVIS OFICIAL
SITE: reycklovisoficial.com

"Perdão Mãe, por não ter tido Forças, Condições Físicas e Psicológicas de ver seu Corpo dentro de um CAIXÃO e obrigado por ter sido o Primogênito e o último que vistes neste MUNDÃO, seu rostinho choroso querendo nos acalantar, nesse derradeiro momento, jamais irá sair de minha mente e CORAÇÃO."

Reyck Lovis.
Youtube: REYCK LOVIS OFICIAL
SITE: reycklovisoficial.com

"Perdão Mãe, por não ter sido um filho perfeito e não ter propiciado à Senhora as condições que merecia DESFRUTAR, e por não ter tomado em tempo providências que a auxiliasse a vida que ostentava algum deleite, RETOMAR."

Reyck Lovis.
Youtube: REYCK LOVIS OFICIAL
SITE: reycklovisoficial.com

"Nossa Eterna GRATIDÃO a todas Amigas (os) que em razão do lastimável infortúnio da perda da nossa saudosa Genitora RAINHA MARIA ESTHER, nos direcionaram palavras de Afeto, Força e Fé, que acalantaram nosso CORAÇÃO. Que Deus, derrame sobre vocês, sua BENÇÃO."

Reyck Lovis.
Youtube: REYCK LOVIS OFICIAL
SITE: reycklovisoficial.com

HOMENAGEM A FAMÍLIA JABUR

"Ele abriu as portas de seu Escritório e como um Pai que segura a mão do filho, nos ensinou, no Mundo Jurídico, os Primeiros Passos TRILHAR. Sendo o maior Tribuno do Júri de sua Geração, seus ensinamentos, foram cruciais, para que viéssemos, na vida PROSPERAR. Sua maravilhosa Família, com fraternal amor e carinho, sempre a nós, veio AGRACIAR. É evidente, que do Dr. PAULO JABUR, Sra. NEUSA JABUR, Dras. PATRÍCIA JABUR, PÉRSIA JABUR e POLIANA JABUR, que estou a FALAR. Família Maravilhosa, que inexistem palavras, para que possamos nossa Gratidão EXPRESSAR. Que Deus lhes pague e venha grandemente os ABENÇOAR."

Reyck Lovis.

Sra. Neusa, Dra. Pérsia, Dr. Paulo e Dra. Patricia, publicada em 16/1/2015

HOMENAGENS PÓSTUMAS

"Pai, Vicentão
Jamais, agi com falsidade com o senhor.
Jamais, desrespeitei sua ausência.
Jamais, tolerarei ou pactuarei com aqueles que ousarem tentar macular a sua honra.
Jamais, fui seu vampiro, nem seu algoz.
Jamais, agi com desonestidade, falta de caráter e ingratidão.
Jamais, utilizei drogas, cigarro, e bebidas ingiro socialmente.
Pai, não sou perfeito, mas busco a perfeição.
Valeu,
Seu filho, Reyck Lovis."

Youtube: REYCK LOVIS OFICIAL
SITE: reycklovisoficial.com

Vicentão, publicada em 14/3/2015

"Rainha Anna Ribeiro Villela uma guerreira que construiu imensurável patrimônio tanto material como MORAL. Importante registrar sem auxilio de qualquer companheiro, enfim um Modelo de Mulher, de Labuta, Pudor e Força SOBRENATURAL. Obrigado, querida Avó pelo exemplo e por tudo que fizestes nesse Mundo, certamente é uma Luz no Céu que ilumina os passos desse seu Neto ANORMAL. Kkkkk."

Reyck Lovis.
Youtube: REYCK LOVIS OFICIAL
SITE: reycklovisoficial.com

Anna

"Em que pese não tivéssemos um convívio frequente, sempre foi um tio, amigo, IRMÃO. Jamais tivemos qualquer divergência ou leve discussão, ao contrário, sempre houve mútua ADMIRAÇÃO. De nossa parte, mormente por ser uma pessoa simples, humilde, despida de qualquer ganância e AMBIÇÃO. Deus me concedeu o privilégio de estar contigo no Hospital, e consciente, tiramos onda, fizemos GOZAÇÃO, e nos lembraste de seu contato sempre amistoso e amigo com meu genitor, o saudoso VICENTÃO. Essa é a última lembrança que fiz questão de guardar de ti em meu CORAÇÃO. Obrigado pelas palavras a nós dirigidas nessa derradeira OCASIÃO e por sempre ter tratado minha genitora, sua irmã MARIA ESTHER, com afeto e respeito, Querido TIOZÃO. Que Deus o receba em seus braços, ao lado de nossa saudosa AVÓ ANNA, e todos nossos Entes Queridos que se foram e merecerem esse GALARDÃO. Descanse em paz, DOUGLAS GILBERTO TEODORO, ao lado de Jesus, nosso verdadeiro amigo e IRMÃO."

Reyck Lovis.
Youtube: REYCK LOVIS OFICIAL
SITE: reycklovisoficial.com

Douglas, publicada em 10/6/2017

"Ele, durante o curto lapso temporal que esteve nesse Mundo, só fez semear o Bem, um ser Humano ESPETACULAR. Assim, rapidamente veio se APERFEIÇOAR, e foi ao lado de Deus, nosso Pai, Nossa Senhora e Jesus Cristo, para Eternidade HABITAR. Consiste em mais um Anjo no Céu, que a genitora Clotildes, irmã Andreia, esposa Eliane, sobrinho Phelipe, cunhado Dudu, todos Parentes e Amigos, estará outorgando Forças, Sabedoria e Serenidade, para que venham Superar a Tristeza e finalmente possam Agradecer o Privilégio de ter convivido com uma Pessoa EXEMPLAR. Nada Acabou, É Só O Começo de Uma Nova Etapa, agora com Você Eternamente em Nossos Corações, Querido Irmão Franklin Luiz Manna."
Reyck Lovis.
Youtube: REYCK LOVIS OFICIAL
SITE: reycklovisoficial.com

Franklin, publicada em 26/6/2017

"Infelizmente, um Homem de Grande Coração, e no Tribunal do Júri o maior Defensor que apreciei ATUAR, nosso Convívio Terreno deixou de HABITAR. Ao ILUSTRE DR. PAULO JABUR, nossa Eterna Gratidão, como sempre venho REGISTRAR. Que Deus receba sua Alma, em Excelente LUGAR, e venha o coração de sua Fabulosa e Querida Família ACALENTAR."
Reyck Lovis.
Youtube: REYCK LOVIS OFICIAL
SITE: reycklovisoficial.com

Dr. Jabur, publicada em 7/1/2017

"Ele foi o primeiro que levou Reyck Lovis e a Rainha Maria Esther a Rádio Cumbica AM 1500 para o labor DEMONSTRAR. Grande Radialista, Cantor, Compositor e pessoa afável, nossa Gratidão fazemos questão de REGISTRAR. Falo de Gomes da Silva que nos Céus consiste mais um Astro a BRILHAR."

Reyck Lovis.

Youtube: REYCK LOVIS OFICIAL
SITE: reycklovisoficial.com

Gomes da Silva

CADERNO DE FOTOS

Reyck Lovis e Maria Esther

Maria Esther e Vicentão

Maria Esther e Anna Villela

FRASES DE REYCK LOVIS

Maria Esther, Reyck Lovis e Anna Villela

Anna Villela, Reyck Lovis e Maria Esther

Emerson, Daniel, Reyck, Leonardo e Felipe

Reyck Lovis e Maria Esther

Reyck Lovis e Maria Esther

Reyck Lovis e Maria Esther

FRASES DE REYCK LOVIS

Reyck Lovis e Maria Esther

Reyck Lovis e Maria Esther

Reyck Lovis e Maria Esther

Reyck Lovis e Maria Esther

Reyck Lovis, Ryan e Maria Esther

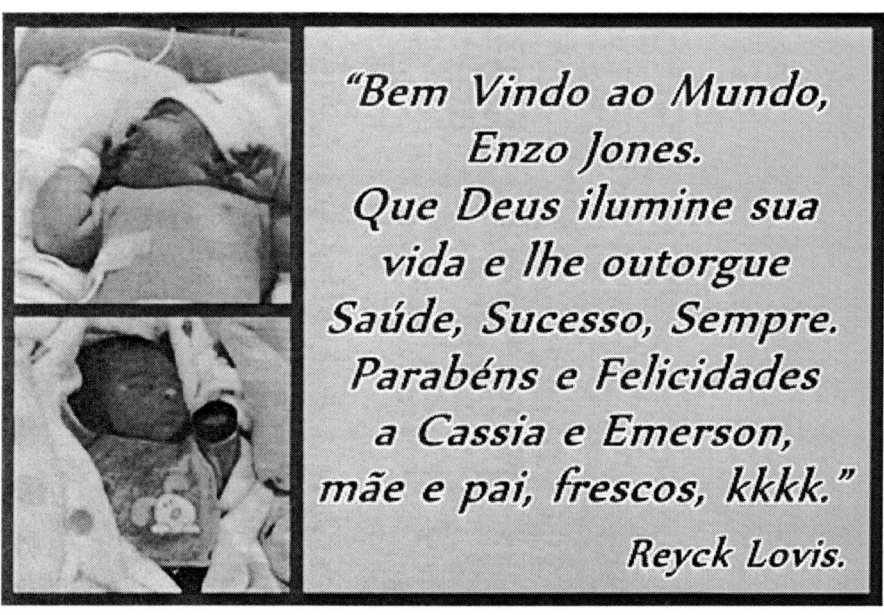

"Bem Vindo ao Mundo,
Enzo Jones.
Que Deus ilumine sua
vida e lhe outorgue
Saúde, Sucesso, Sempre.
Parabéns e Felicidades
a Cassia e Emerson,
mãe e pai, frescos, kkkk."

Reyck Lovis.

Enzo Jones

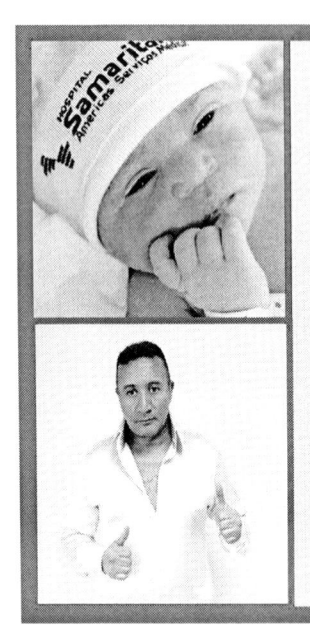

"Princesa Gabi, seja bem vinda, que seu Caminho, seja repleto de LUZ e todos seus passos sejam conduzidos por JESUS. AMÉM. Deus a abençoe, com muita Saúde, Sucesso, Sempre, bem como, Emerson, Cássia e Enzo, um Trio nota CEM. Kkkkk."

Reyck Lovis.

Youtube: REYCK LOVIS OFICIAL
SITE: reycklovis.meusitenouol.com.br

Gabi e Reyck

Cássia, Gabi, Enzo e Emerson

Ana, Cássia e Rute

Felipe e Ana

FRASES DE REYCK LOVIS

Felipe, Leonardo, Reyck, Emerson e Enzo

Luiz, Franklin, Clotildes e Andreia

Andreia, Clotildes e Franklin

Clotildes, Andreia e Phelipe

Clotildes e Maria Esther

FRASES DE REYCK LOVIS

Maria Esther, Reyck e Patricia

Reyck, Maria Esther e Patricia

FRASES DE REYCK LOVIS

Helena e Geraldo

Geraldo e Helena

Maria Esther

MARIA ESTHER

Ela viveu uma história
De amor com Vicentão
Geraram oito filhos
Pra não sentir solidão
Prole criada com os Mandamentos
De Jesus, na retidão
É um exemplo de amor devoção
Maria Esther, Maria Esther
Maria Esther é uma mulher hiperbacana
Maria Esther, Maria Esther é uma guerreira
Filha da saudosa Anna
É admirada e respeitada por todos os irmãos
A quem necessita sempre estendeu a mão
Canta bonito com doçura, encanto e afinação
Deus abençoe é o seu maior bordão
Maria Esther, Maria Esther
Maria Esther é uma mulher hiperbacana
Maria Esther, Maria Esther é uma guerreira
Filha da saudosa Anna

Youtube: REYCK LOVIS OFICIAL
SITE: reycklovisoficial.com

Rainha Maria Esther com os Reis da Embolada Caju e Castanha - Rádio Capital AM 1040

FRASES DE REYCK LOVIS

Reyck Lovis com os Reis da Embolada Caju e Castanha - Rádio Capital AM 1040

Rainha Maria Esther, Roberto Filho Carlos e Reyck Lovis - Rádio Capital AM 1040

Rainha Maria Esther, Ronaldo Mendes e Esther - Rádio Capital AM 1040

Léashow Ribeiro e Reyck Lovis - SBT

FRASES DE REYCK LOVIS

Zé Pretinho e Reyck Lovis - SBT

Produtora Erika Colabello e Reyck Lovis - SBT

FRASES DE REYCK LOVIS

Reyck Lovis e Maria Esther

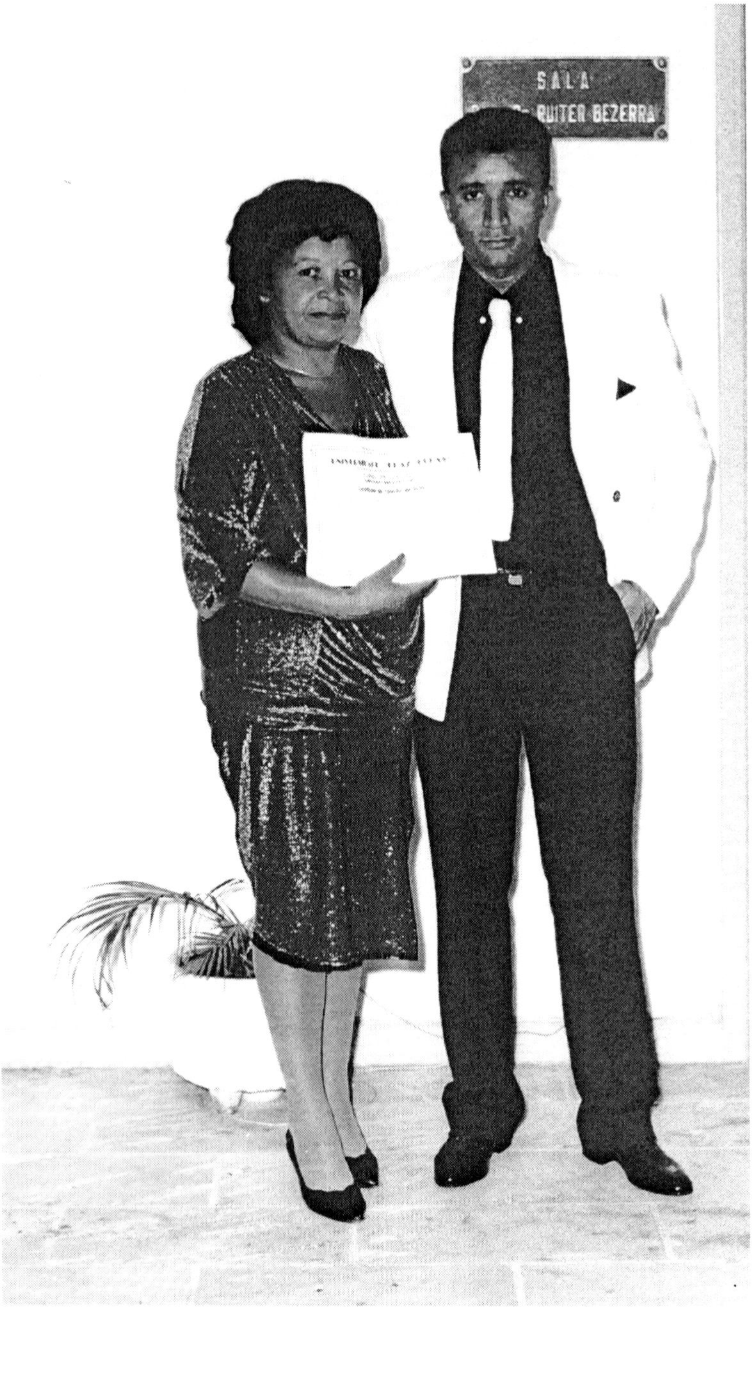
SALA
RUITER BEZERRA

Esther, Daniel, Silvia, Raimundo, Ivone, Reyck Lovis, Eunice, Andreia, Mari e Samuel

Dr. Maurimar e Reyck Lovis

Dr. Paulo Marcondes, Dr. Maurimar e Reyck Lovis

Josefa, Samuel, Madalena, Sara, Reyck Lovis e Maria Esther

FRASES DE REYCK LOVIS

Dr. Jurandir, Reyck Lovis, Dr. Jabur, Dras. Jacineia, Patricia, Pérsia, Neusa, Eunice, Leonardo e Felipe

Neusa, Eunice, Reyck Lovis, Dr. Jabur, Leonardo e Felipe

FRASES DE REYCK LOVIS

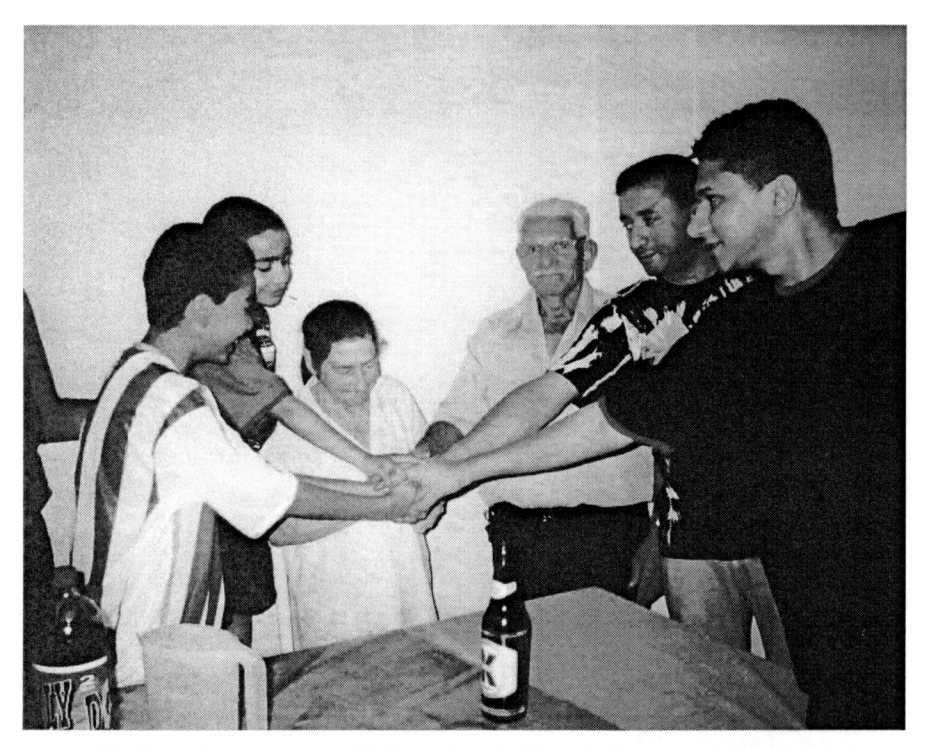

Felipe, Leonardo, Alzira, José, Reyck Lovis e Emerson

Lucimara, Marilceia, Maria, Eunice, Marilda, Alzira e José

Maria Esther, Gomes da Silva e Reyck Lovis – Rádio Cumbica AM 1500

Reck Lovis, Cris Munhoz, Maria Esther e Esther

Maria Esther, Reyck Lovis, Leonardo e Vovó do Timão

Reyck Lovis, Jogador Dinei, Maria Esther e Leonardo

Emerson, Maria Esther, Sósia do Rei Pelé, Gomes da Silva, Reyck Lovis e Leonardo

Reyck, Anna, Maria Esther, Geraldinho e esposa, e Dra. Irene

Cardoso, Cintia, Fátima, Rafael e Reyck Lovis

Maria Esther e netos

Reyck Lovis e Artista Plástica Telma

Patricia e Reyck Lovis

FRASES DE REYCK LOVIS

Patricia, Reyck, Maria Esther, Sérgio e Esther

Felipe e Cantor Célio Roberto

Reyck Lovis e Gomes da Silva

Anna, Belamy e Maria Esther

Cardoso, Zé do Caixão e Reyck Lovis

Anna e Maria Esther

Show de Lançamentos dos CDs de Maria Esther e Reyck Lovis

Cantor e Compositor Tito Gomes no Show de Lançamento dos CDs de Reyck Lovis e Maria Esther

Cantor, Compositor e Produtor Musical Ademir Rodrigues e a Princesinha do Gospel Gabriela Rodrigues

Anderson, Ryan, Daniel Nezo e Kauan, Professores do Instituto Musical Nezo

Anderson, Ryan e Daniel Nezo, Professores do Instituto Musical Nezo

Maria Esther, Anderson, Ryan, Daniel Nezo e Kauan

Jonas, Lohaney, Esther, Lais, Maria Esther, Reyck Lovis, Davi e Samuel

Maria Esther

Reyck Lovis na Formatura da Escola Brigadeiro Haroldo Veloso

Maria Esther e Reyck Lovis

Maria Esther, Reyck e Anna

Emerson e Isabel

Emerson

Aline

FRASES DE REYCK LOVIS

Cássia, Andreia e Anna

Davi, Caique, Emerson, Aline, Daniel, Isabel e Anna

Maria Esther, Emerson, Cássia e Reyck Lovis

FRASES DE REYCK LOVIS

Reyck, Zé e Alzira

Emerson, Cássia, Leonardo, Reyck, Felipe, Anna, Eunice, Rute, Gabi, Enzo, Lucimara, e Laércio

Leonardo e amigos

Cilene e Dra. Aline